Dieser Band der Fischer Weltgeschichte schildert die Geschichte des Abendlandes zwischen 1350 und 1550 — die Epoche des Übergangs vom Mittelalter zur Neuzeit. Die Verfasser, Prof. Ruggiero Romano und Prof. Alberto Tenenti (École Pratique des Hautes Études, Paris), behandeln die umwälzenden Veränderungen im politischen, religiösen, kulturellen und wirtschaftlichen Leben Europas, die die Moderne einleiten. Humanismus und Renaissance kommen ausführlich zu Wort. Der Leser wird über die Entstehung der Nationalstaaten, über den Verfall des mittelalterlichen Imperiums und über die problematische Situation der Kirche am Vorabend der Reformation unterrichtet. Bemerkenswert ist, daß die Autoren ausführlich sozialgeschichtliche Fragen erörtern und damit auch die Haltung der breiten Volksmassen deutlich werden lassen. Sie betrachten die Jahre vom Hundertjährigen Krieg bis zum Augsburger Religionsfrieden nicht so sehr als eine Zeit, in der Kaiser, Päpste und Fürsten die geschichtliche Entwicklung bestimmten, sondern als eine Ära, in der kulturelle, wirtschaftliche und technische Neuerungen die Lebensverhältnisse prägten. Die Reformation Luthers, Zwinglis und Calvins wird nicht allein unter kirchlichen, sondern in gleicher Weise unter sozialen und ökonomischen Aspekten betrachtet. Diese moderne Methode eröffnet neue Einsichten in die Ursachen und Voraussetzungen der abendländischen Kirchenspaltung. — Der Band ist in sich abgeschlossen und mit Abbildungen, Kartenskizzen und einem Literaturverzeichnis ausgestattet. Ein Personen- und Sachregister erleichtert dem Leser die rasche Orientierung.

DIE VERFASSER DIESES BANDES

Ruggiero Romano,

geb. 1923 in Fermo; studierte an der Philosophischen Fakultät der Universität Neapel; seit 1951 Directeur d'Études an der École Pratique des Hautes Études in Paris (VI. Sektion), wo er eine Reihe von Vorlesungen über die Wirtschaftsgeschichte Italiens und Lateinamerikas hielt; war Gastprofessor an polnischen und lateinamerikanischen Universitäten; veröffentlichte: ›Navires et Marchands à l'entrée du port de Livourne‹ (in Zusammenarbeit mit Ferdinand Braudel). Paris, 1961; ›Le Commerce du Royaume de Naples avec la France et les pays de l'Adriatique au XVIIIème siècle‹. Paris, 1951; ›Commerce et prix du blé au VIIIème siècle‹. 1956; ›Un' economia colonial: Chile en el siglo XVIII‹. Buenos Aires, 1965; ›Conquistadores: Meccanisme di una conquista coloniale (I)‹, 1974; ›Napoli: Dal Viceregno al Regno. Storia economica‹, 1976.

Alberto Tenenti,

geb. 1924 in der Toskana; studierte an der Universität Pisa Geschichte und Philosophie; 1957 erschien in Italien sein Hauptwerk unter dem Titel ›Il senso della morte e l'amore della vita nel Rinascimento‹, das inzwischen auch in englischer, französischer und spanischer Sprache publiziert wurde. 1972 erschien in zweiter Auflage ›Virenze dal Commune a Lorenco il Magnifico‹. Weitere geschichtswissenschaftliche Werke wurden in Frankreich veröffentlicht. Alberto Tenenti ist gegenwärtig Directeur d'Études an der École Pratique des Hautes Études in Paris.

Fischer Weltgeschichte

Band 12

Die Grundlegung der modernen Welt

Spätmittelalter, Renaissance, Reformation

Herausgegeben
und verfaßt von
Ruggiero Romano
und
Alberto Tenenti

Fischer Taschenbuch Verlag

Umschlagentwurf: Wolf D. Zimmermann
unter Verwendung des Fotos ›Porträt eines Gonzaga
von Andrea Mantegna im Museo Nazionale, Neapel‹
(Foto Alinari, Florenz)
Harald und Ruth Bukor zeichneten die Abbildungen 3, 4, 5, 6, 7, 8, 10, 11, 13, 19, 25, 28

Illustrierte Originalausgabe
mit 28 Abbildungen
Veröffentlicht im Fischer Taschenbuch Verlag GmbH,
Frankfurt am Main, Mai 1976

101.–103. Tausend: Oktober 1987

Wissenschaftliche Leitung: Jean Bollack, Paris

© Fischer Bücherei GmbH, Frankfurt am Main 1967
Druck und Bindung: Clausen & Bosse, Leck
Printed in Germany
ISBN-3-596-60012-x

:

MITARBEITER DIESES BANDES

Prof. Dr. Ruggiero Romano
(École Pratique des Hautes Études, Paris)
Kapitel 1, 2, 6, 7, 10
Prof. Dr. Alberto Tenenti
(École Pratique des Hautes Études, Paris)
Kapitel 3, 4, 5, 8, 9
Die Übersetzung aus dem Italienischen wurde besorgt von *Helga Brissa* und *Heinz Wismann* und von *Dr. Egbert Türk* (Kapitel 3, 4, 5, 8, 9).

Vorwort

Es ist ein schwieriges Unterfangen, auf etwas mehr als dreihundert Seiten die wirtschaftliche, kulturelle und politische Geschichte Europas für die Zeit von 1350–1550 zu entwerfen. Doch ist diese Schwierigkeit allen Handbüchern gemeinsam; wir führen sie hier nicht an, um das Verständnis, die Solidarität, ja geradezu das Einverständnis des Lesers zu provozieren. Schon seit langem gibt es ausgezeichnete Handbücher, auf die man sich ohne weiteres stützen könnte. Fragt jedoch der Leser von 1967 nach denselben Dingen wie der Leser von vor zwanzig Jahren? Ist er wirklich ausschließlich an Kenntnissen und an der Anhäufung von Begriffen interessiert? Und ist der junge Historiker unserer Zeit mit derselben Fragestellung konfrontiert wie sein Lehrer? Oder aber hat sich — wie wir annehmen — ein Bruch, ein ›Stil‹wandel vollzogen, auf Grund dessen heute neue Wege beschritten werden müssen? Freilich handelt es sich nicht darum, Neues um des Neuen willen zu suchen. Die Probleme unserer Welt haben sich gewandelt, und man würde doch wohl seiner Aufgabe als Intellektueller nicht gerecht, wenn man weiterhin eine Sprache sprechen würde, die von den meisten nicht mehr als die ihre betrachtet wird.

Dies sind die wesentlichen Probleme, die sich die Autoren gestellt haben und die sie aus Gründen der Vereinfachung in einer einzigen Frage zusammengefaßt haben: »Wie soll unser Handbuch aussehen?« Soll es lediglich eine klare Darstellung der Ergebnisse der historiographischen Forschung sein, oder soll es in ebenso klarer Form einen Einblick in die Problematik der historischen Forschung gewähren? Soll ein Handbuch eine Zusammenfassung von Fakten, d. h. letztlich eine Zusammenfassung anderer Handbücher sein, oder aber soll es über die feststehenden Punkte hinaus die ersten Vorboten jener wissenschaftlichen Ergebnisse aufzeigen, die für die Zukunft große Bedeutung erlangen werden? Wir haben den zweiten Weg eingeschlagen in der Überzeugung, daß er vom wissenschaftlichen Standpunkt aus der beste und also der einzige ist, der dem geistigen Respekt Rechnung trägt, den der Autor in jedem Falle seinen Lesern schuldet.

Andrerseits ging es nicht so sehr um eine Wahl zwischen unverrückbaren Wahrheiten und solchen, die noch Gegenstand der Diskussion sind. Welche *Art* von Wahrheiten sollten wir hier behandeln? Unanfechtbare Wahrheiten (etwa daß der Vertrag von Cateau-Cambrésis 1559 abgeschlossen wurde und daß Christoph Kolumbus Amerika 1492 entdeckte), oder aber Wahrheiten, die umstritten sind und über die man diskutiert, die also weniger dazu dienen, zu ›belehren‹, ›geistig zu bereichern‹ und zu ›dokumentieren‹, wie man gewöhnlich mit etwas hohlen Ausdrücken sagt, sondern die eher neue Fragestellungen, Zweifel, ja abweichende Meinungen hervorrufen? Wir haben den zweiten Weg vorgezogen. Es wurde hier also nicht nur der Versuch unternommen, fertige Lösungen vorzuschlagen, sondern auch bestimmte Erklärungen im Hinblick auf bestimmte Lösungen zu geben; dem Leser steht es frei, eine andere Deutung vorzuziehen. Wesentlich war es für uns, so ehrlich wie möglich die Elemente des Problems darzustellen.

Auf diese Weise ergibt sich, so scheint uns, auch ein weiterer, erheblicher Vorteil, in einem Handbuch von *Fakten* ist das Fehlen *einer* einzigen Tatsache schwerwiegend und in einem Handbuch von ›*Wahrheiten*‹ die Auslassung eines Aspekts dieser Wahrheiten bedauernswert. Dagegen treten bei dem von uns angewandten gedanklichen Aufbau — und dem entsprechenden Darstellungsschema — diese Nachteile weniger in Erscheinung. Wir haben den Akzent auf die allgemeinen Entwicklungstendenzen gesetzt und weniger einzelne Geschehnisse ausgeführt, die einige Herrscherdynastien oder Machthaber, Gruppen von Intellektuellen oder Heerführer betreffen, als vielmehr die Entwicklung der europäischen Bevölkerung in ihren wirtschaftlichen Bedürfnissen, ihrem Kollektivglauben, ihrer politischen Zielsetzung und in den tiefen Wurzeln ihres Denkens während der hier behandelten zweihundert Jahre dargestellt.

In einer solchen Sicht bleibt das allgemeine Bild erhalten, auch ohne die Aufzählung aller Einzelheiten: das Bild einer Welt, die auch in so harten Zeiten wie einem großen Teil der hier behandelten Periode auf ihrem Weg voranschreitet, dem Weg der Behauptung der menschlichen Würde.

Ruggiero Romano
Alberto Tenenti

1. Die »Krise« des 14. Jahrhunderts

Lange Zeit hindurch ist die schwarze Pest von 1348 als Ursache eines großen geschichtlichen Bruchs betrachtet worden. Es steht gewiß ganz außer Zweifel, daß sie in allen Lebensbereichen des 14. Jahrhunderts schwerwiegende Folgen gehabt hat. Wie weit kann man jedoch von einem wirklichen Bruch sprechen? Liest man die Chroniken der Epidemien, die Europa heimgesucht haben, so merkt man sofort, daß die des Jahres 1348 keineswegs ein Blitz aus heiterem Himmel war. Eine ganze Reihe von Seuchen im weitesten Sinne des Wortes, und gewiß nicht nur die medizinisch eindeutig definierte Pest, wurden durch ihr häufiges und kontinuierliches Auftreten weit mehr zur Plage als einzelne Epidemien, von deren dramatischem Verlauf uns die Chronisten beredtes Zeugnis gegeben haben.

Man muß sich also fragen, auf welchem Boden die Pest von 1348 keimte. Dabei dürfen wir nicht vergessen, daß im Frankreich des 13. Jahrhunderts Hunderte von Leprahospitälern existierten und daß die allgemeinen hygienischen Verhältnisse im Mittelalter die ungünstigsten waren, die Europa je gekannt hat. Denken wir nur an die große Misere des Wasserversorgungssystems in den allermeisten Städten! Wir dürfen auf keinen Fall den Badeluxus des mittleren Orients (dessen schwacher Abglanz im Lebensstil einiger wieder in die Heimat zurückgekehrter europäischer Kaufleute zu finden war) auf das christliche Abendland übertragen.

Sicher ist, daß das 13. Jahrhundert eine Zeit relativ weniger Hungersnöte und Seuchen gewesen ist. (Wir führen Seuchen und Hungersnöte zusammen an, weil — wie wir später ausführlicher sehen werden — ein enger Zusammenhang zwischen diesen beiden Phänomenen besteht.) Deshalb glaubten die Menschen des 13. Jahrhunderts, einen Grad der Sicherheit erreicht zu haben, der ihnen hinfort Schutz gegen die Attacken des Hungers gewähren würde. Möglicherweise ist gerade während des 13. Jahrhunderts die schwierigste Phase des gewaltigen Anstiegs der durchschnittlichen Lebenserwartung bewältigt worden (nämlich die, welche auf vorangegangene Spannungen und Eroberungen folgte); 25 Jahre betrug die Lebenserwartung im römischen Kaiserreich des 4. Jahrhunderts v. Chr.; 35 Jahre beim Anbruch des 14. Jahrhunderts. Die Jahre von 1313 bis 1317 sollten jedoch diesem weitverbreiteten Vertrauen einen schweren Schlag versetzen: Eine allgemeine Hungersnot überzog ganz Europa. Von diesem Zeitpunkt an wurde die zyklische Wechselbeziehung zwischen Hungersnöten und Epidemien immer intensiver. Eine durch Unterernährung geschwächte Bevölkerung hatte nach mehrjähriger Mißernte weniger Widerstandskraft gegen die Krankheit; der durch die Seuche bedingte Menschenverlust, welcher die arbeitsfähige Bevölkerung dezimierte, ohne jedoch damit die Anzahl der zu Ernährenden proportional zu verringern, war wiederum der Keimboden für folgende Hungersnöte. Auf diese Weise kann *in Wirklichkeit* — auch wenn sich *theoretisch* der demographische Einschnitt einer Epidemie in wenigen Jahren wieder schließt — keine echte Vernarbung erfolgen. So wurde z. B. der Ausgleich der demographischen Schwächung der europäischen Bevölkerung durch die Pest von 1348 neuerlich durch die Epidemien von 1360 und 1371 in Frage gestellt. Für solche kaum noch widerstandsfähigen Bevölkerungen hatten alle Infektionskrankheiten, auch die weniger gefährlichen,

Abb. 1: Wochenbett in einem reichen Bürgerhaus des 15. Jahrhunderts. (Meister des Marienlebens: »Die Geburt der Maria«)

dramatische Konsequenzen. In diesem Sinne muß man für das Deutschland der Jahre von 1326—1400 sogar 32 Jahre als Seuchenjahre zählen. Dabei handelt es sich keineswegs nur um Pestepidemien, aber die Häufung ihrer Auswirkungen lastete schon schwer genug auf der heimgesuchten Bevölkerung. Während die Pest von 1348 in erster Linie die Erwachsenen dezimierte, jedoch der jungen Generation in der Folgezeit die Regeneration ermöglichte, schlug die Epidemie von 1360 die größten Lücken in den Reihen der Jüngsten (Sterblichkeit der *infants*) und die von 1371 wiederum in denen der Erwachsenen (der *mitijans*, wie sie in Katalonien hießen). So waren durch die Addition der Seuchenfolgen von einer Generation zur anderen die Gesamtverluste — direkte und indirekte — ungeheuer groß. Zusammenfassend läßt sich sagen, daß etwa seit dem zweiten Jahrzehnt des 14. Jahrhunderts das langwierige Werk der Wiederherstellung und weitgehenden Neuschaffung des Bevölkerungspotentials Europas zum Stillstand kam — ein Werk, das trotz vielfacher Hindernisse mehrere Jahrhunderte lang Fortschritte gemacht hatte, für die wir — von wenigen und unexakten Zahlen abgesehen — mannigfache Beweise besitzen: Flußregulierungen, Urbarmachungen, Entwaldungen. Alles das sind Zeichen menschlicher Tätigkeit, die gleichzeitig Ursache und Wirkung demographischen Wiederaufschwungs war. Wirkung insofern, als man nur mit einer größeren Anzahl von Arbeitsfähigen so umfangreiche Arbeiten beginnen konnte; Ursache, weil jene Arbeiten die Grundlagen für ein Ansteigen des Lebensstandards lieferten (sei es im Hinblick auf die Ernährung oder die hygienischen Verhältnisse) und damit einen beträchtlichen Bevölkerungszuwachs ermöglichten. Man hat z. B. mit Recht behauptet, daß sich die Malaria — auch wenn sie nicht ganz ausstarb — vom 12. Jahrhundert an weniger tödlich auswirkte; das hing mit den Meliorations- und Flußregulierungsarbeiten zusammen, die den Angriffsbereich der Fiebermücken einschränkten. Folglich wurde die Malaria wieder virulenter, als wegen des Ausfalls von Arbeitskräften die Fortführung, ja sogar die Instandhaltung der bereits angelegten Gräben und Dämme unmöglich wurde. Auf diese Weise erschütterte ein ständiger Wechsel von Ursachen und Wirkungen, die sich ihrer Natur nach stets gleich blieben und nur die Vorzeichen vertauschten, das unsichere Gleichgewicht der Daseinsbedingungen jener Zeit. Die Pest von 1348 fiel in eine absteigende Linie; ja, sie war, im ganzen gesehen, wahrscheinlich nur einer der Tiefpunkte.

In den ersten Jahren des 14. Jahrhunderts hatte man den Eindruck, daß zwischen den verfügbaren Gütern und der Bevölkerung ein deutliches Gefälle entstanden war und daß daher ein neues Gleichgewicht gefunden werden mußte. Das soll beileibe keine Deutung der *Ursachen* der einsetzenden wirtschaftlichen Unordnung sein, sondern nur die Feststellung eines Zustandes, dessen tieferliegende Voraussetzungen im Folgenden behandelt werden. Wir gehen, relativ willkürlich, von der Hungersnot der Jahre 1313–1317 aus und nehmen an, daß sie über eine Bevölkerung hereinbrach, die sich in optimaler Verfassung befand, also weder unterernährt noch von Epidemien dezimiert war. Jedenfalls erstreckte sie sich über mehrere europäische Länder, und die Teuerung war beträchtlich. Die Preise, die zwischen 1201 und 1312 in Frankreich um die Mittelwerte 3, 4 und 5 gekreist hatten (mit ganz seltenen Ausschlägen bis auf 10), erreichten 1313 den Index 25 und 1316 den Index 21. Wie anfechtbar diese von d'Avenel stammenden Zahlenwerte auch sein mögen,[1] es gibt keinen Grund, an der dramatischen Intensität der für diese Jahre aufgewiesenen Erscheinungen zu zweifeln, zumal das Beispiel Englands eine überaus eindeutige Bestätigung liefert. Zwischen 1208 und 1314 lagen dort die Preise um 3, 4 oder 5 Schilling mit Spitzen bei 7 oder 8 Schilling (9,2$^{3}/_{4}$ im Jahr 1295); in den Jahren 1315 und 1316 stiegen die Preise unvermittelt auf 16 Schilling an. Bis zu welchem Punkt blieben die französischen und englischen Preisbewegungen auf diese beiden Länder beschränkt? Die verstreuten Anzeichen, die sich beobachten lassen, erlauben uns, wie es scheint, von einer »European Famine« zu sprechen (um den Titel eines hochinteressanten Aufsatzes von H.-S. Lucas zu zitieren). Damit begann eine zwar nicht neue, aber erheblich verschärfte Periode jener Not, die man als regelrechte physiologische Elendszeit definieren kann. Mit dem Begriff des Elends rühren wir neben den Gesichtspunkten medizinischer Hygiene und landwirtschaftlicher Produktion an den Gesamtbereich des Sozialen. Tatsächlich folgte auf die große Teuerung der oben genannten Jahre eine Zeitspanne mit recht niedrigen Preisen (so daß die Bauern und Grundbesitzer sogar kleine Gewinne verzeichnen konnten), allerdings mit einigen erheblichen Maximalabweichungen, die sozial gesehen um so bedeutender waren, als sie in einer Periode des Preisverfalls auftraten, d. h. in einer Zeit, in der die Möglichkeiten der Wertbildung (in Geld oder Gütern) recht begrenzt waren. Somit darf man als sicher ansehen, daß zwischen 1313 und 1348 eine ganze Serie von Hungersnöten und Seuchen das demographische und biologische Potential Europas unterminiert

---

[1] Die hier wiedergegebenen Zahlen sind einem alten Werk von d'Avenel entnommen; es handelt sich um französische Franc. Die von d'Avenel angewandte Umrechnung von mittelalterlichen Münzen in die Franc-Währung von 1900 erscheint uns jedoch anfechtbar. Darum bitten wir den Leser, unsere Daten als Einheitswerte zu betrachten, die lediglich einen Eindruck von der Teuerung vermitteln wollen.

hatte. Über diese geschwächte Menschheit brach dann der »Schwarze Tod« herein, der »Große Tod« oder das »Große Sterben«. Eine Epidemie wie alle anderen? Nein, weitaus mehr. Zum ersten Male seit dem 6. Jahrhundert trat im Abendland wieder die Beulenpest auf. Die Opfer, die sie forderte, waren ungeheuer. Sie kam diesmal aus dem Mittleren Orient, wo sie schon 1347 gewütet hatte, und breitete sich 1348 über einen Großteil Europas aus (Italien, Frankreich und einen Teil Englands), griff 1349 auf das übrige England und Deutschland über und erreichte schließlich 1350 die skandinavischen Länder. Ziemlich heftige Hungersnöte waren ihr voraufgegangen und begleiteten sie. Ein folgenschwerer Umstand, nicht nur als Grund physiologischer Schwächung, sondern auch als Ursache einer anderen Erscheinung. Wenn nämlich die Pest einerseits in den Städten eine Auswanderungsbewegung der Wohlhabenden auslöste (denken wir nur an den florentinischen Freundeskreis des *Decamerone* von Boccaccio, der sich bei den ersten Anzeichen der Krankheit in Sicherheit bringt), so bedingte andererseits die Hungersnot einen Zustrom der Landbevölkerung in die Stadt, wo die Lebensmittelverteilung von seiten der Behörden die Not der Hungernden etwas zu lindern vermochte. In dieser Doppelbewegung von Flucht und Zustrom wurde die Stadt über ihr normales Fassungsvermögen hinaus bevölkert; in diese übervölkerten (und folglich unter noch schlechteren hygienischen Verhältnissen leidenden) Städte kam die Pest. Sie forderte überall und ausnahmslos ungeheure Opfer. Man kann natürlich nicht genau feststellen, ob die Stadt- oder die Landbevölkerung mehr gelitten hat; aus den schon angeführten Gründen sind genaue Berechnungen fast unmöglich. Viele Tote in den Städten gehörten zur Landbevölkerung, die erst kürzlich und vorübergehend — dies war zumindest ihre Absicht — zugewandert war; umgekehrt waren höchstwahrscheinlich ein Teil der Toten auf dem Lande »Städter«, welche die Stadt aus Furcht vor der Ansteckung und in der Hoffnung auf Rettung verlassen hatten. Dieser bis zum Ausbruch der Neuzeit für die Wechselwirkung von Hungersnot und Seuche charakteristische Mechanismus erklärt die Unbrauchbarkeit folgender Art von Überlegung: Wenn sich z. B. die Bevölkerung einer Stadt im Jahre 1345 auf 100 000 Menschen belief und wenn eine Volkszählung von 1351 eine Bevölkerung von 50 000 feststellte, so müsse man die Verluste mit etwa 50 % veranschlagen. Diese Berechnung ist nicht stichhaltig, da man berechtigterweise annehmen darf, daß jene Stadt während der Pestepidemie von 100- auf 120-, 130-, ja 140tausend Menschen angewachsen und daß gerade in dieser neu hinzugekommenen Bevölkerungsschicht die Sterblichkeitsquote besonders hoch war. Ebensowenig stichhaltig ist die Berechnung

der Sterblichkeitsziffer in einigen ländlichen Gebieten, weil die
manchmal vorkommende niedrige Sterblichkeit auf der Basis
der *vor* der Pestzeit dort lebenden Bevölkerung errechnet wurde,
ohne Berücksichtigung der Tatsache, daß ein Teil der Bevölkerung bei Anbruch der Epidemie in der Stadt Schutz gesucht
hatte. Ein weiterer und zugleich ergänzender Beweis für die
Existenz dieses Mechanismus ist die Tatsache, daß sehr häufig
eine Hungersnot der Epidemie nicht nur *vorausging*, sondern
sie auch begleitete und ihr *folgte*; und zwar ganz offensichtlich
deshalb, weil wegen der Flucht der Bauern in die Stadt die
nötigen Arbeitskräfte auf dem Lande für die folgende Ernte
fehlten. Die Behauptung, daß die Stadtbevölkerung zur Hälfte
dahingerafft wurde oder daß die Landbevölkerung *weniger*
unter der Pest gelitten habe, ist demnach sinnlos. Wir müssen
uns also um Maßstäbe anderer Art bemühen und die einzelnen
Berufsgattungen betrachten, z. B. den Rückgang der Anzahl
der Gemeinderäte untersuchen (in Spoleto sank nach der Pest
von 1348 die Zahl der Prioren von 12 auf 6, die der Parla-
mentsmitglieder von 1000 auf 300) oder die Verluste der
einzelnen Zünfte betrachten (in Hamburg starben 18 Metzger
von 40; 12 Bäckermeister von 34; 27 Stadtbeamte von 50;
und 16 von 21 Stadträten . . .).
Es steht daher ganz außer Zweifel, daß die europäische Bevölkerung zwischen 1315 und 1350 infolge der Häufung von
Hungersnöten und Epidemien stark zurückgegangen ist; die
schwarze Pest hat nur die schon vorhandenen Lücken noch außerordentlich vergrößert. Der allgemeine europäische Bevölke-
rungsstand zu Beginn des 14. Jahrhunderts wurde erst im
fortgeschrittenen 16. Jahrhundert wieder erreicht, wie die folgenden, auf die gesamte europäische Bevölkerung bezogenen
Zahlen beweisen:

| *Jahre* | Zahlen (in Millionen) | |
	(nach M. K. Bennet)	(nach J.-C. Russel)
1000	42	52,2
1100	48	
1200	61	61
1300	73	
1340		85,9
1350	51	
1400	45	52
1500	69	70,8
1600	89	

Die für Frankreich, Deutschland und England verfügbaren genaueren Daten bestätigen diesen Eindruck (Zahlen nach W. Abel):

	1200	1340	1470	1620	1740	1800
Frankreich	12	21	14	21	17	27
England	2,2	4,5	3	5	6	9
Deutschland	8	14	10	16	18	24
(in Millionen)	22,2	39,5	27	42	41	60

Es handelt sich natürlich zum großen Teil um annähernde Schätzungen, über die man lange diskutieren könnte und die in der Tat häufig umstritten waren. Aber sie vermitteln sicher einen gültigen Eindruck; der Bevölkerungsschwund zwischen dem 13. und dem 14. Jahrhundert tritt ganz deutlich zutage, welche Reihe man auch immer verfolgen mag. Darum ist, ganz abgesehen von den immer ungenauen Statistiken, dieser Bevölkerungsschwund eine der wenigen Gewißheiten, über die man für jene Zeit verfügt.

Andrerseits sollte man sich von der Magie der Zahlen nicht verführen lassen. Weitaus bedeutsamer war der wirtschaftliche und soziale Strukturwandel, den Europa in jener Zeit erlebte. Die Veränderungen waren überaus groß. Zunächst einmal kehrte ein Teil der Bauern nicht mehr auf ihr Land zurück, das sie aus Hunger und Not verlassen hatten; und das nicht nur, weil viele von ihnen in den Städten umkamen, sondern weil die Überlebenden Gelegenheit hatten, die Stellungen der verstorbenen Bürger einzunehmen — und zwar in jeder Hinsicht. Ferner ergaben sich im Kreise der überlebenden Bürger — durch das einfache Spiel der Erbschaften — Vermögensballungen, welche ein Wiederaufblühen von Handel und Gewerbe in größerem Stil ermöglichten. Das Land jedoch entvölkerte sich weiter; die Stadt übte eine ungeheuer starke Anziehungskraft auf die Menschen aus, die einem wahren Gottesgericht entronnen waren — wie es die Pest in der damaligen Sicht eines war. In Wirklichkeit förderten so furchtbare Katastrophen wie Hungersnöte und Epidemien kaum ein im christlichen Sinn besseres Leben, auch wenn sie vom Volksglauben (und nicht nur von ihm) als Strafe Gottes für den Verfall der Sitten, für Sündhaftigkeit und Abweichen vom rechten Wege gedeutet wurden. Wo sie einerseits Bewegungen von großer geistiger Intensität hervorbrachten (in denen allerdings manchmal ein Funke Hysterie schwelte; denken wir nur an die Flagellanten der Jahre um 1349, die große Teile Europas »nackt, mit Geißeln, eingereiht wie zu einer Prozession, durchquerten..., wobei sie ihre rituellen Lieder heulten und sangen«, wie es in der Chronik von Jean de Venette heißt), hatten sie andererseits einen allgemeinen sittlichen Verfall zur Folge. Das ist durchaus verständlich, denn das Gefühl der Unsicherheit eines Lebens, das von einer Stunde zur anderen auf schrecklichste Weise enden konnte, erzeugte einen Eindruck der Vorläufigkeit, der aller dauerhaften Anstrengungen zu spotten schien. Die notwendige Vermeidung enger persönlicher Kontakte aus Angst vor Ansteckung sprengte sowohl die Familienbande als auch ganz allgemein die gesellschaftlichen Bindungen; die abertausend Beispiele von Feigheit in allen sozialen Schichten (der eindrucksvollste und häufigste Fall war wohl die Flucht der Priester vor ihrer Gemeinde im Angesicht des Todes) waren dazu angetan, die Widerstandskraft der meisten zu brechen. Die Idee vom Gott der Liebe verwandelte sich angesichts der Grausamkeit der Todesfälle in die Vorstellung vom Gott der Gerechtigkeit, einer Gerechtigkeit, die jedoch im Innersten als Ungerechtigkeit empfunden wurde. Der Irrationalismus gewann die Oberhand und legte den Keim zu Pogromen: man verfolgte den Juden, den Mohren, den Fremden; Rassenhaß und religiöse Intoleranz traten mit wachsender Heftigkeit auf; allerdings dürfen wir nicht vergessen, daß sich hinter diesem Haß häufig wirtschaftliche Interessen verbargen, die die Pogrome in Ausbrüche des Klassenhasses verwandelten. Ebenso wie diese Folge von Hungersnöten und Epidemien auf medizinisch-sozialem Gebiet einen wahren Teufelskreis auslöste, so erzeugte sie auch im geistig-ethischen Bereich einen circulus vitiosus: jede Hungersnot-Seuche-Welle, die zu Beginn als Strafe Gottes betrachtet wurde, führte nämlich langsam aber sicher zum Verfall des ethischen und sozialen Gewissens. Daher erschien zwar beim Anbruch der nächsten Katastrophe die These vom Gottesgericht um so berechtigter; aber dieses kam über eine Bevölkerung, deren moralische Grundsätze schon durch die letzte Seuche schwer erschüttert worden waren.

Um noch einmal auf die These von einem »jungfräulichen« Europa zurückzukommen, welches am Ausgang des 13. Jahrhunderts sowohl wirtschaftlich als auch geistig, sozial, bevölkerungspolitisch und biologisch seinen Höchststand erreicht habe, so wird niemand bestreiten können, daß sich um die Mitte des 14. Jahrhunderts die Lage radikal geändert hat. Hier soll die eigentliche geschichtliche Darstellung einsetzen, die den Inhalt des vorliegenden Bandes ausmacht.

II. DER STRUKTURWANDEL DER LANDWIRTSCHAFT

Kann man also behaupten, daß die demographische Entwicklung der *Deus ex machina* war, daß die »Krise« des 14. Jahr·

hunderts durch den Bevölkerungsschwund ausgelöst wurde, der sich schon seit Beginn des Jahrhunderts abzeichnete? Eine solche Erklärung wäre allerdings eine Tautologie, angesichts derer sich als erste Reaktion einige Fragen aufdrängen: *Warum* dieser Bevölkerungsrückgang? *Wie* erklärt sich der beginnende Bevölkerungsschwund in einer Gesellschaft wie der des 13. Jahrhunderts, in der alles zum besten stand? Man beantwortet diese Fragen nicht, indem man anführt, daß die Entwaldung nicht weiter fortgesetzt werden konnte, daß zur Rodung nur noch schlechter Boden in wenig ertragreichen Randgebieten zur Verfügung stand, oder auch, daß das »prekäre Gleichgewicht« zwischen Ackerbau und Viehzucht gestört war, denn mit eben diesen Argumenten gerät man schon mitten in die »Krise« hinein.

Aber es ist vielleicht besser, vorläufig die Frage nach dem Ursprung der »Krise« beiseite zu lassen und sofort nach ihrem Wesen zu fragen.

Das erste Gebiet, das uns interessieren muß, ist die Landwirtschaft; sie bildete nämlich in einer Gesellschaft wie der des mittelalterlichen Europas (und über das Mittelalter hinaus bis ins 18. Jahrhundert hinein) den Hauptfaktor der Wirtschaftsproduktion aller Länder und die Hauptertragsquelle der Bevölkerungen. Man sollte sich nicht allzu sehr vom Glanz des »Handels« und des »Gewerbes« verführen lassen! Jene großen Kaufleute, jene einflußreichen Bankiers und genialen Unternehmer sind recht häufig Nebenerscheinungen, oder zumindest sind sie es dann, wenn man sie im Verhältnis zur eigentlichen Wirtschaftsform ihrer Zeit sieht, nämlich zur Landwirtschaft. Die Behauptung, daß jeder kollektive »Erfolg« im Handel des 12. und 13. Jahrhunderts aufs engste mit der außerordentlichen Blüte der Landwirtschaft jener Zeit verbunden war, ist weder übertrieben noch überflüssig. Zu Beginn des 14. Jahrhunderts trat jedoch, wie wir schon gesehen haben, ein Szenenwechsel ein. Wir möchten uns zunächst jeden Kommentars enthalten, um als erstes einige Fakten anzuführen. Das reichste Zahlenmaterial besitzen wir für die englische Geschichte: So zeigt sich auf den zu Schloß Wistow gehörenden Ländereien, die von der Abtei Ramsey abhingen, ein starker Rückgang des Bodenertrages. Beim Weizen z. B. betrug das Verhältnis von Aussaat und Ernte um die Mitte des 13. Jahrhunderts 1 : 6; es fiel auf 1 : 3,3 in den Jahren 1318 und 1335, und auf 1 : 2,7 im Jahr 1346. Parallel dazu lief ein progressive Verarmung der angebauten Getreidearten. Während um die Mitte des 13. Jahrhunderts Weizen und Hafer die am häufigsten vorkommenden Getreidearten waren, herrschten um 1430 Gerste und Hülsenfrüchte vor, welch letztere im Jahre

1247 noch nicht einmal angebaut wurden; der Hafer verschwand völlig und der Weizenanbau wurde unerheblich. Wir stehen hier vor einer langsamen, scherenförmig auseinanderlaufenden Entwicklung der beiden Erzeugnisgruppen; bei genauer Betrachtung der sehr vollständigen Statistiken von J. Raftis sieht man ganz deutlich, daß es sich um einen echten Strukturwandel handelte. Weiterhin parallel dazu (die Parallele ist um so enger, als sich die folgenden Zahlen auf Schloß Houghton beziehen, welches ebenfalls zur Abtei Ramsey gehörte) zeigt sich ein progressiver Schwund des Viehbestandes: Er fiel von 28 Ochsen und 6 Pferden im Jahr 1307 auf 5 Ochsen und 6 Pferde im Jahre 1445, stieg dann 1454 auf 12 Pferde — bei völliger Abschaffung der Ochsen, und 1460 blieben schließlich nur noch 4 Pferde übrig. Dieser Rückgang des Viehbestandes war nicht nur an und für sich bedeutungsvoll, sondern hatte auch schwerwiegende Folgen für die Landbestellung. Hand in Hand mit dem progressiven Rückgang und dem schließlichen Verschwinden der Ochsen ging ein zahlenmäßiger Rückgang der Pflüge, die von 5 im Jahre 1307 auf einen im Jahr 1419 absanken. Zusammen mit der Reduzierung der landwirtschaftlichen Produktionsmittel wurde auch der Grundzins für das Pachtland herabgesetzt: Er fiel z. B. für die Ländereien des Schlosses von Bigod (Norfolk) von 10,69 Pences pro Morgen in den Jahren 1376—78 auf 9,11 Pences im Jahr 1401.

Zusammen mit diesen Erscheinungen läßt sich eine eindrucksvolle Abwanderung der Landbevölkerung feststellen, die zur Entstehung der sogenannten »verlassenen Dörfer« geführt hat.

Eine Gemeinde z. B., die sich rund um Schloß Grenstein (Norfolk) angesiedelt hatte und deren blühendes Leben von Chroniken um 1250—1266 bezeugt wird, verschwand in der Folgezeit völlig. Ein weiteres Beispiel ist Cublington (in der Grafschaft Buckingham), welches 1283 eine Bevölkerung von etwa 40 Familien hatte, deren Mitglieder auf ca. 160 ha beschäftigt waren. 1304 war die bebaute Fläche auf 120 ha abgesunken und betrug nur noch 64 ha im Jahr 1346; eine Chronik von 1341 spricht von 13 verlassenen Häusern und zeigt uns ein Bild jammervollen Elends: Nicht ein einziger Familienvater konnte mit Steuern belegt werden ... Wir haben hier nur zwei Beispiele angeführt; man nimmt jedoch an, daß etwa 450 große Dörfer und noch mehr kleine Weiler (etwa ein Fünftel der ländlichen Siedlungen in England) untergegangen sind. Dieses Phänomen ist um so unheilvoller, als es sich besonders auf die östlichen Gebiete konzentrierte, welche traditionsgemäß wichtige Weizenüberschußgebiete mit zum Export bestimmter Produktion waren. Hinzu kam die Bildung von großen »Koppeln«, ein Beweis nicht nur für die Zusammenlegung verstreuter oder geteilter Parzellen, sondern auch für die ungeheure Verbreitung von Schafherden. »Die Schafe fressen die Menschen auf«, wird Thomas Morus später schreiben. Das ist gewiß eine Übertreibung, gleichzeitig aber auch ein gültiges Zeugnis für einen Wandlungsprozeß.

Die Landflucht, das Verlassen der bäuerlichen Siedlungen trug — verbunden mit den durch Seuchen verursachten Menschenverlusten — dazu bei, daß die Arbeitskräfte nicht mehr ausreichten, was wiederum den Grundherrn in Schwierigkeiten brachte; ihm standen nur noch zwei Wege offen:

a) sein Land den Bauern, soweit sie es nehmen wollten, zur Pacht zu überlassen, und zwar zu immer niedrigerem Pachtzins,

b) zur Eigenbewirtschaftung seiner Ländereien überzugehen und folglich die ständig steigenden Lohnforderungen der Landarbeiter zu akzeptieren.

Beide Lösungen waren jedenfalls dazu angetan, den schon beginnenden Verfall der grundherrlichen Gewalt weiter voranzutreiben.

So sah, kurz umrissen, die Lage in England aus. Auf dem Kontinent begegnete man ihr vor allem in Frankreich. In den französischen Weilern »hörte man weder Hahnenschrei noch Hühnergegacker«. Auch hier wurden viele Dörfer verlassen; in der Provence z. B. verschwanden ganze ländliche Siedlungen. So war Dromon, welches im Jahr 1297 87 Feuerstellen besaß, zwischen 1308 und 1371 60 und im Jahre 1371 40 selbständige Wirtschaften zählte, 1471 völlig verlassen. Dieser Prozeß wird noch aufschlußreicher, wenn man berücksichtigt, daß im Jahr 1297 nur 15 von den 87 Feuerstellen Bettlern gehörten, gegen 17 Feuerstellen von Bettlerfamilien auf 40 Wirtschaften im Jahr 1371. Diesem Beispiel ließen sich viele ähnliche hinzufügen: das Gesagte gilt z. B. auch für die Brie oder auch die Gegend von Senlis, wo die Bevölkerungsdichte von 15 Feuerstellen pro km² im Jahre 1328 auf 3 bis 4 um die Mitte des 15. Jahrhunderts absank. Trotz der Dehnbarkeit des Begriffes *Feuerstelle*, der 4 bis 5 Personen oder auch mehr umfaßte, handelte es sich hier nicht nur um einen Bevölkerungsrückgang, sondern um ein richtiges Aussterben.

Angesichts dieser Erscheinungen ist man zunächst versucht, dem Hundertjährigen Krieg einen entscheidenden Einfluß auf die Abwanderung aus den französischen Dörfern zuzuschreiben. Ohne Zweifel übte der Krieg mit seinem Gefolge von Not und Elend einen gewaltigen Druck aus; man muß sich jedoch vor Augen halten, daß Landflucht schon vor den Feindseligkeiten begann. — Die »Kriegstheorie« erscheint demnach als Erklärung für die »Agrarkrise« völlig unhaltbar. Auch die These von den Überfällen bewaffneter Banden ist nicht stichhaltig; sie waren

Auswirkungen, auch erschwerende Momente, nicht jedoch Ursache der »Krise«.

Neben der Entvölkerung des Landes ist auch die Aufgabe urbar gemachten Bodens in Betracht zu ziehen: in den Voralpen, im Sénonais und im Périgord wurden Felder und Weinberge von Wald überwuchert; dies ist einer der wesentlichsten Züge der französischen Landwirtschaft jener Zeit. Und auch in Frankreich folgten die Pachtsätze einer ständig fallenden Linie: Der Pachtzins für den anbaufähigen Boden der Abtei von St. Germain-des Prés in Meudon fiel von 84 *danarii* pro Huf (0,42 ha) in den Jahren 1360—1400 auf 56 in der Zeit von 1442—1461; während derselben Zeit fiel die Pacht für die Weinberge von 76 auf 50 *danarii*. Auch die landwirtschaftlichen Löhne stiegen stark an: Ein Tagelöhner im Weinbaugebiet von Marseille bekam 1306 täglich 10 bis 15 *deniers*, um 1331—36 schon 15 bis 18, 48 bis zu 60 *deniers* in den Jahren 1349—1363, und gar 60 bis 72 in den Jahren von 1409—1434. Manche Grundherren hatten eine Eigenbewirtschaftung ihrer Ländereien versucht, jedoch brachte der intensive Lohnanstieg sie wieder von dieser Lösung ab: So z. B. das Kapitel der Kirche St. Severin zu Bordeaux, welches 1423 nach einem Versuch, seinen Grundbesitz selbst zu bebauen, »diesen dem Weinbauer Arnaud Costau« gegen Zahlung eines Geldzinses »als neues Lehen zur Pacht gibt«. Die Gründe dieser Aufgabe sind klar angegeben: Man hat »gesehen und beobachtet, daß es ihnen — angesichts der hohen Kosten und Ausgaben — keinerlei Gewinn und Nutzen brachte«.

Auch in Frankreich litt besonders der Lehnsbesitz unter dem Niedergang der Landwirtschaft, und die Möglichkeiten, der »Krise« zu begegnen, waren vielleicht noch beschränkter als in England.

In Deutschland war die Lage nicht sehr viel anders als in England und Frankreich: In Mitteldeutschland wurden zwischen 40% und 68% der Dörfer verlassen; im nordwestlichen Teil des Landes dagegen blieb die Landflucht ein sehr begrenztes Phänomen; Süddeutschland nahm eine Zwischenstellung ein: Alles in allem aber entvölkerten sich viele tausend dörfliche Siedlungen. W. *Abel* hat mit seinen scharfsinnigen Untersuchungen bewiesen, welch ungeheure Ausmaße (in jeder Hinsicht) die Landflucht angenommen hatte. Auch hier lag eine ähnliche Entwicklung wie in den anderen europäischen Ländern vor: Die Bewohner verließen ihre Dörfer nicht, um sich in anderen Siedlungen enger zusammenzuschließen (auch wenn dafür vereinzelte Beispiele vorhanden sind): eine *Ballungstheorie*, die von einigen Historikern verfochten wird, ist nicht ganz stichhaltig. Es handelte sich im Grunde nicht um einen Konzentrationsprozeß, sondern um ein ausgesprochenes Veröden der

Siedlungen. Deutschland erlebte folglich ebenfalls das hohe Ansteigen der Löhne, und auch hier sahen viele Grundherren schließlich keinen anderen Ausweg, als von der Eigenbewirtschaftung ihres Besitzes Abstand zu nehmen. Genau wie im Falle des Grundbesitzes des Kapitels der St. Severinskirche in Bordeaux wurden die Ländereien des Klosters zu Escher in Deutschland, welche die Laienbrüder selbst bewirtschaftet hatten, im Villikationssystem zwei Pächtern abgetreten, weil — wie ausdrücklich festgestellt wurde — »die Methode (der Eigennutzung) sehr unvorteilhaft ist«.

Parallel zum Veröden der Siedlungen vollzog sich ein starker Rückgang der Getreideerzeugung und eine erneute Ausdehnung der Wälder: Eine Pollenuntersuchung des Torfbodens aus dem Roten Moor zeigte ganz deutlich, daß sich die hochstämmigen Gewächse zum Nachteil des Getreideanbaus ausbreiteten. Höchstwahrscheinlich vollzog sich dieser Wiederbewaldungsprozeß in Deutschland auf die übliche Weise: Birken und andere schnell wachsende Pflanzen eroberten als erste den Boden; die anderen, langsamer wachsenden, aber langlebigeren Pflanzen folgten in mehr oder weniger großen Zeitabständen.

Gleichzeitig mit der Einschränkung der Getreideanbauflächen ergab sich eine starke Ausdehnung der Viehzucht, wie uns der große Rind- und Lammfleischverzehr der Deutschen gegen Ende des 14. und während des 15. Jahrhunderts beweist. Andererseits dürfen wir jedoch nicht die Bedeutung der Ausgleichskulturen unterschätzen; in der Moselgegend z. B. wurde der Flachsanbau intensiver; um Erfurt herum wurde der Weizen durch den Waid und in der Speyrer Gegend durch den Krapp ersetzt. Hierbei handelte es sich um Erzeugnisse, die zur gewerblichen Verarbeitung geeignet waren; wir werden später auf diesen wichtigen Punkt zurückkommen.

Außerdem müssen wir noch feststellen, daß neben den genannten Kulturen auch andere, im engeren Sinne landwirtschaftliche Bodenkulturen eingeführt oder zumindest intensiviert wurden: wie Obst (Erfurt) und Weinbau (Harz); alles das sind wichtige Faktoren, die uns den Strukturwandel der deutschen Agrargebiete während jener Zeit deutlich vor Augen führen.

Dieser Wandel machte sich übrigens auch in anderen Ländern bemerkbar, so z. B. in den Niederlanden, in Dänemark, Schweden und Norwegen, wo zahlreiche Wüstungen auftraten. Schon damals wurde Dänemark zum Ausfuhrland für Schlachtvieh nach Lübeck und Hamburg; Norwegen begann, Butter in die Hansestädte auszuführen; in den Niederlanden wurden große Teile des Ackerlandes zum Futtermittelanbau verwandt.

Polen bildete im Block der kontinentaleuropäischen Länder eine Ausnahme; in der Tat finden wir dort kaum — und ebenso wenig in Ostdeutschland — eine so intensive Zersplitterung und Umformung der Agrarstruktur wie in den übrigen europäischen Ländern. Eine Erklärung kann möglicherweise darin liegen, daß sich in Polen die Siedlungsbewegung, die ganz Europa zwischen dem 11. und dem 13. Jahrhundert gemeinsam war, nicht erschöpfte, weil die polnischen Großgrundbesitzer in dem Zustrom flämischer und deutscher Siedler Verstärkung fanden. Es handelte sich hierbei weniger um deren physische Anwesenheit, als vielmehr um die in ihrem Gefolge eingeführten Rechtsformen, in denen gleichzeitig ein positives und ein negatives Element steckte: Positiv insofern, als in den Dörfern mit germanischen Rechtsformen die persönliche Freiheit der Bauern bestehen blieb, ja sogar gestärkt wurde, wobei sich die Gestalt eines mittleren Grundbesitzers herausbildete (die *sculteti*). Negativ dagegen durch die Tatsache, daß der polnische Adel gerade mit der Unterstützung dieser germanischen Elemente die Grundherrschaft (*folwark*) mit ihrer unvermeidlichen Folge von Frondiensten, Privilegien usw. ausbauen konnte; auf diese Weise begann nämlich eine Jahrhunderte überdauernde Politik härtester Ausnützung der Bauern.

So kann man in Form eines allgemeinen Urteils unter Vernachlässigung der besonderen Aspekte zusammenfassend sagen, daß sich in Polen ein bruchloser — wenn auch nicht reibungsloser — Übergang von der Phase der Agrarexpansion des 11., 12. und 13. Jahrhunderts (die ganz Europa gemeinsam war) zu der Reaktion der Großgrundbesitzer vollzog, die das 14. und vor allem das 17. Jahrhundert kennzeichnete.

Dieses sind die Veränderungen im Bereich der Landwirtschaft Kontinentaleuropas gewesen. Wie stand es mit den großen Halbinseln? Auch sie weisen im wesentlichen dieselben Grundtendenzen auf wie das übrige Europa, von einigen Besonderheiten abgesehen, welche die Stellung der Großgrundbesitzer betreffen.

In der Geschichte der spanischen Landwirtschaft zwischen dem 13. und dem Ende des 15. Jahrhunderts war die außerordentliche Verbreitung der Schafzucht der wichtigste und eindrucksvollste Vorgang. Die Vorstellung, daß dieses Phänomen erst *nach* der Pest von 1348 auftrat, wäre für eine theoretische Interpretation ungeheuer verlockend. So könnte man etwa erklären, daß wegen des Rückgangs der für die Feldarbeit zur Verfügung stehenden Arbeitskräfte die Wirtschaft der Lehnsgüter auf Viehzucht umgestellt wurde. Das bleibt jedoch eine rein theoretische Konstruktion (die übrigens von vielen Historikern sowohl im Hinblick auf Spanien als auch auf England vorgebracht wird!), denn schon ein halbes Jahrhundert *vor* der großen Pest erfolgten umfangreiche Exportationen spanischer Wolle; und die *merinos* wurden zwischen 1290 und 1310 auf der Halbinsel eingeführt. Zwischen dem Anfang des 14. Jahrhunderts und 1467 stieg die Anzahl der Schafe von etwa 1 500 000 auf 2 700 000. Das ganze Zentralgebiet der Iberischen Halbinsel war an der Schafzucht beteiligt, die — wie jede Weidewirtschaft — die Bildung flächenmäßig ausgedehnter Grundbesitze förderte.

Parallel zu dieser enormen Entwicklung der Schafzucht, die nur einer sehr dünnen sozialen Oberschicht wirtschaftlichen Nutzen brachte, verlief der Niedergang der Landwirtschaft, vor allem des Getreideanbaus, so daß gegen Ende des 15. Jahrhunderts die Weizenversorgung des Landes zu einem der größten Probleme für die Katholischen Könige wurde. Der Weinbau blühte — wenigstens relativ —, so wie auch ein üppiger Gemüseanbau in Katalonien. Spanien zerfiel jedoch in zwei Teile mit äußerst verschiedenen Wesenszügen; in Kastilien, und generell im zentralen Teil der Halbinsel entstand eine reiche und mächtige Aristokratie; in Aragon und vor allem auch in Katalonien machten sich dagegen unwiderlegbare Zeichen des Niedergangs bemerkbar; die 200 großen katalanischen Familien waren gegen Ende des 15. Jahrhunderts auf wenig mehr als zehn zusammengeschrumpft.

Eine Bestätigung der spanischen Verhältnisse vermag Portugal zu geben. Die jüngste Geschichtsschreibung erklärt ohne Umschweife, daß einer der Beweggründe der portugiesischen Expansion auf die Atlantikinseln (Madeira und Azoren) in der Suche nach Getreideanbaugebieten zu sehen sei. Hat man diesen Hunger — im wahrsten Sinne des Wortes — auf den Weizen der »Kolonien« nicht als Indiz für Lücken in der Erzeugung des Mutterlandes zu betrachten?

Bei der Untersuchung der Lage in Italien gewinnt man den Eindruck, daß sich die heutige Geschichtsschreibung allzu sehr von der Blüte und den Erfolgen des Städtewesens blenden läßt (man sollte jedoch, wie wir später sehen werden, nicht von *Erfolgen*, sondern bestenfalls von *Widerstandskraft* sprechen) und das Problem etwas vorschnell gelöst hat, indem sie die Existenz der Krise in Frage stellte. Zweifellos war Italien ein Beispiel außergewöhnlicher Widerstandskraft; und wenn von Italien die Rede ist, so beziehen wir uns in diesem Zusammenhang nur auf den mittleren und nördlichen Teil, da die Lage im Kirchenstaat und südlich davon ganz verschieden war. Die starke Machtkonzentration in den Städten, die nicht nur eine Ballung von finanziellen Mitteln, sondern auch von Einfluß, von Prestige, verbunden mit einem tief verwurzelten Selbstbewußtsein, darstellte, hat ein hartnäckigeres Durchhalten ermöglicht. Im südlichen Teil der Halbinsel, besonders in einigen Gebieten (wie

z. B. dem apulischen Tavoliere) wurde die Viehzucht intensiver, wie uns die bedeutenden Ausfuhren sizilianischen Käses und apulischer Wolle, die allerdings nur von mittelmäßiger Qualität war, beweisen. Jedenfalls kann man — nach dem heutigen Stand der historiographischen Kenntnisse — kaum etwas Definitives über die Agrarentwicklung für jene Gebiete aussagen. Dasselbe gilt, im großen und ganzen, auch für den Kirchenstaat.

Die Entwicklung in Nord- und Mittelitalien war sehr komplex. Trotz des unleugbaren Sieges der politisch, wirtschaftlich und sozial fortschrittlichen Verwaltungsform, der Stadtgemeinde, blieb der Feudalbesitz weiterhin »das Rückgrat der wirtschaftlichen und rechtlichen Struktur des Landes« (P. S. Leicht). Dies dürfen wir über der eindrucksvollen Blüte der Gemeinden nicht vergessen. Die Erfolge der Gemeinden äußerten sich weniger in einem vollständigen Strukturwandel als vielmehr in einer Besitzverschiebung, wobei große Ländereien aus dem Besitz von Lehnsherren des Hochadels in die Hände des niederen Adels übergingen. Alles dieses jedoch bedeutete nicht — wie man lange geglaubt hat — eine einschneidende Änderung des rechtlichen und sozialen Status der Arbeiter. Man gibt sich bestimmt einer Illusion hin, wenn man meint, daß die führenden Männer der Gemeindepolitik jene kollektiven Freilassungen, welche die Gemeinden als Kampfmittel gegen die großen, alteingesessenen Feudalherren gebrauchten, als Mittel zum radikalen Umsturz der Agrarverfassung betrachtet hätten; so kam es, daß »während auf dem Lande die Leibeigenschaft ganz und gar verschwindet, die Bindung des unfreien Bauern an das Land, das er bewirtschaftet, nicht wirklich abgeschafft wird« (G. Luzzatto). Jedenfalls blieb trotz aller Reformen gegen Ende des 13. Jahrhunderts das Kirchenland, welches einen wichtigen Teil des großen feudalen oder halbfeudalen Besitzes darstellte, fest in den Händen seiner bisherigen Herren. Die Bestrebungen der Gemeinde waren da, wo sie sich entwickelten, hauptsächlich auf den Laienbesitz ausgerichtet und haben die Gesamtheit des Kirchenbesitzes unangetastet gelassen. Der Zerfall der Kirchengüter begann erst mit dem 14. Jahrhundert; erst das ist ein Vorgang von entscheidender Bedeutung. So sieht in großen Zügen das Bild aus, das man von den verworrenen und sehr eigentümlichen Geschicken der italienischen Landwirtschaft in ihrer Verflechtung mit den sozialen Verhältnissen gewinnt. Eines ist eindeutig, ein Produktionsrückgang zeichnete sich vom 14. Jahrhundert an ab. Die umfangreichen Arbeiten der Urbarmachung, Entwaldung und Regulierung von Wasserläufen, welche die vorhergehenden Jahrhunderte charakterisiert hatten, kamen zum Stillstand. Es fehlte auch in

Italien nicht an Zeichen der Landflucht, die in vielen Gebieten sogar bis zu Wüstungen führte.[1]

Zusammenfassend glauben wir ohne weiteres Zögern sagen zu können, daß sich auch die italienische Landwirtschaft — sogar in den reichen Gebieten — in den allgemeinen Rahmen der europäischen Krisensituation einfügte.

Alles bisher Gesagte läßt sich auf eine gemeinsame europäische Grundtatsache zurückführen, und zwar auf mehreren Wegen. Wir wollen hier nur zwei von ihnen andeuten. Der eine wird vom Getreidehandel gewiesen. Ist es nicht bezeichnend, daß die nordeuropäischen Länder vom 14. Jahrhundert an ihr Getreide in Danzig kauften, wohin es aus den Gebieten des Deutschen Ordens geschickt wurde? Muß man darin nicht einen Beweis für die sinkende Getreideerzeugung mehrerer Länder sehen (angefangen bei England über Flandern bis nach Norwegen hinauf), die alle gezwungen waren, sich außerhalb ihrer Grenzen und ihres gegenseitigen Tauschverkehrs neue Versorgungsquellen zu erschließen? Dem entspricht die Situation im Mittelmeergebiet zwischen dem 14. und 15. Jahrhundert, welche durch einen Rückgang des internationalen Getreidehandels gekennzeichnet ist; die Ausfuhrmöglichkeiten mehrerer traditioneller Überschußgebiete waren nämlich beträchtlich zusammengeschrumpft. Der einzige Unterschied zu den nordeuropäischen Ländern bestand tatsächlich darin, daß innerhalb des Mittelmeerbeckens keine Möglichkeit zur »Entdeckung« neuer Versorgungsquellen mehr vorhanden war (abgesehen von den Gebieten um das Schwarze Meer; aber hier erschwerten geographische, politische und militärische Faktoren eine Lösung des Problems ganz erheblich). So wirft dieser Hinweis auf den Handel ein klares Licht auf bestimmte Strukturmängel der westeuropäischen Landwirtschaft.

Der zweite Weg kann dazu dienen, hinter den materiellen Notständen einen großen Teil der durch sie provozierten Veränderungen und sozialen Spannungen zu veranschaulichen; sein Verlauf fällt mit dem der Bauernaufstände zusammen. Das 14. und 15. Jahrhundert waren von Aufruhr erschüttert; und selbst wenn man von der großen Bewegung der französischen *Jacquerie* (1358) oder dem englischen Aufstand von 1381 absieht, waren diese beiden Jahrhunderte im ganzen von einem ständigen, manchmal unterschwelligen, manchmal brutal ausbrechenden Rebellionsgeist erfüllt. Die Sprüche, die die Verachtung für den Bauern ausdrücken: »Der Bauer ist an Ochsen statt, nur daß er keine Hörner hat« oder aber »Jacques (Anspielung auf den

---

[1] Wir verdanken diese wichtigen — und ganz neuen — Kenntnisse Fräulein Zuber und J. Day, die das äußerst interessante Thema der Wüstungen gerade für Italien untersuchen.

französischen Bauern, der allgemein Jacques genannt wurde)
Bonhomme a bon dos, il souffre tout« (Jacques Bonhomme hat
einen kräftigen Rücken, er erträgt alles) wandelten sich langsam
und wurden zum Ausdruck der Angst: »A furore rusticorum,
libera nos Domine!« Andererseits spielte ein wichtiges neues
Element mit: Der Bauer fand nunmehr Verbündete bei seinem
Aufbegehren. Bauernaufstände und Revolten in den Städten fielen häufig zeitlich zusammen; so z. B. der Pariser Aufstand
von Etienne Marcel und die *Jacquerie* von 1358, sowie der
Londoner Aufstand von Wat Tyler und die Bauernbewegung
von 1381 ... Es handelt sich hier um ein für die europäische
Sozialgeschichte — ja für die europäische Geschichte überhaupt
— recht wichtiges Phänomen. Auch die Gleichzeitigkeit der
Aufstände in den verschiedenen europäischen Ländern kam
nicht von ungefähr (wir greifen hier dem folgenden Abschnitt
über die städtischen Wirtschaftssysteme ein wenig voraus): Die
Ciompi in Florenz (1378), Philippe Van Artewelde in Gent
(1381), Wat Tyler in London (1381), Tuchins im Languedoc
und Maillotins in Paris (1382). Die gegenseitige Ergänzung
und die zeitliche Entsprechung verdeutlichen unmittelbar sämtliche Schwierigkeiten der wirtschaftlichen Verhältnisse des
Augenblicks.

III. DIE FAKTOREN DER »AGRARKRISE« UND IHRE SOZIALEN FOLGEN

Es ist nun an der Zeit, den tieferen Sinn der Veränderungen
herauszuarbeiten, die jene »Krise« des 14. Jahrhunderts
kennzeichneten. Es handelt sich dabei nicht zuletzt um die Frage
des Entstehungsprozesses, die wir schon berührt haben und die
wir nun näher untersuchen wollen.
Eines ist sicher und ergibt sich aus dem bisher Gesagten, nämlich daß die europäische Landwirtschaftsproduktion in ihrer
Gesamtheit während des 14. Jahrhunderts abgenommen hat;
auch die Bevölkerung hat schwere Einbußen erlitten. Kann
man aber deshalb behaupten, daß die verfügbaren Güter pro Kopf
die gleichen blieben wie vorher? Dazu hätte der Rückgang der
Landwirtschaftsproduktion dem der Bevölkerung proportional
entsprechen müssen. Natürlich ist ein lückenloser Beweis dieser
Hypothese nur schwer zu erbringen; es fehlt eine hinreichend
genaue Quellendokumentation zur Lösung dieses Problems,
und sie wird wohl auch in Zukunft nicht vorhanden sein. Immerhin vermittelt eine aufmerksame Untersuchung der Chroniken, Dokumente und Texte jener Zeit den allgemeinen *Eindruck*, daß auch die Pro-Kopf-Produktion geringer geworden
sei. An diesem Punkt jedoch wird das Problem ungeheuer kom-

pliziert: Was die Ernährung angeht, so könnte z. B. der Produktionsrückgang durch einen ansteigenden Fleischkonsum kompensiert worden sein. Dieser Hinweis auf einen der mannigfachen Aspekte mag genügen, um uns die Unmöglichkeit von Global- oder Pro-capite-Berechnungen der Agrar- und Viehproduktion jener Zeit zu beweisen.

Abgesehen von Berechnungen oder Eindrücken bleibt jedoch eine Tatsache unbezweifelbar, nämlich eine erhöhte Brüchigkeit, eine sich ausbreitende Zersplitterung der europäischen Agrarstrukturen schon vom Beginn des 14. Jahrhunderts an. Alles war in Bewegung, alles war im Aufbruch. Auf die Frage nach dem »Warum« gibt es mehrere Antworten: »rapide« Verschlechterung des Ackerbodens; »brüske« klimatische Veränderungen (das Klima sei ab Anfang des 14. Jahrhunderts kälter geworden). Diese und andere mögliche Faktoren verdienen gewiß eine aufmerksame Untersuchung. Wer könnte in der Tat — in Kenntnis der gründlichen jüngsten Forschungen — leugnen, daß das allmähliche Vordringen der alpinen und polaren Gletscher während des 14. Jahrhunderts Symptom für ein kaltes und feuchtes Klima ist, welches starke Auswirkungen auf die europäische Landwirtschaft gehabt hat? Von da her z. B. soll der Rückgang der nördlichen Grenze des Weizenanbaus in Irland und den skandinavischen Ländern zu verstehen sein; desgleichen das Zurückweichen und schließlich das Verschwinden des Rebstocks in England. Es handelt sich hier zweifellos um wichtige Faktoren, die man jedoch nicht als *causa causans* ansetzen kann, denn wir wissen z. B. dank der Arbeiten von K. Müller, daß in demselben 14. Jahrhundert zahlreiche heiße und trockene Sommer für den deutschen Weinbau besonders günstig gewesen sind ... Ein weiterer Faktor, der in diesem Zusammenhang als einer der entscheidenden Gründe der Unterminierung der feudalen Macht angeführt worden ist, ist die Änderung der Zahlungsform in den Abgaben des Bauern an den Grundherrn; die Bauern erlangten allmählich die Erlaubnis, einen Teil des Grundzinses in Geld abzuzahlen. Ohne dieses Phänomen an sich abstreiten zu wollen, möchten wir jedoch annehmen, daß es keine besondere Tragweite gehabt hat. Einmal war diese Erscheinung für eine völlige Änderung der Zahlungsform des Grundzinses nicht verbreitet genug, ferner trat sie im allgemeinen verspätet auf, als die »Krise« schon in Gang war, auch waren die reinen Geldzahlungen in Organisationssystem eines Grundbesitzes selten, da in den meisten Fällen die Abgaben weiterhin in Geld und Naturalien geleistet wurden. Wesentlich aber war, daß der in Geld gezahlte Teil des Grundzinses für den Herrn wegen der langfristigen Festsetzung der Abgaben sowie der ständigen Münzverschlechterung auf die Dauer immer mehr an Wert verlor. Dieser allmähliche Wertverlust der Geldrenten für den Grundherrn ließe sich in einigen Fällen ohne Schwierigkeiten beweisen.

All diese Tatsachen führen uns immer wieder zu demselben Ausgangspunkt zurück, nämlich zur »Agrarkrise« des 14. Jahrhunderts. Nun wird der Leser bemerkt haben, daß wir hier »Krise« immer in Anführungszeichen setzen. Dabei handelt es sich nicht um einen typographischen Effekt, der das Wort einfach hervorheben soll; vielmehr wollten wir ihm eine besondere Bedeutung verleihen. Denn dieses 14. Jahrhundert hat gleichsam zwei Gesichter. Betrachtet man die materiellen, quantitativen Aspekte des bäuerlichen Lebens, kann es keinen Zweifel an der Krise geben; sie äußerte sich in Produktionsrückgang und Landflucht. Gleichzeitig aber machte sich in diesem allgemeinen Niedergang der beginnende Zusammenbruch des Feudalsystems bemerkbar. Die Leibeigenschaft nahm ab; der Grundherr mußte manchmal sogar mit der Eigenwirtschaft auf seinen Ländereien beginnen, nicht mehr mit Hilfe von Arbeitskräften, die im Villikationssystem an ihn gebunden waren, sondern mit bezahlten Kräften. Doch hatte er weder die Mentalität, noch die notwendigen intellektuellen und psychologischen Voraussetzungen für eine Anpassung an die veränderten Verhältnisse. Seine Reaktion auf die Lohnerhöhungen war brutal und einfach: Auf Grund seines politischen Einflusses ließ er Verfügungen über bedeutende Lohnreduzierungen ergehen (so lautete z. B. 1350 in England eine Verfügung, daß die Arbeiter nach den 1346 üblichen Sätzen entlohnt werden sollten). Aber das war umsonst, und die Autoren jener Gesetze übertraten sie als erste; ja sie waren geradezu zu Übertretungen gezwungen, da die Arbeitskräfte rar wurden ... Ein ganzer Mechanismus geriet auf diese Weise in Bewegung.

Das Feudalsystem (und zwar in der wirtschaftlichen Bedeutung des Begriffes, laut deren »die Bodenbearbeitung mittels der Ausübung von Rechten über Personen durchgeführt wurde«) trug seine Grenzen, seine Widersprüche, ja den Keim des Zerfalls schon in sich. Im *perfekten* — und somit theoretischen — System der Grundherrschaft war jede Bodenparzelle zur Erzeugung eines einzigen Wirtschaftsgutes bestimmt (in Form von Agrarprodukten, von gewerblichen Erzeugnissen oder in Form von Dienstleistungen). So entstand das, was lange Zeit hindurch (und mit starken Übertreibungen) die »Autarkie« des Fronhofsystems genannt wurde. Innerhalb dieses — zumindest ursprünglich — relativ perfekten Systems war die große Agrarexpansion in Europa bis zum 13. Jahrhundert möglich. *Eine* Tatsache hat jedoch nicht genügend Beachtung gefunden, nämlich daß im Fronhofsystem nicht nur die direkt vom Grundherrn abhängigen Fronarbeiter, sondern außerhalb des Haupthofes andere Fronbauern kleine, vereinzelte Hufen bewirtschafteten. Auf Grund dieser Verhältnisse investierte der Grundherr kein Geld in seine Ländereien, weil er nicht investieren *wollte*; der Fronbauer seinerseits investierte nichts, weil er nicht *konnte*, da die von ihm bebaute Fläche allzu gering war. Daher begann denn auch der Produktionsrückgang schon gegen Ende des 13. Jahrhunderts. Zum damaligen Zeitpunkt nahm er noch keinen dramatischen Charakter an. Er bedeutete jedoch für den Grundherrn einen merklichen Einkommensrückgang, was ihn zu einer Verschärfung der Forderungen an die Bauern veranlaßte; diese Verhärtung wiederum schlug sich unweigerlich in einem Produktionsrückgang nieder. Zu diesem Prozeß kamen als erschwerende Momente noch Epidemien, Hungersnöte, Landflucht, eine rückläufige Entwicklung des Anbaus sowie der Übergang zur Weidewirtschaft hinzu. In diesem ausgedehnten Prozeß war der Grundherr zwangsläufig der verlierende Teil; seine Niederlage wurde jedoch erst gegen Ende des 14. Jahrhunderts sichtbar; vorher verteidigte er sich gut, geschickt und manchmal auch erfolgreich. Im 14. Jahrhundert aber war das Ende seiner Vorherrschaft besiegelt, wenn wir Europa in seiner Gesamtheit betrachten; gleichzeitig wurde die Basis für eine »Refeudalisierung« geschaffen, die sich freilich von den mittelalterlichen Feudalsystemen wesentlich unterscheidet (vgl. Kap. 2, S. 78 f.). Die endgültige Befreiung der Landarbeit von feudalen Formen der Ausbeutung sollte sich erst im 18. Jahrhundert vollziehen. Das 14. Jahrhundert stand also im Zeichen der »Krise« des Feudalsystems, gleichzeitig aber auch in dem der Bauernbefreiung. Die *ordonnance* Ludwigs X. von 1315, die englischen Befreiungsakte nach dem Aufstand von 1381 (trotz aller Beschränkungen, die derartigen Dokumenten anhaften) ... waren Symptome der Schwächung des Feudalwesens in Europa. Gleichzeitig stoßen wir auf Zeichen eines Sieges des Bauerntums: Ist der in Deutschland auftauchende Flachs- und Krappanbau etwa nicht Zeugnis dafür, daß eine bäuerliche Gewerbewirtschaft entstand (oder in neuen Formen wiedererstand)? Und fingen die Bauern nicht an, sich direkt mit dem Verkauf der erzeugten Güter zu befassen? Auch der eigentliche Landadel entstand doch wohl um diese Zeit. In Weedon Beck (England) fiel die Zahl der nicht feudalen Grundbesitzer zwischen 1300 und 1365 von 110 auf 75 (33 %); aber wesentlich ist, daß nun erst wirklich große Besitzer da waren, welche die übrigen 72 beherrschten ...

Andererseits dürfen wir nicht übersehen, daß in einigen Ländern im städtischen Bürgertum ein ökonomisches Interesse an der Landwirtschaft erwachte; auf diese Art wurden »kühnere«, moderne Wirtschaftsformen auf dem Lande eingeführt. Damit bildete sich ein neuer Typ des Grundbesitzers heraus: Sei es nun der englische Squire oder der deutsche Junker; neu an ihm war der Wille, »die mittelalterliche Ordnung abzuschütteln«. Der ganze katastrophale Eindruck von der Landwirtschaft des 14. Jahrhunderts entsteht, weil die den Historikern zur Verfügung stehenden Urkunden sich lediglich auf den Herrenbesitz beziehen.

Und hier tritt die »Krise« deutlich in Erscheinung, und zwar in doppelter Hinsicht: als Krise der Produktion und der Privilegien. Es drängt sich jedoch die Frage auf, ob die *ganze* bäuerliche Welt von der gleichen »Krise« erfaßt war. Leider verfügen wir — bei dem heutigen Stand der geschichtlichen Kenntnisse — nur über wenige Daten, die den Aufstieg einer neuen Klasse von bäuerlichen Grundbesitzern beträfen. Doch die Lückenhaftigkeit der Zeugnisse verbietet nicht, die Existenz einer solchen Erscheinung ins Auge zu fassen, auch wenn sie verhindert, deren Ausmaße mit nur annähernder Genauigkeit zu bestimmen. Gewiß blieben große Gebiete außerhalb dieses Prozesses neuer Energiebildung, so z. B. die spanische Mesta und der italienische Süden; große Schichten des Bauerntums nahmen nicht an dieser Befreiungsbewegung teil, und nicht alles war von idyllischer Einfachheit. Innerhalb der »Krise« des 14. Jahrhunderts entfalteten sich jedoch in vielen Teilen Europas wichtige Elemente der Erneuerung, die in einigen europäischen Gebieten für die folgende Entwicklung (nicht nur die Agrarentwicklung) entscheidende Bedeutung erlangten. Man hat von einem goldenen Zeitalter für die Arbeiter gesprochen und diese These auf das Phänomen der Preisschere (zugunsten der Löhne und zuungunsten des Getreidepreises) gestützt. Freilich ist schwer festzustellen, wieviel Wahres diese Behauptung enthält; sicher kann man das Jahrhundert wegen der immensen Befreiungskräfte, die in ihm schlummerten, ein goldenes Zeitalter nennen. »Befreiungskräfte«, versteht sich, Ansätze, Fermente, keine allgemeine Befreiung. Mit der »Feudalkrise« des 14. Jahrhunderts brach trotz des Fortbestehens vieler Formen der Feudalherrschaft (und feudaler Gewaltherrschaft) zweifellos eine große Wende an: In vielen Fällen wurde der bäuerliche Betrieb nicht mehr von den Herren, sondern von den Bauern geleitet.

Wenn aber einerseits die ersten reichgewordenen, der Würde ihrer Arbeit bewußten Bauern auftauchten, so entstand andererseits — parallel dazu — ein bäuerliches Proletariat. Diejenigen unter den Landarbeitern, die zwar dem Lehnszwang entflohen waren, aber ihre Verhältnisse nicht zu verbessern vermochten, standen sich wirtschaftlich wesentlich schlechter, auch wenn sie auf dem Gebiet der bürgerlichen Freiheiten wichtige Ziele erreicht hatten.

So hatte die »Krise« in dieser Hinsicht mindestens drei Aspekte:
a) Während des ganzen 14. Jahrhunderts wurde die feudale Macht auf allen Ebenen wesentlich eingeschränkt;
b) einigen Bauern gelang es, ihre wirtschaftliche Stellung auf Grund des Verfalls der Feudalgewalt wesentlich zu verbessern;
c) trotz des Besitzes der bürgerlichen Rechte, der ihnen vor kaum 100 Jahren unvorstellbar erschienen wäre, wurde der Lebensstandard vieler Landarbeiter darum nicht höher; ganz im Gegenteil! Und so entstand ein ländliches Proletariat, das die europäische Geschichte noch viele Jahrhunderte lang belasten sollte.

Bei einer Untersuchung der bäuerlichen Verhältnisse wäre ein vereinheitlichendes und vereinfachendes Schema illusorisch und irreführend; alles muß unter verschiedenen Gesichtspunkten betrachtet werden, will man der äußerst komplexen Lage gerecht werden.

IV. DIE NEUEN FORMEN »INDUSTRIELLER« TÄTIGKEIT

Allem Anschein zum Trotz vollzog sich der Übergang von der Landwirtschaft zur Industrie reibungslos, und das galt, was noch wichtiger ist, besonders für die europäische Industrie des 14. Jahrhunderts. Im folgenden werden wir die enge Verbindung zwischen den beiden Produktionszweigen darstellen, die sich vom 14. Jahrhundert an noch intensiver gestaltete. Doch zuvor dürfte es nötig sein, einige Hinweise zu geben, die es dem Leser erleichtern werden, die Natur der besprochenen Erscheinungen zu erkennen. Unter der mittelalterlichen Industrie hat man in erster Linie das Textilgewerbe zu verstehen. Freilich gab es auch andere Produktionszweige; sie waren jedoch kaum von Bedeutung oder allenfalls im Zusammenhang mit lokalen Gegebenheiten (so z. B. der Schiffsbau in Venedig), oder aber im Zusammenhang mit der spezifischen wirtschaftlichen Funktion ihrer Erzeugnisse (so z. B. der Abbau von Edelmetallen, die zur Münzprägung verwandt wurden) von Wichtigkeit. Damit nicht genug; es gilt auch den Umfang des Textilgewerbes genauer festzulegen. Die ausgezeichneten Berechnungen von M. M. Postan haben bewiesen, daß sich der Gesamtwert der landwirtschaftlichen Produktion (Wolle, Holz und tierische Produkte eingeschlossen) im England des 14. Jahrhunderts auf ca. drei Millionen Pfund Sterling belief, der zum Handel bestimmten Textilerzeugnisse dagegen auf 100 000 Pfund. So sieht das Verhältnis zwischen den beiden Produktionszweigen aus; die Zahl der im Textilgewerbe beschäftigten Personen betrug nicht mehr als 2 % der in der

Abb. 2: Idealisiertes Bild einer Stadt mit befestigten Häusern. Werk eines mittelitalienischen Malers (Ambrogio Lorenzetti). Von den Architekten der Renaissance, wie z. B. Alberti, wurde diese Konzeption abgelehnt.

Landwirtschaft arbeitenden Menschen . . . Berechnungen für andere Länder würden höchstwahrscheinlich ähnliche Ziffern ergeben.

An diesem Punkt wird sich der Leser eine doppelte Frage stellen: War die technische Produktivität des mittelalterlichen Textilgewerbes so hoch, daß es mit einer Belegschaft von von nur 2 % der als Landarbeiter Beschäftigten auskam? Und waren andererseits die Stückpreise der gewerblichen Erzeugnisse so niedrig, da doch der Gesamtwert der Textilproduktion so weit unter dem der Landwirtschaft lag? Beide Fragen sind leicht negativ zu beantworten. Es bleibt also nur die Frage, wer das Tuch für den allergrößten Teil der Bekleidung im frühen Mittelalter produzierte. Auch hier ergibt sich eine einfache Antwort: Die Bauern webten ihr Tuch selbst, denn im Mittelalter waren sie gleichzeitig Weber. Diese Tatsache ist wichtiger, als man annehmen möchte, denn sie beweist, daß die gewerbliche Produktion jener Zeit eine *Luxusindustrie* war. Verstehen wir jedoch diesen Ausdruck nicht falsch! Wir sprechen weniger von einer Luxusindustrie, weil sie zumeist qualitativ hervorragende Erzeugnisse zu hohen Stückpreisen herstellte, die zum größten Teil für eine kaufkräftige Kundschaft bestimmt waren, sondern weil sie eigentlich im Export ihren Sinn und ihre Daseinsberechtigung fand. Damit lassen sich einige besonders wichtige Einsichten zusammenfassen:

a) sie war ein Gewerbe mit relativ niedriger Beschäftigtenzahl;

b) ihre Erzeugnisse waren von hoher bis mittlerer Qualität (im Verhältnis zum Zeitstandard);

c) ihre Erzeugnisse waren im wesentlichen für eine begrenzte Schicht von Verbrauchern bestimmt; somit wurde der internationale Vertrieb eines Großteils der erzeugten Stoffe notwendig.

Daraus ergibt sich, daß

d) für die Bauern, als den größten Teil der arbeitenden Bevölkerung, die Hauptversorgungsquelle für Textilwaren die eigene Produktion war.

Auf Grund dieses Tatbestandes kann man das Textilgewerbe bis zum Ende des 13. Jahrhunderts folgendermaßen einteilen:

1. die ausschließlich *städtische* Textilproduktion, die von höchster Qualität und hauptsächlich für den Export bestimmt war;

2. die qualitätsmäßig teilweise ausgezeichnete *halbbäuerliche* und *halbstädtische* Produktion, ein System, bei dem die städtischen Unternehmer die bäuerliche Arbeit ausnutzten;

3. die *häusliche* Produktion, sowohl in der Stadt als auch — vorwiegend — auf dem Land. Wir bezeichnen sie als häuslich, weil sie den persönlichen Bedarf der Produzenten deckte.

Damit ist klar, daß der größte Teil der gewerblichen Aktivität jener Zeit in enger Beziehung zur Lage der Landwirtschaft stand. Welche Veränderungen sind demnach in der gewerblichen Arbeit der Bauern (sowohl in der Selbstversorgung als auch in der Produktion für städtische Unternehmer) im Lauf des schon behandelten Strukturwandels auf dem Agrarsektor im Europa des 14. Jahrhunderts eingetreten? Das erste wichtige Phänomen ist das Auftreten neuer Tuchqualitäten vom 14. Jahrhundert an, so z. B. die Barchentleinwand in Ulm, Augsburg, Konstanz und St. Gallen. Jedoch sind die Veränderungen in den verschiedenen Typen von Produktionsverhältnissen für uns noch interessanter. Bis zum Anfang des 14. Jahrhunderts organisierte der städtische Unternehmer alles, er lieh Saatgut und Lebensmittel, ließ die Fasern spinnen und weben und beutete dabei auf wucherische Art die bäuerliche Arbeit aus. (Der Fall des Johannes de Dolchera aus Genua ist typisch; dieser Spezialist in der Barchentherstellung wurde von 1250 an in den Genueser Urkunden der Zeit als »Johannes de Dolchera qui dicitur porcus«, »mit dem Beinamen das Schwein« bezeichnet). Jetzt aber kaufte der Bauer selbst den Rohstoff (Baumwolle, Wolle oder was auch immer) direkt beim Händler und sorgte selbständig für die Verarbeitung und den

Absatz. Auf diese Art wurden oft Zunftbindungen durchbrochen. Von Gent gingen häufig richtige Strafexpeditionen aus, mit dem Ziel, das bäuerliche Handwerksgerät zu zerstören, eine Reaktion und zugleich der Versuch des städtischen Gewerbes, eine Bewegung einzudämmen, die weitgehend unaufhaltsam war. Darin offenbart sich die Verzweiflung der städtischen Unternehmer und Arbeiter angesichts der Entwicklung eines Gewerbes, welches in der Stadt selbst von einer Krise bedroht war; in Florenz fiel die Produktion von 100 000 Stück Tuch zu Beginn des 13. Jahrhunderts auf 70 000 bis 80 000 Stück um 1336—38, dann auf 30 000 im Jahr 1373 und auf nur 19 000 im Jahr 1383. Flandern kannte schon seit Ende des 13. Jahrhunderts große Schwierigkeiten im Textilgewerbe. Und die Toskana und Flandern waren bekanntlich die Hauptzentren der »traditionellen« Industrie.

Gleichzeitig mit dem Rückgang der städtischen Wollindustrie — und geradezu als Ausgleich — begann allerdings die Leinen-, Baumwoll- und Barchentherstellung, in einigen Fällen auch die Seidenproduktion. So breitete sich im Hainaut, in der Gegend von Nivelles und von Cambrai-Valenciennes, in Tournai, in der oberen und unteren Normandie (um Rouen und Caen), in der Bretagne (Vitré) und in den Gebieten von Augsburg, Ulm, Konstanz und St. Gallen die Leinenherstellung immer weiter aus. In Florenz wurde mit der Blüte der Zunft der Seidenhersteller der Rückgang der Zunft der Wollweber kompensiert. Es entstanden neue, »modernere« und dynamischere Zentren. Da war zunächst das englische Textilgewerbe, welches die großen internationalen Märkte erobern wollte. Hondschoote profitierte vom Rückgang der flandrischen Tuchindustrie und stürzte sich auf die internationalen Absatzmärkte; dieser erste Aufschwung sollte zwar von kurzer Dauer sein (bis etwa 1370), aber dennoch die Grundlage für spätere Erfolge bilden. Im übrigen zeichnete sich eine günstige Entwicklung der Textilindustrie für das ganze flandrische Hinterland ab, welche sich nicht nur in den sporadisch vorhandenen Produktionsdaten, sondern vor allem in der beträchtlichen Anzahl von Privilegien zeigt, die die gräflichen Behörden gewähren mußten und mit denen sie die Unabhängigkeit der Grafschaft von den Zunftbindungen der Städte bestätigten; die Feindseligkeiten gegen die bäuerlichen Gewerbetreibenden gingen nämlich schon seit Ende des 13. Jahrhunderts immer von den Städten aus, von Gent, Brügge, Ypern und Saint-Omer. In Polen war im 14. Jahrhundert ein deutlicher Aufschwung des bäuerlichen Textilgewerbes zu verzeichnen; als Beweis dafür mögen die »Bauerntrachten« der Gegenden von Leczyca und Sieradz sowie die Leinwand aus Klein-Polen gelten. Dieses Aufblühen des lokalen bäuerlichen Textilgewerbes stellte an sich nichts Neues dar, denn die Landbevölkerung in ganz Europa hatte sich jederzeit im Textilgewerbe betätigt, sei es als Erzeuger von Tuch für den eigenen Gebrauch, sei es mit Spinnen und Verweben von Textilfasern für städtische Unternehmer. Nun aber wurde im bäuerlichen Gewerbe — über die Selbstversorgung hinaus — für einen eigenen Vertrieb gearbeitet; so organisierten z. B. die flandrischen *drapiers* vom Land ein eigenes Verkaufssystem in Brügge, d. h. auf einem der großen internationalen Handelsplätze.

Zusammenfassend kann man sagen, daß sich als Gegengewicht zum Rückgang des alten städtischen Textilgewerbes das bäuerliche Handwerk und neue Unternehmen in der Stadt durchsetzten, welche ihre Beziehungen zu den Arbeitern auf dem Land in neuen Formen gestalteten. »Krise« also für die großen gewerblichen Betriebe, aber gleichzeitig auch Entfaltung neuer vielversprechender Ansätze. Denn vergessen wir nicht, daß die spätere Wollindustrie gerade in dieser Epoche ihr künftiges Wachstum vorbereitete. Es hat sich freilich keine große Revolution ereignet; ja man hat sogar anzunehmen, daß im Laufe des 14. Jahrhunderts die Textilproduktion insgesamt gesehen quantitativ zurückgegangen, oder zumindest unverändert geblieben ist. Und nicht nur das; auch bei gleichbleibender Produktionshöhe ist der Ertrag gesunken; die auf dem Land hergestellten Tuche hatten nämlich ausnahmslos einen geringeren Stückwert als die Stoffe städtischer Fabrikation. Auch auf diesem Gebiet stehen wir also vor einer »Krise«; aber auch hier müssen wir den qualitativen Veränderungen mehr Beachtung schenken als den quantitativen Aspekten. Für unsere Betrachtung wichtig ist die Tatsache, daß die Einteilung der Textilindustrie in drei Produktionstypen, die für die Zeit bis zum Ende des 13. Jahrhunderts oben angedeutet wurde, sich jetzt verschoben hat. Die Gruppe 1 verlor an Bedeutung, die Gruppe 3 blieb im wesentlichen unverändert (abgesehen natürlich von demographisch bedingten Verschiebungen); die Gruppe 2 dagegen schrumpfte stark zusammen und wurde zu einer neuen, *bäuerlichen* und vor allem *autonomen* Gruppe. Während im Hinblick auf die Industrie gegen Ende des 13. Jahrhunderts auf dem Land oder um die Burgvogteien herum entweder absolute Leere oder aber die rücksichtslose Ausbeutung der lokalen Arbeitskräfte herrschte, gab es nun kaum noch Landstriche ohne Gewerbebetriebe, und die Ausbeutung wurde weniger drückend. Dieselbe Entwicklung bahnte sich auch in anderen »Industrie«-Zweigen an. Der Genauigkeit halber müßten wir eigentlich »Handwerks«-Zweige sagen. Die *pars* (Anteil) des Grundherren umfaßte nämlich auch alle handwerklichen Betriebe, derer die direkt oder indirekt vom Grundherrn abhängige Gemeinschaft bedurfte, so z. B. die Bäckerei, die Schmiede, die Mühle und die Ziegelei. Nun aber entzogen sich auf Grund des Verfalls der feudalen *pars* auch alle diese Produktionsmittel der Kontrolle des Lehnsherrn.

Neben diesen neuen, nach freier Entwicklung und Bestätigung strebenden Initiativen standen andere Gewerbezweige, die weiterhin an die überlieferten Systeme gebunden blieben. Wir denken in diesem Zusammenhang vor allem an den Bergbau; einer der bedeutendsten Fachwissenschaftler auf diesem Gebiet hat von einem »Zusammenbruch der Prosperität im 14. Jahrhundert« gesprochen. Im Bergbau sollte sich erst sehr spät, nicht vor 1460, erneut eine aufstrebende Entwicklung anbahnen. Zwar gab es auch hier Ausnahmen, wie z. B. den skandinavischen und den bosnischen Bergbau, das Gesamtbild blieb jedoch ungünstig. Warum wirkte sich wohl gerade in diesem Zweig der Niedergang so drückend aus — ohne Ausweg oder Unterstützung von irgendeiner Seite? Es mag daran liegen, daß im Bergbau die alten Autoritätsprinzipien ungebrochen in Kraft blieben. Die öffentliche Gewalt pochte auf ihre Rechte über die Bodenschätze und deren Ausbeutung. So könnte man sagen, daß, wo immer die autoritäre Macht des Grundherrn oder der öffentlichen Gewalt unangetastet weiterbestand, die »Krise« besonders drückend und ohne jeden Ausgleich war.

Damit wird unsere These von der grundsätzlichen Bedeutung der bäuerlichen Arbeit für das gesamte europäische Wirtschaftsleben bestätigt. Die »Krise« blieb überall dort ausweglos, wo sich die Arbeit und Initiative neuer Gruppen nicht frei entfalten konnten.

V. DIE PROBLEME DES HANDELS

Sobald man den internationalen Großhandel, die Warenverteilung großen Stils, das internationale Bankwesen sowie die Mittel, derer sie sich zu bedienen hatten (vor allem das Geld), ins Auge faßt, so ist die »Krise« unverkennbar.

Die traditionellen *großen* Schiffahrtslinien, die *großen* Straßen und *großen* Messen schienen ihre Bedeutung eingebüßt zu haben; einige der traditionellen Umschlagplätze wurden abgeschafft, so z. B. die Messen der Champagne, deren Bedeutung als Handelszentren schon ab 1260 nachließ, während sie noch bis um 1315—1320 wichtige Geldhandelsplätze blieben. Allerdings möchten wir, um eventuellen Einwänden vorzugreifen, gleich sagen, daß ein gewisser Ausgleich vorhanden war: So wurden z. B. wegen der Krisensituation der Messen der Champagne die von Chalon-sur-Saône stärker besucht. Und wenn einige Alpenstraßen ihre Bedeutung verloren, so traten andere an ihre Stelle, von denen manche geradezu (wie zum Beispiel die Brennerstraße) seit dem Beginn des 14. Jahrhunderts einen neuen Aufschwung erlebten. Ein weiterer wichtiger Entwicklungsfaktor war die immer enger werdende Verbindung zwischen den Schiffahrtslinien in der Nordsee, im Atlantik und im Mittelmeer, wodurch einerseits der Sund und andererseits Gibraltar steigende Bedeutung erlangten. Auch einige während des 14. Jahrhunderts neu auftretende Handelszweige hatten ganz eindeutig eine Ausgleichsfunktion. So ist z. B. parallel zum Rückgang der englischen Wollausfuhren ein Ansteigen des englischen Tuchexportes zu verzeichnen. In einer graphischen Darstellung könnte man dieses Phänomen als X darstellen, wobei der absteigende Arm die Wollausfuhren und der ansteigende Arm die Tuchexporte symbolisieren würde. Die große »fränkische« Straße, deren Mittelpunkt die Messen der Champagne waren und die nicht nur den Norden und Süden Frankreichs, sondern eines großen Teils von Westeuropa verbunden hatte, wurde durch zwei neue Straßen ersetzt: Die erste führte von den Ausgangspunkten Genua und Venedig über das Mittelmeer und den Atlantik bis nach London und Brügge; die zweite folgte als Landweg dem Lauf des Rheins; sie hatte entscheidende Bedeutung für das Aufblühen der Messen von Genf und Frankfurt.

Im Laufe des 14. Jahrhunderts scheiterte die Hanse an ihrer handelspolitisch wichtigsten Aufgabe, die in der Erschließung neuer Handelsräume für die westeuropäische Wirtschaft bestanden hätte. Nach den neuesten Forschungsergebnissen waren Erzeugnisse aus dem nordöstlichen Europa auf den Umschlagplätzen von London und Brügge weniger stark vertreten, als man bisher angenommen hatte. Der Handel der Hansestädte beschränkte sich also auf den geographisch schon früher erschlossenen Land- und Seeraum; als Ausgleich für die Absatzschwierigkeiten in den flandrischen Gebieten suchten sie (vor allem Lübeck) neue Absatzmöglichkeiten im deutschen Binnenland. Seit etwa 1320—1330 wandten sie sich stärker nach Frankfurt und später nach Nürnberg.

Wenn es der Hanse gelang, sich zu behaupten, so doch nur, indem sie eine einschneidende Wandlung durchmachte, die ihren Charakter völlig veränderte und sie aus einem Bund von Kaufleuten zu einem Städtebund werden ließ.

All diese Ausgleichsphänomene verlieren allerdings an Gewicht, wenn wir sie im Rahmen des gesamteuropäischen Wirtschaftslebens bewerten; was bleibt, ist die »Krise«. Sie bezog sich wohlgemerkt nicht nur auf die Menge und den Wert der

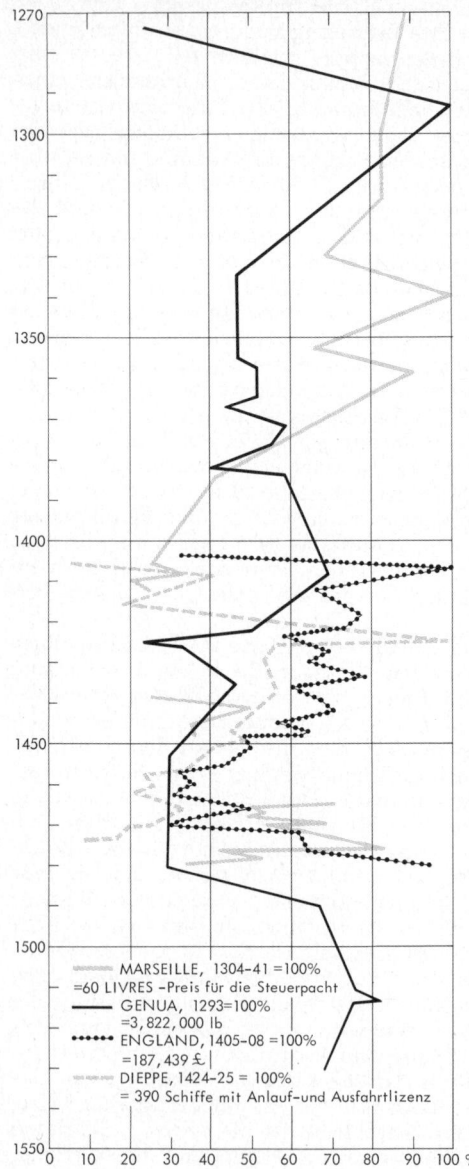

Abb. 3: Internationaler Handel (1270 bis 1550). Die Grafik zeigt an vier Beispielen die Entwicklung des internationalen Handels im Spätmittelalter und in der frühen Neuzeit: 1. Entwicklung der Summe, die im Hafen von Marseille für das Recht gezahlt wurde, bei den ein- und auslaufenden Handelsschiffen die fälligen Zölle zu erheben. 2. und 3. Warenverkehr, gemessen an der Summe der auf die ein- und ausgeführten Güter entfallenden Abgaben, in Genua und England. 4. Zahl der ein- und auslaufenden Schiffe in Dieppe (ermittelt an Hand der Hafenlizenzen).

MARSEILLE, 1304–41 =100%
=60 LIVRES –Preis für die Steuerpacht
GENUA, 1293=100%
=3,822,000 lb
ENGLAND, 1405–08 =100%
=187,439 £
DIEPPE, 1424–25 = 100%
= 390 Schiffe mit Anlauf-und Ausfahrtlizenz

gehandelten Güter — wovon die graphische Darstellung einen Eindruck gibt —, sondern auf das, was man den *Stil* des Handelsverkehrs nennen könnte.

Eine solche Rückwirkung auf den Handelsstil ist allerdings nicht weiter verwunderlich. Denn da — wie man heute allgemein überzeugt ist — der Großhandel vorwiegend auf eine Oberschicht eingestellt war, hing er weitgehend von deren Geschicken ab; eine »Krise« des Hauptkundenkreises zog notwendigerweise eine »Krise« des Großhandels nach sich. Wohl schufen einige Akzentverschiebungen und das Aufblühen neuer Handelsplätze einen gewissen *Ausgleich*, die entscheidende Kompensation war jedoch durch etwas anderes bedingt. Im Abschnitt über die Landwirtschaft war von der Einführung des Geldes in bezug auf die Abgaben der Bauern an den Grundherrn die Rede, insofern das Geld teilweise an die Stelle der Naturalien trat. Nun hatte diese Tatsache im Zusammenhang mit dem Verfall der Feudalgewalt nur eine relativ begrenzte Auswirkung, auf dem Gebiet des Handels jedoch erwies sie ihre ganze Tragweite. Die Einführung der Geldrente hatte zwar die Produktionsverhältnisse kaum beeinflußt, sie hatte jedoch durch die Herstellung eines direkten Kontakts des Bauern mit dem Absatzmarkt das Handelswesen merklich verändert. Wir dürfen gewiß dem Geldzins keine übertriebene Bedeutung beimessen, aber der Bauer schuldete dem Grundherrn Geld, und um es sich zu beschaffen, hatte er keine andere Möglichkeit als die kommerzielle Auswertung seiner Produkte. Insofern erlebte das 14. Jahrhundert wenn auch nicht das erste Auftreten des Bauern auf dem Markt (dies fand schon früher statt), so doch vermöge der größeren Freiheit, über die er jetzt verfügte, seine verstärkte und dauerhaftere Beteiligung am wirtschaftlichen Leben. Von einer neuen »Handelsrevolution« zu sprechen, wäre übertrieben, aber ein Aufschwung und eine Belebung des Handels sind nicht zu bestreiten.

In diesem Sinne läßt sich auch hier — wie schon bei der Landwirtschaft und beim Gewerbe — von einer »Krise« sprechen, wenn man die Vorgänge in ihren großen Zusammenhängen auf höchster Ebene überblickt; dagegen treten die unbezweifelbaren Zeichen einer erneuerten Vitalität und Lebenskraft zutage, sobald man die niederen Bereiche des Handels, gleichsam seine unterste Verästelung, ins Auge faßt.

Diese »Krise« des internationalen Großhandels begann freilich später als die »Krise« der Landwirtschaft, aber das gehörte zum klassischen Mechanismus der mittelalterlichen Krisen (und nicht nur dieser, sondern aller Krisen bis zum 18. Jahrhundert); denn die Landwirtschaft war eben der am unmittelbarsten gefährdete Sektor, während das Gewerbe und vor allem der Handel, vielleicht auf Grund des prozentual geringen Anteils des langfristig investierten Kapitals am Gesamtkapital, sich meistens besser behaupten konnten.

Über den unmittelbaren, direkten Beweis durch Zahlen hinaus (siehe Abb. 3) wird diese »Krise« indirekt durch ein bisher zwar wenig erforschtes, aber nichtsdestoweniger eindeutiges Phänomen bezeugt. Von der Mitte des 14. Jahrhunderts an nämlich erfahren die großen Forschungsreisen in den Orient eine ungefähr hundertjährige Unterbrechung. Der mittelalterliche Handel, der mit Marco Polo sogar den Pazifik erreicht hatte, zog sich nun in seine alten Grenzen zurück. Und das weniger, weil die christlichen Kaufleute nicht mehr bis in den Fernen Osten vordrangen, ausschlaggebend war vielmehr das Ende jener *Pax Mongolorum*, welche die freie Reise bis nach China ermöglicht hatte. Andererseits brachte auch das Ende der Kreuzzüge eine Verlangsamung der Handelstätigkeit mit sich, der Islam eroberte nämlich einige von den Christen unterworfene Städte zurück (so fiel 1289 Tripolis und 1291 San Giovanni d'Acri wieder in die Hände der Ägypter); gleichzeitig wurde die Türkengefahr immer drohender, denn die Türken eroberten 1326 Brusso (jetzt: Bursa), 1331 Nicäa und stießen 1356 nach der Überquerung der Dardanellen auf den Balkan vor. Die europäische Expansion nach Osten wurde nun von der entgegengesetzten Bewegung abgelöst. Die allgemeine Lage förderte nicht gerade eine weitere Ausdehnung des Fernhandels.

Ursache und eher noch Zeichen all dieser Schwierigkeiten war der Münzverkehr. Wenn man den *inländischen Geldhandel* in Italien näher betrachtet (d. h. das Verhältnis zwischen den Goldmünzen und dem »Kleingeld« aus Silber), so zeigt sich zwischen 1260 und 1320 ein starkes Ansteigen dieser Wechselgeschäfte, dem von 1320—1400 eine deutliche Flaute folgte. Nun waren diese inländischen Wechselgeschäfte ein — wenn auch unvollkommener — Ausdruck der allgemeinen wirtschaftlichen Tendenzen, vor allem im Bereich des städtischen Großhandels. Mit anderen Worten: In einer Gesellschaft mit unzureichender Kreditorganisation und ungenügender Edelmetallerzeugung bedeutete ein verlangsamter Geldhandel eine allgemeine wirtschaftliche Stagnation, während sich Blütezeiten in erhöhtem Wechselgeschäft spiegelten. Findet sich für diese am italienischen Beispiel so deutlich ablesbare Chronologie eine Bestätigung in anderen Gegenden Europas? Bevor wir diese Frage beantworten, müssen wir eine Unterscheidung treffen. Zeiten der »Stabilität« und des »Ansteigens« des inländischen Wechselgeschäftes haben nicht immer die gleiche Bedeutung. Eine Aufwertungs- und Abwertungspolitik von seiten der Behörden kann sowohl aus steuerlichen als auch aus wirtschaftlichen Gründen erfolgen. Bei

Entwertungen aus steuerlichen Gründen (mit anderen Worten, wenn die Obrigkeit Schwierigkeiten im Staatshaushalt durch Münzverschlechterung überbrückt, wie es z. B. Philipp der Schöne von Frankreich und Louis de Mâle in Flandern versuchten), wird man kaum annehmen können, daß sie sich positiv auf das allgemeine Wirtschaftsleben ausgewirkt haben; wenn jedoch solche Entwertungen aus wirtschaftlichen Gründen erfolgten, ist eine günstige Beeinflussung nicht zu bestreiten.

So kann man sagen, daß im Europa des 14. Jahrhunderts zwei genau entgegengesetzte Phänomene den gleichen Tatbestand spiegelten, nämlich den wirtschaftlichen Stillstand und in einigen Fällen sogar den Ruin. Die Stabilität der Münzen in Italien bedeutete genau dasselbe wie die von finanzpolitischen Gründen diktierten Geldentwertungen in Frankreich und Flandern. Im übrigen machten sich in beiden Fällen die Auswirkungen bald bemerkbar; die Bankrotte der großen italienischen Bankiersfamilien waren in diesem Zusammenhang symptomatisch. 1300 machten die Ricciardi bankrott, 1311 folgten ihnen die Frescobaldi und 1326 die Scali; die Peruzzi, die Acciaiuoli und die Bardi, die »Säulen der Christenheit«, mußten 1338 ihre Banken schließen. All diese Daten sind nicht Tiefpunkte der italienischen Wirtschaftsgeschichte, sondern betrafen wegen der engen Verflechtung dieser Bankhäuser mit dem europäischen Wirtschaftsleben den ganzen Kontinent. Gewiß gab es auch in der zweiten Hälfte des 14. Jahrhunderts mehrere große, erfolgreiche Kaufleute und Unternehmer; ein Francesco Datini aus Prato verkörpert mit hinlänglicher Überzeugungskraft ihre Fähigkeit zu überdauern. Aber der »große« Kaufmann Datini und noch mehr die Medici verkörperten keinerlei Fortschritt oder Weiterentwicklung im Vergleich zu den Persönlichkeiten ihrer Vorgänger. Auch in dieser Hinsicht trat also ein gewisser Stillstand ein — zumindest an der Oberfläche. Doch im verborgenen, verdeckt von der allgemeinen Stagnation und der Riesengröße einiger Gestalten, die noch in der Vergangenheit wurzelten, bahnten sich tiefgreifende Veränderungen an. Seit dem 14. Jahrhundert wird der Geschäftssinn raffinierter, präziser und beinahe eine Wissenschaft. Wohl hatte es schon vorher bedeutende Unternehmerfiguren gegeben, aber erst jetzt setzten sich — wohl als Folge des schwierigen und verlangsamten Handelsablaufs — bestimmte neue Leitgedanken in der Geschäftstechnik durch; das Zeitempfinden löste sich vom Jenseits und trat in eine weltliche Dimension, es erwachten der Sinn für Präzision und Vorausschau und ein neues Gefühl der Sicherheit. So setzte mitten in der herrschenden »Krise« und vielleicht in ursächlichem Zusammenhang mit ihr die theoretische Ausarbeitung neuer Begriffe ein, welche die kaufmännische Mentalität umformen und die Geschäftstechnik rationalisieren sollten. Aus dieser Wandlung ging jener Kaufmann »neuen Stils« hervor, in dem sich der moderne Kaufmann wiedererkennen kann. Ein Name nur: Jakob Fugger.

Wie könnte nun eine Zusammenfassung dieser kurzen Darstellung der europäischen Wirtschaft des 14. Jahrhunderts aussehen, die hier einigermaßen »häretisch« behandelt wurde (allein die der Landwirtschaft beigemessene außerordentliche Bedeutung wäre noch vor zehn Jahren für die Geschichtsschreibung zweifellos eine »Häresie« gewesen)? Wir haben hier die ganz Europa *gemeinsamen* Aspekte stark in den Vordergrund gestellt und dabei die Ausnahmen vernachlässigt.

In ihrem monumentalen Bericht auf dem Internationalen Historikerkongreß in Rom im Jahr 1955 kamen die Autoren M. Mollat, P. Johansen, M. M. Postan, A. Sapori, Ch. Verlinden zu der Schlußfolgerung, daß keine absolute Gemeinsamkeit der Entwicklung in Europa bestehe, und schlugen eine Dreiteilung vor: 1. Italien, welches der Krise wie durch ein Wunder entgangen sei; 2. Osteuropa (Rußland, Polen und das Baltikum); 3. schließlich Westeuropa, in das sie »sur une étendue non encore précisée« (in noch nicht genau festgelegter Ausdehnung) auch Mitteleuropa einschlossen. Die Gewissenhaftigkeit der fünf Wissenschaftler ist ohne Frage über jedes Lob erhaben. Doch kann man auch anderer Meinung sein als sie. Ganz abgesehen davon, daß kaum einzusehen ist, wieso allein Italien der Krise der westlichen Welt entgangen sein soll, erbringt auch die jüngste Forschung den Beweis, daß die Krise nicht am Fuße der Alpen haltgemacht hat. Rußland und die baltischen Länder stehen hier nicht zur Debatte; für Polen jedoch gilt nach den neuesten Forschungen die Möglichkeit einer nuancierten Annäherung an die allgemeine europäische Idee. Das Problem gewisser Abgrenzungen innerhalb von Mitteleuropa bleibt allerdings bestehen, wir dürfen jedoch annehmen, daß große Überraschungen kaum zu erwarten sind. Sicher lassen sich innerhalb der westlichen Wirtschaftswelt Ausnahmen entdecken, aber hier handelt es sich doch um Europa als Ganzes. Und nach der Bibliographie der letzten zwanzig Jahre stellt das 14. Jahrhundert im Vergleich zum 13. ganz eindeutig einen Abstieg dar. Wie kann man bestreiten, daß diese absteigende Tendenz sich schon Ende des 13. und am Anfang des 14. Jahrhunderts bemerkbar machte, wie bezweifeln, daß die allgemeine Entwicklung negativ verlief, wenn auch kurze Phasen des Wiederaufschwungs vorhanden waren? Natürlich wirkte sich die Krise mit unterschiedlicher Intensität aus, aber die ganze Epoche stand zweifellos unter negativem Vorzeichen. Indessen sollten wir über diesem trostlosen Gesamtbild nicht vergessen, daß sich trotz allem Ansätze zu neuem Leben herausbildeten. Aus der »Krise« sollte eine unter vielen Aspekten neue Welt hervorgehen, aber diese Welt fiel nicht einfach vom Himmel.

VI. DIE POLITISCHEN UND MILITÄRISCHEN AUSWIRKUNGEN DER »KRISE«

Wie sahen die Beziehungen zwischen dieser »Krise« der europäischen Wirtschaft und dem politischen Leben aus? Zuallererst muß gesagt werden, daß das 14. Jahrhundert im Zeichen des Krieges stand. Der Hundertjährige Krieg (siehe Kap. 2, VI) beherrschte das Gesamtbild (1339–1453; hundertvierzehn Jahre, auf die dreiundfünfzig Kriegsjahre und einundsechzig Jahre echten oder scheinbaren Friedens kamen), ein sonderbarer Konflikt, der in der dramatischen Klarheit seines Verlaufs eine ganze Welt kennzeichnete: Schritt um Schritt verwandelte er sich aus einem feudalen Machtkampf in einen nationalen Krieg. Das Mädchen Jeanne d'Arc mit seiner bescheidenen Herkunft und seinen gefühlsbetonten (wenn auch religiösen) Handlungsmotiven verkörperte am reinsten den volkstümlichen, nationalen Charakter der Schlußphase dieses Krieges, in der es zur eigentlichen Anführerin des Kampfes wurde, während der französische König anfangs von dem Edelmann Du Guesclin Rat und militärische Hilfe empfangen hatte. Auch in den Geschicken der anderen europäischen Länder wirkten diese neuen Kräfte, die sich allenthalben, wenn auch nicht immer mit derselben Deutlichkeit, regten. Am klarsten zeigte sich dieser Prozeß der Ausdehnung und des Zusammenschlusses von selbständigen Einheiten in dem Vertrag, den die drei Schweizer Kantone Uri, Schwyz und Unterwalden 1291 abschlossen, ein Bund, dem sich im Laufe des 14. Jahrhunderts Luzern (1332), Zürich (1351) und Bern (1353) anschließen sollten. Auch das österreichische Herrscherhaus verfolgte in diesem Jahrhundert eine klare politische Linie; es wurden die ersten Anzeichen jener Politik des Zusammenschlusses sichtbar, welche die Habsburger dann jahrhundertelang verfolgten. Sie wollten die Alpen- und Donauländer bis hin zum Meer mit Ungarn, Böhmen, Mähren und Schlesien zu einem großen Reich vereinen. Die Eroberung Triests im Jahre 1382 ist dafür symptomatisch. Bei aller Verschiedenheit der örtlichen Gegebenheiten befehdeten sich in diesem unruhigen Jahrhundert überall in Europa Königreiche, Herzogtümer und Städte, um ihre Territorien zu erweitern. Diese ganz Europa gemeinsame Tendenz der Grenzerweiterung, die — wenn auch weniger intensiv — sogar in Italien auftrat, galt nicht für Deutschland. Hier bildete sich eine »Anarchie in Gestalt einer

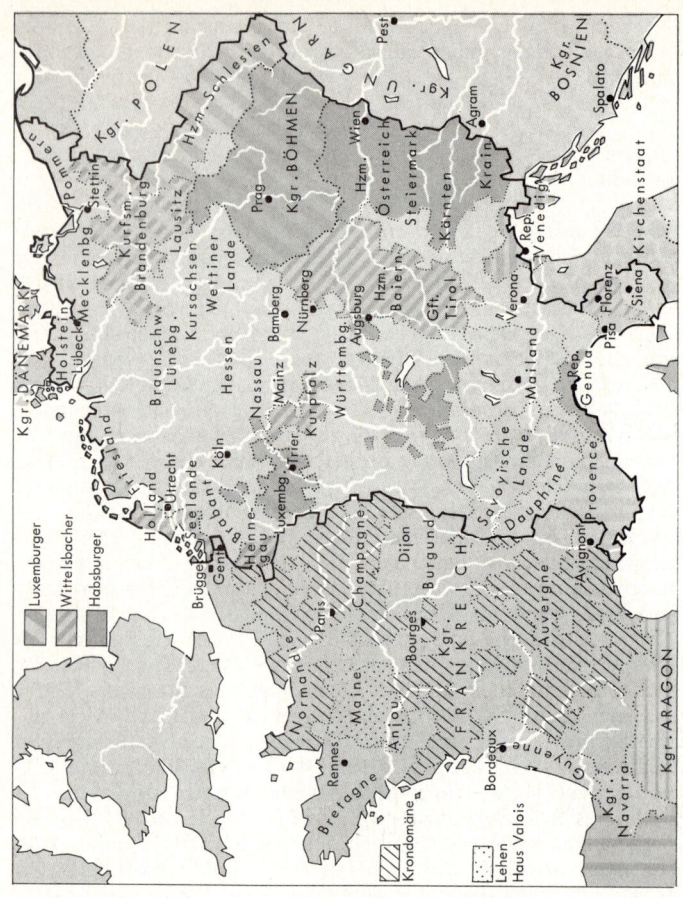

Abb. 4: Hausmachtpolitik in Mitteleuropa (1273–1347).

Monarchie« heraus. Von 1273 an (Wahl Rudolfs von Habsburg)
bestand die einzige Funktion dieser Monarchie darin, ein Kaiserreich zu symbolisieren, welches nur noch Sehnsucht und Mythos war — wenn man die Regierungszeit Karls IV. (1347 bis
1378) ausklammert, dessen großzügige und zunächst erfolgreiche Reformversuche sich bald in Nichts auflösen sollten.
Venedig und sein Krieg mit Ferrara (1308–1309), Ludwig der
Große in Ungarn und seine Heiratspolitik mit den Habsbur-

gern, die Luxemburger und die Piasten, der Hundertjährige Krieg mit seinem nationalen Anliegen auf französischer Seite und dem Expansionsstreben auf seiten Englands, die Umwandlung der italienischen *Comuni* in *Signorie*, all das waren deutliche Anzeichen für den Willen zu politischer Einigung und territorialer Expansion. Im Grunde war das Problem — knapp formuliert — sehr einfach: Eine wirtschaftlich geschwächte Aristokratie mußte sich in fremden Ländern und auf anderen Gebieten Kompensationen verschaffen. Da nun einmal die wirtschaftliche Macht gesunken war, konnte man sich keinen großen Unternehmungen mehr widmen. (Ist es nicht bezeichnend, daß die *Reconquista* in Spanien zum Stillstand kam, um erst gegen Ende des 15. Jahrhunderts wieder aufgenommen zu werden? Und daß der religiöse, politische und wirtschaftliche Elan der Kreuzzüge auf einmal nachließ?) Dem Adel boten sich nur zwei Auswege: einmal private Kriegszüge, d. h. das Banditentum; und auf der anderen Seite, zumindest anfänglich, die Verbindung mit dem Herrscher in dessen militärischen Unternehmungen, in der Hoffnung auf Eroberung und Beute. Lassen wir zunächst einmal die erste Lösung beiseite und befassen wir uns mit den Schwierigkeiten der zweiten. Bei jeder Grenzerweiterung gingen die Interessen des Herrschers und die des Adels weiter auseinander. Den Herrscher bewegten die Anliegen der Nation, der Adel dagegen blieb seinen ursprünglichen Erwartungen treu. Es entstand also ein Gegensatz oder zumindest eine Differenz der Interessen. Eine Zeitlang sollte die Waage weder zur einen noch zur anderen Seite ausschlagen; wie auch immer die Entscheidung des Konflikts letztlich ausfallen mochte, die Folgen sollten schwerwiegend sein.

Es bestanden nämlich zwei Lösungsmöglichkeiten: einmal der Sieg des Herrschers, der mit der Unterstützung des Volkes die lehnsherrliche Gewalt beschnitt; oder aber der Sieg des Adels. Im ersten Falle wurden die Grundlagen geschaffen, auf denen später der moderne Staat aufbauen konnte. Die Adligen mochten noch so sehr gegen die Anmaßung des Herrschers protestieren — gegen die »insolentia regum Francorum«, um einen Ausspruch der französischen Aristokratie anzuwenden; ihre Macht schwand immer mehr. Ihnen standen zwei Möglichkeiten offen: einmal die langsame, aber gewisse Sicherheiten bietende Entwicklung vom Burgherrn, einem unabhängigen Gefährten des Herrschers, zum Höfling. Der andere, naheliegende Ausweg war das Banditentum. Damit verschärfte sich die »Krise« des Feudaladels, die ihre Ursache in der wirtschaftlichen Bedrohung seiner Besitzungen hatte, kaum daß sich der Übergang auf die politische Ebene andeutete. Denn die politischen Verwicklungen hatten ihrerseits ganz zweifellos schwerwiegende Folgen im wirtschaftlichen Bereich, so daß sich gleichsam ein fortwährender Zirkel ergab, dem der Adel nur um den Preis einer Niederlage oder zumindest doch einer starken Schädigung entrinnen konnte, die wiederum notwendig Revanchegelüste und Haßgefühle hinterlassen mußte. Doch greifen wir nicht vor ... So sah die Lage nach einem Sieg des Herrschers aus. Die Entwicklung konnte jedoch auch anders verlaufen. Sei es, daß der Herrscher — wie z. B. in Polen — nur den äußeren Rahmen für die Institutionen eines zentralisierten und gebietsmäßig großen Staates herstellte, oder sei es, daß — wie in Deutschland — die Herrschergewalt rein symbolisch und der Staat eine inhaltslose Form blieb, das Endergebnis war das gleiche: Anarchie und Zersplitterung der Nation. Nicht aus Zufall sollten Italien, Polen und Deutschland ihre nationale Einigung erst so viel später verwirklichen können; und nicht aus Zufall sollte die Gestalt des adligen *bravo* so lange in Italien weiterleben, genauso wie in Deutschland die des *Ritters*. Man hat wohl in keinem anderen europäischen Land so viel von der Freiheit gesprochen wie in diesen dreien; aber jene Freiheit, als deren Vorkämpfer man sich betrachtete, war nichts anderes als Partikularismus und Anmaßung, Ausdruck der Ohnmacht der Zentralgewalt. Zwar gab es die wahre Freiheit auch in manchen anderen Ländern nicht, aber in jenen »anderen Ländern« schuf man wenigstens die Voraussetzungen für ihre spätere Verwirklichung.

Kehren wir jedoch zum 14. Jahrhundert zurück. Ganz Europa war von aristokratischem Banditentum heimgesucht, welches in Deutschland im *Raubrittertum* seine charakteristischste Ausprägung fand und dem in England, Frankreich, Skandinavien und Polen heftig nachgeeifert wurde. Dieses Banditentum war in den verschiedenen Ländern jedoch nur scheinbar gleichartig: in Frankreich und England rekrutierte es sich unter jenen Adligen, die sich gegen die allmählich wachsende Macht des Herrschers auflehnten, es sollte sich daher nach langen Wirren in sich selbst erschöpfen. Anderswo wurde es zum Selbstzweck und wuchs sich schließlich zu richtigen privaten Kriegszügen aus. Die Ritter des Deutschen Ordens z. B. veranstalteten lange Menschenjagden auf den vereisten litauischen Sümpfen, die zum Verfall des Ordensgeistes führten; einem direkten Angriff der Polen in Tannenberg (1410) sollten sie nicht mehr standhalten. Die polnischen Edlen kämpften auf eigene Faust und sogar gegen den Willen ihres Herrschers gegen die Türken, aber sie wurden in Nikopolis geschlagen (1396).

Die wirtschaftliche Macht erschöpfte sich also, der politische Einfluß ließ nach, die militärischen Funktionen wurden eingeschränkt; in der Schlacht von Courtrai wurde die französische Kavallerie vom flämischen Fußvolk geschlagen; das Schweizer

Fußvolk war schon von 1315 an den Reitertruppen überlegen; die Bogenschützen bildeten hinfort den Kern des englischen Heeres. Ist es etwa nicht bezeichnend, daß während des 14. Jahrhunderts die Legenden von Robin Hood, vom Grand Ferré und von Wilhelm Tell entstanden? Lassen wir ruhig die historische Wirklichkeit einiger dieser Figuren dahingestellt sein; wesentlich ist, daß sie die »Krise« des Adels ganz konkret verkörperten, und zwar besonders im Bereich jener Werte, die im Feudalwesen am eifersüchtigsten gehütet wurden. Auch hier wurden also Werte zerstört, Prinzipien aufgegeben; aber auch in dieser »Krise« erschienen Ansätze zur Befreiung, die später von größter Bedeutung sein sollten.

2. Stagnation und Gärung:
Europa von 1380 bis 1480

Wenn wir die »Krise« des 14. und 15. Jahrhunderts in diesem Band in zwei Kapiteln behandeln, so nicht nur um des Druckbildes oder der Bequemlichkeit der Darstellung willen, sondern weil unser Gegenstand selbst problematisch ist. Gewiß soll hier nicht die prinzipielle Annahme *einer*, vom 14. ins 15. Jahrhundert reichenden Krise in Frage gestellt werden; denn diese Krise gab es, und sie war in ihren wesentlichen Merkmalen *eine*. Aber was ihre äußeren Erscheinungsformen betrifft, scheint es uns möglich, von *zweierlei* Krisen zu sprechen. Der eine Teil erstreckt sich in unseren Augen von den beiden letzten Dezennien des 13. Jahrhunderts zu denen des 14. Jahrhunderts. Wollte man das wirtschaftliche Gesamtbild dieser Periode graphisch darstellen, hätte man eine stark abfallende Linie zu zeichnen, auch wenn der allgemeine Niedergang, wie wir schon im 1. Kapitel betont haben, bemerkenswerte Ansätze zu einer sozialen Befreiung erkennen ließ, die von dem Gesamteindruck einer Katastrophe abstechen. Der zweite Teil jener Krise umfaßt die Zeit vom Ende des 14. bis über die Mitte des 15. Jahrhunderts hinaus; die europäische Wirtschaft hatte einen Tiefpunkt erreicht, an dem sie bar jeder Energie zu verharren schien, gleichsam als ob sie eine Atempause vor einem neuen Wiederaufschwung brauchte. Es war ein Stillstand in der Mittelmäßigkeit, und das galt nicht nur für den wirtschaftlichen, sondern auch für den sozialen Bereich.

Doch bevor wir die wirtschaftlich-soziale Seite der europäischen Geschichte erneut ins Auge fassen, seien rasch die äußeren Umrisse der Ereignisse in ihren wesentlichen Zügen angedeutet.

Es geht uns vor allem darum, den komplexen Charakter des Schicksals dieser Epoche, die Schwierigkeit ihrer Analyse, ihre Doppelgesichtigkeit angesichts der Nachbarschaft des 14. und des 16. Jahrhunderts, die sich beide so stark von einander unterscheiden, zu zeigen.

Vielleicht sollten wir um der Klarheit der Darstellung willen die politischen Ereignisse, die diese Periode kennzeichnen, mit denen

Abb. 5: Europa im Jahr 1402.

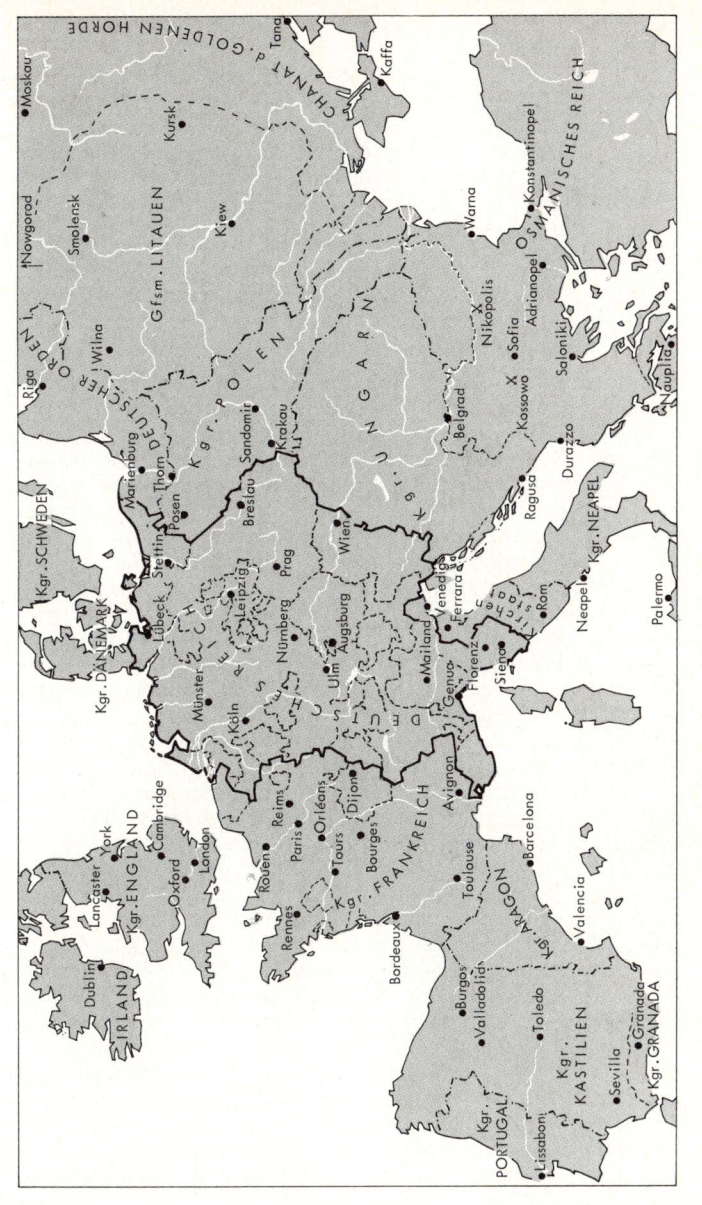

des vorausgehenden und des folgenden Zeitabschnitts in Verbindung bringen.

Die Geschichte Europas — welchen Zeitraum man auch immer erforscht — erweckt stets den Eindruck der Fülle, der Vielgestaltigkeit und beinahe des Durcheinanders. Doch eben diese Züge können Ausdruck der Jugend und des Wachstums oder der Reife und des Alterns sein. Im Fall der von 1380 bis 1480 reichenden Periode finden sich alle Züge einer kritischen, an mächtigen Gärungen reichen Epoche.

Doch suchen wir klarzusehen.

II. DAS PAPSTTUM

Jahrhundertelang lagen zwei große Mächte mit universalem (d. h. für das Mittelalter im wesentlichen »europäischem«) Charakter und Anspruch miteinander im Konflikt: Kaisertum und Papsttum. Streitobjekt war Reichsitalien und darüber hinaus das Recht, Europa nach eigenem Gutdünken zu gestalten. Doch vom langen Kampf waren beide Gegner nun erschöpft, ohne daß es einen Sieger oder einen Besiegten gegeben hätte.

Seit dem Ende des 13. Jahrhunderts suchte sich das Papsttum zu reorganisieren. Bonifaz VIII. (1294—1303) begann das Reformwerk in Rom selbst mit dem Versuch, den Einfluß der Adelsparteien zu verringern; so wurden z. B. die Colonna exkommuniziert, und ihre Burg in Palestrina wurde zerstört. Auch in Reichsitalien entfaltete er eine intensive politische Tätigkeit; er griff sowohl in die Angelegenheiten der toskanischen Kommunen ein (vor allem, um dem Papsttum die überaus nützlichen Dienste der florentinischen Bankiers zu erhalten) als auch in Sizilien, um die Lehnsbindungen zwischen dem unter aragonesischen Einfluß geratenen Königreich und dem Heiligen Stuhl zu festigen. Er intervenierte in den Auseinandersetzungen zwischen Frankreich und England und versuchte, die Verleihung der Kaiserkrone an bestimmte Bedingungen zu knüpfen. In der Bulle *Unam Sanctam* (1302) finden wir die beste Synthese der überaus vielfältigen Aktivität dieses Papstes, welcher der Kirche eine endgültig verlorene Stellung wiedergeben wollte; sie ist zugleich die wohl exakteste theoretische Darstellung der theokratischen Ordnung: »Die geistliche und die weltliche Gewalt liegen beide in den Händen der Kirche; die erste steht ihr allein zu, die zweite muß sie zu ihrem Vorteil anwenden. Die erste wird von den Priestern, die zweite von den Königen ausgeübt, aber nur soweit es der Priester will und zuläßt. Die weltliche Autorität muß sich also der geistlichen unterordnen. Die göttliche Weisheit verleiht dieser die Aufgabe, die weltliche Macht zu schaffen und, wenn nötig, zu verurteilen. Und somit erklären und beschließen wir, daß alle Menschen sich dem Papst von Rom unterwerfen müssen, wenn sie das ewige Heil erlangen wollen.«

Allein um der großen Persönlichkeit Bonifaz' VIII. willen erscheinen diese Worte nicht als Ausdruck bloßen Wunschdenkens, denn in Wirklichkeit wurde alles ein Fehlschlag. Mit dem Anfang des 14. Jahrhunderts beginnt jene lange Periode in der Geschichte der Kirche, deren Verlauf sich durch die Bezeichnungen Avignon (1309–1377), Abendländisches Schisma (1378–1417), Zeit der Konzile (ab 1417) gliedern läßt.

Der Mißerfolg der Politik Bonifaz' VIII. wie auch der seines Nachfolgers Benedikt XI. (1303–1304) sowohl in den Auseinandersetzungen mit Frankreich als auch mit den römischen Adelsparteien (vor allem den Colonna und Orsini) führte schließlich zur Verlegung des päpstlichen Sitzes nach Avignon. Genau wie in Rom war auch dort die Kirche hauptsächlich mit weltlichen Belangen beschäftigt — mit dem einzigen Unterschied, daß das Papsttum (ausgenommen Benedikt XII., 1334–1342) mehr den Anliegen des französischen Königshauses als den eigentlich päpstlichen Interessen diente. Während des Exils in Avignon erschien das Papsttum in seinem wahren Licht; es war eine selbstvergessene geistliche Macht, die vornehmlich weltliche Erfolge anstrebte, jedoch trotz aller Diesseitigkeit noch imstande, neue religiöse Energien zu erwecken, wie z. B. in einer Katharina von Siena (1347–1380). Die Päpste hatten mit erheblichen finanziellen Schwierigkeiten zu kämpfen. Wenn man bedenkt, daß der Papst zu Beginn der Niederlassung in Avignon gänzlich ohne Einkünfte war, muß man immerhin anerkennen, daß das Werk der finanziellen Sanierung ein Erfolg war. Ein Beweis ist der prächtige Palast der Päpste in Avignon, mit dessen Errichtung 1316 begonnen wurde und den man — nach Aussage eines Zeitgenossen — nicht betreten konnte, »ohne dort Geistliche zu finden, welche die vor ihnen angehäuften Münzen zählten«.

Jedoch empfahl sich angesichts der unsicheren Lage Avignons im Hundertjährigen Krieg und angesichts der wachsenden Bedrohung des päpstlichen Besitzes in Italien eine Rückkehr nach Rom, welche Kardinal Albornoz denn auch unter den besten Bedingungen organisierte. Im Januar 1377 zog Gregor XI. wieder in Rom ein; Avignon sollte von da an nur noch Gegenpäpste beherbergen. Man hat das avignonesische Exil als ›Babylonische Gefangenschaft‹ bezeichnet; auch wenn man das in dieser Bezeichnung enthaltene Urteil auf sich beruhen läßt, hat zweifellos der sittliche Verfall der Kirche das Wuchern von Häresien begünstigt: Es entstand unter anderem die Bewegung der *Fraticelli*, radikaler Franziskaner, welche sich sogar in die internationalen Auseinandersetzungen einmischten und den Widerstand des Kaisers gegen die päpstlichen Ansprüche unterstützten. Sie wählten sogar einen eigenen Papst, Nikolaus V. (1328–1330), der von der katholischen Kirche natürlich als Gegenpapst betrachtet wurde. Das waren jedoch nur die Vorläufer von späteren häretischen Bewegungen, die besonders in der folgenden Zeit des großen abendländischen Schismas zum Ausbruch kamen.

Von 1378 bis 1409 hatte die Christenheit zwei Päpste; von 1409 bis 1415 sogar drei; von 1415 bis 1417 keinen einzigen legitimen. Diese Doppel- bzw. Dreiköpfigkeit an der Spitze spiegelte sich auch in den unteren Rängen der Hierarchie wider, so gab es z. B. Diözesen und Klöster mit zwei Bischöfen und zwei Äbten (siehe Kap. 3, III). Das Schisma entbehrte jeglichen dogmatischen Gehalts und folglich auch jeglicher ethischer Spannung; es war nichts weiter als ein Konflikt zwischen entgegengesetzten Richtungen und Vorwand für rein politische Auseinandersetzungen. So wurde im allgemeinen die römische Richtung von Mittel- und Norditalien, von England (aus Protest gegen Frankreich) und von Portugal (in Fehde mit Kastilien) anerkannt; der avignonesische Gegenpapst besaß dagegen die Anerkennung Frankreichs (natürlich gegen England), Schottlands, Kastiliens und Aragons (die sich gegen Portugal stellten) und der Anjou in Neapel.

Auf die Dauer wurde die Lage unhaltbar; der Grundsatz des kanonischen Rechts, wonach der Papst über dem Konzil steht, wurde von der entgegengesetzten Lehre bekämpft, welche die Pariser Universität formulierte und mit Nachdruck vertrat. 1409 setzten die im Konzil zu Pisa versammelten Kardinäle der römischen und avignonesischen Richtung ihre jeweiligen Päpste ab und wählten ein neues Oberhaupt: Alexander V. Dieser hatte jedoch nur die Stellung eines *dritten* Papstes, denn weder der römische noch der avignonesische Papst nahmen ihre Absetzung an. Erst beim Tod Alexanders V. wurde ein entscheidender Schritt vollzogen: Sein Nachfolger Johannes XXIII. (1410–1415) berief unter dem Druck von Kaiser Sigismund ein neues Konzil in Konstanz ein. In den folgenden Wirren wurde derselbe Papst Johannes XXIII. zum Gegenpapst erklärt und, zusammen mit dem avignonesischen Papst Benedikt XIII., abgesetzt, während der römische Papst Gregor XII. abdankte. Die Einheit der römischen Kirche war wiederhergestellt. Das ist ein wichtiges Ergebnis, vor allem wenn man bedenkt, daß es sich auf das Prinzip gründete, daß »alle sich dem Konzil unterwerfen mußten, auch der Papst, wenn es über den Glauben, das Schisma und die Kirchenreform bestimmte«.

Nach dem Vorbild der *Fraticelli*, welche das Exil zu Avignon zur Durchsetzung ihrer Thesen benutzt hatten, profitierten auch andere Bewegungen weitgehend von den inneren Schwierigkeiten der Kirche während des abendländischen Schismas. Sie stützten sich auf die Formulierungen John Wiclifs, der — Politik und Religion verbindend — das Recht des Staates auf die Kontrolle der Verwaltung der Kirchengüter verteidigt, das Recht jedes auch nur einigermaßen Gebildeten, die Heilige Schrift zu lesen, behauptet und die Transsubstantiation geleugnet hatte: Die Thesen Wiclifs wurden andernorts begeistert aufgenommen: In Böhmen gehörten Johannes Hus und Hieronymus von Prag zu ihren Verfechtern. Den weltlichen Herrschern kam natürlich der politische Gehalt jener Theorien sehr gelegen, nicht jedoch der übrige Inhalt, der ja wesentlich dazu beitrug, regelrechte Revolten ideologisch zu untermauern, die, auch wenn sie sich gegen den Papst richteten, politisch auch für sie selber gefährlich waren. Angesichts der Wahl zwischen dem Bösen und dem Guten verzichtete man lieber auf das Gute, wenn man nur damit auch das Böse ausrotten konnte. John Wiclif wurde zum Komplicen des englischen Aufstandes von 1381 erklärt, von der Universität Oxford vertrieben, als Häretiker bezeichnet und zum Schweigen verurteilt. Er starb vollständig vereinsamt 1384; die von ihm inspirierte, wenn auch wahrscheinlich nicht beabsichtigte sozialhäretische Bewegung der ›Lollarden‹ sollte ihn trotz wütender Verfolgung von seiten des englischen Königshauses eine Zeitlang überleben. In Böhmen waren die Folgen der Revision noch gewaltsamer. Die Religionskrise nahm eindeutig die Züge einer sozialen Bewegung und — mehr noch — die einer nationalen Krise an; das aufbrechende Nationalgefühl gegen die deutsche Unterdrückung in Böhmen war die treibende Kraft der Bewegung. Johannes Hus wurde 1412 zum Ketzer erklärt und exkommuniziert. Während des Konzils von Konstanz wurde er durch die Zusicherung freien Geleites in die Stadt gelockt, wo man von ihm den Widerruf seiner ›Häresien‹ verlangte. Angesichts seiner Weigerung erkannte man ihm das freie Geleit ab, und er wurde lebendig verbrannt (1415). Kurz danach — 1416 — ereilte seinen Freund und Schüler Hieronymus von Prag das gleiche Geschick. Diese Hinrichtungen trugen freilich nicht zur Lösung des Problems bei. In Böhmen löste der Tod von Hus den Krieg von 1419 bis 1436 aus.

Die blutigen Repressalien Heinrichs IV. und Heinrichs V. von Lancaster gegen die Lollarden in England und die Unterdrückung der Hussiten durch Sigismund von Luxemburg in Böhmen haben die Voraussetzungen der Häresien nicht ausgemerzt. Dazu hätte es einer inneren Reform der Kirche bedurft, d. h. einer Reform ihres Geistes; man kam jedoch nie über äußere Reformpläne hinaus. 1431 wurde in Basel ein neues Konzil einberufen, das sich bis 1449 hinziehen und in den verschiedensten Städten tagen sollte (Ferrara 1438; Florenz 1439). Sein Endergebnis war kläglich; den unbesiegbaren Hussiten, welche nicht weniger als fünf kaiserlichen ›Kreuzzügen‹ getrotzt hatten, wurde teilweise nachgegeben (Einführung der Kommunion in beiderlei Gestalt), jedoch vertagte man die Entscheidung über die Hauptfrage, deretwegen das Konzil zusammengetreten war, nämlich über das Problem des Vorrangs von Papst oder Konzil. Schon der bloße Verlauf des Konzils hatte jedoch die Voraussetzungen für eine Umkehrung der in Konstanz erreichten Kräfteverhältnisse geschaffen. So wurde dann mit der von Papst Pius II. verfaßten Bulle *Execrabilis* im Jahr 1459 endgültig der Vorrang des Pontifex über das Konzil proklamiert. Die innere Reform der Kirche wurde auf diese Weise aufgeschoben, um nicht zu sagen verhindert; dessen war sich sogar Pius II. bewußt, als er allerdings noch Kardinal Enea Silvio Piccolomini war. Damals, 1448, hatte er festgestellt: »Die Anhänger des Konzils sagen: Wir sind der Gewalt gewichen; was wir uns in den Kopf gesetzt haben, daran halten wir fest. Aus diesem Grund warten wir nur auf eine Gelegenheit, den Kampf zu erneuern.« (Siehe Kap. 8, I.)

Das Papsttum war nunmehr ein bedeutender politischer Machtfaktor, von innen her unangreifbar und genügend gefestigt, um — wenigstens eine Zeitlang — keinerlei Angriffe von außen fürchten zu müssen; es hätte sich also ganz seinen geistlichen Funktionen widmen können. In Wirklichkeit waren jedoch diese Funktionen weniger religiöser als vielmehr kultureller Art. Zu den Päpsten gehörten die bedeutendsten Humanisten und größten Gelehrten wie ein Nikolaus V. (1447 bis 1455) oder ein Pius II. (1458–1464). Aber hinter dieser glänzenden äußeren Fassade mehrten sich schon die Voraussetzungen künftigen Aufruhrs. Im Bereich der Innenpolitik wurde immer deutlicher, daß der Kirchenstaat sich nicht weiter von den Fürstentümern der italienischen Halbinsel unterschied, befangen wie er war in allen Problemen der italienischen Außenpolitik und als Nährboden solch beklagenswerter Erscheinungen wie des Nepotismus (siehe Kap. 8, I). In der Außenpolitik sah sich die Kirche angesichts des wachsenden Drucks der entstehenden europäischen Nationalstaaten gezwungen, den verschiedenen Nationalkirchen eine gewisse Selbständigkeit einzuräumen: Da war zunächst die Anerkennung der ›Pragmatischen Sanktionen‹ Karls VII. von Frankreich (1438), aufgrund deren die ›Gallikanische‹ Kirche unter die Oberhoheit des Königs gestellt wurde; es folgten das Wiener Konkordat mit dem Deutschen Reich (1448) und schließlich die Abkommen mit den Herrschern von Kastilien und Aragon (1481), in welchen den Kirchen dieser Königreiche verschiedene autonome Rechte zugestanden wurden. Diese Machtverschiebungen hätten sicher die päpstliche Herrschaft stärken können, wenn sie gleichzeitig das den Herrschern wie den Völkern so wichtige Problem der Abgaben an die römischen Kassen geregelt hätten. Die Pfründen blieben jedoch bestehen — wenn auch unter veränderten Formen — und damit die Unzufriedenheit.

Angesichts des Fehlens jeglicher inneren Reform mußte schließlich zu Beginn des 16. Jahrhunderts die Reformation mit allen Forderungen, die sie hatte (zumindest denjenigen, die sie haben konnte), auf ganz entschiedene Weise von außen vorgenommen werden.

III. DAS REICH

Während der Zeit des ›großen Interregnums‹ von 1256 bis 1273 war der Kaiserthron verwaist. Keiner der Thronanwärter — Wilhelm von Holland, Richard von Cornwall und Alfons X. von Kastilien —, die mit mehr oder minder deutlichem Recht einen Anspruch auf die Krone erheben durften, konnte seinen Ehrgeiz verwirklichen. Deutschland war in Hunderte von Gebilden aufgespalten, die man kaum als Staaten bezeichnen konnte.

Chaotische Zustände, innere Machtkämpfe, Unsicherheit sämtlicher innenpolitischen Verhältnisse — all das kennzeichnete für lange Zeit das Leben des Reichs, eines Organismus, dessen Existenz nichts mehr zu rechtfertigen schien. Und dennoch bahnte sich ganz langsam ein Entwicklungsprozeß an. Zunächst einmal wurden nicht mehr Kaiser aus den verschiedensten Häusern auf den Thron berufen, sondern es bürgerten sich gewisse Vorrechte einiger Familien ein. So hatten z. B. von 1346 bis 1400 Karl IV. (1346–1378) und Wenzel (1378–1400) aus dem Geschlecht der Luxemburger die Kaiserwürde inne. Mit Ruprecht von der Pfalz (1400–1410) wurde diese Reihe unterbrochen, dann erschien mit Sigismund (1410–1437) wieder ein Luxemburger. Schließlich sollten seit Albrecht II. von Österreich (1438) die Habsburger den Thron nicht mehr verlassen.

Parallel zu dieser dynastischen Entwicklung begann ein langer Weg, der zu einer relativen Festigung des Kaiserreiches führte. Mit dem Kurverein zu Rhense (1338) wurde der Anfang gemacht; er verfügte, daß die päpstliche Bestätigung der Kaiserwahl nicht notwendig wäre; im Jahr 1356 setzte Karl IV. von Luxemburg in der *Goldenen Bulle* die Bedingungen der Kaiserwahl fest; er gestand sieben Kurfürsten das Wahlrecht zu: den

Reichsstädte

Kgr. NORWEGEN
Oslo
Kgr. SCHWEDEN
Stockholm
Gotland
Öland
Kgr. DÄNEMARK
Kopenhagen
Danzig
DEUTSCHER ORDEN
Schlesw.-Holstein
Lübeck
Hamburg
Hzm. Pommern
Bremen
Hzm. Mecklenburg
Elbe
Hzm. Braunschweig
Kurfsm. Brandenburg
Weser
Oder
Weichsel
Geldern
Rhein
Dortmund
Kgr. POLEN
Köln
Landgft. Hessen
Wettin. Lande
Hzm. Schlesien
Aachen
Mosel
Frankfurt
Main
Prag
Kurpfalz
Nürnberg
Ob. Pfalz
Kgr. BÖHMEN
Mgft. Mähren
Metz
Hzm. Württembg
Wien
Straßburg
Ulm
Hzm. Baiern
Erzhzm.
Freigft.
Inn
Österreich
Donau
Burgund
Bern
Ofen-Pest
Hzm. Steiermark
Eidgenossenschaft
Gft. Tirol
Hzm. Kärnten
Kgr. UNGARN
Fsm. Piemont
Hzm. Mailand
Rep. VENEDIG
Hzm. Krain
Drau
Slawonien
Etsch
Po
Venedig
Kroatien
Sawe

Erzbischöfen von Mainz, Trier und Köln, dem König von Böhmen, dem Herzog von Sachsen, dem Markgrafen von Brandenburg und dem Pfalzgrafen bei Rhein. Damit wurde eine spürbare Verbesserung der Bedingungen der Kaiserwahl erreicht, auch wenn die ›sieben Säulen des Reiches‹ innerhalb ihrer eigenen Länder weiterhin ihre Souveränitätsrechte besaßen, wodurch die Zersplitterung des Reiches deutlich zutage trat. Als erster — wenn auch auf indirekte Weise — suchte Kaiser Friedrich III. dieser Entwicklung zu steuern, indem er bei Lebzeiten seinen Sohn zum *König der Römer* wählen ließ und damit den Grund zur Erblichkeit der Krone legte, welche sich später durchsetzen sollte. Auch Maximilian I. von Österreich versuchte mit der Einsetzung einer Kaiserlichen Gerichtskammer beim Reichstag zu Worms (1495) den Zerfall aufzuhalten; diese Kammer sollte allen Streitigkeiten zwischen den Territorialherren zumindest auf juristischer Ebene ein Ende setzen.

Parallel zu dieser langsamen Aufeinanderfolge von Ereignissen, die einem weiteren Ruin des Reiches entgegenwirkten, entwikkelte sich die geschickte und vom Glück begünstigte Heiratspolitik der Habsburger. Sie begann mit Friedrich III., der seinen Sohn Maximilian (den späteren Maximilian I.) mit Maria von Burgund verheiratete; auf diese Weise wurde seine Hausmacht (Österreich, Steiermark, Kärnten, Krain, Tirol und das südliche Elsaß) um Flandern, die Niederlande, Brabant, Luxemburg, Artois und die Franche-Comté vergrößert. Das war ein erster bedeutender Schritt vorwärts. Das entscheidende Ereignis jedoch war die Heirat Philipps des Schönen — des Sohnes von Maximilian — mit Johanna der Wahnsinnigen (Tochter und Erbin der Katholischen Könige Ferdinand und Isabella), aus deren Ehe der große Karl V. (1500—1558) hervorging. Eine seiner Devisen hieß *plus ultra‹*; sie wird uns verständlicher, wenn wir bedenken, daß er von Geburt an über einen gewaltigen Besitz verfügte. Er stand an der Spitze jener außerordentlichen Ansammlung von Königreichen, welche ihm die ungefähr ein Jahrhundert lang verfolgte habsburgische Heiratspolitik eingebracht hatte, und gleichzeitig eines deutschen Reiches, das zwar noch kein organisches Gefüge, aber immerhin geschlossener als vor 200 Jahren war. So ist in einem langsamen Entwicklungsprozeß die Ausgangsposition für den bedeutendsten europäischen Herrscher nach Karl dem Großen entstanden.

Abb. 6: Das Deutsche Reich und Nordeuropa im 15. Jahrhundert.

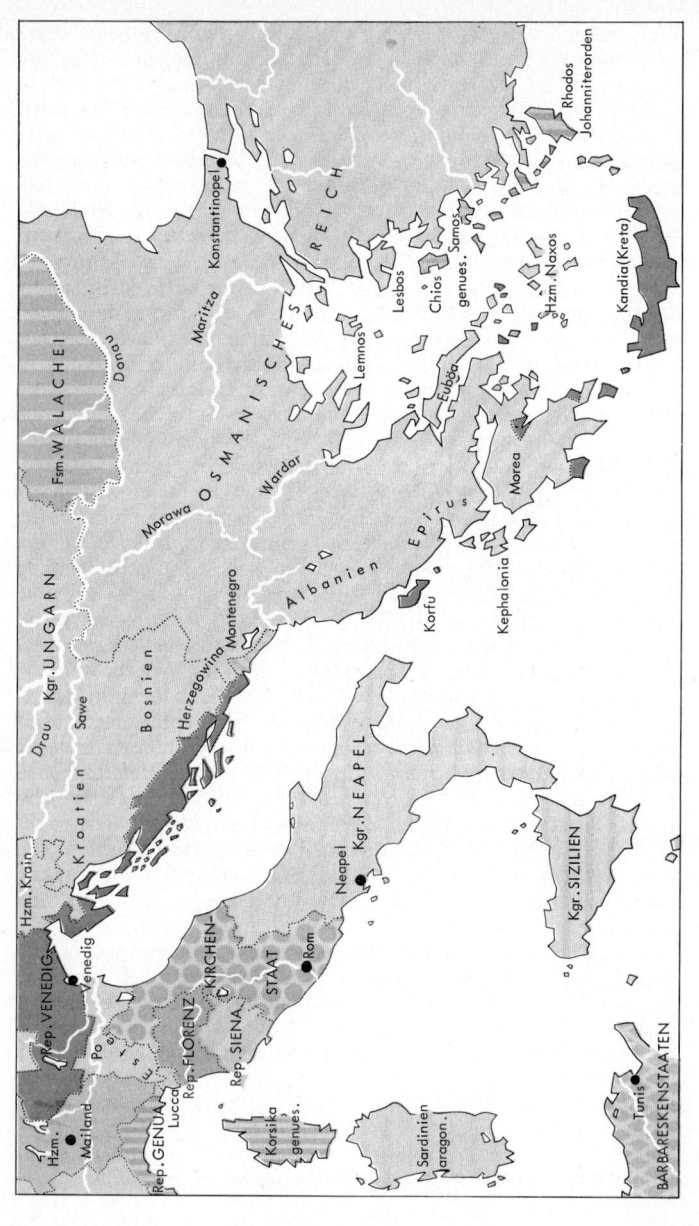

Gegen Ende des 13. Jahrhunderts war Italien der Schauplatz eines Geschehens von weitreichender Bedeutung gewesen. Am Ostermontag des Jahres 1282 brach in Palermo ein Aufstand gegen das Königshaus Anjou aus, und der König von Aragon wurde vom sizilianischen Parlament zum König ausgerufen. Zwanzig Jahre sollte sich der Krieg zur See, auf der Insel, in Kalabrien und in Aragon hinziehen. Ein undurchsichtiger Kampf, in dem Sizilien nur der Einsatz eines viel größeren Spiels war, an dem das Königshaus Anjou, die Könige von Aragon und der Papst beteiligt waren. Fügt man hinzu, daß die Interventionsmöglichkeiten des Reichs in Italien beträchtlich zurückgegangen waren, so wird man sich etwa ein Bild von den chaotischen Zuständen auf der Apenninhalbinsel machen können. Doch damit nicht genug. Da nun einmal die Großen (der Kirchenstaat und die Königreiche Sizilien und Neapel) durch den Krieg in Anspruch genommen waren, bekamen die ›Kleinen‹, von denen einige nur gebietsmäßig, andere in jeder Hinsicht klein waren, mehr Handlungsfreiheit, welche letzten Endes nur dazu genutzt wurde, die alten Gegensätze ungehindert auszutragen: Bündnisse, Kriege und Friedensschlüsse folgten einander in unglaublich schnellem Wechsel. Immer häufiger rief man Ausländer zur Lösung interner Probleme herbei. Wie so viele andere hat auch Petrarca die chaotischen Zustände, die Unordnung und die Versklavung angeprangert: »Wie lange noch müssen wir Bedauernswerten zuschauen, daß die Barbaren um Hilfe gerufen werden, um Italien zu unterjochen? Und wie lange noch werden wir Italiener die Mörder unserer eigenen Landsleute in Sold nehmen? Wie glücklich wäre Italien, wenn Euch Herren in Amt und Würden dies so sehr mißfallen würde, wie es mir, dem einsamen Mann ohne öffentliche Ämter, mißfällt! Dann würde Italien in vollkommener Machtfülle über seine Provinzen regieren, während es jetzt beinahe zur Sklavin herabgesunken ist.« Mit diesen Worten nahm er das Thema der Danteschen Verse wieder auf:

>»Ach Italien, Sklavin, Haus des Schmerzes!
>Ein steuerloses Schiff im wilden Sturm,
>Herrin nicht der Länder, sondern ein Dirnenhaus.«

Immerhin begannen sich einige wesentliche Entwicklungstendenzen abzuzeichnen. Nachdem das System der Kommunen zu einem wahren Paroxysmus anarchischer Zersplitterung geführt hatte (man darf sich nicht durch die Pracht der Baudenkmäler

Abb. 7: Italien und der Balkanraum im 15. Jahrhundert.

täuschen lassen), war es unvermeidlich, daß eine Art von Einigungsbestrebung entstand, eben jene, die in der Geschichte Italiens als der Übergang von der Epoche der Stadtrepubliken zu jener der *Signorie* bekannt ist. Dabei handelte es sich im Grund (wenn man von zahlreichen Unterschieden und Nuancen absieht, die sich leicht wahrnehmen lassen) um ein Phänomen, welches schon in seinem Ursprung einen Widerspruch enthielt: Um ein absolutes Regime, dessen Sanktionierung von der Zustimmung des Volkes abhing. Dieser Widerspruch wurde dann auch schnell überwunden, denn die verschiedenen *Signori* suchten und fanden öffentliche Anerkennung bei den beiden einzigen Autoritäten, welche sie ihnen in der Sicht der damaligen Zeit gewähren konnte, beim Kaiser und beim Papst. Zahlreiche Familien wurden vom Papst oder vom Kaiser in ihrer Stellung als *Signori* bestätigt, so die Gonzaga in Mantua (1433), die Este in Modena und Reggio (1452), die Montefeltro in Urbino (1443) u. a.

Mit diesen Anerkennungen jedoch und der damit verbundenen Aufhebung des Abkommens mit dem Volk entwickelte sich die *Signoria* zu einem *Fürstentum*; aus einem Volk von Wählern wurde ein Volk von Untertanen, der früher gewählte Signore wurde zum Herrscher. Gleichzeitig machte sich ein gewisses Streben nach Konzentration und Integration bemerkbar, welches sich aber nirgendwo zu einem Streben nach Einheit verdichtete. Die Brennpunkte (schon, daß wir von Brennpunkten im Plural sprechen, ist bezeichnend) dieser Entwicklung waren Rom, Florenz, Mailand und Venedig.

Venedig hatte in einem ersten Krieg die Scaliger, welche fast ganz Venetien erobert hatten, nach Verona und Vicenza zurückgedrängt (1336–1342); von dort vertrieb sie später (1387) das Mailänder Geschlecht der Visconti. Venedig erweiterte seinen Herrschaftsbereich 1404 um Vicenza, 1405 um Verona und 1406 um Padua. Es folgten Brescia, Bergamo, Legnago und Udine. Auf diese Weise wurde die territoriale Grundlage der venetianischen Macht immer ausgedehnter und ergänzte harmonisch die überseeischen Besitzungen. Zwar entwickelten sich die Türken in der Folgezeit im Mittelmeerraum zu gefährlichen Gegnern und eroberten einen Teil der außeritalischen Besitzungen Venedigs, jedoch beeinträchtigte die türkische Invasion die Stellung der traditionellen Feinde der Venetianer, der Genuesen, noch weit mehr. Venedig konnte folglich seine Position auf dem italienischen Festland erheblich festigen. Doch für den gesamten Mittelmeerraum bedeutete das Auftreten der Türken einen Unsicherheitsfaktor, der sich bald als eine echte Bedrohung erweisen sollte.

In der venetianischen Innenpolitik hatte sich schon gegen Ende des 13. Jahrhunderts eine Entwicklung zur Oligarchie angebahnt; 1297 wurde mit der ›Schließung des Großen Rates‹ nur denjenigen der Zugang zu diesem Gremium, dem wahren Zentrum der Macht, gestattet, die ihm schon während der vergangenen vier Jahre angehört hatten oder die von der Signoria berufen wurden. Damit war den unteren Volksschichten jeder Zugang zur Macht versperrt, andererseits wurde durch diese Maßnahme die politische Stabilität gewahrt. Auf Grund dieser Stabilität und dank der Besitzungen auf dem italienischen Festland und der überseeischen Häfen und Stützpunkte konnte sich Venedig zunächst erfolgreich gegen starke Bündnisse verteidigen, wie z. B. 1509 gegen die Mächte der Liga von Cambrai; später, während des ganzen 16. Jahrhunderts, war es wegen seiner Seestreitkräfte ein wichtiger Machtfaktor und gleichberechtigter Partner im Kampf der großen europäischen Herrscher gegen die Osmanen.

Ganz anders verlief dagegen die Entwicklung in Florenz; dort zogen sich die Streitigkeiten zwischen den verschiedenen Gruppen, welche mit mehr oder weniger Berechtigung zur Macht strebten, sehr lange hin, wobei es auch zu offenen Kämpfen kam, wie z. B. im Fall der Revolte der ›Ciompi‹ (Wollkrempler) von 1378. Erst ab 1382 bildete sich eine Machtkonzentration in den Händen der wohlhabendsten Bürger; ihre Gegner sammelten sich um die Medici, eine Familie niedriger Herkunft, die es zu großem Reichtum gebracht hatte. 1434 riefen die Florentiner Cosimo Medici an ihre Spitze, der sich damit begnügte, die wirkliche Macht auszuüben, und auf ihren äußeren Glanz verzichtete. Trotz der Herkunft seiner Familie und obwohl er seinen Aufstieg dem Volke verdankte, unterschied sich die Politik Cosimos nicht wesentlich von der seiner Vorgänger. Die Macht blieb in den Händen einer politischen Clique, nur setzte sich diese teilweise aus anderen Mitgliedern zusammen als vorher. Trotz der humanistischen Blüte von Kunst und Wissenschaft blieb das Staatswesen zerbrechlich, und nach dem Einfall der Franzosen in die Toskana (1494) wurden die Medici vertrieben. An ihrer Stelle wollte Hieronymus Savonarola eine *Republik Christi* aufbauen, ein ebenso anachronistischer wie haltloser Wunschtraum. 1512 kehrten die Medici an die Macht zurück, Florenz hatte jedoch fortan nur noch geringen Einfluß auf die internationale Politik. Nur einige Florentiner Geschäftsleute konnten für sich persönlich internationales Ansehen erringen; und das, obwohl im 15. Jahrhundert die territoriale Basis der florentinischen Herrschaft immer breiter geworden war. Der wichtigste Schritt in diesem Zusammenhang war 1406 die Eroberung Pisas, die Erfüllung des alten Traums von einem direkten Zugang zum Meer. Aber dadurch wurden die strukturellen Schwächen des Staatswesens nicht behoben.

Die Geschichte des mailändischen Staates ist weniger kompliziert; Azzone Visconti schloß zwischen 1328 und 1339 außer Mailand noch Como, Bergamo, Lodi, Crema, Piacenza, Brescia und Vercelli unter seiner Herrschaft zusammen. Unter seinen Nachfolgern kamen Parma, Novara, Alessandria, Pavia und schließlich Bologna, Genua, Padua, Pisa, Siena, Perugia und Assisi hinzu; ja sogar Florenz wurde bedroht. So verfügte am Ende das Geschlecht der Visconti über eine ausgedehnte Territorialherrschaft, zweifellos die mächtigste und gefestigteste unter den jüngeren italienischen Staatswesen, und natürlich weckte es Besorgnis und damit Widerstand in Venedig, Florenz und anderen Staaten. Beim Tod von Giangaleazzo Visconti (1402) brach das schöne neue Staatengebilde auseinander, und das Geschlecht der Visconti mußte sich im großen und ganzen mit der Herrschaft über die Lombardei begnügen. Dort folgten nach dem Aussterben der Visconti im Jahr 1447 die Sforza, welche sich darauf beschränken mußten, das Erbe der Visconti um jeden Preis zu verteidigen, wobei sie, wie z. B. Ludovico Sforza im Jahr 1494, auch nicht davor zurückschreckten, ausländische Fürsten zu Hilfe zu rufen. Die weitere Geschichte des Herzogtums Mailand als eines Streitobjektes zwischen Frankreich und Spanien verdeutlicht wohl besser als jede andere den Niedergang Italiens.

Im Zentrum Italiens bildete der Kirchenstaat das größte, wenn auch nicht das einzige Hindernis für die Einigung des Landes. Nachdem die Rückkehr des Papstes von Avignon nach Rom beschlossen war, kam der Kardinallegat Albornoz, um die *membra disiecta* wieder zu vereinigen. Sein Werk der Wiederherstellung der päpstlichen Autorität über Städte und Signorien, die während der Abwesenheit des Papstes eine gewisse Unabhängigkeit erreicht hatten, ist vom Standpunkt der Papstgeschichte aus gesehen bewundernswert. Die Verfassung dieser unter die päpstliche Oberhoheit zurückkehrenden Gebiete und Städte wurde in einem Gesetzeswerk niedergelegt, den *Constitutiones Aegidianae* (1357), welche bis nach 1815 in Kraft blieben. Wenn auch das Papsttum nach seiner Rückkehr nach Rom sowohl in politischer als auch in religiöser Hinsicht nie mehr ganz seine frühere internationale Bedeutung zurückerlangte, so blieb es doch ein wichtiger Machtfaktor in den internen italienischen Auseinandersetzungen, wie uns die Geschichte Siziliens und des Königreiches Neapel beweist. Um Sizilien stritten sich die Anjou und die Aragonesen schon lange, aber nun wurde auch Neapel in die Konflikte zwischen den beiden Königshäusern hineingezogen; 1442 ging es aus dem Besitz der Anjou in den der Aragonesen über. Die Anjou betrachteten sich aber weiterhin als die rechtmäßigen Könige, und Renée, der letzte

ihres Geschlechtes, trat seine Rechte (genauer gesagt seine Ansprüche) an Ludwig XI. ab. Karl VIII. sollte dann 1494 bei seinem Einzug nach Italien versuchen, unter anderem auch diese
Rechte geltend zu machen.

Die Hauptzüge der italienischen Geschichte, wie wir sie bisher
nachgezeichnet haben, könnte man wie folgt zusammenfassen:

a) Vereinfachung der politisch-geographischen Verhältnisse im
Norden und im mittleren Teil der Halbinsel;

b) endgültige gebietsmäßige Befestigung schon bestehender
Staatengebilde (vom Zentrum aus: der Kirchenstaat, die Königreiche von Neapel und Sizilien).

Die erste dieser Erscheinungen ist natürlich insofern wichtiger,
als in ihr — zumindest theoretisch — die Möglichkeit einer allgemeinen Einigungsbewegung enthalten war. Doch diese Möglichkeit verwirklichte sich nicht, da sich angesichts jeder auch
noch so harmlosen Bewegung, die eine Hoffnung auf Einigung
bot, sofort Bünde und Gegenbünde bildeten, um sie zum Scheitern zu bringen. Mehr noch, mit dem Frieden von Lodi (1454),
der das Problem der Nachfolge im Herzogtum Mailand löste,
wurde das Prinzip der Politik des Gleichgewichtes sanktioniert.
Da nun einmal gewisse Machtkonstellationen entstanden und
akzeptiert waren, hielt man sie für unabänderlich. Daher rührte
jener Immobilismus, der jede Entwicklungsmöglichkeit im Innern der Halbinsel blockieren sollte. Wir haben uns nicht allein
deshalb so lange mit Italien beschäftigt, um ein äußerst ver-
wickeltes Problem mit hinreichender Genauigkeit darzustellen,
sondern um zu zeigen, wie sehr die italienischen Verhältnisse
gegen Ende des 15. Jahrhunderts dazu angetan waren, Italien
zum Streitobjekt der heftigsten internationalen Auseinandersetzungen zu machen; Franzosen und Spanier, der deutsche
Kaiser und der französische König, ausländische und italienische
Herrscher sollten sich auf italienischem Boden bekriegen; das
ganze Land sollte mehr als 50 Jahre lang von Wirren erfüllt
sein. In den Schlachten von Marignano (1515) und Pavia (1525)
ging es auch um die Herrschaft über Italien. Sein Geschick war
1530 am Ausgang des ›Florentinischen Krieges‹ besiegelt; mit
Ausnahme Venedigs war Italien für lange Zeit endgültig der
Fremdherrschaft preisgegeben, auch wenn in einigen Staaten ein
Anschein der Unabhängigkeit gewahrt blieb. Das war der Preis,
den eine hochentwickelte städtische Kultur an die neue Zeit, an
eine Epoche der »Imperien« zahlte, weil sie ihre Strukturen nicht
den neuen Forderungen anzupassen gewußt hatte.

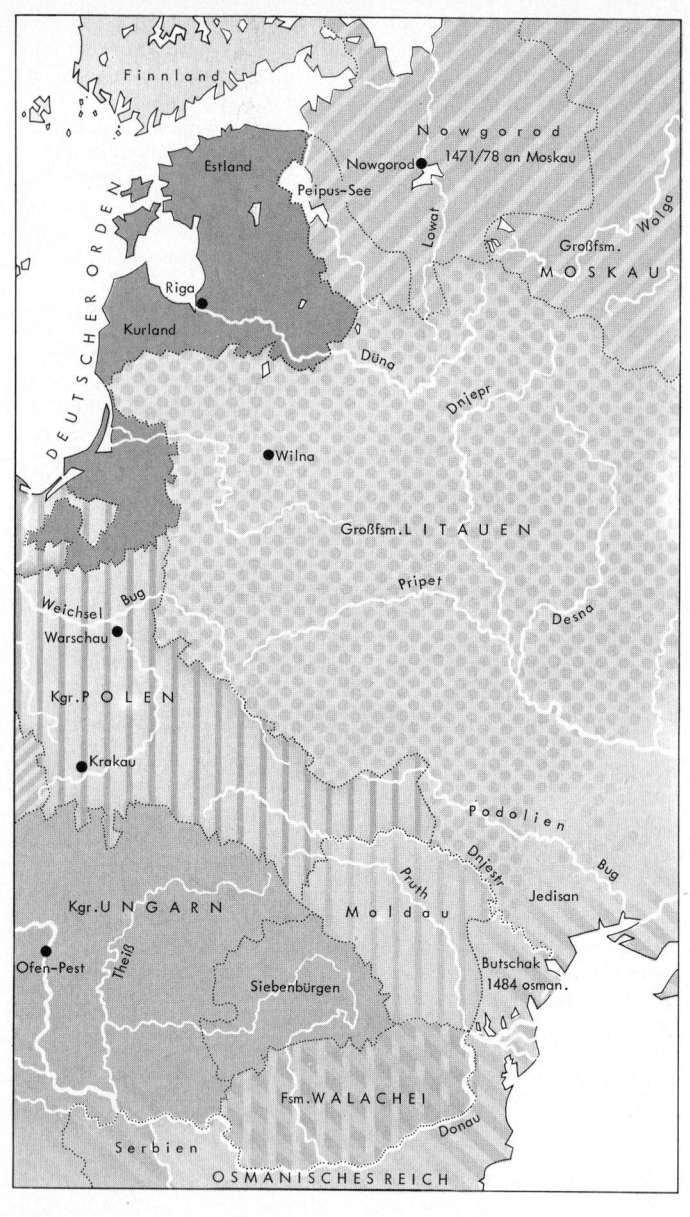

Auch in Mittel- und Osteuropa machten sich gewisse Konzentrationserscheinungen bemerkbar; in Polen hatte das Königshaus der Piasten vom 10. bis zum 15. Jahrhundert, besonders zu Anfang und Ende dieser Periode, energisch und erfolgreich geherrscht und aus Polen den bedeutendsten slawischen Staat gemacht. Das war keine leichte Aufgabe, wenn man bedenkt, daß der Deutsche Orden einen Teil des polnischen Gebietes besetzt hielt und Polen außerdem gemeinsame Grenzen mit dem Königreich Böhmen, mit den Tataren und Litauern besaß. Ein erster Höhepunkt war die Regierungszeit Kasimirs III., des Großen (1333–1370). Die nächste große Epoche ist mit der Dynastie der Jagellonen verbunden. Wladislaw gelang der Zusammenschluß (der allerdings auf die Personen beschränkt blieb) mit seinem Vetter Witold, dem Großherzog von Litauen. Gemeinsam errangen sie 1410 einen großen Sieg über den Deutschen Orden. Aber die Früchte dieses Sieges wurden verschenkt. Erst Kasimir, seit 1440 Großherzog von Litauen und seit 1447 auch König von Polen, eroberte 1466 mit dem Sieg bei Thorn Pommerellen mit Danzig, das Kulmerland, einen Teil Ostpreußens mit Elbing und der Marienburg. Der Großmeister des Deutschen Ordens behielt einen Teil Ostpreußens, jedoch als polnisches Lehen; die nördliche Grenze blieb folglich ein teilweise ungelöstes Problem, auch wenn Polen anderthalb Jahrhunderte später den Zugang zum Meer zurückerobern sollte. Doch diese Mängel der Grenzziehung wogen nicht allzu schwer angesichts der hinreichenden Ausdehnung des Territorialbesitzes der Jagellonen. Das entscheidende Versagen der polnischen Monarchie lag in ihrem Verhältnis zu den Parlamenten der Provinzen und vor allem zum allgemeinen Reichstag, denen sie nie eine ausreichend gefestigte politische Macht entgegensetzen konnte. Der polnische und litauische Adel verhinderte jederzeit eine echte nationale Politik des polnischen Königshauses. Deshalb war der polnische Staat trotz der politischen Befähigung der beiden letzten Jagellonen, Sigismund I. des Alten (1506–1548) und Sigismund II. Augusts (1548–1572), zur Anarchie verurteilt.

Ein besonderer und auf seine Art bezeichnender Fall ist Ungarn. Dort waren zeitweilig die Voraussetzungen für eine territoriale Einigung und die Schaffung einer Zentralgewalt gegeben, die auch über kurze Zeitspannen verwirklicht wurden; und dennoch war diesem Einigungsbestreben nur ein oberflächlicher Er-

Abb. 8: Osteuropa und das Osmanische Reich im 15. Jahrhundert.

folg beschieden. Mit der Thronbesteigung Karl Roberts aus dem Haus Anjou (1307—1342) brach für Ungarn eine entscheidende Epoche an, denn es wurden intensive Beziehungen zu den übrigen westeuropäischen Ländern angeknüpft und die Voraussetzungen für das ehrgeizige Vorhaben Ludwigs des Großen (1342—1382) geschaffen, der die Kronen Ungarns, Polens und Neapels vereinen wollte. Ludwig vermochte zwar nur die Verbindung zwischen Ungarn und Polen zu verwirklichen, konnte jedoch mit der Rückeroberung der dalmatinischen Küste einen wichtigen politischen Erfolg verzeichnen. Neben dieser Politik der Gebietserweiterung setzte auch in der Innenpolitik eine günstige Entwicklung ein; die der früheren Dynastie der Árpáden verbundene Aristokratie machte einer neuen Adelsklasse Platz, welche dem Willen des Herrschers gefügiger war. Jedoch entstand Ungarn mit dem Vordringen der Türken eine ernste Gefahr. Freilich hatten die Ungarn den Türken schon seit geraumer Zeit energischen Widerstand entgegengesetzt, aber auf die Dauer beanspruchte der Kampf gegen den ungeheuren Expansionsdrang der Türken die ungarischen Kräfte allzu sehr; selbst während der glanzvollen Herrschaft von Matthias Corvinus (1458—1490) bildete die Anwesenheit der Türken vor allem in Bosnien eine ständige Bedrohung für das Königreich. Belgrad fiel 1521; 1526 erlitt das ungarische Heer bei Mohács eine Niederlage, die über seine Zukunft entscheiden sollte; 1541 wurde Buda von den Türken besetzt. Damit wurde ein großer Teil Ungarns lange Zeit hindurch der Schauplatz heftiger Kämpfe zwischen feindlichen Heeren.

Dieser kurze Überblick mag genügen, um deutlich zu machen, daß ein inneres Streben nach Einigung zweifellos vorhanden war und zeitweilig sogar die Bildung eines großen Staates ermöglicht hatte, daß es jedoch nicht stark genug war, um dem Druck einer unermeßlich viel stärkeren Macht auf die Dauer zu widerstehen.

Die Ermordung Wenzels III. 1306 bedeutete das Ende der Dynastie der Przemysliden; nach kurzen inneren Kämpfen bestieg Johannes von Luxemburg (1310—1346) den Thron; ihm folgte Karl I. (1333—1378). Mit der Eroberung der Fürstentümer Schlesien, Brandenburg und zahlreicher anderer Lehen bauten diese beiden Herrscher die Territorialmacht des Landes aus. Das Wirken Karls I. war besonders wichtig, hatte er doch gleichzeitig unter dem Namen Karl IV. die Kaiserwürde inne; und wenn ihm einerseits Böhmen als Stützmacht der kaiserlichen Gewalt diente, so nutzte er andererseits einige Male die Kaisergewalt zugunsten der böhmischen Krone, z. B. als er 1344 das Bistum Prag zum Erzbistum erhob.

Aber abgesehen von dieser territorialen Ausdehnung machte die Entwicklung des böhmischen Staates kaum Fortschritte, denn die großen Lehnsträger blieben derart einflußreich, daß sie sogar die Veröffentlichung des Codex *Maiestas Carolina* verhindern konnten. Somit zeigte sich auch in der böhmischen Geschichte jene Schwäche der Zentralgewalt, die wir schon für das Reich angedeutet haben und die gewiß zu dem so gewaltsamen und blutigen Verlauf der Hussitenkriege beitrug, (siehe Kap. 3, VIII), in denen sich das aufgestaute tschechische Nationalgefühl Bahn brach. Der zunächst von Jan Ziska (gest. 1424) und dann von Andreas Prokop geführte Krieg führte die Scharen der Hussiten bis hinein nach Deutschland und bis an die Gestade der Ostsee. In der Zwischenzeit jedoch war die Einheit der hussitischen Bewegung zerbrochen, da neben den religiösen nun auch soziale Aspekte, besonders in der sich vorwiegend aus Bauern zusammensetzenden Sekte der Taboriten, auftauchten; nach dem Sieg über die Taboriten in der Schlacht von Lipan (1434) suchten das Bürgertum und der Adel nach einem Kompromiß. Aber die aus der Verflechtung religiöser, politischer und sozialer Motive entstandenen Gegensätze und Streitigkeiten nahmen kein Ende und unterminierten die staatliche Ordnung immer mehr. Die Regierung Georg Podiebrads (1456–1471) stellt einen erfolgreichen, wenn auch kurzen Versuch des Widerstandes gegen diese Auflösungsbewegung dar. Auch die weiteren Schicksale Böhmens, die es schließlich bis zur Vereinigung mit der ungarischen Krone unter dem Katholiken Wladislaw von Polen (1471–1516) führten, waren nicht dazu angetan, das Gefüge des Staates zu kräftigen. Die Verfassung von 1500, welche die Vormachtstellung des böhmischen Adels bestätigte, beschleunigte nur die Tendenz zum Auseinanderfall. Mit dem Tod Ludwigs II. (1516–1526) geriet der böhmische Thron unter die Kontrolle des Hauses Habsburg. Damit wurde zwar die Anarchie des Feudaladels eingeschränkt, gleichzeitig aber verlor das Land auf lange Zeit jede wirkliche Selbständigkeit.

Die Invasion der Tataren im 13. Jahrhundert hat den Entstehungsprozeß des russischen Staates gehemmt, dessen erster Ansatz in der Verlagerung des Zentrums von Kiew nach Moskau während des 12. Jahrhunderts zu sehen ist. Von Moskau aus ging die Welle der Befreiung über das ganze Land. Der Anfang war langsam, methodisch und setzte sich aus kleinen Schritten zusammen: 1329 wurde das Fürstentum Moskau Großfürstentum; 1380 führte Dimitrij (1359–1389) die Moskowiter bei Kulkowo zu einem großen Sieg über die Tataren, dem allerdings nur ein symbolischer Wert beschieden war. Langsam begann sich Moskau mit Rußland zu identifizieren. Gegen Ende des 15. Jahrhunderts beschleunigte Iwan III. der Große (1462—1505) die Entwicklung; ihm verdankte Rußland die Befreiung von den Mongolen, die Zentralisierung der Macht und die Öffnung des Landes nach Westeuropa. Basilius III. (1505—1533), der Sohn Iwans, setzte das Werk des Vaters fort; die väterlichen Eroberungen wurden ausgebaut und die Beziehungen zum Westen erweitert und intensiviert. Innerhalb der orthodoxen Welt stieg das russische Ansehen, und Moskau, die Hauptstadt des einzigen unabhängigen orthodoxen Staates, wurde tatsächlich zum ›Dritten Rom‹.

Die Regierungszeit Iwans IV. des Schrecklichen (geb. 1530, gekrönt 1547 und gest. 1584) muß vor dem Hintergrund der Eroberungen seiner beiden Vorgänger gesehen werden. Es gehört zu den Klischees einer einseitig orientierten Geschichtsschreibung, Iwan als einen Wahnsinnigen darzustellen, der zwischen mystischen Krisen und Anfällen wahnsinniger Grausamkeit hin und her gerissen wurde. In diesem Zusammenhang wird gewöhnlich die Einsetzung der *Opritschnina*, einer regelrechten Prätorianergarde, angeführt. Diese verfügte über ein eigenes Territorium, von wo aus sie Strafexpeditionen gegen jene Bojaren durchführte, die sich dem Willen Iwans nicht beugen wollten. Expeditionen, die freilich mit Gemetzel und Enteignung der »bestraften« Bojaren endeten, deren Besitz dem Territorium der Opritschnina einverleibt wurde. Doch gilt es zu bedenken, daß dies der unvermeidliche Preis für die Schaffung einer Zentralgewalt gewesen ist; und eben diese wußte Iwan zu verwirklichen. Das von ihm — vielleicht zu überstürzt — errichtete Staatsgebäude wurde jedoch bei seinem Tod wieder aufgegeben, und Rußland war von nun an das Opfer zahlloser Unruhen, Revolten und Verschwörungen: alles brach für lange Zeit wieder zusammen.

Bisher wurden jene Länder behandelt, denen es nicht gelang, sich eine moderne Struktur zu geben und ihre territoriale Basis organisch zu erweitern, oder die, wenn es ihnen gelang, nicht in der Lage waren, sich im Innern eine zusammenhaltende Zentralgewalt zu geben. Was hätte im übrigen die »Modernisierung der Strukturen« für eine Bedeutung gehabt in einer Welt, die sich auf nationaler Grundlage zu organisieren begann (auch wenn das Prinzip der *Nation* im modernen Sinn noch nicht deutlich formuliert worden war); in einer Welt, wo die Macht immer ausschließlicher in den Händen eines einzigen Herrschers lag, der die monarchische Ordnung gegen die feudale Unordnung verteidigen konnte; in einer Welt, wo der Herrscher begann, in gewissem Ausmaß seine Macht auf andere Klassen als den Hochadel zu stützen, der immer mehr zur Disziplin genötigt wurde, und sich der frischen Energien des Bürgertums zu bedienen: an diese »gewandelte« Welt wußten sich weder das Reich, noch Italien, noch Polen, noch Rußland anzupassen. Einige Länder dagegen haben einen eigenen Weg beschritten.

VI. ENGLAND

Ein gutes Jahrhundert lang, von 1339 bis 1453, kann man die politische und dynastische Geschichte Frankreichs und Englands kaum voneinander trennen, denn beide waren, so paradox das auch klingen mag, durch Krieg eng miteinander verbunden. Nach dem Tod des letzten Kapetingers, Karls IV., im Jahr 1328 machte der englische König Eduard III. Ansprüche auf den französischen Thron geltend, da er *ex sorore* Neffe des verstorbenen französischen Königs war, sowie auf Grund der Tatsache, daß er über einen ausgedehnten Lehnsbesitz auf dem Kontinent verfügte. Dennoch bestieg Philipp VI. (1328–1350) aus dem Hause Valois den Thron. Nach einer ersten Phase von Diskussionen und Streitigkeiten ließ sich Eduard III. 1337 zum König von Frankreich ausrufen. Auf diese Weise brach wegen eines dynastischen Konflikts jener Krieg aus, der später »Hundertjähriger Krieg« genannt werden sollte. Man kann in ihm zwei Phasen unterscheiden: Die erste dauerte von 1339 bis 1380 und wird bis 1360 durch die französischen Niederlagen von Crécy (1346) und Poitiers (1356) gekennzeichnet. Mit dem Friedensvertrag von Brétigny (1360) verlor Frankreich Calais und Guines, die Saintonge, die Guyenne, die Gascogne, das Poitou und das Limousin. Danach errang Frankreich unter Führung Karls V. (1364–1380), der von Bertrand de Guesclin unterstützt wurde, immer zahlreichere Siege; 1380 waren nur noch Calais, Cherbourg, Bordeaux und Brest in der Hand der Engländer. Bis 1415 herrschte Waffenstillstand, aber im Inneren der beiden Länder entbrannten heftige Bürgerkriege; beim erneuten Ausbruch der Feindseligkeiten hatten wieder die Engländer zunächst die Oberhand; bei Azincourt (1415) trugen sie einen großen Sieg davon: Der Vertrag von Troyes (1420) räumte ihnen sogar die Herrschaft über ganz Frankreich ein. Danach jedoch führten die französischen Armeen, angespornt von dem bescheidenen Hirtenmädchen Jeanne d'Arc, einige siegreiche militärische Operationen durch; so sprengten sie z. B. die Belagerung von Orléans, das 1428 von den Engländern eingekreist worden war. 1429 konnte Karl VII. endlich in Reims zum König gekrönt werden. Jeanne d'Arc wurde 1431 von den Engländern in Rouen verbrannt, aber der Befreiungskampf war hinfort unaufhaltsam. 1453 war nur noch Calais in der Hand der Eng-

Abb. 9: Jeanne d'Arc. Diese Zeichnung kritzelte ein Gerichtsschreiber während der Verhandlungen auf das Register des Pariser Parlamentsrats.

länder; es fiel 1559 im Vertrag von Cateau-Cambrésis wieder an Frankreich zurück.

So sieht der Ablauf dieses ausgedehnten Konflikts aus. Vielleicht ist die Geschichte keines einzigen europäischen Krieges so voll tiefer Bedeutung, denn es handelte sich nicht nur um Kämpfe zwischen für die damalige Zeit gewaltigen Heeren oder um eine Folge von Schlachten, Siegen und Niederlagen. Der Hundertjährige Krieg war geradezu der Inbegriff einer ganzen Epoche, das Aufeinanderprallen zweier Welten, beide von inneren Widersprüchen zerrissen. Auf der einen Seite stand der englische König, der seinen Besitz auf dem Kontinent nicht aufgeben wollte und der sich in seinem Kampf um die Krone auf längst veraltete Prinzipien berief. Auf der anderen Seite der französische König, der den Krieg im Grunde in demselben Geist führte wie sein Gegner. Doch der Konflikt zweier Herrscher konfrontierte zugleich zwei Völker, verschärfte die bestehenden Spannungen in beiden Ländern und tauchte alle inneren Widersprüche der Auseinandersetzung in ein helles Licht. Erst von dem Augenblick an, da auf der französischen Seite der nationale Charakter des Krieges klar hervortrat, war der ihm anfänglich anhaftende Anachronismus überwunden. Frankreich erkannte sich in diesem Krieg wieder und wuchs zur Nation zusammen. England wurde durch die Niederlage zwangsweise zu einem umfassenden Erneuerungsprozeß geführt, zu einer Art dimensionaler Anpassung (man hat sehr richtig bemerkt, daß bis zum Ende des Hundertjährigen Krieges Englands Schwerpunkt außerhalb der Insel lag), die ihm später ermöglichen sollte, mit erneuter Kraft eine wichtige Rolle im europäischen Geschehen zu spielen.

Indes schon während des Hundertjährigen Krieges hatte sich England mit inneren Konflikten auseinanderzusetzen. Die lange Regierung Eduards III. (1327—1377) war ruhig verlaufen; erst in den letzten Jahren, als der körperlich und geistig erschöpfte Herrscher die Macht schon in die Hände seines Sohnes, des Herzogs von Lancaster, gelegt hatte, mußte er dem Parlament, das der schweren finanziellen Opfer für den Krieg müde war, das Gehör verweigern. Aber der Widerstand des Parlaments von 1376 (des *Guten Parlaments*) wurde im folgenden Jahr mit der Wahl von nachgiebigeren Vertretern gebrochen. Beim Tod Eduards III. folgte ihm sein Neffe Richard II. (1377—1399) auf dem Thron. Trotz seiner Jugend — er war 10 Jahre alt — überstand er mit Kraft und Geschicklichkeit den Aufstand von 1381, und es gelang ihm 1389, den Regentschaftsrat abzusetzen, den sein Onkel, der Herzog von Gloucester, ihm aufzuzwingen versucht hatte. Er begriff, daß die beste Politik in der Auseinandersetzung mit Frankreich nicht die der Waffen, sondern die des Friedens, ja sogar die Heiratspolitik war; so heiratete er 1396 die Tochter des französischen Königs. Die Opposition des englischen Parlaments gegen diese mit den englischen Ehrbegriffen unvereinbare Politik ließ nicht auf sich warten, und der Zorn des Königs über das Verhalten des Parlaments war ebenso prompt wie heftig. Mancher Kopf mußte fallen; aber die Macht des Parlaments war schon so groß, daß es 1399 den König absetzen konnte, um Heinrich IV. (1399—1413) die Geschicke der Krone anzuvertrauen. Dieser war — zumindest formell — eher dazu bereit, den Willen des Parlaments zu akzeptieren. Für seinen Nachfolger, Heinrich V. (1413—1422), gilt das gleiche; bei seinem Tod war sein Erbe, Heinrich VI. (1422—1461), erst neun Monate alt. Es kam erneut zu innenpolitischen Kämpfen, die naturgemäß zu einer weiteren Schwächung der Monarchie führen mußten. Die Lage besserte sich auch nicht, als der Herrscher tatsächlich die Regierungsgewalt übernehmen konnte (1442); kränklich und geistesschwach, hatte er Anwandlungen von Wahnsinn, die ihn wiederholt von den Regierungsgeschäften fernhielten. Die endgültige Niederlage im Krieg gegen Frankreich verwirrte die Lage vollends; aus dieser chaotischen Situation entstanden die sogenannten »Rosenkriege«. Dreißig Jahre lang (1455—1485) sollten die Häuser York und Lancaster in einem gnadenlosen Kampf um die Macht ringen.

Man hat diesen unglaublich grausamen Krieg einmal einen »hygienischen« Krieg genannt, denn York und Lancaster haben sich gegenseitig allmählich ausgemerzt und schließlich vor dem neuen Mann verzichten müssen, einem Tudor, der den Namen Heinrich VII. (1485–1509) tragen sollte. Mit ihm begann eine Zeit der Festigung und des inneren Ausbaus der Monarchie. Der Einfluß des Parlaments mußte eingeschränkt werden, um zu verhindern, daß es das Werk der Zersetzung weiterführte, welches die in den Rosenkriegen verbluteten Adelsfamilien begonnen hatten; denn das Parlament war im Grunde nichts weiter als die Vertretung des Feudaladels beim Herrscher. Es war von höchster Dringlichkeit, die Interessen der Monarchie und des Landes zu verbünden, um einem eventuellen Aufbegehren der Lehnsträger mit einer einheitlich monarchischen Reaktion zuvorzukommen.

Schon Heinrich IV. hatte 1399 seine erste Rede vor dem Parlament nicht auf französisch, sondern auf englisch gehalten. Das bedeutete eine Wiedergeburt der Volkssprache, die fast drei Jahrhunderte lang unterdrückt worden war. Während des ganzen Hundertjährigen Krieges hatte die Bildung eines nationalen Bewußtseins Fortschritte gemacht, auch wenn die Herrscher Gefangene der alten Feudalordnung geblieben waren. Mit den Tudor auf dem Thron bahnte sich eine tiefgreifende Wandlung an; im Gegensatz zu Eduard III., der von 1327 bis 1377 gezwungen war, das Parlament jährlich einzuberufen, tat dies Heinrich VII. in den 24 Jahren seiner Regierungszeit nur siebenmal, wobei er es immer verstand, seine eigene Freiheit zu wahren. So wuchs in dem Inselreich eine mächtige, fest verankerte Monarchie heran. Die Nachfolger Heinrichs VII., Heinrich VIII. (1509–1547), Eduard VI. (1547–1553), Maria (1553–1558) und schließlich die große Elisabeth I. (1558–1603), machten das 16. Jahrhundert zu einer Zeit straffer, organischer Entwicklung und schufen mit Intelligenz, Kraft und Geschicklichkeit die Voraussetzungen für die weltweite Expansion Englands.

VII. FRANKREICH

Als 1328 Philipp VI., der erste König aus dem Hause Valois, den Thron bestieg, sah die Lage in Frankreich in großen Zügen etwa so aus:

a) Die geographische Ausdehnung des Königreiches war ungefähr die gleiche wie gegen Ende des 10. Jahrhunderts; die öst-

Abb. 10: England und Frankreich im 15. Jahrhundert.

liche Grenze bilden die Flüsse Rhône, Saône, Mosel und Schelde.
b) Jedoch waren die Krongüter stark angewachsen und machten etwa die Hälfte des Königreiches aus, auch wenn sie kein zusammenhängendes, organisches Territorium bildeten. Es handelte sich eher um eine Vielzahl von Inseln (ein regelrechter Archipel), die zwischen verschiedenen Lehen verstreut lagen.
c) Der Herrscher verfügte trotz einer Reihe von Vorrechten (Münzrecht, Rechtsprechung, Heer) nur über eine recht bedingte Gewalt, da er stets die großen Lehnsträger berücksichtigen mußte, von denen einige ganze Provinzen innehatten: Flandern, Burgund, die Bretagne, die Guyenne (letztere war im Besitz des englischen Königs).

Das Problem, das der junge französische Monarch lösen mußte, lag auf der Hand: Er mußte unter Ausschaltung des ausländischen Einflusses ein einiges Königreich schaffen, welches ein Herrscher mit fester Hand regierte.

Der Beginn der Feindseligkeiten im Jahr 1339 war der Verwirklichung dieses Vorhabens günstig und ungünstig zugleich. Ungünstig darum, weil der französische König die Lehnsherren um Geld und Hilfe für den Kampf gegen England bitten mußte. Auf der anderen Seite schufen die gemeinsamen militärischen Anstrengungen gegen den Fremden eine breite Basis, auf die sich der König in seinem Kampf gegen die Feudalordnung stützen konnte. Freilich gab es Schwierigkeiten genug; in dem zur Auflösung tendierenden 14. Jahrhundert konnte der Bildungsprozeß der französischen Nation nicht ohne Widersprüche vor sich gehen. Nur so läßt sich die *Grande Ordonnance* von 1357 erklären, mit der die Generalstände der Länder der Languedoïl unter dem Einfluß des Bürgers Etienne Marcel versuchten, die königliche Gewalt zu beschränken. Denn diese enthält insofern einen Widerspruch, als das eigentliche Interesse des Bürgertums eine Verstärkung der königlichen Befugnisse gegenüber den Anmaßungen der Feudalherren gefordert hätte. Wie dem auch sei, der Versuch Etienne Marcels blieb erfolglos; er ging in der allgemeinen Bewegung der unkontrollierten Bauern- und Bürgeraufstände unter, welche das Bürgertum dazu zwangen, den Herrscher erneut um Hilfe zu bitten. Auf diese Weise konnte die Monarchie das mühsame und häufig unbewußte Werk der Einigung fortsetzen. Auch die weise Regierung Karls V. (1364—1380) trug zur Überwindung der Krise bei; ihm gelang unter formaler Berücksichtigung der von den Generalständen von 1356/57 vertretenen Forderungen eine durchgreifende Zentralisierung des Steuersystems; auch stärkten die militärischen Erfolge gegen England seine Stellung. Unter seinem Nachfolger Karl VI. (1380—1422) war das Reich vom Bürgerkrieg zwischen der Partei der Burgunder (den Anhängern

Johanns ohne Furcht, des Herzogs von Burgund) und der der Armagnacs (Anhänger des Herzogs von Orléans, der auf Befehl Johanns ohne Furcht ermordet wurde) zerrissen. Infolge des unglücklichen Beginns der zweiten Phase des Hundertjährigen Krieges sah er sich gezwungen, mit dem Vertrag von Troyes (1420) den englischen König als seinen Nachfolger anzuerkennen. Das ist vielleicht der dramatischste Augenblick der ganzen französischen Geschichte, denn Frankreich hörte für kurze Zeit auf zu existieren. 1422 wurde Heinrich VI., ein Kind von neun Monaten, zum König von Frankreich und England gekrönt. Der Sohn Karls VI. flüchtete nach Bourges; von dort aus nahm er die Wiederherstellung des Landes in Angriff. Vom Unglück gestählt, erhob sich Frankreich aufs neue. Seine Einwohner fühlten sich als Franzosen; im Krieg, im Partisanenkampf, im täglichen Widerstand behaupteten sie sich gegen den Fremden. Jeanne d'Arc war der reinste Ausdruck dieses erwachenden Nationalgefühls. Am Ende des Hundertjährigen Krieges war ein geschlossener Staat ohne ausländische Einflüsse entstanden, in dem die Macht des Herrschers ausreichend gefestigt war.

Nun konnte sich Frankreich nach Osten wenden, wo das Herzogtum Burgund eine Barriere bildete. Der Konflikt zwischen Ludwig XI. (1461–1483) und dem Herzog von Burgund, Karl dem Kühnen (1467–1477), zog sich lange hin, endete jedoch mit dem Sieg des Königs, welcher so dem Krongut das eigentliche Burgund, Artois, die Picardie und bis 1493 die Franche Comté hinzufügte.

In der Folgezeit konnte er dann noch durch eine Reihe glücklicher Erbschaften Maine, Anjou und die Provence Frankreich einverleiben. Marseille wurde französisch, als wollte es den Weg zum »Italienischen Abenteuer« weisen.

Dieses wurde 1494 von Karl VIII. (1483–1498) begonnen, verwandelte sich jedoch rasch in ein internationales Abenteuer: Ferdinand der Katholische intervenierte wegen Neapel und brachte das französische Unternehmen zum Scheitern. Der Nachfolger Karls, Ludwig XII. (1498–1515), erneuerte dieselbe Politik und machte obendrein das Herzogtum Mailand zum Gegenstand seiner ehrgeizigen Wünsche, wodurch er das Eingreifen des Kaisers Maximilian verursachte. Die unglücklichen Ausgänge dieser Italienfeldzüge wurden zur Bewährungsprobe jenes Frankreichs, das sich während des 14. und 15. Jahrhunderts gebildet hatte. Trotz der Härte der erlittenen Schläge war es noch immer in der Lage, mit aller Kraft zu kämpfen, als Karl V. auf die europäische Szene trat. Franz I. (1515–1547) und Heinrich II. (1547–1559) vermochten ihm den entschiedensten Widerstand entgegenzusetzen, auch wenn sie den großen Gegner nicht erschöpfen konnten. Die berühmte Prophezeiung, durch die Karl V. seine Entschlossenheit im Kampf gegen den französischen König ausgedrückt hatte: »Binnen kurzem werde entweder ich ein armer Kaiser oder er ein armer König sein« sollte sich nicht erfüllen.

VIII. DIE IBERISCHE HALBINSEL

Als letzten der großen Staaten, die sich zwischen dem 14. und dem 15. Jahrhundert bildeten, wollen wir Spanien behandeln. 1340 kam mit dem Sieg am Rio Salado die »Reconquista« zum Stillstand; das Königreich Granada blieb unter muselmanischer Herrschaft, auch wenn die Mohammedaner künftig keine Möglichkeit zu militärischer Ausdehnung mehr haben sollten. Dagegen standen Kastilien, Aragon und Navarra, das jedoch unter die Herrschaft französischer Häuser fiel und bald keine wichtige Rolle mehr spielte. Kastilien und Aragon wurden beide, wenn auch aus verschiedenen Gründen, in eine Reihe von inneren Kämpfen verwickelt. Kastilien blieb, auch als es mit in den Hundertjährigen Krieg verwickelt wurde, stets an seine lokalen, »iberischen« Probleme gebunden, während Aragon die Landesgrenzen hinter sich ließ, sich aufs Meer wagte und die Eroberung eines großen Reiches unternahm. Es war freilich ein mittelalterliches Reich, zersplittert, großenteils der schöpferischen Initiative einzelner anheimgegeben und dazu bestimmt, im Laufe des 15. Jahrhunderts zu zerbrechen, und dennoch eine bedeutende Leistung. Sizilien, Sardinien, Neapel, das Herzogtum Athen, das Fürstentum Morea, die Insel Ägina, die Signoria der Piade in der Argolis, diese und andere Länder gehörten zum Besitz des Hauses Aragon oder lagen in dessen direktem Einflußbereich. Im Jahr 1469 schlug dann für Spanien die Schicksalsstunde; die Heirat zwischen Isabella von Kastilien und Ferdinand, dem Erbprinzen von Aragon, sanktionierte die Vereinigung der beiden Kronen. Freilich handelte es sich nur um eine Personalunion; aber der 1474 zwischen den Ehegatten abgeschlossene Vertrag ermöglichte von diesem Zeitpunkt an eine wirklich gemeinsame Politik für ihr ganzes Leben und auch nach dem Tod Isabellas im Jahr 1504. Ein konkreter Ausdruck dieser gemeinsamen Politik war die Eroberung von Granada 1492 und der spätere Zusammenschluß mit dem Königreich Navarra (1512). Beim Regierungsantritt Karls I. (des künftigen Kaisers Karl V.) im Jahre 1516 sollte Spanien eines der wesentlichsten

Abb. 11: Die Iberische Halbinsel im 15. Jahrhundert.

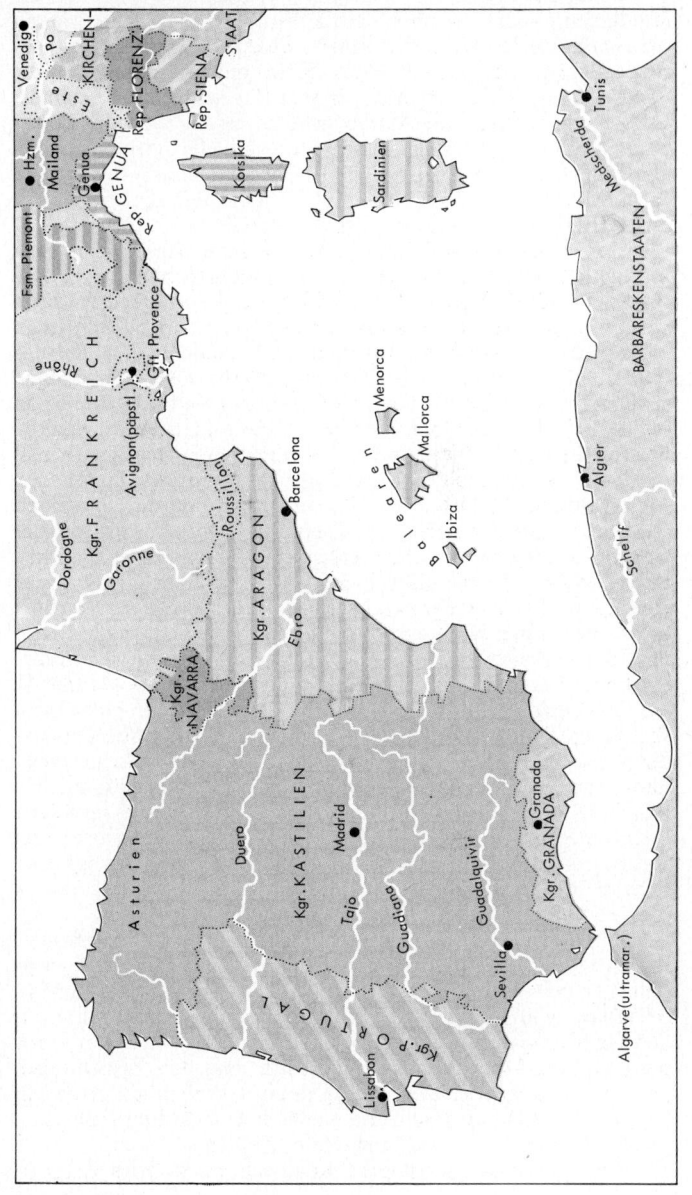

Fundamente seiner späteren Politik sein. Karl arbeitete weiter an der Festigung der nationalen Einheit des spanischen Staates, aber sein gesamtes Lebenswerk war nicht nur spanisch, sondern wirklich europäisch, imperial. Er wurde als Europäer geboren; von seinen 32 direkten Ahnen gehörte als einziger der Großvater Maximilian der deutschen Linie an; die übrigen kamen aus den Häusern Kastilien, Valois, Aragon, Bourbon und Visconti. Man hat mit Recht von Karl V. behauptet, daß er mit den mittelalterlichen Herrschern den Wandertrieb gemeinsam hatte; man müßte jedoch hinzufügen, daß sich seine Reisen über ganz Europa erstreckten (siehe Kap. 10, an verschiedenen Stellen).

Dieser Prozeß der Einigung Spaniens und seine Entwicklung zur Weltmacht wird noch eindrucksvoller, wenn man ihn den verwickelten Geschicken Portugals, des anderen Staates der Iberischen Halbinsel, gegenüberstellt. Sieht man von einigen großen Persönlichkeiten wie z. B. Heinrich dem Seefahrer (1394 bis 1460), der die Voraussetzungen für die außerordentliche Entwicklung der portugiesischen Seefahrt schuf, oder Johannes II. (1481—1495) ab, sind die Grundzüge der Geschichte dieses Landes recht eindeutig. Die Geschichte Portugals schien dazu bestimmt zu sein, in der Kastiliens aufzugehen und sich später mit der Geschichte ganz Spaniens zu verbinden. Die Annexion, die Philipp II. 1580 vollzog, darf nicht als bloßer Zufall betrachtet werden, auch wenn sie nur bis 1640 dauern sollte. Sie schien durch die langen Kriege vorbereitet worden zu sein, die Ferdinand I. (1367—1383) während seiner ganzen Regentschaft führte, um den kastilischen Thron zu annektieren. Auch Alfons V. (1438—1481) verfolgte mit seinen Kriegen gegen Ferdinand von Aragon und Isabella von Kastilien dasselbe große Ziel wie die Heiratspolitik der Monarchen beider Länder zwischen 1490 und 1518, welche mehrmals unmittelbar vor einem glücklichen Abschluß zu stehen schien. Wenn auch diese Versuche der Schaffung eines großen, einheitlichen iberischen Staates nicht von Erfolg gekrönt waren (abgesehen von der kurzen Einigung unter Philipp II.), so zeigen sie doch unserer Ansicht nach das allgemeine Streben nach Einheit, das wir darstellen wollten.

Dieser Exkurs über die politische Geschichte war unerläßlich. Indem wir uns auf die Zeit zwischen 1380 und 1480 festgelegt haben, von beiden Daten aber sowohl voraus als auch zurückschauten, wollten wir nicht nur konkrete Anhaltspunkte für den Leser schaffen, sondern vor allem die Elemente eines Interpretationsversuches vorlegen, der sich mit den Beziehungen zwischen der Entwicklung der politischen Welt und der gleichlaufenden wirtschaftlichen und sozialen Entwicklung befaßt.

Die lange »Krise« des 14. Jahrhunderts hatte
a) die wirtschaftliche Kraft des Feudaladels geschwächt,

b) einigen neuen Kräften sowohl in der Landwirtschaft als auch in Handel und Gewerbe zum Aufschwung verholfen,

c) die Lebensbedingungen der bäuerlichen und anderen Massen erschwert.

Diese drei Elemente bildeten natürlich ein äußerst günstiges Zusammentreffen für die politische Zentralgewalt. Die Möglichkeiten, sich ihrer im politischen Spiel zu bedienen, waren alle vorteilhaft. Die wirtschaftliche Schwächung des Feudaladels brachte notwendigerweise eine Schwächung seines politischen Einflusses mit sich. Diese konnte auch mit Hilfe der neuaufsteigenden Kräfte erreicht werden, deren Interesse unweigerlich darin lag, sich auf die politische Gewalt des Herrschers zu stützen. Eine solche Allianz bot sich fast automatisch an. Dieses Schema wurde eingehalten, oder zumindest versuchte man, es zu befolgen. Dort, wo die »Krise« nicht heftig genug war, um die Feudalmacht vollständig zu brechen, und keine Verschiebung des Gleichgewichts zugunsten der Macht des Königs schuf, konnte dieses Bündnis natürlich nicht entstehen.

Übrigens hatte die politische Macht es mit einem treulosen Bündnispartner zu tun, denn diese neuen Kräfte, anfangs dynamisch, modern und unternehmend, hatten die Tendenz, sich in eine neue Aristokratie zu verwandeln, die alle Privilegien der alten Aristokratie erben wollte, und dies auch fast immer erreichte. Die Volksmassen, welche in ihren spontanen Revolten nicht allzu viel Unterschied zwischen den alten und den neuen Herren machten, hatten dies sehr wohl verstanden. Denn gab es wirklich eine Wahl zwischen der drückenden Macht der alten Lehnsherren und der verfeinerten Feudalherrschaft des arrivierten Bürgers?

Aus all diesen Gründen haben wir dieses Kapitel ›Stagnation und Gärung‹ genannt. Stagnation des Wirtschaftslebens auf dem niedrigen Stand, der gegen Ende des dramatisch bewegten Abschnitts der »Krise« erreicht worden war; neue Kräfte, die Produktion und Warenverteilung in die Hand nahmen; eine politische Gewalt, die ihre territorialen Grundlagen erweiterte und ausbaute; neue politische Kräfte, die jedoch eine tiefe Sehnsucht nach der Vergangenheit in sich trugen; Zerstörung der alten Lehnsherrlichkeit, gleichzeitig jedoch Schaffung der Voraussetzungen für eine Refeudalisierung (es wäre verlockend, in Anlehnung an einen modernen Neologismus von »Neofeudalismus« zu sprechen).

Alte Kräfte, die zugrunde gingen; alte Kräfte, die sich erneuerten; völlig neue Kräfte, von denen jedoch ein guter Teil mehr oder weniger schnell erlahmte: aus diesen Elementen bereitete sich während der langen Stagnation von etwa 1380 bis 1480 der große Aufbruch des 16. Jahrhunderts vor.

3. Die christlichen Anschauungen

Das Kultursystem der von der Mitte des 14. bis zur Mitte des 16. Jahrhunderts reichenden Periode, die wir uns jetzt näher besehen wollen, ist in seiner Gesamtheit überwiegend religiöser Natur. Eine derartige Behauptung trifft im Abendland für die mittelalterlichen Jahrhunderte vor 1350 unbestreitbar zu, und es dürfte ziemlich klar sein, daß sie von der Mitte des 16. Jahrhunderts an für eben diesen abendländischen Raum nicht mehr gilt. Dagegen steht der hier zu behandelnde Zeitabschnitt immer noch zur Debatte. Das ist insofern ganz natürlich, als gerade die beiden uns interessierenden Jahrhunderte in vielerlei Hinsicht als eine lange Übergangsphase betrachtet werden, und zwar von jener als Mittelalter bezeichneten Epoche zu einer andern, als Neuzeit definierten.

So überflüssig es auch scheinen mag, es muß doch hervorgehoben werden, daß die Gliederung der geschichtlichen Entwicklung in einzelne Abschnitte, die Periodisierung der Geschichte also, in den meisten Fällen ein Akt geistiger Bequemlichkeit ist. Denn alle Welt gibt einmütig zu, daß die menschliche Wirklichkeit äußerst komplex ist und ihre Unterteilung in aufeinander folgende Epochen nur der Vereinfachung dient. Mit andern Worten: Von einer Epoche zur andern tritt kein völliger Wandel dergestalt ein, daß Jahre oder Jahrzehnte den genauen Übergang von der vorhergehenden zur folgenden Epoche anzeigten. Auch innerhalb einer ziemlich homogenen Kultur wie der abendländischen behält diese Beobachtung ihren Wert zeitlich wie räumlich. Auf der einen Seite gibt es nämlich Einrichtungen, Gebräuche, Techniken, Grundanschauungen, die trotz ihrer Verwandlung über Jahrhunderte hin bestehen bleiben, und zwar diesseits und jenseits jener Wende, die das Mittelalter von der Neuzeit scheiden soll. Dabei geht es um die eigentlich tragenden Strukturen der europäischen Gesellschaft und nicht um untergeordnete Erscheinungen oder nebensächliche Elemente. Auf der andern Seite muß die erhebliche Differenz erwogen werden, die im unterschiedlichen Entwicklungsrhythmus der städtischen, regionalen und nationalen abendländischen Gemeinschaften zutage tritt. Die Geschichte entfaltet sich eben nicht einförmig.

Diese allgemeinen Feststellungen gelten insbesondere für die beiden Jahrhunderte, die hier behandelt werden. Sobald die

Historiker sich einmal an die Unterscheidung der großen Epochen gemacht hatten, scheuten sie auch keine Mühe, diese Epochen zu charakterisieren, indem sie sie zeitlich festlegten, ihre besonderen Züge herausschälten und ihren treibenden Kräften nachgingen. Die vermeintlichen Übergangsperioden mußten natürlich die Folgen dieser Betrachtungsweise tragen. Gerade in dem uns interessierenden Fall schien es so, als seien das Ende des Mittelalters und der Beginn der Neuzeit eigentliche Wirklichkeiten, wo sie doch in erster Linie Bilder waren.

Man könnte meinen, eine der Aufgaben der Weltgeschichte bestünde in der räumlichen und zeitlichen Aufgliederung der menschlichen Wirklichkeit. Doch allein für das Abendland setzte dies nicht nur eine gleichmäßige und organische Entwicklung des geschichtlichen Prozesses voraus, sondern ebenso die Zusammenarbeit der verschiedenen Disziplinen. In jüngster Zeit hat sich aber gerade das Gegenteil ergeben. Die Spezialisierung hat den einzelnen Forscher dazu gebracht, seinen eigenen Forschungsbereich immer enger zu umschreiben, neue Techniken, ja, Sondersprachen zu schaffen, die sich zum Studium bestimmter Phänome besonders gut eignen. Fast alle Forscher vertieften sich in ihr eigenes Gebiet und legten gleichzeitig für das, was auf anderen, näheren oder entfernteren Sektoren geleistet wurde, eine gewisse Gleichgültigkeit an den Tag. Sosehr man gegen diesen Zustand auch bereits angeht und obschon wir dies auch im vorliegenden Fall versuchen möchten, es läßt sich keineswegs umgehend Abhilfe schaffen. Folglich muß, wer wissen möchte, bis zu welchem Grad die beiden hier untersuchten Jahrhunderte tatsächlich ein Scharnier zweier großer geschichtlicher Phasen bilden, auch diesem Umstand Rechnung tragen. Die Annahme, wenn die einen hier eine Zäsur feststellten oder geradezu einen Bruch, müßten die andern zum gleichen Ergebnis kommen, ist plausibel, aber auch nicht mehr, solange die Parteilichkeit der einzelnen Disziplinen nicht überwunden wird. Ehe man daraus Folgerungen für die Periodisierung zieht, müßten außerdem auch die übrigen vorangehenden und nachfolgenden Epochen mit gleicher Sorgfalt analysiert werden, um die Häufigkeit und Intensität der verschiedenen Einschnitte festzustellen und zu messen.

Im eigentlich kulturellen Bereich sind die Auswirkungen der eben skizzierten Periodisierung in höchstem Maße spürbar geworden. Allerdings wäre es ungerecht, auf die Gegenüberstellung von Mittelalter und Neuzeit und ihre zeitliche Festlegung zwischen dem 14. und dem 16. Jahrhundert mit der Behauptung zu reagieren, alles, was in dieser Hinsicht gesagt wurde, sei falsch und verfehlt. Indessen muß man beim Studium dieser wie jeder andern Periode der Geschichte über die problematische Frage:

Abb. 12: Der Verlorene Sohn — Sinnbild der zahllosen Pilger und Vagabunden der Zeit. Aus den Städten, die sich in zunehmendem Maße eine feste innere Ordnung zu geben trachten, mehr und mehr herausgedrängt, müssen sie sich für eine lange Wanderschaft rüsten. (Hieronymus Bosch: »Der Verlorene Sohn [Der Landstreicher]«)

»Was geht zu Ende, was beginnt?« hinausgehen. Nicht, als gäbe es nicht stets zugrunde gehende, absterbende und andererseits aufsteigende Elemente ohne jeden organischen Zusammenhang untereinander. Doch finden sich neben den verschwindenden und den werdenden Bestandteilen zahlreiche andere und wesentliche, die sich zuvor bereits durchgesetzt haben und weiterbestehen. Andere Elemente wirken vielleicht in Krisenzeiten weiter oder sind zur Ruhe gekommen, ohne deshalb weniger die Bühne zu beherrschen oder die Entwicklung des allgemeinen Prozesses zu beeinflussen.

Auf kulturellem Gebiet scheint es uns ganz allgemein mehr als gerechtfertigt, auf die Entstehung der neuen, für die Folgezeit bestimmenden Strömungen hinzuweisen, den Niedergang und die Zersetzung überkommener Tendenzen aufzuzeigen oder schließlich die Bedeutung der lebendigen und echten Ausdrucksformen gegenüber den erstarrten oder nur modischen rühmend zu erwähnen. Aber die Untersuchung des Kampfes zwischen dem, was sich durchsetzen möchte, um neuen Anforderungen zu genügen, und dem, was sich im Namen erworbener Positionen oder Interessen widersetzt, muß sich in den Rahmen einer möglichst vollständigen, umfassenden Gesamtschau einfügen. Dadurch wird vermieden, die Geschichte einer ganzen Generation unter dem Aspekt einer individuellen Entdeckung, eines räumlich beschränkten Triumphes oder einer ebenso persönlichen wie begrenzten Niederlage zusammenzufassen.

Für die Kultur dieser Periode wird sich in erster Linie zeigen, daß man sie nicht wie die heutige als stark strukturierte Wirklichkeit auffassen darf, mit ihr eigenen technischen Mitteln ausgestattet und von einem Ansehen umgeben, das die Beschäftigung mit ihr zu einer von anderen klar geschiedenen Tätigkeit werden läßt. An anderer Stelle wird vom Buchdruck und seiner entscheidenden Rolle die Rede sein. Aber schon jetzt können wir festhalten, daß die Kultur des Volkes wie die der Führungsschichten, wenn auch in verschiedenem Maße, von christlicher Auffassung und christlichem Empfinden geprägt ist. Dies zu einem guten Teil deshalb, weil sich während der vorausgehenden Periode die gesamte Gesellschaft mit der Ausübung der kulturellen Funktionen durch den Klerus einverstanden gezeigt hatte und das geistliche Monopol der Priester auch im Kulturellen zur unbestrittenen Geltung gebracht wissen wollte. Obschon sich diese Lage während der hier zu betrachtenden 200 Jahre weithin (und manchmal radikal) ändert, geht dieser Prozeß doch nicht so weit, daß sich, aufs Ganze gesehen, ein völliger Schwund in den christlichen Ausdrucksformen feststellen ließe.

II. DIE RELIGION UND IHRE WIRTSCHAFTLICH-SOZIALEN DIMENSIONEN

Wenn wir eingangs sagten, das Kultursystem dieser Periode sei religiöser Natur, so auch deshalb, weil der einzige wesentliche Faktor, der die Menschen von der Mitte des 14. bis zur Mitte des 16. Jahrhunderts verband, eben die Religion war. Das Heilige Römische Reich hatte sich endgültig auf den deutschen Raum zurückgezogen, und praktisch gliederte sich Europa nunmehr in Staaten, deren nationale Struktur sich bereits abzeichnete und die sich häufig bekämpften. Naturalien- und Geldwirtschaft liefen nebeneinander her. Ebenso lebte der Adel weiterhin in einer vom Bürgertum und den Bauern geschiedenen Welt. Es gab keine einheitliche Justiz, die für alle Mitglieder eines politischen Organismus gegolten hätte, sondern mehrere Gerichtsbarkeiten waren in ein und demselben Gebiet gleichzeitig wirksam. Die Freiheiten, d. h. die Privilegien, die jede Gesellschaftsgruppe genoß, waren ebenso variiert. Allen Ländern des Okzidents war jedoch eine einzige Religion gemeinsam. Sie prägte durch und durch Kunst und Philosophie, formte die Moral und beeinflußte entscheidend fast alle Bereiche der menschlichen Tätigkeit.

Zu dieser Zeit war die Religion in Europa nicht nur oder nicht so sehr Ausdruck einer mehr oder weniger tiefen geistigen Gemeinschaft. Sie bestand nicht allein aus mehr oder minder sich entsprechenden Riten, die von der Geburt bis zum Tode eines jeden oder während der Zeremonien täglich im Kult begangen wurden. Vielmehr muß man sich vor Augen halten, daß das Christentum ein gewaltiges spezifisches Gewicht für jede Art von »Gesellschaft« und Leben in Europa besaß. Anders gewendet: Die wirtschaftliche, politische, künstlerische und philosophische Tätigkeit vollzog sich innerhalb der Dämme der Religion. Es kam auf die einzelnen Lebensbereiche an, ob sich die menschliche Tätigkeit mehr Freiheit verschaffen konnte oder sich im verborgenen zu entfalten vermochte, aber der Damm blieb bestehen. Die Periode von der Mitte des 14. bis zur Mitte des 16. Jahrhunderts war noch wie die vorhergehenden und im Unterschied zu den folgenden Jahrhunderten kulturell insgesamt stark christlich geformt. Eines der wesentlichen Elemente, die die Entwicklung in Europa nach der Mitte des 16. Jahrhunderts beschleunigten, bestand in der immer bewußter vollzogenen Scheidung einer profanen von der religiösen Wirklichkeit.

Während des hier untersuchten Zeitabschnitts bildete die Religion nicht nur eine Weltanschauung von Moralisten oder einen Ausdruck der Kultur wie die moderne Kunst oder die Musik von heute. Die Religion stellte auch nicht in erster Linie ein System von Anschauungen und Dogmen dar. Viel schwerer wog, daß die christlichen Grundsätze nunmehr eine Gesellschaft durchgeformt hatten, die aus ihnen ihre Rechtfertigung und ihre Rechtmäßigkeit ableitete. Die hierarchische Struktur der weltlichen Gewalt, oder vielmehr ihrer einzelnen Spielarten, stützte sich auf das für jeden Christen wesentliche Postulat, daß ihre Autorität von Gott kommt und man sich ihr daher nicht widersetzen darf. Ebenso wesentlich war die grundlegende Bestätigung, die die Religion der Einteilung der Gesellschaft in Klassen zuteil werden ließ. Die mächtigste, im Betonen ihrer Vorrechte arroganteste und zu deren Durchsetzung am besten organisierte Klasse war gerade der Klerus. Er hatte auch das größte Interesse an der Unverrückbarkeit der bestehenden Ordnung. Kurz, das Christentum war zu dieser Zeit weniger geistlicher Sauerteig oder Verkündigung transzendenter Werte als vielmehr beherrschendes Kultursystem und irdische Leistung, tatsächliche Herrschaft über gewaltige materielle Güter und Ausübung einer zwar zum Himmel gewandten, aber vorwiegend auf irdische Befriedigung bedachten Autorität.

Wir können hier das Verhältnis von geistlichem und weltlichem Besitz, von der durch die Kirche effektiv ausgeübten Macht und der weltlichen Gewalt nicht genauer definieren. Es soll uns genügen hervorzuheben, daß die Religion nicht allein eine Botschaft vermittelte oder einen Kult verwaltete, sondern zuvörderst eine wirtschaftlich-politische Organisation darstellte, die sich ebenso auf die gesellschaftliche wie auf die geistige Struktur gründete. Es bleibt geradezu unerläßlich, sich zu vergegenwärtigen, daß, wenn hier von der Religion hauptsächlich als von einem Kultursystem (mit seinen Begriffen, Bildern, Gefühlen und Gebräuchen) gesprochen wird, dieses System nur den ideologischen und geistigen Ausschnitt einer viel komplexeren Wirklichkeit bildete, von der es nicht zu trennen ist. Der größte Irrtum, der einem bei der Analyse der religiösen Anschauungen dieses Zeitabschnittes unterlaufen könnte, wäre der, diese Anschauungen als etwas Eigenständiges und von der Welt, in der sie sich ausdrückten, gleichsam Abgelöstes zu betrachten. Man darf sie auch nicht einfach als Fortsetzung und Weiterleben früherer religiöser Anschauungen auffassen, sozusagen als überkommenes Erbgut und Übergangsphase zu künftiger Entwicklung.

Um 1550 war es den fortgeschritteneren Europäern klar zum Bewußtsein gekommen, daß Religion eine vorwiegend »positive« Bedeutung hatte. Sie war eine irdische Erscheinung, die sich in verschiedenen dogmatischen und kultischen Systemen äußerte. Man machte sich dabei klar, daß Zugehörigkeit zu einer Religion und religiös sein zwei verschiedene Dinge waren und daß die persönliche Frömmigkeit sogar ganz oder teilweise darauf verzichten konnte, einer bestimmten Religion zu folgen. Im Lauf der hier zur Debatte stehenden 200 Jahre fehlte es nicht an Vorahnungen dieser inneren Überzeugung, doch blieben sie auf einen sehr begrenzten Personenkreis beschränkt. Folglich muß mit großem Nachdruck hervorgehoben werden, daß für die überwiegende Mehrheit geistliche Erfahrung (und erst recht die Suche nach einem ursprünglichen Kontakt mit dem Göttlichen) außerhalb des christlichen Lehrgebäudes unvorstellbar war. Die Religion war also während dieser Periode ein äußerst komplexes Ganzes, da man in ihrem Namen ungeheure Steuergelder einzog, Sakramente spendete, zahllose unwissende junge Menschen im Kloster aufopferte, die philosophischen Meinungen überwachte oder Theaterstücke abfaßte. Wir können heute Ruysbroecks Thematik, die Benefizienpolitik der römischen Kurie, die Darstellungen des Todes oder die Werke der Ockhamisten studieren und kommen instinktiv dazu, diese Untersuchungen in die Geschichte der Mystik, der Wirtschaft, der Kunst oder der Theologie einzuordnen. Man darf sich jedoch trotz allem nicht täuschen lassen. Man muß sich davon überzeugen, daß die verschiedenen Aspekte aus dem Leben des 14. und 15. Jahrhunderts nicht nur sehr eng untereinander zusammenhingen, sondern daß dieser Zusammenhang ausschließlich im Namen und wegen der Religion bestand, die alles verband und alles regeln wollte, die alles verstand und zu rechtfertigen beanspruchte.

Wir haben deshalb einleitend diesen unumgänglichen Aspekt so sehr hervorgehoben, weil die Kirche (mit der sich im Westen das Christentum mehr oder weniger identifizierte) nach 1350 keine geringere Bedeutung als in den vorhergehenden Jahrhunderten hatte. Es stimmt natürlich, daß so spektakuläre Ansprüche wie die Gregors VII. Kaiser Heinrich IV. gegenüber oder die Honorius' III. und seiner Nachfolger gegenüber Friedrich II. nicht mehr vorkamen. Im Gegenteil, der König von Frankreich widersetzte sich zu Beginn des 14. Jahrhunderts kühn und siegreich den Forderungen Bonifaz' VIII. Wenig später verfolgten Ludwig der Bayer und sein Theoretiker Marsilius von Padua ein ähnliches Ziel. Die einzelnen nationalen Königreiche gewannen in ihrem Auftreten gegen die ehrgeizigen Ansprüche der Päpste unbestreitbar an Boden. Ebenso steht aber auch außer Zweifel, daß die Päpste während ihres Aufenthaltes in Avignon (1309 bis 1377) das Rechts- und Finanzsystem in einzigartiger Weise ausbauten, das aus ihrer Macht einen wirksamen und sehr beachtlichen Mechanismus machte. Gestützt auf Grundsätze, die mittlerweile von mancher Seite bestritten, die aber von der Mehrheit immer noch mehr oder weniger offen akzeptiert wurden, machten sich die Päpste an die wirtschaftliche Organisation der »geistlichen« oder »religiösen« Sphäre, für die sie ihre ureigenste Zuständigkeit beanspruchten. Auf der Grundlage pseudo-dogmatischer Axiome verfeinerten sie immer mehr ein ihnen eigentümliches Recht, das sogenannte kanonische Recht, das sie mit dem Gebaren einer absoluten Macht irdischer Art geschaffen hatten. Von geschickt verdrehten theologischen Postulaten und von zweifelhaften, doch ergiebigen Überlieferungen ausgehend, verstand es die päpstliche Kurie immer besser, sich neue Einnahmequellen zu verschaffen. Dadurch war die Kurie wie eine richtige Zentralregierung wirksam, deren Herrschaft sich über ganz Europa erstreckte. Kein Bischof, Abt oder auch nur einfacher Pfarrer wurde ernannt, ohne daß ihm die Kurie nicht zuvor einen Geldbetrag über ein internationales System von Kollektoren und Bankiers abgeknöpft hätte, die alle Raffinessen der vorkapitalistischen Buchhaltung in den Dienst des Papstes stellten. Äußerst zahlreich waren aber auch die übrigen Arten päpstlicher Einkünfte, von der immer groß-zügigeren Gewährung gewöhnlicher Ablässe bis zur Ausrufung der Jubeljahre, der Ausschreibung von Kreuzzügen (die der Papst nicht nur gegen die sogenannten Ungläubigen erlaubte, sondern gegen die Christen selber), der Entbindung von Ge-lübden usw. Was sich der Papst im gesamten Abendland lei-stete, suchte jeder Primas, Bischof, Abt oder Kanoniker im Be-reich seiner eigenen Gerichtsbarkeit zu erreichen. Und von der Mitte des 14. Jahrhunderts an spürte man deutlich in zahlreichen Laienkreisen — hauptsächlich in den Städten — eine regelrechte Verstimmung dem Klerus gegenüber, die sich auf eine Abnei-gung aus Verdruß mit Mißtrauen beschränken konnte, die aber auch bis zu Spott, zu Ironie, manchmal bis zu Verachtung ging.

III. GESCHLOSSENHEIT UND BRÜCHIGKEIT DER RELIGIÖSEN ANSCHAUUNGEN: DAS SCHISMA

Die europäische Christenheit war eine geistig ziemlich stark auf sich selbst bezogene Welt. Manch ein gelehrter Theologe, manch ein vorurteilsloser Laie kam wohl zu (im allgemeinen nachteiligen) Vergleichen zwischen ihr und der griechischen Orthodoxie oder den nichtchristlichen Nationen, heidnischen wie ungläubigen. Doch die Mehrzahl auch der gebildeten Perso-nen lebte ohne Verbindung mit der nichtchristlichen Welt und öffnete sich ihr nicht wirklich. Jeder Dialog mit dem asiatischen Osten fehlte, ebenso eine größere Diskussion mit der Welt des Islams, und nicht einmal mit der Ostkirche bestand ein enger Kontakt. Um 1350 war Europa ein geistig wie geistlich ge-schlossener Raum, gleichsam in sich zurückgezogen, wo die großen Auseinandersetzungen und religiösen Leidenschaften ins Stocken geraten waren, ohne oft darum an Heftigkeit ver-loren zu haben. Diejenigen, die am stärksten die Notwendigkeit empfanden, aus der Sackgasse herauszukommen, wandten sich instinktiv den Ursprüngen ihres Kultursystems zu, dem Ur-christentum und der klassischen Antike. Doch auch sie dachten (von ganz seltenen Ausnahmen abgesehen) nicht an eine frucht-bare Auseinandersetzung mit den andern Kulturen, wie dies dann von der Mitte des 16. Jahrhunderts an geschehen sollte.

Die Religion hatte den Europäern (wenn auch gegen deren Willen und trotz des von manchen deutlich empfundenen Ungenügens) in hohem Maße ein ausgeprägtes Gefühl geistiger Überlegenheit eingepflanzt. Ihre gesamten religiösen Anschauungen schienen ihnen unbestreitbar auf einer göttlichen Offenbarung zu beruhen, und diese Offenbarung ihrerseits schien alle übrigen Religionsformen, die früheren wie die gleichzeitigen, bei weitem, ja, von Grund aus zu übertreffen. Daher konnte es einen echten Dialog, eine echte Debatte nur innerhalb ihres Kultursystems selbst geben. Andererseits stand eine vertiefte kritische Überprüfung dieses Kultursystems unmittelbar bevor und brach sich bereits Bahn, da die inneren Voraussetzungen für eine Neubesinnung um 1350 gegeben waren (vgl. Kap. 4). Also auch aus diesem Grund muß man einräumen, daß um die Mitte des 14. Jahrhunderts Westeuropa immer noch eine ziemlich geschlossene Gemeinschaft von Gläubigen darstellte. Diese waren dem Christentum ebenso infolge des jedem Kollektivempfinden und jedem dogmatischen Gebilde eigentümlichen Beharrungsvermögens ergeben wie aus Gründen einer erneuten Zustimmung und aus Mangel an einer regelrechten Alternative im Bereich des Geistes, der Ethik und der Glaubenslehre.

Sahen wir uns schon veranlaßt, hervorzuheben, welch enorme Schwierigkeiten es infolge der Vielschichtigkeit der religiösen Wirklichkeit dieser Epoche macht, die Religion jener Generationen zu kennzeichnen, so gilt dies nicht weniger, wenn wir die Beschaffenheit und Intensität der christlichen Anschauungen charakterisieren wollen. Während vom 16. Jahrhundert an ein immer größerer Teil der europäischen Welt sich vom überkommenen ethisch-dogmatischen Lehrsystem löste, um nach und nach sein eigenes Leben zu führen, und somit den Rhythmus der eigenen bürgerlichen Entwicklung beschleunigte, bestand im 14. und 15. Jahrhundert immer noch eine beachtliche Bindung zwischen den Dogmen der Theologie und der Gesellschaftsstruktur, zwischen religiösen Gefühlen und Gebräuchen, zwischen der Gestaltung des Kultus und den ikonographischen, dramatischen und philosophischen Formen. Wenn es sich demnach stets bewahrheitet, daß die Zugehörigkeit zu einer Religionsgemeinschaft keine abstrakte, von der Bindung des einzelnen und seiner Gruppe an die Problematik seiner Zeit unabhängige Erscheinung bleibt, so gilt das in noch stärkerem Maß, wenn, wie damals, diese Beziehung mehr als eng ist.

Dennoch kann man versuchen, mit ein paar großen Strichen die Wesenszüge der christlichen Anschauungen zwischen dem 14. und 15. Jahrhundert zu umreißen. Am bezeichnendsten scheint das Zerbrechen des inneren Gleichgewichts zwischen Dogma und Empfinden, Lehre und Glauben, geistiger Ausarbeitung und unmittelbarem Glaubensausdruck zu sein. Trotz der Spaltungen der großen Theologenschulen, trotz des Aufkommens beachtlicher Ketzerbewegungen erscheint die Christenheit im 12. und 13. Jahrhundert, der Epoche der Kreuzzüge und Kathedralen, der Scholastik und der Mönchsorden als ein mächtiges und beinahe harmonisches System, wo der Höhenflug der Mystik seinen Ausgleich im theologisch-philosophischen Rationalismus findet und wo der direkte Ausdruck der Frömmigkeit sich mit ihrem Schutz durch kirchliche Autorität und Inquisition zu vertragen scheint. Die hier betrachtete Epoche erbte dieses dynamische Gleichgewicht, entfaltete es aber nicht weiter und zerstörte es nach und nach, sicher nicht nur aus geistigen Gründen.

Wie bereits erwähnt, schlug vor allem das Papsttum ganz entschieden den Weg der (zumindest implizit widersprüchlichen) administrativen Ausbeutung seiner religiösen Autorität ein. Gerade in dem Augenblick, als die Kurie die Zügel des Kirchenregiments straffte, stieß sie nicht nur auf die Empfindlichkeit und die Interessen der einzelnen nationalen oder regionalen politischen Gewalten, sondern rief auch allerorts in Europa den Widerspruch des Klerus hervor, der sich mit den Autoritäten des jeweiligen Landes solidarisch zu zeigen begann. Zu Beginn des 14. Jahrhunderts war diese Erscheinung in Spanien oder Italien zwar weniger profiliert als in Frankreich und England; doch sollte sie sich als zukunftsträchtig erweisen, und zu Anfang des folgenden Jahrhunderts sah sich die Kurie gezwungen, mit fast allen Staaten Europas Konkordate abzuschließen. Gerade im Lauf des 14. Jahrhunderts bildeten sich allmählich im Innern dieser Staaten »Nationalkirchen« heraus. Ihre Existenz, wenn auch an Gewicht von Land zu Land verschieden, war dann schon im 15. Jahrhundert eine unumstößliche Tatsache.

Zum andern durchlief gerade die päpstliche Macht zwischen 1378 und 1417 im sogenannten großen abendländischen Schisma eine offenkundige und äußerst schwere Krise. Über 40 Jahre lang erregten Unordnung und Anarchie der obersten Kirchenleitung bei den Gläubigen ganz Europas Anstoß und Entrüstung. Es ging dabei keineswegs um eine grundlegende Kontroverse über das Dogma oder den Ritus, sondern um einen Kampf von Faktionen um die Kirchenregierung. Beim Tode Gregors XI. (1370–1378) wurde in Rom Urban VI. (1378–1389) gewählt, doch ein Teil seiner Wähler trat mit einigen andern, zu spät zum Konklave erschienenen Kardinälen wenige Monate danach in Fondi zusammen. Sie wählten durch einen von den Methoden bei der Erhebung mittelalterlicher Gegenpäpste sehr verschiedenen Akt einen andern Papst, der sich Clemens VII. nannte (20. 9. 1378). Diese Prälaten hatten einige Wochen zuvor Urban

Namen wie Antichrist, Dämon, Apostat und Tyrann beigelegt. Derartige Wortausbrüche bildeten nur das Vorspiel zu viel roheren und blutigeren Handlungen. Die Gegner suchten sich auch physisch zu beseitigen, bedienten sich militärischer Gewalt oder nahmen zu trügerischem Hinterhalt Zuflucht. Mehrere Kardinäle kamen gewaltsam ums Leben. Der Zwist dauerte jahrzehntelang, und es gab schließlich gleichzeitig nicht nur zwei, sondern drei Päpste.

Das Bild, das das Schisma bietet, ist durch das Verhalten seiner Hauptakteure ebenso aufschlußreich wie durch die Anteilnahme der Gläubigen, des Klerus und der Staaten an der langen Auseinandersetzung. Als Zeichen für die Festigkeit der christlichen Anschauungen und der christlichen Ideologie kann man durchaus den aufrichtigen, im Verlauf dieser Ereignisse immer offener zutage tretenden Wunsch nehmen, der Kirche ihre einheitliche Führung wiederzugeben. Um die Wende vom 14. zum 15. Jahrhundert konnte man sich in Europa die Möglichkeit einer Aufspaltung der Christen in verschiedene kirchliche Observanzen nicht einmal vorstellen. Von allen wurde das Schisma verwünscht und völlig abgelehnt. Man verlangte, daß der Glaubensgemeinschaft die Einheitlichkeit in der hierarchischen Führung entspreche. Ohne auf die (fragliche) Analogie zwischen der Lage dieser Epoche und der Situation ein Jahrhundert später näher einzugehen, muß man betonen, daß bereits in der ersten Hälfte des 16. Jahrhunderts Europa ohne großes Widerstreben eine vielfältige kirchliche und konfessionelle Spaltung hinnehmen und sie als legitimen und endgültigen Ausweg ansehen sollte.

Das lange Nebeneinander von zwei oder mehr Päpsten während der letzten Jahrzehnte des 14. Jahrhunderts war ein folgenschweres Phänomen. Wie erwähnt, wurde zu der Zeit die unumschränkte Herrschaft des Papstes auf geistlichem Gebiet voll anerkannt. Doch, wie wir ebenfalls festgestellt haben, war dieses Gebiet eben weit davon entfernt, nur »geistlich« zu sein. So ließ Urban VI. den Kreuzzug gegen seinen Konkurrenten predigen, da dem Oberhaupt der Kirche die Macht zustand, zum Kreuzzug aufzurufen. Der Krieg entbrannte an mehreren Orten, und 1383 landeten beispielsweise unter diesem Vorwand Zehntausende von Engländern in Flandern und verheerten das Land in ihrem Kampf gegen die sich heftig wehrenden Kreuzfahrer Clemens' VII. Doch gab es in erster Linie in der Hierarchie einen heillosen Wirrwarr, da der Papst letztlich ihre treibende Kraft war. Die Prälaten, die sich einem Papst nicht fügten, wurden davongejagt und, jedenfalls auf dem Papier, durch andere ersetzt. Da sich in vielen Gegenden die Anhänger beider Päpste ungefähr die Waage hielten, herrschte Verwirrung im Klerus, und die Masse der Gläubigen verlor die Orientierung. Diese Anarchie blieb offensichtlich nicht auf ihren ursprünglichen Bereich, den der Verwaltung, beschränkt und hatte sofort sittliche und religiöse Folgen. Der Kampf der verschiedenen Faktionen legte zu klar ihre wirtschaftlichen, politischen oder persönlichen Beweggründe bloß, um nicht die geläufige Gleichschaltung von Religion und Kirche, Christentum und klerikalem System problematisch werden zu lassen.

Abgesehen von den Vorgängen auf individueller oder lokaler Ebene, bewirkte das Schisma eine Neuorientierung innerhalb der so kompromittierten Universalität der Kirche. Von Beginn des Schismas an läßt sich nämlich feststellen, wie die politischen, dynastischen, staatlichen und nationalen Forderungen ihren Niederschlag im Auf und Ab der Spaltung fanden. Die europäischen Länder mit genügend starker monarchischer Gewalt wählten eines der beiden Lager, einen der beiden Päpste, und zwar weit weniger aus geistlichen Motiven als aus vornehmlich finanziellen Erwägungen heraus und in der Absicht, die eigene Gerichtsbarkeit zu erweitern. Gewiß war das Papsttum schließlich zu einer auf dem europäischen Leben gewaltig lastenden Macht geworden, weil es sich vor allem als eine zentrale Autorität von absolutem und gleichzeitig internationalem Charakter herausgebildet hatte. Die Art, mit der es Dogma, Empfinden und Brauch in einer wirksamen theologisch-juristischen Ordnung zu formulieren gewußt hatte, stets mit dem Hauptzweck, alle übrigen Bereiche christlichen Lebens unter seiner Macht zu halten, stellte ein schwer zu übertreffendes politisches Meisterstück dar. Doch gerade weil es aus dem kanonischen Recht sein hauptsächliches Machtinstrument geschaffen, weil es die eigenen wirtschaftlich-sozialen Kompetenzen den übrigen kirchlichen oder speziell geistlichen Funktionen gegenüber maßlos ausgedehnt, kurz, weil es sich in eine irdische Supermonarchie verwandelt hatte, hatte es den Widerspruch der einzelnen europäischen Monarchien herausgefordert. Diese ergriffen die überraschende Gelegenheit, die ihnen das die Einheitlichkeit des päpstlichen Regiments zerschlagende Schisma bot. Insbesondere die Könige von England und Frankreich, aber auch die spanischen Herrscher handelten vorteilhaft den Anschluß ihrer Länder an den einen oder anderen Papst aus oder legten sich auf eine nicht weniger ergiebige Neutralität fest. So fiel eine immer größere Zahl von Kirchenlehen direkt oder indirekt unter königliche Kontrolle. Mittelbar verstärkten sich dadurch die nationalen Autonomiebestrebungen im Klerus eines jeden dieser großen Länder. Das Konstanzer Konzil (1414–1418) zeigte noch klarer als das vorhergehende Konzil von Pisa (1409), daß nunmehr die geopolitische Kennzeichnung der Prälaten, d. h. ihrer Gruppierung nach »Nationen«, den entscheidenden Ausschlag gab und mehr als alles andere in der allgemeinen Versammlung der Kirche zählte. Dies kam theologisch und kirchenrechtlich in der Theorie vom Primat des Konzils über den Papst zum Ausdruck. Der Triumph dieses Prinzips war so feierlich und glänzend wie kurzlebig. Aber wenn auch die monolithische Kraft der päpstlichen Autorität auf die Dauer keine tatsächliche Schwächung erlitt, so wurden doch damals die Voraussetzungen für eine Spaltung in ein römisches und ein antipäpstliches Europa geschaffen. Das lange währende Erlebnis des Schismas und dieser Kirchenversammlungen (zu den beiden genannten müssen noch andere hinzugefügt werden, nämlich die Konzilien von Siena, Cividale, Ferrara und Florenz und speziell das Konzil von Basel: 1431–1449) zerstörte das dynamische Gleichgewicht, das in den vorhergehenden Jahrhunderten zwischen der päpstlichen Macht und der Stimme der Gesamtkirche bestanden hatte. Die Päpste und die Kurie machten einen immer größeren Bogen um die Konzilien und wollten nur deren Funktion als päpstliches Instrument gelten lassen. Ihre Gegner verloren dabei ihr Vertrauen in die Wirksamkeit dieser Versammlungen, wo der Heilige Geist ihrer Ansicht nach sich nicht mehr angemessen äußern konnte.

IV. KRISE IN DER PHILOSOPHIE, ABER NICHT IN DER HIERARCHIE:
VON OCKHAM ZU TORQUEMADA

Die Formen, die die christlichen Anschauungen zwischen dem 14. und 15. Jahrhundert annahmen, waren, man wird es nie genug betonen können, eng mit den bisher geschilderten kirchlichen und sozialen Erscheinungen verbunden. Anders gewendet: Schon die Art und Weise, auf die sich Phänomene wie das Schisma entwickelten, enthüllt die eigentümlichen Züge der religiösen Anschauungen und erlaubt es, den besonderen Typus von Christentum zu umschreiben, der in Europa zwischen etwa 1350 und 1450 Geltung gewann. Im allgemeinen erscheint es anfechtbar, das religiöse Leben einer historischen Epoche aufgrund der Intensität, mit der es vom einzelnen gelebt wurde, zu analysieren und zu beurteilen. Denn es gibt keine innere religiöse Erfahrung, die sich nicht in einem Verhalten äußerte, das viel umfassender und sicherer zu werten ist als sie selbst. Dies gilt um so mehr für eine Epoche, in der, wie erwähnt, Frömmigkeit und Religion eine Einheit bildeten und in der das christliche System unbestritten herrschte, indem es die gesamte Gesellschaft durchdrang und untrennbar mit ihr verbunden war. Doch nehmen wir ein Beispiel. In einer Abhandlung jüngeren Datums heißt es, nach der Mitte des 14. Jahrhunderts »bestimmt manchmal das

wirtschaftliche Problem eng den religiösen Aspekt« (E. Delaruelle—E. R. Labande—P. Ourliac). Man führt dabei aus, daß infolge der zu diesem Zeitpunkt akuten Krise im kirchlichen Lehenswesen ein einzelnes Kirchenlehen sehr oft gar nicht mehr für den Unterhalt seines Trägers ausreichte und daß demnach die Häufung der Kirchenlehen selbst notwendig wurde. Wir wollen hier nicht gegenargumentieren, was ein leichtes wäre, und erwidern: Selbst wenn das kirchliche Lehenssystem jemals legitim gewesen wäre, reichte dies keineswegs aus, es zum Schaden der offensichtlichsten Lehren des Christentums zu verewigen. Eine solche Erwiderung wäre teils abstrakt, teils moralisierend. Sie setzte voraus, daß das Christentum entweder ein zeitloser Wert ist oder zu einem bestimmten Zeitpunkt in bestimmter Weise praktiziert werden »mußte«. Das hieße letzten Endes, der Geschichte gegenüber einen unmöglichen »christlichen« Standpunkt anwenden zu wollen. Was man dagegen mit vollem Recht an diesem wichtigen Zitat anfechten kann, ist eine andere, willkürliche, ja, schon tendenziöse Voraussetzung, daß nämlich in der zweiten Hälfte des 14. Jahrhunderts das Kirchenlehen zwei getrennte Aspekte, den wirtschaftlichen und den religiösen, gehabt habe. Das Lehen war im Gegenteil damals ein in sich geschlossenes Phänomen, bei dem heterogene Teile zu unterscheiden Haarspalterei ist. Wie es bereits vor 1350 auf eine für die abendländische Gesellschaft typische Weise christliche Theorie und Praxis unauflöslich verbunden hatte, so blieb es auch nach 1350 weiterhin ein unbestreitbarer Ausdruck für die Art, wie religiöse Anschauungen gedacht und gelebt wurden. Die Veränderungen im kirchlichen Lehenswesen sind ein sicheres Zeichen für die Entwicklung des europäischen Christentums, die uns erkennen läßt, was das christliche Gewissen der Epoche je nach Ländern zuließ, hinnahm oder ablehnte. Natürlich ist das Kirchenlehen nicht das einzige Phänomen, das in Betracht gezogen werden muß, doch bleibt es immer noch einer der beherrschenden Aspekte der kirchlichen Organisation.
Wenn man andere Seiten des abendländischen Kultursystems prüft, findet man alsbald analoge Erscheinungen. Jene Art von Bürokratisierung der Hierarchie, die die Päpste geschaffen hatten, war eng mit der Regierungsart verknüpft, die sich die Kirche immer eindeutiger zulegte: autoritär und, was Sitte, tägliches Leben, ja, selbst den Ausdruck der Frömmigkeit anlangte, befehlshaberisch. Zwischen der Unterdrückung der Katharerbewegung zu Beginn des 13. Jahrhunderts und dem Ausbruch der Hussitenbewegung zu Anfang des 15. Jahrhunderts kannte die abendländische Christenheit keine bedeutenden häretischen Erscheinungen. Dies ist zweifellos Zeichen einer erreichten dogmatischen Geschlossenheit und Festigkeit, aber ebenso Ausdruck

einer verbreiteten Unterwerfung unter die kodifizierte Lehre. Der Einfluß des Klerus auf die Masse der Gläubigen muß daher so stark geworden sein, daß er einen harmonischen Austausch zwischen philosophisch-theologischer Formulierung und Kollektivempfinden ausschloß.

Dies entspricht so sehr den Tatsachen, daß um die Mitte des 14. Jahrhunderts der christliche Aristotelismus, jene große Strömung, die die Harmonie und die gegenseitige Ergänzung von Glauben und Vernunft, offenbarter Wahrheit und menschlichem Intellekt verkündet hatte, sich von einer ganz andern Richtung, dem Ockhamismus, den Rang streitig gemacht sah. Schon im Laufe des 13. Jahrhunderts hatte sich Duns Scotus gegen Thomas von Aquin gestellt, war doch das Franziskanertum auf dem Gebiet der Frömmigkeit gegen die Auswirkungen der abstrakten scholastischen Auswüchse aufgetreten. Duns Scotus hatte die Moralvorschriften hauptsächlich auf die göttliche Autorität gegründet und als Ideal für den Menschen mehr die christliche Ausübung des eigenen Willens als die intellektuelle Tätigkeit aufgestellt. Der englische Franziskaner William Ockham (1300 bis 1349) nahm in den ersten Jahrzehnten des 14. Jahrhunderts eine viel systematischere und radikalere Haltung ein, die sich schon bei andern Theologen angekündigt hatte und sehr rasch von zahlreichen zeitgenössischen Denkern in verschiedener Weise geteilt wurde. Ockham beschränkte sich nicht auf die Behauptung, die christlichen Dogmen seien unbeweisbar, er hob auch nicht nur völlig unwahrscheinliche Züge daran hervor, sondern er erklärte Metaphysik und rationale Theologie für nutzlose Wissenschaften. Er erkannte der Vernunft nicht einmal mehr die Fähigkeit zu, grundlegende Thesen der Geistigkeit, wie die Existenz Gottes oder die Unsterblichkeit der Seele, zu beweisen.

Der Ockhamismus war geradezu an die Schwelle des modernen gnoseologischen Subjektivismus gelangt, obschon man ihn mit dem alten Ausdruck Nominalismus bezeichnet. Doch seine kritische Stärke, die die Scholastik in ihren Grundfesten zu erschüttern vermochte, machte ehrfurchtsvoll, ja, voll Vertrauen, vor der Offenbarung halt. Der äußerst scharfsinnige und kühne Franziskaner wollte vielmehr den Bereich der Theologie von den hybriden aristotelisch-thomistischen Überbauten säubern, um die Erhabenheit des Glaubens besser zum Ausdruck zu bringen. Er ließ zwar dem Papst und dem mondänen Leben der Prälaten gegenüber keine Milde walten, behauptete außerdem laut, die höchste Autorität in der Kirche besitze nicht der Papst, sondern die Konzilsversammlung. Doch gestand Ockham dem Konzil Unfehlbarkeit bei der Verkündung von Glaubenssätzen zu, und angesichts der Ohnmacht menschlicher Spekulation behauptete er bedingungslos die unzugängliche, aber einzige und höchste Wahrheit des christlichen Dogmas. So wurde auch von daher das Gleichgewicht zwischen Glauben und Lehre, das der Thomismus zu verwirklichen versucht hatte, schwer beeinträchtigt, was sich direkt zum Schaden von beiden, Glauben und Lehre, auswirkte. Denn damit wurde die Verwaltung des religiösen Erbes mehr denn je dem Klerus anvertraut, der sich mittlerweile zu dessen Treuhänder gemacht hatte. Trotz Ockhams Haltung und des wiederholten Zusammentretens der Konzilien in der ersten Hälfte des 15. Jahrhunderts gelang es dem Klerus aber letzten Endes nicht, dem Vordringen der päpstlichen Autorität Einhalt zu gebieten, die mehr als jemals zuvor auf die Durchsetzung ihrer Suprematie aus war. Auf der einen Seite erwies sich die Apologetik ockhamscher Prägung für das von ihr so heftig entwertete theologische Denken als lähmend, und auf der andern Seite leistete sie der hierarchischen Verwaltung des gewaltigen Glaubensbereiches Vorschub. Sie hatte Erfolg, da man das Bedürfnis, auf die Scholastik zu reagieren, tatsächlich empfand, erbrachte jedoch infolge des Dienstes, den sie der geistigen und gesellschaftlichen Macht des Klerus indirekt, aber nachhaltig leistete, keine positiven Ergebnisse. Indem er den lebendigen Teil der Religion auf den bedingungslosen Glauben reduzierte und das christliche Handeln auf fromme Praktiken, verstärkte der Ockhamismus die Herrschaft der Kirche über die Geister und stachelte jene, vielleicht ohne es zu wollen, zu ihrer um sich greifenden, eigennützigen Reglementierung an. Den Abschluß der geschichtlichen Phase, die nach Ockhams Stellungnahme um 1350 eingesetzt hatte, finden wir ungefähr 100 Jahre später mit dem (vereinfacht ausgedrückt) Triumph von Juan de Torquemada (1388–1468). In Wirklichkeit vertrat nach den langen Kämpfen und den fruchtlosen Konzilsdebatten um 1440 ein Schwarm von Theologen und Kanonisten mit erneutem Nachdruck die Ansprüche der päpstlichen Monarchie. Von Giovanni da Capistrano, von Carvajal und Pierre de Versailles wurde der Papst als höchster Richter aller Gläubigen auf geistlichem Gebiet dargestellt, der keinerlei Konzilsbeschlüssen unterliegt. In der *Summa de Ecclesia* erklärte Torquemada nicht nur, daß selbst ein ärgerniserregender Papst nicht gerichtet und abgesetzt werden könne, sondern auch, daß der päpstliche Primat für den Glauben wesentlicher sei als der Heilige Geist selbst.

V. JENSEITS UND EMPFINDEN

Im 14. Jahrhundert stellt man überall im Abendland, bei den Laien nicht weniger als beim Klerus, die geistige Reaktion auf das Kirchensystem als Ganzes fest. Die Laien teilten nämlich mit dem Klerus zu jener Zeit dasselbe geistliche Erbe, dessen bedenklichen Zustand sie wohl bemerkten. Sie trugen daher kräftig zu den Versuchen bei, diesem Erbgut seine Stärke und Festigkeit wiederzugeben. Außerdem gab es jetzt unter ihnen genügend starke, in der kirchlichen Doktrin gutbewanderte Minderheiten mit einer soliden ethisch-intellektuellen Bildung, die den Vergleich mit dem besten und reifsten Teil des Klerus durchaus bestehen konnten. Innerhalb des Klerus selber beobachtet man eine merkliche Gliederung in eine Elite von Theologen, Predigern und Prälaten hohen Niveaus und in eine Masse von ungebildeten Prälaten, Pfarrern und grobschlächtigen Mönchen. Der Zerfall eines großen Teils der kirchlichen und die wachsende Selbständigkeit der weltlichen Ordnung zur damaligen Zeit sind besonders erwähnenswert. Denn sie trugen ganz wesentlich dazu bei, daß sich ein neues Wertsystem langsam vom alten löste. Während die durch die innere Lage der Kirche und des Klerus gestellten Probleme übermächtig wurden und die Regenerationskraft beider in Beschlag nahmen, setzte sich allmählich, aber immer entscheidender eine Profankultur durch.

Im 14. Jahrhundert spürte auch das Kollektivempfinden neben der im Schisma symbolisierten Krise der Hierarchie die Wirkungen der allgemeinen Lockerung von Ethos und Zucht. Die Geistlichen, die schon mit ihren wirtschaftlich-juristischen Fragen alle Hände voll zu tun hatten und die bereits die Ausübung ihres Amts mehr unter dem Aspekt der Verwaltung als dem der geistlichen Führung sahen, waren eher Messeleser als Seelenhirten. Die Frömmigkeit der Gläubigen, an deren Gehorsam und dogmatischer Einstellung kein Zweifel zu hegen ist, sah sich fast sich selbst überlassen, ihren eigenen, unüberlegten und gefühlsbetonten Aufwallungen. Während sich der Klerus zuerst um die äußere Beobachtung des Kultes und um seine Steuereinziehung kümmerte, tat er sehr wenig, um der Verschiebung und der Verwirrung, die sich in den religiösen Anschauungen breit machten, zu steuern.

Man beobachtet vor allem ein Sinken der Vorstellung vom und der Darstellung des Göttlichen, ein betontes Vermischen von Himmlischem und Irdischem, wobei das Himmlische auf die manchmal weniger gehobenen irdischen Formen reduziert wurde. Um sich davon zu überzeugen, genügt es, sich einige Aspekte von Dogma und Glauben näher zu besehen.

Die christliche Auffassung von einer Erde der Verbannung, auf der der Mensch vor allem zu ertragen und zu leiden hat, ehe er seine eigentliche Bestimmung im Jenseits erlebt, scheint damals keinen Schwankungen unterworfen gewesen zu sein. Doch gewann diese Auffassung zwischen dem 14. und 15. Jahrhundert ziemlich eigene Züge. Man hatte zum Jenseits und besonders zum Himmel ein vertrautes, beinahe unmittelbares Verhältnis. Der Gläubige sorgte sich darum, wie er nach dem Tode weiterleben werde, da er in der Tat von einem Weiterleben fest überzeugt war. Die Unsterblichkeit der Seele wurde nicht als philosophischer Grundsatz geglaubt und im allgemeinen noch weniger als mystischer Vorgang empfunden. Der Gläubige sah nicht, wie er sich beim Übergang von dieser zur andern Welt grundlegend verändern könnte. Es schien ihm, als bleibe er fast dasselbe Wesen, dasselbe Individuum, das er bereits war. Ändern werde sich nur der Zustand seiner Individualität, d. h. die äußere Bedingung, die ihm gestatten werde, nicht mehr zu leiden und sich statt dessen zu freuen. Der Gläubige wußte, daß er nicht allein sein werde und daß er im Himmel neben den Engeln, die er sich schon genau vorzustellen glaubte, neben den Heiligen, deren Aussehen er sich schon klar eingeprägt hatte, die gesamte Gesellschaft finden werde, die ihn auf Erden umgab und der lediglich ihre schlechten Mitglieder fehlen würden. Daher war das Jenseits eigentlich kein Abenteuer und noch weniger ein Sprung ins Ungewisse. Es war eine ganz nahe Welt, fast zum Greifen nahe und direkt über der irdischen Welt, so, als läge sie gerade über der Erde und verlöre sich nicht in den Räumen des Sternenhimmels. Und weil jeder die eigene Individualität behielt, weil jeder, wenigstens bis zu einem gewissen Grad, Prälat oder Kaufmann, Bauer oder Herr blieb, mußte auch die Gesellschaft im Jenseits ihre Struktur beibehalten (oder eine ganz ähnliche Gestalt in übereinander liegenden Chören annehmen): ihre Mitglieder würden, so glaubte man, hierarchisch geordnet Gottes Lob singen.

Der Himmel ist also insofern eine Heimat, als sich dort ein guter Teil der irdischen Wirklichkeit wiederfinden wird und man mit seinen Augen dort all das direkt erkennen wird, was man jetzt nur innerlich schaut oder im Bilde verehrt. Natürlich wird dort Gottvater sein, der König der Könige und der Hohepriester, majestätisch und väterlich. Aber wenn die Theologen der Zeit den Gegenstand der Freude der Seligen bezeichnen wollten, entwarfen sie von Gott ein durchaus negatives Bild: Er ist unaussprechlich, obschon er die Quelle und der Inbegriff selbst der Seligkeit ist. Ganz anders (vornehmlich für einige Theologen, wie z. B. den rheinischen Dominikaner Johann von Dambach, gest. 1372) ist Christi Gegenwart. Denn er ist nicht nur das Wort, sondern war auch Mensch und hatte als solcher einen Körper. Wenn man auch sagte, dies mache nur einen unwesentlichen Teil der himmlischen Wonne aus, so wurden die Seligen doch beschrieben, wie sie beim Anblick Jesu in Verzückung geraten, den Klang seiner Stimme genießen und sich am Balsam, den seine Glieder ausströmen, berauschen. So wurde Christus, ursprünglich Mittler des Heils, als Gegenstand der Paradiesfreuden für den gesamten Menschen mit seinen fünf Sinnen dargestellt. Denn die Seele wird im Himmel über all ihre Fähigkeiten verfügen. Die Ideen, die sie auf Erden mittels der Sinnesorgane nur grob erreichen, werden sie im Jenseits mit absoluter Reinheit und mit einer den Verdiensten eines jeden entsprechenden Lebendigkeit erfüllen. Man sieht ganz deutlich, wie sehr diese aristotelisch-christliche Synthese sich bemühte, die Forderung nach Genuß zu befriedigen, die im Gläubigen das Bedürfnis nach einem Ausgleich für das eigene Dulden auf Erden geweckt hatte. Doch die Ergebnisse blieben hinter den Wünschen und Hoffnungen des Gläubigen zurück, der eine Freude daran hatte, schon auf Erden die späteren Wonnen vorwegzunehmen, die ihm die auserlesenen Konzerte, die anmutigen Tänze und die vertrauten Gespräche mit andern Seligen schenken würden.

Die auf das Leben nach dem Tode übertragene Wirklichkeit des Paradieses hatte fast kein anderes menschliches Vorspiel als ihre bildliche Darstellung oder ihre geistige Betrachtung. Doch die verschiedenen Weisen, auf die sie behandelt wurde, und deren relative Schlichtheit bestätigen, daß man in ihr die folgerichtige und unmittelbare Verlängerung dieses Lebens, seine normale Krönung erblickte. Dagegen war die Bedeutung der Hölle ganz anders. Zwischen dem 14. und 15. Jahrhundert befaßte man sich, so scheint es wenigstens, sehr viel mehr mit den Höllenstrafen als mit dem himmlischen Lohn. Man schilderte sie auf tausenderlei Art in Predigten, auf Miniaturen, auf Fresken und in Abhandlungen. Diese unleugbare Eindringlichkeit war jedoch zum Teil ein Zur-Schau-Stellen mit pädagogischem Hintergedanken. Denn diese Epoche suchte ihre Zuflucht nunmehr weitgehend bei einem ähnlichen Mythos, dem Fegefeuer, der die furchtbare Wahrheit des Höllenmythos entwertete. Die Hölle, der schaudererregende Ort, wo die Seele auf ewig leidet, bildete nicht mehr die einzige Alternative zur Seligkeit. Während man sich (und man drückte dies so gut man konnte aus) ein Paradies ohne die wesenhafte Gegenwart Gottes nicht vorstellte, hatte man von der Hölle eine Auffassung, bei der die wesenhafte Ferne Gottes keine Rolle spielte (außer in der Frömmigkeit und Ikonographie der Niederlande). Die Hölle war eine Orgie von Schmerz und ein Meer der Rache, ihr Gegenstand ausschließlich der Körper, ihr Diener der Teufel. Die Phantasie entfesselte sich gegen den Sünder, den man auf die schrecklichste Weise zerrissen, gequält, verbrannt und verzehrt wissen wollte. Es handelt sich um einen abschreckenden Mythos und ein emotionales Sich-Luft-Machen. Ist es schon schwierig, das moralische Gewicht des Paradiesglaubens abzuschätzen, so ist dies noch schwerer bei der Hölle. Ihr fürchterlicher, ungeheurer Schrecken war gewiß mehr für die Lebenden als für ihre Seelen gedacht. Daß man nicht so sehr an die Hölle glauben wollte, geht aus dem ungewöhnlichen Interesse am Fegefeuer hervor, wo die Strafen fast dieselben waren, aber ein Ende fanden.

Für das allgemeine Empfinden äußerte sich das Verhältnis zum Göttlichen mehr gefühlsmäßig als metaphysisch, mehr elastisch als starr. Der Kompromiß spielte eine große Rolle, und daher wurde die überirdische Bestimmung nicht mehr als ein Los betrachtet, das sich grundsätzlich auf rein ethischer Ebene entschied. Nicht nur sah man in Gott mehr den Vater als den Richter, in Christus mehr den Heiland als den Rächer und hob der Christ somit die eigene, wenn auch leichtfertige Hoffnung auf Rettung hervor. Mehr noch: Eine ganze Welt von himmlischen Fürsprechern trat für den Gläubigen ein, um sich seiner Sache anzunehmen und ihm die Verdammnis zu ersparen. Der erste, mächtigste und bezeichnendste von ihnen war die Jungfrau Maria. Sie war nicht nur eine Königin, die man in einem monarchisch gegliederten Himmel gern an der Seite des Herrn gekrönt sah und als ihm fast ebenbürtig betrachtete. Sie war die Mutter Gottes, die sich bei ihm Gehör verschaffen konnte. Ihre Fürsprache wurde für unfehlbar gehalten, ihre Hilfe für wirksam. Man weihte ihr einen kindlichen, überschwenglichen Kult. Es gab aber auch die Engel und Heiligen. Jeder fühlte sich auf Erden von einem unsichtbaren, aber stets nahen Schutzengel begleitet, der, äußerst wachsam und kämpferisch, seine Sendung bei der Trennung von Seele und Körper nicht für beendet ansah. Er stand der Seele vielmehr in der letzten und höchsten Gefahr bei und ließ bis zur Intervention beim göttlichen Richter hin nichts unversucht, um sie den Krallen des Teufels zu entreißen. Die Heiligen, die ein jeder besonders verehrt hatte, behielten es sich mit Vorliebe vor, ihren Einfluß nach dem Richtspruch geltend zu machen. Denn man glaubte, daß die Mehrzahl der Seelen vor der Hölle bewahrt werde, aber nicht gleich ins Paradies komme. Die Heiligen, an die man sich mit Gebeten, Zeremonien und auch beachtlichen Opfern wandte, konnten nicht anders als sich mit Nachdruck für eine Verkürzung des Aufenthaltes des Gläubigen im Fegefeuer einsetzen. Das ist aber noch nicht alles. Die Annahme, gerettet zu werden, die im Empfinden dieser Periode so fest verankert war, äußerte sich in einer massiven Hinwendung zum Ablaß. Denn man wog bei der Sündentilgung viel weniger die Intensität als die Dauer ab, und der Ablaß wurde vor allem in zeitlicher Form als Verkürzung von zahllosen Tagen der Pein gewährt.

Diesen Zügen des Jenseitsglaubens, diesen Garantieformen im Leben nach dem Tode entsprachen andere in der christlichen Vorstellung und Praxis. Das Vertrauen ins Bußsakrament war nicht die unwesentlichste. Hier flossen ein inneres Gefühl für Reue, d. h. ein erneut beteuerter Wille, nicht zu sündigen, und die Sicherheit, daß der Ritus die Lossprechung in sich trägt, zusammen. Durch die Beichte glaubte man im allgemeinen, sich mit Gott wieder ins rechte Verhältnis zu setzen, und zwar so sehr, daß dieses Sakrament ein rettendes Salböl war, wenn man es im Augenblick des Todes empfing. Denn das Sündigen wurde als etwas mit der Existenz unvermeidlich Verknüpftes aufgefaßt, und Gott konnte nicht umhin, von seiner Barmherzigkeit Gebrauch zu machen. Doch glaubte man, daß hierfür zumindest die Reue im Augenblick des Hinscheidens von der Erde unerläßlich sei. Daher wurde die Agonie weitgehend wie zu einem dramatischen Pol für den Glauben, fast zum einzigen Akt echter Sühne und Angst nach einem Leben, das unbewußt von den Verpflichtungen und eigentlichen Aufgaben des Christen ganz oder mindestens teilweise entbunden war. So befaßte sich der Gläubige immer mehr mit dem Übergang von einer zur andern Welt und immer weniger mit dem moralischen Band, das sie beide hätte umschließen müssen und das allein ihre Gegenüberstellung rechtfertigen konnte.

In diesem Punkt beobachtet man innerhalb des Kollektivempfindens und bei der es leitenden Hierarchie einen deutlichen Niedergang der Geistigkeit. Der Klerus wurde sich dieser allgemeinen Entartung der religiösen Anschauungen auch in seinen besten Vertretern kaum bewußt. Wie bei so vielen anderen Aspekten der Frömmigkeit ermutigte er diese Tendenz (und folgte ihr), die aus dem Tode den entscheidenden Augenblick des christlichen Lebens machte, ohne zu merken, daß dies zu riskanten Folgen führen mußte und geradezu zu einem Mittel werden konnte, sich vom Christentum zu entfernen. Denn wenn die Religion und die Kirche am Ende dem Menschen vor allem auf seinem Weg zum überirdischen Leben hilfreich beistehen, wenn die religiösen Praktiken und der Kult in der Garantie eines guten Todes gipfeln mußten, wurde das ethische Engagement des Christen um seinen schöpferischen und dynamischen Gehalt gebracht, und das tägliche Leben verlor seine unerläßliche geistige Spannung. Je mehr der Glaube aufhörte, Quelle und Antrieb für die unaufhörliche Verwirklichung der evangelischen Werte zu sein, je mehr er sich mit einer äußeren Frömmigkeit begnügte und sich in eine moralisch beinahe passive Zuversicht auf einen guten Tod verwandelte, desto mehr verrieten die religiösen Anschauungen ihre wesentliche Funktion und paßten sich grundlegend jenen Verwaltungsformen an, die sich in der kirchlichen Organisation mittlerweile eingebürgert hatten. Die Art von »geistlicher« Führung, die der Klerus geschaffen hatte, äußerte sich zwischen dem 14. und 15. Jahrhundert besonders in der Kodifizierung und dem allmählichen Sich-Durchsetzen der Ohrenbeichte. Eine so vollendete Herrschaftsform, die diese soziale Gruppe damit erreicht hatte, bewirkte zweifellos, daß der Klerus, wenn auch unabsichtlich, nicht für eine Korrektur und Klarstellung der erwähnten Tendenzen im Kollektivempfinden eintrat. Dieses geriet jedoch aufgrund seiner Beschaffenheit unbewußt in ein umfassendes äußeres Abhängigkeitsverhältnis. Denn eine so verstandene Religion mußte zu Passivität und geistiger Unmündigkeit führen. Die Abneigung der mystischen Strömungen gegen diese Frömmigkeitstendenzen erscheint wohl gerechtfertigt; ebenso die Reaktion derer, die, wie die Humanisten, auf einem andern Gebiet des abendländischen Kulturerbes einen Grund für ein aktives Leben suchten, oder jener, die unter dem Vorwand einer Reform die religiösen Anschauungen in Aufruhr brachten und versuchten, dem Christentum eine neue Struktur zu geben.

Zwischen dem 14. und 15. Jahrhundert erschien der vielleicht typischste Ausdruck der damaligen Frömmigkeit, die »Kunst zu sterben«. Um die Mitte des 15. Jahrhunderts fand in der Tat (zuerst in Holzschnittexemplaren, dann in regelrecht gedruckten kleinen Büchern) ein Schriftchen mit dem Titel *Ars moriendi* Verbreitung. Doch ist der typographische Aspekt dieser Erscheinung nicht so wichtig, obschon es sich um eines der häufigsten Werke unter den Inkunabeln handelt. Viel wesentlicher ist, daß die *Ars moriendi* ein regelrechtes Genre der Erbauungsliteratur des 15. Jahrhunderts darstellte. Das zuvor genannte Werkchen war nur die verbreitetste und die volkstümlichste Version davon. Es erschien zuerst am Mittel- und Niederrhein im zweiten Viertel des 15. Jahrhunderts. Doch andere Traktate und Traktätchen waren bereits über dasselbe Thema geschrieben worden und wurden es auch weiterhin in allen Ländern Europas, von Frankreich bis Deutschland, von Italien bis Spanien.

Obwohl die Zuweisung im Einzelfall manchmal ziemlich unsicher ist, so fällt doch auf, daß die wirklichen, wahrscheinlichen oder vermutlichen Verfasser dieser Literatur Persönlichkeiten waren, die zur kirchlichen Elite der Zeit gehörten und die wir wegen ihrer strengen Zucht und ihres lebendigen religiösen Geistes gut kennen. Es mag genügen, Matthäus von Krakau (gest. 1410), Jean Gerson (gest. 1429), Johannes Nyder (gest. 1438), Domenico Capranica (gest. 1458), Jacobus von Jüterbog (gest. 1465) zu nennen. Zwar faßten sie ihre Schriften nicht vor dem Beginn des 15. Jahrhunderts ab, ihre Auffassung und das von ihnen ausgedrückte Empfinden gingen jedoch ohne weiteres auf die letzten Jahrzehnte des vorhergehenden Jahrhunderts zurück. All diese Schriftsteller gaben, anstatt die Intuition des deutschen Mystikers Seuse aufzugreifen, der aus dem Gedanken an den Tod einen der geheimen Zugänge zum inneren Leben gemacht hatte, eine Anleitung für ein gutes Sterben, verfaßten dazu Gebete, beschrieben die Versuchungen, denen der Gläubige widerstehen, und die Art, auf die er sie überwinden muß. Aber der Tod wurde vor allem als das zentrale Geschehen im Leben des Christen hingestellt, als der für das Heil allein entscheidende Augenblick und allmählich als Wegweiser und mahnender Führer für das Handeln. Man hob also die Zugehörigkeit der zu rettenden Seele zum Jenseits hervor, schränkte jedoch die Bedeutung ihrer irdischen Aufgaben und das Wesentliche an ihrem täglichen Engagement eindeutig ein. So blieb das brennende Verlangen nach persönlichem Heil, das die lebendigste Seite der damaligen Religiosität bildete, im Bereich der kollektiven Frömmigkeit ungestillt. Nachdem er Praktiken und Formeln vorgeschrieben hatte, kam der Klerus diesem Verlangen mit scheinbar asketischen, in Wirklichkeit aber schlaffen Formulierungen nach, in rein pädagogischer und mahnender Form, die die Lebenskraft der religiösen Anschauungen verdorren ließ, anstatt sie zu beleben. Indem sie das Empfinden des Gläubigen auf das Drama seiner Agonie lenkte und es zur Betrachtung des Todes anleitete, konnte die Kirche gewiß nicht behaupten, die Sitten der Gläubigen zu heben oder ihnen einen mächtigen moralischen Elan zu geben. Da der Klerus selber all dessen unfähig war, gab er sich mit einem impliziten Kompromiß zufrieden: der Christ sollte ruhig auf mancherlei Art irdisch gesinnt leben und sich ganz normal um seine weltlichen Probleme kümmern, wenn er sich nur daran erinnerte, daß ihm das Jenseits bevorstand, und wenn er nur in Voraussicht dessen eine gewisse Menge von Verdiensten erwarb. Ein guter Tod würde dann ein übriges tun. Die Kirche würde seine irdischen Reste christlich bestatten, und Gott ließe ihn dann, vielleicht nach einigen Schwierigkeiten, in sein Paradies ein.

Mit diesen Ausführungen wollen wir keine genaue Definition der religiösen Anschauungen Westeuropas zur damaligen Zeit geben, sondern nur einige ihrer wesentlichen Züge zeichnen. Während die Kirchenführung sich mehr mit der Erhaltung und der Durchsetzung ihrer wirtschaftlich-juristischen Macht als mit der Seelsorge befaßte, entwickelte sich das christliche Leben wie aus einem Beharrungsvermögen heraus in den Spuren der Tradition weiter, wobei es einige Tendenzen betonte und neue Züge gewann. Hier wäre beispielsweise der Übergang von einer kollektiven zu einer intimeren und bescheideneren Darstellung des Jüngsten Gerichts zu erwähnen, den man vom 14. aufs 15. Jahrhundert feststellt. Die große Szene des Epilogs, der jedes menschliche Schicksal beschließt, interessierte von nun an immer weniger, und man stellte dafür immer häufiger den Augenblick des sogenannten besonderen Gerichts dar, d. h. des Richtspruchs, von dem man glaubte, Gott fälle ihn sofort nach dem Tode über das Werk der Seele. Oft spiegelt sich auf diesen Darstellungen (es genüge, an das Gemälde von Rogier Van der Weyden in Beaune zu erinnern) der dramatische Charakter des Sündengefühls und das Entsetzen vor der Verdammnis wider. Man könnte auch kollektive Bußerscheinungen erwähnen, ständige, wie die Bruderschaften der Flagellanten und der Battuti, oder sporadische, wie jene Welle, die 1399 ganz Italien durchlief und jede andere Tätigkeit lähmte und beherrschte. Man darf auch nicht den Glauben an das Erscheinen des Antichrist vergessen. Nachdem sie im Laufe des 14. Jahrhunderts an Kraft gewonnen hatten, spielten die eschatologischen Überzeugungen auch noch zu Beginn des 15. Jahrhunderts eine wichtige Rolle, obgleich sie andern Formen zu weichen begannen. Infolge des Schismas behauptete man auch immer nachdrücklicher, der Antichrist selbst sei als Papst oder Gegenpapst das Oberhaupt der verderbten Kirche. Doch folgerte man daraus nicht mehr, daß das Weltende bevorstehe. Vielmehr dachte man, es sei dazu eine ziemlich lange Reform- und Kampfperiode erforderlich, d. h. ein strengeres moralisches Leben.

VII. FLUCHT IN DIE MYSTIK UND SITTLICHE ERNEUERUNG

Die theologischen Kontroversen des 14. und 15. Jahrhunderts können, verglichen mit denen des Hochmittelalters oder des 16. Jahrhunderts, als zweitrangige Konflikte angesehen werden. Sie gingen nie grundlegende Probleme an und hatten Auswirkungen, die zu ihrer Bedeutung in keinem Verhältnis standen. So wurde das Problem der Unbefleckten Empfängnis, d. h. der Unversehrtheit der Jungfrau Maria vom Makel der Erbsünde, mindestens ebenso heftig debattiert wie die Frage der Realpräsenz Christi unter den Gestalten von Brot und Wein und fand kein geringeres Echo. Die schärferen Polemiken fehlten indessen nicht, und sie nahmen deutlich theologische Ausmaße an. Doch hatten sie in der Hauptsache keine theoretischen und dogmatischen Fragen zum Gegenstand. Man handelte viel öfter von praktischen Dingen, die die kirchliche Organisation betrafen (wie der wütende Streit über die Simonie) oder die Frömmigkeitsformen, beispielsweise die Ablässe. Eine derartige

Verschiebung der Problematik im Bereich der Lehre war in erster Linie die Folge davon, daß sich die Kirche, wie bereits erwähnt, weltliche Herrschaftsformen gegeben hatte.

Innerhalb des christlichen Kollektivempfindens machten sich vom Beginn des 14. Jahrhunderts an immer stärker regelrechte Zentrifugaltendenzen bemerkbar, in denen sich die Krise und die Reaktion des Gewissens kundtat. Die Kirchengeschichte der zweiten Hälfte des 14. und des beginnenden 15. Jahrhunderts ist die Geschichte einer verpaßten Reform. Nicht, als ob man nicht vor dieser Zeit die Christenheit hätte reformieren wollen (und es versucht hätte). Doch in diesen Jahrzehnten gewann die Reformforderung eine Gestalt, die sich von der früherer Epochen stark unterschied. Ihre Formulierungen wurden kühner, ja, sie waren oft fast mit späteren protestantischen Wendungen identisch und fanden in England, vor allem aber in Böhmen, in Aufständen beachtlichen Ausmaßes Unterstützung. Und doch kam es in der Kirche kaum zu Ansätzen einer Reform. Die wiederholten Konzilien erwiesen sich als machtlos und für diesen Zweck ungeeignet. Lediglich einige Fürsten setzten sich dafür ein, gewisse Aspekte des kirchlichen Lebens in ihren Staaten zu regeln. Die abendländische Christenheit vermochte das klerikale Regierungssystem, zu dessen Festigung großenteils das Papsttum beigetragen hatte, nicht zu erschüttern; denn sie versuchte weniger, dieses System wesentlich zu verändern, als es zu reinigen und zu erneuern. Nur in kleinen Kreisen schlug man die Abschaffung des Zölibats der Priester, die Wiederherstellung einer echten Gemeinschaft der Gläubigen vor, in der Laien und Priester sich nicht mehr als Christen unterschieden oder sich gegenüberstanden, und wünschte das Regierungssystem, das die Hierarchie trug, aus den Angeln zu heben. Dagegen wurden langsam die Grundlagen für eine tiefe religiöse Spaltung geschaffen zwischen dem mittelmeerischen Katholizismus römischer Prägung und dem nordischen Christentum. Kurz, Europa fühlte zwischen dem 14. und 15. Jahrhundert ein starkes geistiges Unbehagen, hatte aber nicht die Kraft und die moralischen und wirtschaftlichen Mittel, etwas wirklich Neues zu leisten. Den sich um 1350 verdichtenden Krisenzeichen folgte kein Aufschwung, sondern in einigen Bereichen eine Stockung, in gewissen andern Auflösung und Verwirrung, in wieder andern ein innerer Rückzug.

Die Blüte der Mystik war die sichtbare Form eines religiösen Rückzugs. Die rheinischen Mystiker von Eckhart (gest. 1327) bis Seuse (gest. 1366), von Tauler (gest. 1361) bis Ruysbroeck (gest. 1381) waren zwar die größten Vertreter dieser Erscheinung, doch blieb das Phänomen nicht auf das Rheingebiet beschränkt. Die Seher, die Verzückten, die geistlichen Prediger, die Asketen kennzeichneten jene Epoche auch im übrigen Europa, besonders in England und Italien. Die »Vision« war eine von diesen Männern in großem Umfang gepflegte literarische Gattung, um ihre Ergüsse auszudrücken, wie die Predigt das gesuchteste Mittel zu ihrer Mitteilung bildete. Man kann nicht behaupten, dieser Aspekt des Empfindens des 14. Jahrhunderts sei besonders als Ganzes hinreichend untersucht worden. Zweifellos finden sich einige Ansätze der Mystik in der neuplatonischen Tradition und im Thomismus selber. Eckhart, Seuse und Tauler waren Dominikaner, die im übrigen Albertus Magnus stärker als Thomas beeinflußt hatte. Doch ist es sehr angebracht, insbesondere den Zug an dieser Tendenz hervorzuheben, der das religiöse Klima des 14. Jahrhunderts am besten ausdrückt: die Suche nach einem persönlichen ethischen Erlebnis und einem unmittelbaren Kontakt mit dem Göttlichen.

Wir haben die Mystik insofern als Zeichen eines inneren Rückzugs definiert, als sich viele Christen damals in sich kehrten, sich in eigenen Genossenschaften absonderten und sich wenigstens teilweise vom normalen kirchlichen Leben lösten, um ein erfüllteres und ihrem Glauben gemäßeres Leben zu führen. Dieses Verhalten stellte unbestreitbar eine Reaktion auf das Überhandnehmen der frommen Praktiken dar, die immer zahlreicher wurden, an Niveau verloren und in übertriebener Weise vom Klerus geregelt wurden. Vom 14. Jahrhundert an beobachtet man in diesen Kreisen, die sich von der mystischen Glut erfassen ließen, eine ziemlich deutliche Entwertung der guten Werke als solcher und vor allem eine Abneigung, sie als das erste und vollständige Zeichen des Glaubens zu betrachten. Wir haben schon von der Bürokratisierung des damaligen christlichen Lebens gesprochen. Sie entsprach im allgemeinen ziemlich genau der juristisch-wirtschaftlichen Struktur der europäischen Gesellschaft und besonders der der Kirche. Mit andern Worten: Die Äußerungen des Kultes begannen dem Ausdruck der gesellschaftlichen Beziehungen zu ähneln, wenn sie sich nicht geradezu nach dessen Vorbild formten, auch wenn ihre Grundlage und Begründung ganz anders sein wollten. Der Christ drückte Gott seine Treue durch Abgaben aus, die denen glichen, die die weltliche Gewalt von ihm forderte: Zehnten, Naturalienabgaben usw. Trotz der wirtschaftlichen Schwierigkeiten bildete der Klerus die bevorzugteste Klasse, da er über zwei Einnahmequellen verfügte: einmal floß ihm Geld aus seinem direkten Besitz, zum andern aus seinen Funktionen zu. Denn von den noch beachtlichen materiellen Gütern abgesehen, verwaltete der Klerus ein gewaltiges »geistliches« Erbe. In einer hierarchischen Welt, in der fast jede menschliche Tätigkeit nicht als Recht, sondern als Zugeständnis, als Privileg, aufgefaßt wurde, das man sich durch

Gegenleistung erkaufen mußte, sträubte sich der Gläubige im allgemeinen nicht dagegen, sogar die Ausübung seines Gott gewidmeten Kultes zu bezahlen und zu vergüten. Die Eigennützigkeit des Klerus ließ diese Abgaben als an sich verdienstvoll erscheinen, nannte sie fromm, obschon sie einer fast parasitären Gesellschaftsgruppe zugute kamen. So verkaufte der Klerus dem Christen zeitlebens nicht nur seine Gebete, Zeremonien und Exorzismen, sondern erbte schließlich auch noch von ihm einen Teil seines Vermögens »für sein Seelenheil«. Das Papsttum vervollkommnete ein Kreditsystem mit unbegrenztem, da durch Christi Blut garantiertem Kapital, dessen Aktien unter dem Namen Ablaß verkauft wurden. Die Mitglieder des Klerus erhoben sich zu eigenmächtigen Verwaltern der göttlichen Milde, die, wie sie versicherten, den von ihnen festgelegten und bemessenen Akten der Frömmigkeit, einschließlich der Geldzuwendungen, nicht verweigert werden konnte.

Das wirkliche Opfer, das die Gläubigen somit brachten, der unbestreitbare Verzicht auf Wohlergehen, der für sie damit gegeben war, mußte sie davon überzeugen, daß solche Handlungen tatsächlich verdienstvoll waren. Fügen wir dem noch bei, daß die Feier des Kultes, das Ansehen und die Anerkennung in der Öffentlichkeit, die Tradition in Lehre und Brauchtum, die juristisch-soziale Organisation in einer gewappneten und mächtigen Gruppe — das Ganze von einer großen wirtschaftlichen Macht getragen — aus dem Klerus eine Führungsschicht machten, die man schwerlich nicht akzeptieren konnte und der man bis in den letzten Winkel des eignen Gewissens folgen mußte. Was Bischöfe und Pfarrer verlangten, mußte wohl die rechte Form der Treue sein, die Gott forderte. Dies um so mehr, als die Kirche in weiser Voraussicht ihre gesteigerten Steueransprüche unter steter Betonung der als christlich geltenden Werte anmeldete, beispielsweise unter dem Namen Caritas. Diese diente nicht nur der Linderung der Not und der Erhaltung der Gesellschaft, sondern wurde auch als Geste geistiger Brüderlichkeit verstanden. Jedenfalls trug alles dazu bei, aus den Werken und äußeren Praktiken eine vollkommene Form der Frömmigkeit zu machen. Daher wurden sie auch stets reichhaltiger und komplizierter. Zu den Sakramenten und Almosen kamen die besonderen Gelübde, die Wallfahrten, die Vermächtnisse. Für die kollektive und individuelle Psychologie war dies eine äußerst fruchtbare Formulierung, weil der einzelne, um seinen Glauben vor Gott und der Gesellschaft unter Beweis zu stellen, sich veranlaßt sah, sich von den andern je nach seinen Gefühlen und Interessen zu unterscheiden.

Bekanntlich waren die Bruderschaften eine der bedeutendsten Formen gesellschaftlichen und religiösen Lebens im Mittelalter.

Sie bildeten sich beinahe von selbst in einer in wirtschaftliche und berufliche Gruppen aufgeteilten Welt. Besonders in den Städten waren sie großenteils ein Abbild der Gliederung in Korporationen. Zwischen Laienbruderschaften und regelrechte Klöster schoben sich oft gemischte Gemeinschaften. Hier suchte man zu verwirklichen, was man für die echte christliche Frömmigkeit hielt. Die mystischen und wirklich religiösen Tendenzen entwickelten sich vornehmlich in diesen Kreisen und suchten mit ihrer Hilfe Gestalt zu gewinnen. Es war geradezu ein Weg, die eigene Absonderung oder die innere Distanz zum Kultursystem und zur Gesamtheit der frommen Praktiken zu legitimieren. Die wiederholten Versuche der Zeit, die Zucht dieses oder jenes Klosters zu bessern, schufen in den Kreisen der Laien auch ein Klima des Nacheiferns und Nachahmens. So trifft man etwas am Rande der christlichen Gesellschaft auf immer zahlreichere und bedeutendere Bruderschaften, die sich ein dem gängigen an Strenge und Ernst weit überlegenes christliches Ideal zum Leitbild nahmen. Ihre Mitglieder beabsichtigten keineswegs, neue Lehrpositionen zu beziehen oder bereits anerkannte anzuzweifeln. Sie wollten auch im allgemeinen nicht die Autorität oder die Berechtigung der kirchlichen Hierarchie bestreiten. Doch mit ihrer Berufung auf Lehren und geistliche Themen, die bereits in das christliche Kultursystem eingegangen waren (auch wenn sie nie einen entscheidenden Einfluß hatten und manchmal von der Orthodoxie abgelehnt wurden), beabsichtigten sie, das eigene religiöse Erbe zu vertiefen, um dabei neue, weniger abstrakte und äußerliche Gründe für das geistliche Leben zu finden.

Die Gesamtheit der mystischen Bewegungen des 14. Jahrhunderts äußerte sich somit in bereits früher aufgetauchten, zum guten Teil mehr oder weniger stark neuplatonisch gefärbten geistigen Verhaltensweisen. Doch waren die Forderungen, die sie ausdrücken wollten, offensichtlich mehr als aktuell. Die Mystik dieses Jahrhunderts griff Ideen der Tradition auf und verlieh ihnen eine Gestalt, die die Frömmigkeit der folgenden Epoche ankündigte. Das Wesentliche an der christlichen Erfahrung wurde auf den persönlichen Kontakt mit der Gottheit zurückgeführt, allerdings auf einen Kontakt, der den Schluß ermöglichte, der Mensch sei trotz der Nichtigkeit des begrenzten Daseins eines jeden göttlich. Schon Eckhart hob ausdrücklich hervor, daß jeder Christ, wenn auch nicht seinem Rang, so doch seiner Natur nach Christus gleich sei. Für ihn und die andern rheinischen Mystiker kam die Rückkehr zu Gott der schwierigen, aber möglichen Entdeckung der eigenen individuellen Göttlichkeit gleich, des »ungeschaffenen Abbilds« Gottes in uns, wie sich Tauler ausdrückte. Natürlich übertraf für sie die Tiefe und Kraft dieser inneren Erfahrung von Grund aus den Wert der äußeren Praktiken und der vorgeschriebenen üblichen frommen Werke. Auf diesem Wege fand der Christ bei seiner Suche nach einem direkten Kontakt mit Gott eine persönliche geistige Autonomie wieder, die ihn von der Unterwerfung unter die kirchliche Hierarchie und den starren Buchstaben der Offenbarung frei machte. So ließ z. B. Tauler, der die Bruderschaft der Gottesfreunde gegründet hatte, nicht mehr zu, daß ihre Mitglieder sich in allem der kirchlichen Autorität unterwarfen.

Gewiß schwankten diese mystischen Tendenzen — und dies kennzeichnet klar ihre Kraft und Grenze — zwischen dem irdischen Engagement, zwischen dem Wunsch, ihre Intuitionen in einer menschlichen Gemeinschaft zu verwirklichen und durchzusetzen, und der Sehnsucht, aus den Banden der Welt zu entkommen. Der Flame Ruysbroeck weigerte sich zu einem bestimmten Zeitpunkt, als Vikar an St. Gudula in Brüssel tätig zu sein, und zog sich in die Einsamkeit eines Waldes zurück. Der »aktive« Teil seiner Mystik besteht in der Vernichtung der Sünde. Doch dies ist nur die erste, wenn auch schwierige Stufe des Aufstiegs der Seele; weitere Etappen erwarten sie, vom Verzicht auf die Welt der irdischen Erscheinungen bis zur glühenden Nachahmung Christi und bis zur Vision. Die *vita vitalis* ist für ihn das kontemplative Leben. In ihm findet der Intellekt die eigene ursprüngliche Reinheit wieder und versenkt sich in die Ewigkeit, um die Ruhe und übersinnliche Freude der Vereinigung mit Gott zu kosten. Anders dagegen verhielt sich der Holländer Gerard Groote (gest. 1384), der Ruysbroecks Schüler war, sich aber auch der Predigt widmete und vor allem an der Ausgestaltung einer erst in Ansätzen vorhandenen Gemeinschaft von gebildeten und asketischen Jugendlichen arbeitete. Laien und Geistliche traten dieser Bruderschaft rasch bei, und so entstand in Deventer die bedeutende Organisation der Brüder vom Gemeinsamen Leben. Sie ließen sich recht schnell auch in andern holländischen und flämischen Städten als selbständige Gruppen nieder. Die Art ihrer Religiosität war vor allem individuell und innerlich, und sie griffen zu den Schriften des Neuen Testamentes unter Vernachlässigung der theologisch-dogmatischen Arbeit. Augustin und Bernhard von Clairvaux gaben ihnen mehr als Thomas von Aquin. Um Grootes Willen zu entsprechen, entstand in diesem Kreis 1387 in Windesheim (bei Zwolle) eine Kongregation von Regularkanonikern, die sich die Regel der Augustiner-Chorherren gaben. Ihre bedeutendste geistliche Schrift, der erhebliche Verbreitung fand, war die *Nachfolge Christi*.

Diese mystischen Strömungen stellten zweifellos eine wichtige Etappe, wenn nicht geradezu eine Wende für die religiösen Anschauungen zwischen dem 14. und 15. Jahrhundert dar. Denn sie beschränkten sich nicht darauf, gegen die Mißbräuche und die Zuchtlosigkeit des Klerus Stellung zu nehmen, um ihn zu einem strengeren Leben zu zwingen, oder darauf, den Gläubigen zum Studium der Bibel, vor allem des Neuen Testamentes, anzuleiten. Ihre ethischen Aussagen und ihre Absicht, zu einem echten Christentum zurückzukehren, wurzelten in einer neuen, zugleich theoretischen und praktischen Auffassung des religiösen Lebens. Man wurde sich langsam bewußt, wie ausschließlich die Kirche über die religiösen Anschauungen verfügte, und reagierte darauf, indem man in der Volkssprache predigte und den Wert des nichtstereotypen Gebetes und die sittliche Rolle der täglichen Arbeit wieder betonte. Andererseits stützte man sich auf die aktive Forderung von der gleichen Würde jedes Christen bei der Planung von Gemeinschaften, die vom hierarchischen Geist weniger belastet waren. Ginge man in genügendem Maße der Weiterentwicklung und Bedeutung dieser Tendenzen nach, könnte man vielleicht feststellen, daß sie nicht weniger wirksam und umfassend zur Geistigkeit der Moderne geführt haben als die so anders geartete Humanistenbewegung. Der Humanismus setzte sich jedenfalls im Gefolge solcher Strömungen in den Gebieten Nordwesteuropas (Nordfrankreich, Niederlande, Deutschland, England) fest — man denke nur an Erasmus — und gelangte hier zu nicht weniger reichen und bestimmenden Ergebnissen als der italienische Humanismus im religiös traditionelleren und stärker katholischen Europa.

VIII. DIE KRITIK AM KIRCHENSYSTEM

Wir sind noch weit davon entfernt, von diesen und anderen Aspekten der religiösen Anschauungen im Abendland zwischen 1350 und 1450 eine erschöpfende Kenntnis zu haben oder auch nur hinreichend darüber informiert zu sein. Bis heute hat man aus einer historiographischen Tradition heraus stets viel lieber die Probleme, die die Philosophie oder die kirchliche Lehre stellte, die künstlerischen oder kirchlichen Erscheinungen untersucht als die verschiedenen Formen der Frömmigkeit, die Entwicklung des Kollektivempfindens und die verschiedenen Weisen, auf die beide mit den gesellschaftlichen Strukturen der damaligen Zeit verwachsen waren. So haben die Revolten, die mit den Namen von Wiclif und Hus verbunden sind und im gesellschaftlichen Bereich sich heftiger als im religiösen äußerten, die Aufmerksamkeit auf sich gezogen: selten hat man sie nicht als Fortsetzung der mittelalterlichen Auseinandersetzungen oder als Vorläufer der protestantischen Kritik betrachtet. Es liegt auf der Hand, daß man für Wiclifs und Hus' Lehren mühelos Ansätze in der ethisch-dogmatischen Problematik antrifft, und es ist klar, daß das Kirchensystem, gegen das die beiden Theologen mit so vielen andern angingen, immer noch dieselbe Stärke besaß, als Luther seine Stimme erhob. Jedoch spiegelt die gesamte Lehre des englischen Theoretikers und seiner Gefährten oder späteren Anhänger (Lollarden und Hussiten) mit großer Eindringlichkeit gerade jene Situation der religiösen Anschauungen wider, die wir darzustellen versucht haben und die in Europa zwischen dem 14. und 15. Jahrhundert herrschte.

Wiclifs gesamtes Denken ging weniger von einer neuen geistigen Formulierung oder von einer ursprünglichen religiösen Erfahrung aus (wie dies bei Luther der Fall sein sollte) als von der Forderung, die Theologie und die christliche Praxis von allen Entartungen und Auswüchsen der jüngsten Vergangenheit zu reinigen. Das heftige Verlangen, zum Urchristentum zurückzukehren, wechselte von einem Jahrhundert zum andern. Dagegen haben die von ihm inspirierten Programme eine genaue Geschichte und stehen in einer bezeichnenden chronologischen Reihenfolge. Im 14. Jahrhundert steckte diese religiöse Kollektivtendenz noch in ihren Anfängen. Es ist an sich wesentlich festzustellen, wie gerade damals den Gläubigen die Kluft zwischen der Kirche als Wirklichkeit und der Kirche als Idealbild zum Bewußtsein kam. Das setzte zugleich eine kritische und eine historische Sicht voraus. Beide existierten bei Wiclif; bei vielen andern seiner Zeitgenossen waren sie mehr oder weniger klar vorhanden. Man schob zwar weiterhin dem Teufel die metaphysische Verantwortung für die christliche Entartung zu und bezichtigte jeden als Antichrist, der Träger oder Befürworter dieser Mißstände war. Doch büßte diese Sicht ihre vornehmlich eschatologische Bedeutung ein, und diese geistigen Schemata wurden langsam durchsichtig. Durch sie hindurch sah man den Menschen scharf ins Gesicht und entdeckte die Beweggründe von Papst, Prälaten, Mönchen, Pfarrern, dem Klerus schlechthin, in denen man die Verantwortlichen für die Verderbnis der religiösen Anschauungen erblickte. Fast die gesamte Lehre Wiclifs war eine Anklage gegen das bereits geschilderte Kirchensystem, jede einzelne seiner Thesen ein klares Zeichen für ein neues antiklerikales Bewußtsein, systematisch und von unmittelbarer Aktualität.

Der englische Theologe behauptete, allein die Vorherbestimmten seien wahre Mitglieder der Kirche, und ließ sich vom Anblick der tief entarteten christlichen Gemeinschaft nicht entmutigen. Der mystische Leib Christi komme sehr gut auch ohne die Hierarchie aus, ja, er verkörpere sich viel eher in zerstreuten Gruppen von echten Gläubigen als in den dichten Scharen der aktuellen Satrapen, der Kleriker, Mönche und ihrer Gefolgsleute und Opfer. Nach Wiclif wäre es beim damaligen Stand der Dinge heilsam gewesen, wenn es weder Papst noch Kardinäle gegeben hätte. Aber um solch ein polemisches Kriterium anzuwenden und es auch konstruktiv werden zu lassen, brauchte man ein klares christliches Prinzip, auf dem es fußen konnte. Dies war die wörtlich genommene und in ihrem echten Geist verstandene Offenbarung, das Alte und Neue Testament. Christi Botschaft sei vollkommen; nichts sei ihr hinzuzufügen; vielmehr müsse man alle späteren Zutaten, wie die Ohrenbeichte oder das Dogma von der Transsubstantiation, abstreichen; ebenso, wenn nicht noch mehr, sei der Besitz irdischer Güter in den Händen des Klerus abzulehnen.

Wiclif faßte die Kirche seiner Zeit deutlich als menschliche Organisation auf, die sich grundsätzlich von der von den Aposteln entworfenen Kirche unterschied. Gerade weil sie ihm die völlige Verkehrung des Christentums darzustellen schien, kritisierte er sie in jeglicher Hinsicht. Vom sozialen Standpunkt aus bildete der Klerus seiner Ansicht nach die erste Ursache des Elends in der Welt. Die Geistlichen verfügten allein über einen ungeheuren Reichtum, der ausreiche, den Forderungen der Armen nachzukommen. Daher habe die weltliche Autorität das Recht und die Pflicht, den Klerus zu enteignen, die konfiszierten Güter zu verteilen und nach eigenem Gutdünken zu verwalten. Insbesondere die Klöster machten den Boden unfruchtbar und entvölkerten das Land. Wie das Keuschheitsgelübde der Frauen dem göttlichen Gesetz zuwiderlaufe, so sei das Betteln ein negatives Ideal, das nur noch größeres Betteln hervorbringen könne. Wie wäre es vorzuziehen, wenn aus den zahlreichen Mönchen in bester Gesundheit anstatt Bettler ganze Heere zur Verteidigung des Königreichs würden!

Vom christlichen Standpunkt aus ist der Abscheu vor dem Klerus noch stärker. Die Papstwahl sei vernunftwidrig: Wer könne wissen, welchen Stellvertreter Christus wählen würde? Auch vereint irrten Papst und Kardinäle oft, selbst in Glaubenssachen. Man dürfe sich daher nicht an sie wenden, um den Glauben zu definieren. Der Papst sei also alles andere als unfehlbar. Die Kirche könne jedoch auf ihn verzichten und der Gläubige sehr wohl ohne ihn sein Heil finden. Indessen benähmen sich der Papst und seine Höflinge teuflisch. Anstatt das Evangelium zu predigen, machten sie sich ein schönes Leben in protzigen Palästen und betrieben aufs schamloseste Simonie, wie mehr oder weniger der gesamte Klerus. Doch die Simonie sei eine öffentliche Häresie und verdiene als solche, auch mit Gewalt von der weltlichen Autorität verfolgt zu werden. Die Mönche hätten mit ihren jüngst erdachten Orden die christliche Gesellschaft noch mehr verdorben, indem sie mit der Verschiedenheit ihrer Sekten eine ehebrecherische Spaltung eingeführt hätten. Ihre Regeln oder Privatreligionen seien nämlich unechte, willkürliche Glaubensformen, die vom Gesetz des Evangeliums abwichen. Denn mit ihren Kutten und Lebensweisen zeigten die Mönche bewußt eine höhere Vollkommenheit. Doch keine Regel besitze Gültigkeit, wenn sie sich nicht auf Christus gründe. Wie Fasten und Büßen im Ermessen des Christen stünden, so sei die Zurschaustellung der Heiligkeit Heuchelei und Sünde; denn sie verwandle sich anschließend in Betrug zum Schaden des Volkes. »Der Grund, weshalb die Mönche soviel häufiger die Armen als die Reichen ausbeuten«, schreibt Wiclif in seinem *De quattuor sectis novellis*, »liegt darin, daß die Reichen den Betrug besser durchschauen; dagegen fehlt den Armen und der Menge die Bildung, um den Schwindel aufzudecken.«

Hinter Wiclifs Polemik stand also die Gegenüberstellung von der Kirche als mystischem Leib und der Kirche als sozialem Organismus, von der Religion, die im Innern wohnt, und der zur Gewohnheit gewordenen. Aber gerade weil er auf den Mythos vom Urchristentum zurückgriff, dachte der englische Theologe nicht daran, das unmittelbare Bevorstehen des Weltendes oder den Anbruch des Reiches des Heiligen Geistes zu bemühen. Er wollte das Klerikalsystem seiner Zeit durch einen zweckgebundenen Vergleich zwischen ihm und dem evangelischen Vorbild, von dem es abgewichen war, zerstören. Bei Wiclif dominierte diese Forderung nach direktem Kampf und unmittelbarer Reaktion, für deren Verwirklichung er sich an die weltliche Gewalt und an die profane Gesellschaft wandte. Die Bedeutung seines Kampfes lag darin, daß er nicht so sehr im Namen einer religiösen Erneuerung als im Namen von klar definierten ethisch-sozialen Forderungen stritt. Daher stellt man in seiner Argumentation eine so starke Dosis »weltlicher Viren« fest, deren ständige Heftigkeit sich von den relativ trockenen dogmatischen Erörterungen abhebt. Bei seinem Angriff auf die Käuflichkeit der kirchlichen Gebete greift Wiclif zu einem Einwand wirtschaftlicher Logik: Dieser Handel sei insofern betrügerisch, als der Priester Gebete als gut und gültig verkaufe, um deren Wert Gott allein wisse. Während dieser Verkauf eine Verhöhnung der Tugend des Armen darstelle, sei er auf der andern Seite auch deshalb unmoralisch, weil dadurch das Geld der karitativen Verwendung entzogen werde und unwürdigen Personen zukomme, die nicht in Not seien. Obgleich es zulässig sei, daß die Gläubigen dem eigenen Pfarrer hülfen, müßten die Mitglieder des Klerus doch eine bürgerliche Tätigkeit ausüben, von der sie leben könnten.

Diese in einem weiten Sinne profane Ader finden wir in Wiclifs eigentlich theologischer Argumentation wieder. Er streifte nämlich in seinen Ausführungen eine Gottesvorstellung, die nicht mehr nur christlich oder nur biblisch war, sondern eigentlich einer fast überkonfessionellen Frömmigkeit entstammte. Dem englischen Denker kam es weniger auf die Verteidigung der entstellten Dogmen oder der falsch verstandenen Offenbarung an, um die Wahrheit des Evangeliums erstrahlen zu lassen. Er hielt seinen Gegnern vielmehr die Vorstellung von einem Gott entgegen, dessen unendliche Würde nicht beleidigt werden dürfe. Die von der Kirche ausgesprochenen Kanonisierungen dürften nicht für Glaubenswahrheiten genommen werden, da dies hieße, sich Gottes Urteil anmaßen. Da man nicht wagen könne, den Menschen der Gottheit gleichzustellen, dürfe das Recht, das sich die Geistlichen zulegten, wenn sie Gottes Verzeihung verteilten, nicht unwidersprochen bleiben. Wie könne ein Priester wissen, wieviel ein Christ von dieser Vergebung benötige? Da Gott demjenigen vergebe, der ihm bereits Genugtuung leiste, der also seine Verpflichtungen Gott gegenüber beobachte, sei es unstatthaft, die göttliche Gunst zu verschachern. Der Gläubige könne nicht durch irgendeine Vollmacht oder Vermittlung gerettet werden. Wie der geistliche Schatz der Ablässe eine phantastische Erfindung darstelle, so verhöhne die Übertragung der Verdienste der Seligen die Gnade Gottes. Die Heiligen könnten ihre Verdienste nicht »hundertfach« verteilen und die Geistlichen sie nicht nach Belieben investieren, weil Gott allein sie als Verdienste angenommen habe und sie dies nur durch seinen Willen und nicht an sich seien. Ebenfalls aus Ehrfurcht vor der Gottheit lehnte Wiclif die Transsubstantiation ab. Es handle sich nämlich um ein unnötiges Wunder. Worauf es ankomme, sei nicht der materielle Empfang von Christi Leib, sondern die geistige Vereinigung mit ihm: die Eucharistie sei vor allem ein Symbol. So bestehe die wahre Frömmigkeit schließlich in der Ausübung der christlichen Tugenden und nicht in den Riten als solchen; noch weniger natürlich im abergläubischen Kult (etwa der Reliquienverehrung) oder den äußeren Praktiken (lebenslängliche Almosen, fromme Stiftungen, besondere Begräbnisse usw.).

Die von Wiclif gewollte Reform bestand also vor allem in der Durchsetzung einer strengeren Religiosität auf der Grundlage ethischer Kriterien von halb profaner, halb evangelischer Art. Seine Lehre war der ideologische Ausdruck für die Forderungen einer Gesellschaft, die sich immer mehr dem päpstlichen und kirchlichen System widersetzte, und nicht eine in die Tiefe gehende Wiederbelebung der christlichen Werte. Die Lollarden griffen Wiclifs Theorien auf und legten den Ton auf einige ihrer kühneren Aspekte. Sie vermochten sich aber in England keine Geltung zu verschaffen, obwohl vor allem zu Beginn mächtige

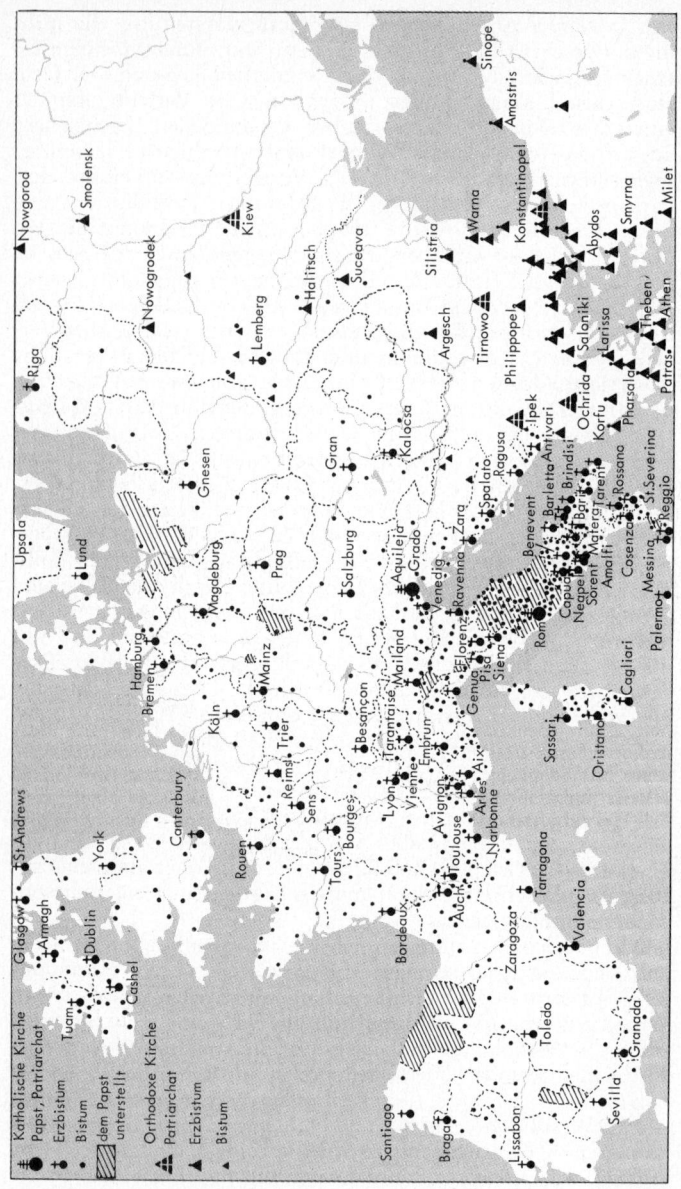

Katholische Kirche
Papst, Patriarchat
Erzbistum
Bistum
dem Papst unterstellt

Orthodoxe Kirche
Patriarchat
Erzbistum
Bistum

Santiago
Braga
Lissabon
Sevilla
Granada
Toledo
Valencia
Zaragoza
Tarragona
Oristano
Sassari
Cagliari
Santiago

Bordeaux
Auch
Toulouse
Narbonne
Bourges
Tours
Rouen
Sens
Reims
Köln
Trier
Mainz
Besançon
Lyon
Tarentaise
Vienne
Embrun
Avignon
Aix
Arles
Mailand
Genua
Pisa
Siena
Lucca
Florenz
Ravenna
Venedig
Aquileja
Grado
Zara
Spalato
Salzburg
Gran
Kalocsa
Ragusa
Antivari
Ipek
Ochrida
Korfu
Pharsala
Patras
Athen
Theben
Larissa
Saloniki
Philippopel
Tirnowo
Argesch
Silistria
Suceava
Halitsch
Lemberg
Kiew
Smolensk
Nowgorod
Nowgrodek
Riga
Lund
Upsala
Gnesen
Magdeburg
Prag
Hamburg
Bremen
Canterbury
York
Glasgow
St.Andrews
Armagh
Tuam
Dublin
Cashel
Rom
Benevent
Capua
Neapel
Sorent
Amalfi
Salerno
Acerenza
Bari
Trani
Barletta
Brindisi
Tarent
Cosenza
St.Severina
Rossano
Reggio
Messina
Palermo
Warna
Konstantinopel
Amastris
Sinope
Abydos
Smyrna
Milet

Mitglieder des Adels sie unterstützten. Wiclifs Thesen entsprachen einer allgemeinen Lage und übten dort, wo die Maßnahmen der Hierarchie ihr Vordringen nicht verhindern konnten, einen äußerst mächtigen Einfluß aus. Dies war in Böhmen der Fall, wo solche religiösen Forderungen einen besonders günstigen Boden fanden. Dort hatte Milic von Kromeriz (gest. 1394) eine Predigerschule gegründet, deren Mitglieder die Rückkehr zum Urchristentum propagierten, und Matthäus von Janov (gest. 1394) sorgte für die Übersetzung der Bibel in die Volkssprache, wie es Wiclif zur selben Zeit mit Hilfe von John Purvey und anderer Lollarden tat. Aber in Böhmen, wohin sie 1401 durch Hieronymus von Prag gekommen waren, spitzten Wiclifs Werke vor allem den Konflikt zwischen dem deutschen und tschechischen Volksteil zu. Jan Hus, der ziemlich direkt verschiedene Theorien des englischen Theologen übernahm, scharte nicht nur die tschechischen Professoren der Universität Prag um sich, sondern ebenfalls einen beachtlichen Teil des böhmischen Volkes. Sein Tod auf dem Scheiterhaufen zu Konstanz (1415) verhinderte die Errichtung einer regelrechten Nationalkirche nicht. Trotz der äußeren Konflikte mit Papst und Kaiser, trotz der inneren Streitigkeiten zwischen den verschiedenen Richtungen (von denen die Taboriten besonders radikal waren) und der grausamen Kämpfe, die sie begleiteten, hielt sich der Hussismus in voller Kraft, wenn auch mit einigen Kompromissen, mehr als ein Jahrhundert lang. Selbst Eugen IV. mußte mit ihm einen Vertrag schließen (Kompaktaten von Jihlava, 1436), und 1458 bestieg der Hussit Georg Podiebrad (gest. 1471) den böhmischen Königsthron.

Die Religion war, wie wir eingangs sagten, das kulturelle und ideologische System einer ganzen Gesellschaft. Sie konnte daher ohne tiefgreifende Erschütterungen und ohne die Hilfe und den Beitrag neuer, starker Kräfte nicht grundlegend verwandelt werden. Zwischen dem 14. und 15. Jahrhundert standen die europäischen Nationen mitten im Konsolidierungsprozeß und waren daher zu stark von den für ihre eigene Existenz äußerst wichtigen Problemen in Anspruch genommen, als daß sie die nötige Energie hätten finden können, eine Reform voranzutreiben, deren Notwendigkeit bereits empfunden wurde. Deshalb blieb das System der klerikalen Anschauungen, das wir eher als päpstlich denn als christlich bezeichnen könnten, weiter bestehen und hielt sich fast unverändert noch über ein Jahrhundert.

Abb. 13: Die Kirche im Spätmittelalter.

4. Auf dem Weg zu einer neuen Kultur

Infolge ihres systematischen und in sich geschlossenen Charakters stand die von der Kirche getragene Kultur des 13. und 14. Jahrhunderts ganz gewiß der organischen und bewußten Ausbildung einer Profankultur hemmend im Wege. Denn zu jener Zeit hatte sich, vor allem in bestimmten Gegenden und Städten des Abendlandes, die Gesellschaft bereits in selbständiger Weise eine politische und wirtschaftliche Ordnung gegeben, die sich von den theokratischen und feudalen Idealen des Papsttums und des Heiligen Römischen Reiches wesentlich abhob. Indes gab es in Europa um 1350 von gewissen, im übrigen schlecht bekannten Äußerungen volkstümlichen Charakters und einigen beachtlichen, aber auf eine geistige Oberschicht beschränkten literarischen Schöpfungen abgesehen, noch keine Kunst, keine Philosophie, keine Moral und auch keine Wissenschaft, die vom kirchlichen Kultursystem unabhängig oder genügend getrennt gewesen wäre. Die politische Theorie, d. h. die begriffliche Ausarbeitung der Souveränitätsrechte einer weltlichen Gemeinschaft hatte als erste den Rahmen abgegeben, innerhalb dessen die Profangesellschaft sich ihrer selbst bewußt wurde. Aber gerade weil jede neue reflektierte Äußerung sich neben die von der Kirche geschützte stellen mußte, war die Profankultur im allgemeinen eindeutig hinter den übrigen Formen des kollektiven Lebens zurückgeblieben.

Die Gegenüberstellung von geistlicher und weltlicher Kultur ist deshalb vereinfachend und auch grob, weil sich vor allem zu Beginn beide in einen gemeinsamen Bestand von Dogmen und religiösen Anschauungen teilten. Während der ganzen hier betrachteten Periode drückte sich fast jedes große menschliche Problem, jede Forderung des Kollektivempfindens mittels der vielschichtigen und beinahe erschöpfenden christlichen (oder der christlich umgeformten heidnisch-antiken) Thematik aus. Den profanen Inhalt von der christlichen Form zu trennen, ist äußerst riskant und auch willkürlich, weil man lange Zeit vom einen wie von der andern nicht als von zwei im Wesen verschiedenen Dingen sprechen kann. In der Tat beherrschte, inspirierte und kontrollierte die Religion unbestreitbar die Mehrzahl der kulturellen Formen nicht nur um 1350, sondern auch etliche Zeit nach diesem Datum. Es genügt, den sehr wichtigen und teilweise tatsächlich ausschlaggebenden Fall der Universitäten zu nennen. Sie bildeten eines der Bollwerke der Rechtgläubigkeit und darüber hinaus des überlieferten Wissens. Jedoch kam ungefähr von der Mitte des 14. Jahrhunderts an (und sicher vor 1450) in fast ganz Europa eine von der scholastischen und klerikalen verschiedene Kultur auf und ein Empfinden, das sich nicht mehr als christlich bezeichnen läßt. Beide gewannen Bedeutung und erreichten oft schon beachtliche Ausmaße. Wenn wir diese Kultur und dieses Empfinden als profan definieren, so soll das in erster Linie nichtkirchlich heißen. Dabei ist nicht unbedingt an die Menschen zu denken, sondern an die Inspiration und die Absichten dieser Kultur. Profan möchte, wenn man will, eine hauptsächlich negative Kulturkategorie umschreiben, eine allgemeine Charakterisierung alles dessen sein, was sich vielleicht nur teilweise dem christlichen System entzog. Natürlich will hier niemand behaupten, es habe vor 1350 nichts Profanes gegeben; denn das Studium des Römischen Rechts oder die Dichtung der Minnesänger straften eine solche Behauptung Lügen, von andern Punkten ganz zu schweigen. Wir möchten auch nicht unterstellen, das Jahr 1350 habe für alle europäischen Länder dieselbe Bedeutung besessen. Es genügt uns, versichern zu können, daß man zwischen dem 14. und 15. Jahrhundert im Abendland auf sichere Anzeichen und die damit verbundenen Vorahnungen einer neuen Kultur trifft. Wir sind berechtigt, sie profan zu nennen, weil sie sich von der schon vorhandenen, zweifellos christlichen und kirchlichen Kultur eher loslöste als zu ihr in Gegensatz trat.

Vor allem eine Erscheinung zeichnete diese Epoche aus und ist vor allem andern zu erwähnen, weil sie den religiösen Anschauungen am nächsten stand. Sie zeigt, wie sogar innerhalb dieser Anschauungen Richtungswechsel und tiefe Verschiebungen in einem großenteils unbewußten Prozeß vor sich gingen. Wir haben kurz davon gesprochen, wie das christliche Empfinden sich vornehmlich nach 1350 auf den Todeskampf und den Übergang des Gläubigen vom Diesseits zum Jenseits konzentrierte. Nun finden wir in allen Ländern Westeuropas fast gleichzeitig und ohne weiteres damit in Zusammenhang stehend ein der Tradition und dem christlichen Erbe unbekanntes Todesbewußtsein. Dadurch, daß er Leib und Seele trennt, d. h. den Verlust des vergänglichen und elenden Teils der menschlichen Existenz bewirkt, ist der Tod gerade für die Religion ein zufälliges Ereignis und zugleich das glückverheißende Tor zum wirklichen Leben. Daher fand der Tod in der christlichen Mythologie keinen Platz und wurde bis zur hier betrachteten Epoche tatsächlich nicht mit Grauen und Schrecken umgeben. Man stellte ihn höchstens als eine auf die Erbsünde folgende Strafe hin und erst an zweiter

Stelle als Hinweis auf die irdische Bestimmung des Menschen (*memento mori*). Wir haben gesehen, wie im 14. Jahrhundert das Empfinden der Gläubigen dazu neigte, die Abrechnung mit Gott auf das Lebensende des einzelnen zu verschieben und gleichzeitig die Hoffnung auf Rettung auf diesen letzten Lebensabschnitt zu konzentrieren. Die *ars moriendi* war indes nicht die einzige Form, in der die Menschen dieser Zeit reagierten. Gleichsam aus einer persönlichen Betrachtung über ihre Bestimmung heraus erfaßte sie ein Gefühl des Entsetzens und der Furcht, ein Anflug von Abscheu. Und so entstand der Sinn für das Makabre.

Das Makabre ist kein christlicher Wert. Es bestand, vor allem am Anfang, aus einem Ekelgefühl, das man vor dem jämmerlichen Los des menschlichen Körpers empfand. Diese Art zu fühlen trifft man auch schon deutlich im 13. Jahrhundert, und sie äußerte sich hauptsächlich im Thema der »Drei Toten und der Drei Lebenden«. In dieser ersten Phase entdeckte man sozusagen die körperliche Zersetzung, d. h. man enthüllte sie und hob sie in literarischen und ikonographischen Darstellungen hervor. Dabei ist von großer Bedeutung, daß man einem Umstand Gewicht beilegte, der dem christlichen Empfinden fremd geblieben war oder es höchstens gestreift hatte: dem Makabren. Diese Entdeckung erlangte jedoch im 13. Jahrhundert keine eigentliche Selbständigkeit und gliederte sich in die herrschende religiöse Sicht ein. Sehr leicht auf eine pädagogische Formel gebracht, wurde das Makabre ausgenutzt, um dem Gläubigen zu sagen: Schau, was dich erwartet; schau, wie nichtig der Körper und jeglicher irdische Wert ist, der sich daran knüpft.

Das Neue im 14. Jahrhundert bestand nun darin, daß man sich nicht mit der Abscheu vor dem Leichnam begnügte. Um 1350 kam man zu einer neuen und völlig selbständigen Darstellung, nämlich der des Todes. Er war der christlichen Thematik der vorherigen Epoche nicht ganz unbekannt. Doch seine an sich sehr seltene Gegenwart war nicht die einer furchtbaren Wirklichkeit. Man stellte ihn sich öfter als Sendboten Gottes, als eine Art Engel vor. Etwas ganz anderes schuf das Empfinden des 14. Jahrhunderts. Der Tod erschien von nun an entweder in Gestalt eines durch die Lüfte fliegenden Gottes, der unerbittlich die Menschenleben vernichtete, oder als bewaffnetes Leichenwesen oder als stürmischer Reiter, der alles um sich herum niedermachte. Er stellte eine Macht dar, die wie aus eigener Initiative handelte und der man nicht widerstehen konnte. Es ist noch nicht ausgemacht, wieweit das entsetzliche Schauspiel und die verheerende Wirklichkeit der Epidemien dazu beigetragen haben, ein Kollektivgefühl der Unterlegenheit einer vernichtenden Macht gegenüber zu steigern und diese Macht entsprechend darzustellen. Bei der ikonographischen Analyse findet man eigentlich ohne allzu große Mühe Vorbilder. Vom Engel abgesehen, gab es den vierten Reiter der Apokalypse oder die Pfeile, die die Geißel Gottes symbolisierten. Während jedoch in den ersten Jahrzehnten des 14. Jahrhunderts die Darstellung des Todes noch sehr unterschiedlich und unsicher, allgemein symbolisch und oft phantastisch war, gewann gegen Ende des Jahrhunderts eine Lösung an Konturen und setzte sich allmählich durch: Wie er auch handeln mochte, der Tod war ein Wesen in Menschen- und Leichengestalt zugleich, ein widerliches und unaustilgbares Gegenbild des lebendigen Körpers, bildlicher Ausdruck eines nunmehr feststehenden Empfindens.

Das neue Todesbewußtsein war reicher, komplexer und reifer als das bloße Makabre. Mit ihm gelangte man vom Ausdruck eines körperlichen Abscheus und eines seelischen Widerwillens zum Ausdruck einer Universalmacht, die sich unterschiedslos alle Menschen unterwirft. Der Tod war ein neues Wesen in der Welt des traditionellen Empfindens. Er war eine unpersönliche Kraft, weder wohl- noch übelwollend, ohne etwas Dämonisches oder Göttliches an sich zu haben. Natürlich versuchte man, ihm moralisierende Züge zu verleihen und Unglückliche darzustellen, die ihn umsonst anriefen, während er sich auf die Glücklichen und Fröhlichen stürzte, d. h., man wollte aus ihm weiterhin eine Strafe machen. Doch setzte sich diese Bedeutung nicht durch. Der Tod blieb unparteiisch und übte keinerlei ethische Funktion aus. Er symbolisierte ein Gesetz, das jedem Menschen gegenüber unausweichlich und ohne moralische Begründung Anwendung fand. Er war die der Allgemeinheit zum Bewußtsein gekommene unerbittliche menschliche Endlichkeit.

Gerade weil dieses Bewußtsein ausschließlich das eigene irdische Dasein betraf, war es nicht christlicher Natur und blieb dem System der üblichen Anschauungen fremd. Vielmehr ist es ein Zeichen dafür, daß diese Generationen über sich selbst in Begriffen nachdachten, die nicht mehr der geläufigen religiösen Perspektive angehörten. Im geheimsten Winkel der eigenen Überzeugungen, wo das Dogma unwidersprochen hätte herrschen sollen, dachte der Mensch nunmehr an sich selbst als Mensch und nicht nur als Christ. Dies bildete zweifelsohne eine entscheidende Erfahrung, die das menschliche Wesen zutiefst berührte und im Herzen des Menschen ein Echo fand. Damit überließ man sich ungewohnten Gefühlen und unerhörten Darstellungen. Ein Gemälde der Schule von Siena aus der Mitte des 14. Jahrhunderts stellt die drei großen Augenblicke der Erschaffung des Menschen, der Erlösung und des Gerichtes dar; dabei erscheint der Tod, wie er Christi Leben mit der Sense hinmäht. Wenige Jahre danach verherrlichte Francesco Petrarca literarisch das Thema vom Triumph des Todes und gab ihm seine Weihe. Seine Verse leiteten eine ganze Reihe von Darstellungen ein, die im 15. und 16. Jahrhundert ihre Blüte erlebten. Doch wie die von Petrarca abgeleitete Version des Triumphes bei weitem nicht die einzige Form dieses ikonographischen Themas bildete, kamen auch noch andere, wesentliche Motive bei der geistig grundlegenden Verkündigung der unerbittlichen Macht des Todes hinzu. Das neue Todesbewußtsein konnte nicht in die christliche Sehweise eingefügt werden, weil es nicht abstrakt blieb und sich nicht auf die klagende Feststellung von der allgemeinen Sterblichkeit beschränkte. Es lebte von jetzt an in der Geistigkeit der Zeit und lieferte mit die bezeichnendste Note für ihren Individualismus.

Der Tod, zugleich die Bestimmung aller und das Los eines jeden, bildete also die Kehrseite, die untrennbar zur Person jedes einzelnen gehörte, das innere Bewußtsein von der eigenen menschlichen Dauer, die auf immer entschwand. So erklärt sich die Klage, das Leben verlassen zu müssen, die wir bei den Dichtern finden (man denke nur an Eustache Deschamps — gest. 1406). Dieser Gemütszustand war so vielfältig und vielwertig, daß seine verschiedenen Aspekte vielleicht am besten das Todesbewußtsein am Ausgang des 14. und am Beginn des 15. Jahrhunderts beleuchten. Eine seiner wiederkehrenden Äußerungen drückte den christlichen Gedanken aus, wonach man an das bevorstehende Ende des Leibes denken müsse, um das künftige Leben vorzubereiten. Wenn man diesen Satz jedoch aus der Nähe betrachtet, findet man ihn fast auf das Thema des *congregate thesauros* reduziert. Es ging da um die der Tradition am nächsten stehende Überlegung, die sich weniger in den Kreis der andern Gefühle einfügte. Sie war wie ein Fixpunkt und ein Pol, unfähig, neue Gedanken an sich zu ziehen. Diese kreisten bald um andere Pole, nämlich um die Liebe zur irdischen Existenz, zur eigenen, wenn auch hinfälligen Individualität. Zu diesen Gedanken zählte vor allem die Schwermut angesichts der eigenen körperlichen Bestimmung, der tiefe, beinahe überraschende Sinn für den natürlichen Charakter, den organischen Rhythmus des menschlichen Lebens. Dann die Klage über die Unmöglichkeit, sinnliche Genüsse zu erneuern oder zu verlängern. Deschamps beklagte öfter den Verlust der sexuellen Freuden und erklärte, jedes Unglück auf sich nehmen zu wollen, um seine einstmalige Kraft wiederzufinden. Die Wonnen, die daraus flössen, entschädigten ihn in reichlichem Maße. Villon (gest. um 1465) trauerte seinen Ausschweifungen von einst nach, und es schien ihm, als habe ihn die Jugend unerwartet verlassen, in unbeschreiblich hinterhältiger Weise. Schließlich kam eine tragische und pathetische Note hinzu: ein grenzenloses Mitleid mit dem menschlichen Los.

Wohl nie hat sich die Liebe zum leiblichen Leben so direkt aus dem Gefühl für seine zwangsläufige Zersetzung heraus entfaltet, nie ist die Hinfälligkeit der Materie so vital vermenschlicht worden wie bei den ersten Generationen des 15. Jahrhunderts (und besonders in Frankreich). Während sich so im Profanempfinden die Umkehrung der traditionellen Todesbedeutung vollzog, entstand im deutsch-französischen Raum das originellste unter den makabren Themen. Der tiefe Geschmackswandel, der sich in Europa nach 1500 Bahn brach, traf besonders dieses Motiv, jedenfalls im Bereich der Ikonographie. Vom Beginn des 15. Jahrhunderts an stellte nämlich der Totentanz beinahe eine eigene Dimension des Kollektivempfindens dar. Er wurde gewiß auf der Bühne gezeigt, regte darüber hinaus literarische Darstellungen an und existierte in Freskenform in Kirchen, Kreuzgängen und auf Friedhöfen. Für uns heute ist er hauptsächlich dank des Buchdrucks, der französischen Stiche vom Ende des 15. und der deutschen aus den ersten Jahrzehnten des 16. Jahrhunderts faßbar (die von Holbein gezeichnete Serie gehört zu den bekanntesten von allen).

Der Totentanz war eine der ersten kollektiven Äußerungen der neuen Profankultur. Die gesamte Gesellschaft feierte hier die herbe Begegnung mit der körperlichen Endlichkeit. Hierarchisch abgestuft, treffen sich die Mitglieder jeglichen Standes (vom Papst und Kaiser bis zum Pfarrer und Bauern) mit einem Toten. Jedes Paar stellt einen Leichnam im Streit mit einem Lebenden dar, dessen Ebenbild man im täglichen Leben begegnen konnte. Die Toten überraschen die Lebenden nicht von hinten, ja, sie töten sie auch nicht physisch. Sie wissen sehr wohl, daß sie nicht bloß die fleischliche Hülle der Seele zugrunde richten, sondern eine ganze menschliche Wirklichkeit aus Macht und Duldsamkeit, Schmerz und Genuß. Der Tod zwingt allein durch seine Gegenwart jeden unter seinen Willen, mit einer einzigen Geste nimmt er ihm die Lust zu widerstehen. Die Einzigartigkeit und Einheitlichkeit der Macht all dieser Toten kommt nicht unmittelbar von Gott, sondern eher von der menschlichen Situation. Dadurch, daß sie so zahlreich erscheinen, um die Lebenden mitzunehmen, machen die Toten im Grunde ihren Zustand als den Endzustand geltend, der für die menschliche Wirklichkeit tatsächlich aktuell ist.

Im Totentanz verwirklichte sich ein neuer Sinn für Dauer. In ihm drückte sich nicht allein das Todesbewußtsein einer Gesamtheit aus, die Begegnung, bei der die Tragödie des einzelnen genauso dramatisch war wie die seiner Ebenbilder zusammen. Vielmehr brachte der Totentanz auch das Staunen der Lebenden zum Ausdruck, das Eingeständnis der Hinfälligkeit von Körper und Gütern. Und auf dem Grund dieses Staunens reifte von

Abb. 14: Die Vorstellung vom Paradies als Lustgarten ist um diese Zeit allgemein verbreitet. Es lassen sich sowohl orientalischer Einfluß wie auch Anzeichen eines gewissen Hedonismus feststellen, der sich auch in der Literatur und in der Welt der Gebildeten kundtut. (Giovanni di Paolo: »Jüngstes Gericht«; linker Teil der Darstellung)

Anfang bis Ende unerbittlich die Ironie heran. Die Schwerfälligkeit und Widerspenstigkeit der Lebenden gewinnt einen Ausdruck störrischer und unerwarteter Tölpelhaftigkeit, verglichen mit den Skeletten, die sich schaukeln, sich verrenken und die Lebenden hohnlachend in ihrem Reigen nach sich ziehen. Überall verspürt man eine Ironie, die keinen verschont und die das Bewußtsein der Grenze der physischen Existenz dank ihres dramatischen, aber objektiven und psychologischen Abstandnehmens zum Ausdruck bringt. Die Perspektive vom doppelten Los des eigenen Daseins (dem Gericht über die Seele und der Zersetzung der Materie) trat noch in Äußerungen von Buße und betrübtem Staunen zutage. Zwischen diesen beiden sich ergänzenden und auch widersprüchlichen Aspekten gab es jedoch einen neuen Kern, eine Art von schmerzlichem Gefühl für die eigene menschliche Wirklichkeit. Denn der Wehmut über das Aufgeben aller irdischen Freuden traten Ironie und Sarkasmus gegenüber, die die christliche Weisheit und auch der asketische Rigorismus bis dahin nicht gekannt hatten. Man wollte nicht mehr nur die Gleichheit jeglicher Situation vor dem Tode bekräftigen, sondern behaupten, er könne ein Gegengewicht zu den Leidenschaften und der Begeisterung, zu den Irrtümern und der Wahrheit der Menschen bilden. Ohne Hölle und Paradies genügten die unüberwindliche Bitterkeit angesichts der physischen Vernichtung und die umwälzende Wirklichkeit des irdischen Endes allein, dem Leben einen tragischen und zugleich völlig menschlichen Sinn zu geben.

II. DER MYTHOS VOM RUHM

Zwischen dem 14. und 15. Jahrhundert läßt sich im Kollektivempfinden auch in eschatologischer Hinsicht eine Wandlung feststellen, da sich immer mehr eine Vorstellung vom Fortleben nach dem Tode ausbreitete, die sich von der mittelalterlichen Tradition unterschied, nämlich der Mythos vom Ruhm. Fand das Todesbewußtsein zur damaligen Zeit seinen stärksten und tiefsten Ausdruck im französisch-deutschen Raum zu beiden Seiten des Rheins, so verschaffte sich der Mythos vom Ruhm (für den auch in Nordeuropa sehr viele Kreise sich äußerst empfänglich zeigten) als Wert vornehmlich in Italien Geltung. Die beiden Bewußtseinsformen gehörten auf der andern Seite nicht der gleichen Dimension an; denn die eine umfaßte die Kollektivpsychologie, der Mythos vom Ruhm dagegen war eng an die weltliche (manchmal auch an die geistliche) Führungsschicht gebunden, angefangen bei den Landesherren und Kriegern bis zu den Juristen und Literaten.

Es scheint uns jedoch nötig, einleitend auf eine Haltung wie die von Lorenzo Valla am Ende seines Dialogs *De voluptate* hinzuweisen. In diesem äußerst bemerkenswerten, um 1430 verfaßten und später überarbeiteten Werk versuchte der Autor einen sehr bezeichnenden Ausgleich zwischen Stoizismus und Epikureismus herbeizuführen. Als Abschluß seines schwierigen und gewagten philosophischen Unternehmens gab Valla einen knappen Ausblick auf die überirdischen Freuden, die den Gerechten erwarten: »Die edlen Seelen«, schreibt er, »fürchten keine Gesetze und sind nicht entsetzt über die Aussicht auf angedrohte Peinigungen, sondern sie werden von den Belohnungen angezogen.« Nun schloß sich aber der berühmte Humanist in seiner Beschreibung der Paradiesfreuden, angefangen bei der Ankunft der Seligen im Himmel, eng an das Bild an, das ein regelrechter antiker Triumphzug bot. Diese modernisierte Version des Jenseits entsprach in der Tat dem geschickten Kompromiß, den Valla seinen Zeitgenossen vorschlug und zu dem ihn zeitgenössisches Empfinden im Grunde angeregt hatte. Die Weigerung, sich vor der Hölle zu fürchten, stellte ein geniales Zugeständnis an die stoische Strenge und gleichzeitig an eine höhere christliche Auffassung dar. Aber dadurch, daß Valla an der Rolle, die die Belohnung für die Tugend spielt, festhielt, gewann das religiöse Fortleben klar hedonistische Züge. Als dann der Verfasser einen Vorgeschmack der Seligkeit geben wollte, wählte er den Punkt aus, der ihm am meisten zulässig und den Leser am ehesten zu verführen schien: den Triumphzug der Seele, die gekämpft und gesiegt hatte, im Paradies, das Auskosten des Beifalls der Seligen, der Engel und selbst Gottes. »Sogar der Gott-Mensch wird dich bei deinem Eintreffen, du Mensch-Gott, nicht länger mehr erwarten können«, schließt Valla. »Er wird sich mit großer Kraft und Herrlichkeit von seinem Thron erheben, den Königspalast verlassen und bis zum Osttor mit Tausenden und Abertausenden von Purpurträgern entgegenziehen. Es wird dir auch nicht mehr erlaubt sein, dich bei seinem Anblick niederzuwerfen.« Und von da an werden sich für jeden Seligen die Ehren, der Ruhm und die Wonne einstellen und steigern, falls man in zeitlichen Begriffen sprechen darf.

Der Ruhmesgedanke, der so in der ersten Hälfte des 15. Jahrhunderts mit dem Paradies in Verbindung gebracht wurde, hatte die abendländische Profangesellschaft seit über 100 Jahren verführerisch gelockt. Dies darf uns nicht überraschen. Denn wie das religiöse Empfinden zur selben Zeit intensiv versucht hatte, den Himmel der Erde nahezubringen, so war das mehr weltliche Empfinden bestrebt, die irdischen Handlungen über die ihnen angedrohte Hinfälligkeit hinauszuheben. Da der Ruhm die Menschen auf ein Jenseits verwies, da auch er sie nach dem

Tode leben lassen wollte, trat er nicht in offenen Konflikt mit den christlichen Anschauungen. War das Paradies nicht selbst der himmlische Ruhm? So äußerte sich im Lauf des 14. Jahrhunderts diese Art von Weiterleben in klar umrissenen Erscheinungen, die absolut nicht ohne Vorbilder dastanden, aber doch nicht weniger kennzeichnend waren. Monumentale Grabstätten wurden in großer Zahl außerhalb der Kirchen errichtet — als sollte auf diese Weise ihre Selbständigkeit betont werden. Die Lebenden legten Wert darauf, sich weiterhin bei der Ausübung ihrer angesehensten Tätigkeiten zu zeigen. So wurden die Juraprofessoren auf ihren Gräbern auf ihrem Lehrstuhl dargestellt, wie sie ihre Schüler unterrichten. Größer und spektakulärer war die Kühnheit der Fürsten. Um die Mitte des 14. Jahrhunderts erschienen in Italien Fürstengrabmäler, auf denen der Verstorbene nicht mehr liegend, sondern als Statue dargestellt war und sich über die Hinterbliebenen emporhob, als habe er einen höheren idealen Standort erreicht, den er behalten wollte und wo er noch lebte. Die Scaliger von Verona zögerten nicht, sich geradezu auf Reiterstatuen über ihren Gräbern abbilden zu lassen. Cangrande (gest. 1324), zu Pferd und völlig bewaffnet, schwingt mit der Rechten sein Schwert über einem Seitenportal der Kirche Santa Maria Antica in Verona. Das Grab von Cansignorio (gest. 1375), Schöpfung von Bonino da Campione, ist dagegen von der Kirche losgelöst. Der Fürst, hoch zu Roß, lanzenschwingend, schwebt auf seinem pyramidalen Sockel beinahe in der Luft, und dieser Eindruck wird noch durch die aufsteigende Bewegung der dicht gebündelten Spitzbögen seines Denkmals verstärkt. Ganz ähnlich das Grab von Bernabò Visconti, das er sich noch vor seinem Tode (1385) errichten ließ. Ladislaus von Anjou (gest. 1402) seinerseits zögerte nicht, wieder in eine Kirche zurückzukehren, aber zu Pferd und über einem Altar. Über seiner Statue liest man: Divus Ladislaus.

Indessen wollten Herrscher, Prälaten, Adlige und Kaufleute schon bald nicht mehr ihr Lebensende abwarten, um ihre irdische Erscheinung zu verewigen. Desgleichen erkannte auch Leon Battista Alberti um 1435 in seinem *De pictura* ohne weiteres an, daß eine der neuen Funktionen des Gemäldes in der Verlängerung der individuellen Existenz bestehe, da es alle körperlichen Züge für die Nachwelt festhalte und sie den Zeitgenossen besser zum Bewußtsein bringe. Natürlich war das Porträt vor dem 14. Jahrhundert schon bekannt, blieb jedoch äußerst selten. Dagegen wurde es vor der Mitte des folgenden Jahrhunderts zu einer regelrechten ikonographischen Gattung. Nach dem Bildhauer Arnolfo di Cambio (gest. 1301), der sozusagen noch am Beginn dieser Tendenz stand, finden wir den Maler Simone Martini aus Siena. Sein Porträt König Roberts von Neapel stammt aus dem

Jahre 1317, das des Ladislaus von Ungarn ungefähr aus dem Jahre 1325, das des Condottiere Guidoriccio da Fogliano aus dem Jahre 1328. Diese neue Leidenschaft blieb nicht auf Italien beschränkt. Abgesehen von den Porträts der französischen Herrscher Karl V. (gest. 1380) und Karl VI. (gest. 1422), der Isabella von Bayern sowie von Jean de Bourbon, genügt es, auf die wunderbare Reihe flämischer Porträts aus der ersten Hälfte des 15. Jahrhunderts hinzuweisen oder auf die von Jean Fouquet zwischen 1440 und 1450 gemalten: Eugen IV., Etienne Chevalier, Juvénal des Ursins, Karl VII. u. a. m.

Die Darstellung des menschlichen Bildnisses, die zwischen dem 14. und 15. Jahrhundert einen immer stärkeren Reiz ausübte, fand auch ihren — dem Schein nach rechtmäßigen — Weg, sich in der eigentlichen religiösen Ikonographie durchzusetzen. Denn in Begleitung von Heiligen, Madonnen und, ohne die geringste Hemmung, auch zusammen mit dem Gekreuzigten nahm die Stifterfigur einen ebenbürtigen und manchmal bedeutenderen Platz als die himmlischen und göttlichen Personen ein. Diese Gepflogenheit faßte hauptsächlich nördlich der Alpen Fuß, und Rogier Van der Weyden ist eines der berühmtesten Beispiele dafür. Die Behauptung ist nicht zu gewagt, der reiche Christ habe sich bei der Bestellung eines dieser Gemälde mehr vom persönlichen Ehrgeiz als von der Frömmigkeit leiten lassen. Und es störte ihn gar nicht, wenn die andern Gläubigen ihn neben Gott und den Heiligen verehrten.

Jedenfalls bildet das eigentliche Porträt, auf dem der Dargestellte ohne die Zerknirschung des Stifters erscheint, den reinsten Ausdruck dieser Tendenz. Eine wirkliche Person (Fürst, Prälat, Bürger oder Kaufmann) beherrscht, im allgemeinen als Brustbild, das Gemälde. Es handelt sich um Darstellungen von hervorragender Qualität, die das Genie der einzelnen Künstler schuf, ohne sie zu erklären. Auf diesen Darstellungen begann man mehr als nur Macht, Würde oder Reichtum zu verherrlichen. Auf ihnen äußert sich vielmehr ein Durst nach unvergänglicher menschlicher Gegenwart, verkörpert sich ein intensives, fast begieriges Studium der objektiven körperlichen Erscheinung. Insbesondere die Porträts der flämischen Maler stellen den höchsten künstlerischen Ausdruck dieser Periode dar. Abgesehen von der ausgesuchten künstlerischen Technik, spricht aus all diesen Porträts eine Art allgemeiner Freude, von nun an gegenwärtig zu sein und unabhängig von jeglichem Altern in eine Art irdischer Ewigkeit einzugehen. Jene geradeaus gerichteten unergründlichen Blicke eröffnen so etwas wie eine Perspektive neuer, männlicher, direkter kultischer Weihe. In Italien umgab sich diese Unsterblichkeit der Gesichtszüge, falls sie sich der Skulptur anvertraute, sofort mit einem klassischen, speziell römischen Nimbus. Man denke an Donatellos Niccolò da Uzzano oder noch mehr an seinen meisterhaften Gattamelata (1447), die erste Bronzestatue im Abendland seit der Epoche Justinians.

Während die Künstler auf sozusagen direkte Weise den Wunsch nach menschlicher Unsterblichkeit zum Ausdruck brachten, wurden die Literaten seiner inne und begannen, ihn in reflektierter Form kundzutun. Auch hier ließen sich mühelos Beispiele aus der Literatur nennen, die da und dort die eindeutige Gegenwart des Mythos vom Ruhm im Abendland vor dem 13. Jahrhundert bezeugten. Trotzdem scheint es uns durchaus nicht schwer zu präzisieren, daß um 1350 dieser Mythos eine neue Bedeutung gewann. Neu nicht nur, wenn man sein gelegentliches Vorkommen im kulturellen Erbe des Mittelalters bedenkt, sondern auch im Vergleich zu jener Antike, die man wiedererwecken wollte. Um die Mitte des 14. Jahrhunderts kam nämlich die Tendenz auf, die Literatur in erster Linie als Instrument gesellschaftlicher Verherrlichung zu betrachten und die Forderung zu erheben, die Gebildeten möchten doch gerade dieser Rolle der Literatur entsprechen. Die Literatur wurde nicht ausschließlich um ihrer selbst willen geliebt und gepflegt, sondern ebensosehr wegen ihrer kulturellen Bedeutung für die Gesamtheit. In der römischen Welt, an die sich diese Strömung anschließen zu können glaubte, hatte sich ein Schriftsteller seiner Gesellschaft allerdings nicht zuerst mit diesem Anliegen vorgestellt. Aber auch in der zeitgenössischen Welt des französisch-burgundischen Rittertums, wo der Ruhm ein stets genannter Wert war, den zu erstreben und zu erlangen sich lohnte und der den einzelnen kriegerischen Unternehmungen ihre Berechtigung verlieh, dachte der Erzähler dieser Kriegstaten, der *chroniqueur*, keineswegs daran, seine eigene Unentbehrlichkeit zu preisen.

Natürlich richteten sich die Schriftsteller zwischen dem 14. und 15. Jahrhundert bei weitem nicht nur nach dieser Tendenz; vielmehr entwickelte sich der größte Teil der literarischen Produktion nach den eigenen überlieferten Schemata oder den Bedürfnissen des künstlerischen Schaffens weiter. Daher überrascht es nicht weniger und ist für diese Epoche sehr bezeichnend, wenn eine beträchtliche Zahl von Gebildeten, vor allem Italiener, diese Mission übernommen und sich dafür nach und nach begeistert haben. Gleichzeitig wurden sie damit ganz bewußt zu Priestern der Musen und einer Elite, die eine unabhängige Kultur anstrebte. Einige der größten Geister haben geradezu zwei literarische Funktionen ausgeübt, eine schöpferische und mehr individuelle und eine rhetorisch-gesellschaftliche. Man sieht sich fast verpflichtet, das Beispiel Francesco Petrarcas zu nennen, und dies um so mehr, als er praktisch am Beginn dieser Erscheinung stand. Der Verfasser des unsterblichen *Canzoniere* und anderer, sehr wertvoller italienischer Werke setzte seine größten Hoffnungen auf ein lateinisches Gedicht, *Africa*, in dem er Scipios Taten rühmte. Im übrigen schrieb er um 1350 seinem Zeitgenossen Pandolfo Malatesta, dem Fürsten von Rimini, diese ganz programmatischen Worte:

Indes heißt mich mein Herz, was eurem Namen zum Ruhme gereicht, niederzuschreiben, weil kein Bildhauer aus Marmor ein lebendigeres Porträt hauen könnte. Glaubt ihr etwa, Caesar oder Marcellus, Paulus oder Africanus wären jemals so berühmte Männer dank Amboß und Hammer geworden? Mein Freund Pandolfo, diese Werke sind auf die Dauer vergänglich, doch unser Bemühen macht die Menschen durch Ruhm unsterblich.

Das neue Verlangen der obersten weltlichen Gesellschaftsschicht nach irdischem Weiterleben fand somit seine unmittelbare Entsprechung in dieser Tendenz der Kultur. Die Schriftsteller verkündeten im übrigen ohne Zögern, ihre Kunst sei geeigneter als jede andere zur Verherrlichung der menschlichen Taten und zur Erlangung von Ruhm. Ja, sie gingen sehr bald noch weiter. Sie versprachen dem, der ihre Werke annahm, Ruhm und schufen auch denen Unsterblichkeit, die man besser vergessen hätte. Doch das Bedürfnis nach einer eigengesetzlichen, idealen Verklärung, rhetorischer Salbung und einem immer strahlenderen Nimbus war bei der weltlichen Oberschicht, besonders den Fürsten, zu groß. Andererseits sollte sich die so verstandene Rolle des Literaten als sehr fruchtbar erweisen und sich nicht bloß zur Verherrlichung der Taten oder der Macht des einzelnen eignen. Der Ruhm war auf jeden Fall ein regelrechter ethisch-sozialer Wert von dem Augenblick an, wo er im 14. Jahrhundert in den gebildeten Laienkreisen aufgegriffen wurde. Die antiken Formulierungen bildeten seinen direkten Beziehungspunkt und seine scheinbare Rechtfertigung. In Wirklichkeit taten die Gebildeten, die diesem Mythos folgten, ihn verkündeten und verbreiteten, mehr und zugleich weniger als ihre fernen lateinischen Vorfahren oder ihre unmittelbaren mittelalterlichen Vorgänger. Weniger, insofern sie einen menschlichen Wert als den ihren beanspruchten, der sich bereits im Bereich einer andersartigen Kultur und Gesellschaft entwickelt hatte; d. h., dieser Wert wurde von ihnen weder geschaffen noch wesentlich erneuert, sondern fast unverändert übernommen. Doch gingen sie noch einen wesentlichen Schritt weiter als die Antike. Indem sie nämlich die ethisch-soziale Rolle des Mythos vom Ruhm behaupteten, gaben sie der Kultur an sich (die diesen Mythos trug und geradezu schuf) eine selbständige, wesentliche und für die irdische Gesellschaft grundlegende Funktion. Schließlich muß man einräumen, daß, wenn diese Schriftsteller zu Dienern und beinahe Priestern des neuen Profankultes wurden (und bestimmte Verhaltensweisen zeitgenössischer Mitglieder des Klerus nachahmten, die die göttliche Gunst und Gnade verschacherten), sie letztlich christliches Zweckdenken und christliche Schulmeisterei ideale antike Werte in einer neuen Perspektive moralischer Art wieder hatten aufgreifen lassen. Dabei ging es jedoch nicht mehr um die herkömmliche und transzendente, sondern um eine irdische, menschliche und gesellschaftlich aussondernde, um nicht zu sagen: in ihrer Grundhaltung aristokratische Perspektive.

III. DIE ROLLE DER LITERATUR

Das Entstehen, die Art und der Erfolg der neuen Literatur zwischen dem 14. und 15. Jahrhundert lassen sich unmöglich anders erklären. Doch muß man ebenso versuchen, einen triftigen Grund für den bedingungslosen Rückgriff auf die Antike anzugeben. Der *Roman de la Rose* von Jean de Meung, Dantes *Göttliche Komödie,* sehr bald Boccaccios *Decamerone* und Chaucers *Canterbury Tales* zeigen deutlich (um nur einige Beispiele zu nennen), welche Kraft, welche Originalität um das 14. Jahrhundert herum die jungen europäischen Literaturen erreicht hatten. Weshalb also erfuhren sie gerade zu dem Augenblick eine lange Periode der Erschlaffung, ja, nahezu einen hundertjährigen Stillstand? Weshalb setzte sich die nunmehr humanistisch genannte Literatur so mächtig gerade in dem Moment durch? Gewiß läßt sich auf diese Fragen eine wirksame Antwort geben. Doch scheint dies bis heute noch nicht in befriedigender Weise geschehen zu sein. So können wir es unter Berücksichtigung der entscheidenden Rolle, die der Humanismus in seinen Anfängen gespielt zu haben scheint, versuchen.

Von außen gesehen, stellte besonders der literarische Humanismus in seiner ersten Phase (d. h. von etwa 1340—1440) einen geradezu begeisterten Rückgriff auf eine ferne Kultur dar, die das mittelalterliche Christentum an den Rand gedrängt hatte, die aber andererseits nicht so weit vergessen war, um nicht als etwas Neues wiederentdeckt werden zu können. Diese Erscheinung hatte u. a. zur wesentlichen Folge, daß eine gebildete Oberschicht sich überzeugen ließ, ihre Nationalsprache mehr oder weniger aufzugeben und sich mit echtem Wohlgefallen in einer toten, beinahe künstlichen Sprache auszudrücken. Dies geschah schließlich im gesamten Abendland, d. h., Jahrzehnte hindurch durchlief jedes Land, wenn auch mit unterschiedlicher Intensität, in großem Ausmaß und nachhaltig diese Kulturphase, die somit aus ganz bestimmten Gründen und allgemeinen Kollektivforderungen hervorgegangen sein muß. Die wesentlichste von allen muß wohl die nach einer eigenständig geformten Kultur für die neue weltliche Gesellschaft gewesen sein.

Für diese Kultur bestanden um 1350 nicht erst Anzeichen und Voraussetzungen, sondern bereits einige wesentliche Elemente. Dazu zählte insbesondere ein nicht mehr christliches Todes- und Lebensbewußtsein, ein Verlangen nach geschichtlichen und irdischen Formen der Unsterblichkeit, ein Bedürfnis nach direkter künstlerischer Aussage und nach einer strengeren, persönlicheren Frömmigkeit. Es fehlte jedoch ein idealer Rahmen, eine Gesamtheit von genügend ausgearbeiteten Beziehungspunkten, eine Gesamtdarstellung sowie die Autorität einer Tradition. Die neue literarische Bewegung kam mit ihrem Rückgriff auf die antike Kultur diesen vielfältigen und grundlegenden Forderungen entgegen, befriedigte sie und trug letztlich dazu bei, daß die Keime der neuen Kultur sich zu regelrechten Organismen weiterentwickelten. In gewissem Sinn stellte sie die Schulzeit der jungen europäischen Menschheit dar, die, um ihr eigenes Empfinden und ihre eigene Schöpferkraft zu gestalten, dem Unterricht eines nichtkirchlichen Lehrers folgen mußte.

Das erste, was an dieser Kulturbewegung auffällt, ist ihre wachsende und fast ansteckende Begeisterung für die Antike. Zunächst für deren scheinbar weniger verpflichtende Formen, wie Kunst und Sprache, bald jedoch auch für die antike Moral und Philosophie. Man hat oft die ersten Humanistengenerationen beschrieben, die in den Klosterbibliotheken auf die klassischen, alten, fast vergessenen Handschriften Jagd machten, so daß wir es uns hier ersparen können, darauf näher einzugehen. Es ist dies eine sehr bekannte Tatsache von großer Bedeutung. Ebenso klar ist es, daß diese Begeisterten, sobald sie sich ans Stöbern gemacht hatten, fast umgehend einen ungeheuren Teil des vernachlässigten Erbes entdeckten. Andererseits fanden sie alsbald gelehrte Griechen, die sich bereit zeigten, sie mit der mittlerweile in Vergessenheit geratenen Sprache Homers und Aristoteles' wieder vertraut zu machen. So tauchten die literarischen Überreste der Antike nicht nur immer häufiger auf, sondern erfüllten die Hoffnungen der damaligen Zeit, da sie das erwachte Verlangen stillten und den zwischen dem 14. und 15. Jahrhundert aktuellen Problemen fast aufs Haar genau entsprachen. Man glaube nur nicht, der erste Kontakt mit der Antike sei vom Wunsch beseelt gewesen, sie kennenzulernen und sie zu erforschen. Noch weniger nehme man an, jene Generationen hätten den wirklich beachtlichen Abstand zwischen ihrer Welt und der der Griechen und Römer erfaßt. Die ersten Humanisten griffen zu den klassischen Werken fast so, wie ihre Zeitgenossen, die

Kirchenreformer, die Bibel, und speziell das Neue Testament, hervorholten. Wiclif, Groote oder Thomas von Kempen wollten die Offenbarung zur Grundlage und zur Autorität für ein echt christliches Leben machen. Petrarca, Guarino oder Coluccio Salutati wünschten, die lateinischen Autoren möchten das Modell für den Stil, das Denken und das Leben einer Gemeinschaft abgeben.

Die volle innere Genugtuung und die Freude, wie man ohne weiteres sagen kann, mit der die klassischen Texte wieder, ja, oft zum erstenmal im ursprünglichen Wortlaut gelesen wurden, müssen nach ihrem richtigen Wert beurteilt werden. Die einzelnen Entdeckungen, das zufällige Auffinden dieses oder jenes Bandes (oder Pseudepigraphons), von dem man kaum den Titel kannte, besitzen gewiß eine große Bedeutung. Sie sind wie die Blätter eines Buches, die wieder an ihren Platz kommen und einem Ganzen wieder einen organischen Charakter verleihen. Wir dürfen jedoch nicht vergessen, daß das Neue, das entstand, nicht die Welt der antiken Literatur und des antiken Lebens, sondern die der damaligen Profankultur war. Die Folgerichtigkeit und Gültigkeit des Interesses, das zu Beginn in diesen Männern und Kreisen lebte, bewirkte nicht allein die Suche nach Handschriften, sondern nährte, schuf und formte allmählich eine geistig autonome Haltung. Der Jubel, sich in den klassischen Texten zu erkennen und wiederzuerkennen, wurde keineswegs dadurch gestört, daß sie nicht christlich waren. Die Gesellschaft, die sie verlangte, war hauptsächlich die bürgerliche Gesellschaft, die für sich und ihre menschliche Aufgabe die kirchliche Kultur nunmehr abgelehnt hatte. Diese Gesellschaft stellte ihr eigenes Christentum nicht direkt in Frage, sie wußte aber doch um ihre Andersartigkeit einer Gesellschaft gegenüber, die alles in Theologie und Frömmigkeit eingebettet hatte. Die tiefe Befriedigung, die sich aus der Lektüre der Codices ergab, entsprang demnach einem zwar noch feinen, aber genügend weit entwickelten Profanbewußtsein, das sich geistig festigte und das gleichsam in Schwingung geriet, während es sich dessen anhand der klassischen Wendungen innewurde.

Zwischen dem 14. und 15. Jahrhundert formte der Humanismus also die Kultur einer neuen europäischen Profangesellschaft. Auch sein eigentlich literarischer Aspekt muß auf dieses Zentralmotiv zurückgeführt werden. Denn man darf sich nicht bei dem aufhalten, was man als eine ästhetische Freude oder eine stilistische Mode verstehen könnte. Die klassische Sprache erschien den Menschen der damaligen Zeit schön und rein. Doch viel höher ist zu veranschlagen, was sie zusammen mit ihren formalen Qualitäten und über sie hinaus erfaßten. Jeder lateinische Vers, jeder gut gelungene Satz waren zuerst lebendige

Äußerungen einer konkreten Gemeinschaft, die nicht mehr durch überirdische Horizonte abgelenkt war. Jedes Bild war stets ganz getränkt vom Geschmack am Leben und von Liebe zu ihm. Diese Menschlichkeit fesselt uns. Nach einer jahrhundertelangen Verquickung von Menschlichem und sogenanntem Göttlichen ersteht sie vor unsern Augen schön und rein, ergötzt, kräftigt und stärkt uns. Den ersten Humanisten fehlte, was man später als Epochenbewußtsein definierte. Sie verfolgten einen menschlichen Archetyp und vermochten keineswegs, den tiefen Unterschied zwischen der antiken und der abendländischen Kultur zu verstehen. Sie wollten die unvergängliche Ewigkeit der menschlichen Existenz verkünden. Gerade die lebendige Kraft des Menschlichen, seine unzerstörbaren Lebenssäfte, seine selbstgenügsame Heiterkeit, seine Sinnlichkeit mit ihren tausenderlei Abtönungen, sein Engagement für ein würdiges gesellschaftliches Leben waren es, die diese Generationen beim belebenden Kontakt mit der Antike entdeckten.

Zwischen dem 14. und 15. Jahrhundert war die Zeit noch nicht angebrochen für einen Konflikt zwischen humanistischen und religiösen Werten. Jedoch war es folgenschwer, daß der Humanist das kulturelle Klima mit großer Erleichterung wechselte. Seine Liebe zur heidnischen Latinität erschien noch nicht, von Ausnahmen abgesehen, als eine Abweichung oder ein Sich-Loslösen von der christlichen Tradition. Doch drückte sich in dieser Liebe eine stillschweigende Scheidung oder wenigstens eine legale Trennung aus. Läßt sich behaupten, der Humanist entsetzte sich nur vor dem barbarischen Stil der mittelalterlichen Schriftsteller, ohne deshalb den »scholastischen« Inhalt ihrer Werke zu verachten? In Wirklichkeit suchte und fand die Kultur in der Person des Humanisten ihre Autonomie. Denn der Humanist betonte die überragende Bedeutung der Kultur im gleichen Augenblick, wo er seine eigene Rolle in der Profangesellschaft beanspruchte und verwirklichte. Er war nicht nur Dichter und Stilist, sondern Pädagoge, Bürokrat und Diplomat, d. h., er pflegte die sprachliche Form, in der er seine Ideale ausgedrückt gefunden hatte, ohne sich darauf zu beschränken, sich darin literarisch zu üben. Vielmehr machte er daraus eines der Instrumente der gemeinschaftlichen Beziehungen, denen er wieder die klassische Unabhängigkeit und Robustheit zurückgab. Er wurde privater oder öffentlicher Lehrer, Polemiker in den politischen Kämpfen seiner Zeit, Botschafter und Historiker.

Zweifellos bildete Italien, wo die Profangesellschaft reifer war und weniger von politischen Mächten abhing, die zu stark ans mittelalterliche System gebunden waren, das Lieblingsland der neuen Kulturbewegung. Zumindest vom Beginn des 14. Jahrhunderts an läßt sich in den bedeutendsten europäischen Ländern ein neuer Anstoß zur Suche nach den antiken Werken und zu ihrem Studium feststellen. Von England bis nach Frankreich und Deutschland wurden die *studia humanitatis* von hervorragenden Persönlichkeiten aufgenommen und vorangetrieben. Doch hatten sie nicht die Wirkung, fanden nicht den Widerhall und kannten nicht die Entwicklung, die ihnen Italien vorbehielt. Aber auch im Innern der Halbinsel kann man lokalisieren und präzisieren. Die Generation Petrarcas (gest. 1374) und Boccaccios (gest. 1375) war die erste, der hier ein regelrechtes kulturelles Gewicht zukam. Die folgende Generation verzeichnete keinen klaren Fortschritt trotz Männern wie Coluccio Salutati (gest. 1406) — ein als Sekretär der Florentiner Kommune berühmt gewordener Notar — und dem Paduaner Francesco Zabarella (gest. 1417), einem Kanonisten, Universitätsprofessor und schließlich Kardinal. Mit der dritten Generation, die in den ersten Jahrzehnten des 15. Jahrhunderts heranreifte, erreichte die humanistische Kultur ihren Höhepunkt, und man kann sagen, sie habe die besten Literaten Italiens erobert. Es mag genügen, unter ihnen die Florentiner Leonardo Bruni (gest. 1444) und Poggio Bracciolini (gest. 1459) zu erwähnen, den Römer Lorenzo Valla (gest. 1457), Gasparino Barsizza aus Bergamo (gest. 1431), Guarino aus Verona (gest. 1460), den Venezianer Francesco Barbaro (gest. 1454), Vittorino da Feltre (gest. 1446) und Pier Paolo Vergerio il Vecchio aus Istrien (gest. 1444). Obwohl viele Städte ganz Italiens vom Norden bis Neapel und fast alle Fürstenhöfe den Humanisten gewogen waren, bildeten sich doch vornehmlich drei halb republikanische, halb fürstliche Humanistenzentren heraus: Florenz, Venedig und die römische Kurie.

Bis ungefähr 1430 bestand die Hauptaufgabe dieser Gebildeten in Philologie und Lehre. Gewiß kam dem Griechischunterricht, den Manuel Chrysoloras (gest. 1415) als gefeierter Professor an der Florentiner Hochschule von 1397 an erteilte, besondere Bedeutung zu. Doch die lateinische Literatur übte eine größere Anziehungskraft aus. Hier war die Erforschung des klassischen Altertums zwar noch nicht historisch, aber kritisch und bereits implizit wissenschaftlich. Man studierte aufmerksam den Wortschatz der einzelnen Autoren, man kommentierte ihre Werke, arbeitete neue Grammatiken aus und wandte Lehrmethoden an, die mit den überlieferten nichts mehr zu tun hatten. Ebenfalls schon beachtlich war der Versuch, die Positionen der neuen Kultur mit den religiösen in Einklang zu bringen. Noch bemerkenswerter bleibt jedoch, daß man sich nichtchristlicher, ethischer Werte bewußt wurde. In den reich ausgestatteten Briefsammlungen, die uns überliefert sind, in den verschiedenen Abhandlungen über Erziehung und in anderen, mehr moralischen Inhalts, zeigen diese Autoren, wie gut sie sich der gewichtigen klassischen Vorbilder bedienen konnten, um die Autonomie und die positive Bedeutung menschlichen Handelns zu fordern.

So gelangte man schon bald zur Wiedergeburt der Geschichtsschreibung, mit der sich ein Vorläufer der Humanisten, Albertino Mussato aus Padua (gest. 1329), vom Beginn des 14. Jahrhunderts an bereits befaßt hatte. Es geht dabei nicht um die Disziplin, wie wir sie heute auffassen, sondern vornehmlich um die Verherrlichung eines organischen und unabhängigen politischen Lebens. Die Geschichtswerke der ersten Humanisten bilden keine nützlichere Quelle als die früheren oder zeitgenössischen Chroniken. Denn hier findet sich im allgemeinen eine Vielzahl von Mitteilungen und ein fast stets wacher Sinn für jede Art von Erscheinung. Der Humanist sorgte sich viel weniger darum, informiert zu werden oder zu informieren, überging gewisse Aspekte des öffentlichen Lebens völlig und kümmerte sich nicht um den übernatürlichen oder metaphysischen Sinn der Ereignisse. Für ihn bildete Geschichte in der Hauptsache weder ein Inventar von Tatsachen noch ein wissenschaftliches Studium der Beweggründe oder Beziehungen dieser Fakten, noch eine wie auch immer geartete und geleitete Entwicklung. Dagegen sah er in ihr eine idealisierte Erzählung, den literarischen Ausdruck für eine ethische Wirklichkeit, nämlich das eigenständige Leben einer Profangemeinschaft oder den persönlichen Wert ihrer Führer. Denn die Unabhängigkeit des behandelten politischen Organismus oder die eigenständige Tüchtigkeit seiner Führung bildete den beliebtesten Gegenstand der humanistischen Geschichtsschreibung. Folglich stellten die Autoren ihre Erzählung gerade auf die Werte ab, die ihnen in erster Linie solche Wesenszüge zu begründen schienen. Die Grundthese lautete, jede Gesellschaft müsse in sich selbst eine Summe von Werten besitzen, die ihre Existenz sichern können, um ein gültiger Gegenstand der Geschichtsschreibung zu werden. Daher lieferte eine moralische Wirklichkeit die Grundlage für die Erzählung, und ihr Inhalt stellte die Verherrlichung dieser Realität dar.

Auf diese Weise verkündeten die Humanisten nicht bloß die Selbständigkeit der Individualität und ihre Fähigkeit, dem Leben eines jeden einen unvergänglichen Sinn zu verleihen, wie es ihnen mit dem Mythos vom Ruhm gelungen war. Mit ihrer Geschichtsauffassung forderten sie vielmehr implizit auch die Unabhängigkeit und die ethische Fülle der einzelnen irdischen Staaten und damit jeder menschlichen Gemeinschaft. Das Bewußtsein, daß die Erinnerung an die Vergangenheit und die Erzählung der Gegenwart, beide der Literatur anvertraut, etwas Wirkliches, etwas Notwendiges und menschlich Wesentliches darstellte, vermochte so lange nicht erneut zum Durchbruch zu kommen, als man die Dauer des menschlichen Lebens für ephemer, die Zeit für ein brüchiges, der Auflösung verfallenes Gewebe, die Wechselfälle im Leben der Völker für Handlungen in einem Drama hielt, das von oben gestattet und gelenkt war. Sobald man die menschlichen Ereignisse einmal als ganz positiv und eigenständig anerkannt hatte, wurde ihre Schilderung nicht nur mit Liebe und Leidenschaft, sondern ideal anschaulich gegeben und von großem sittlichem Elan getragen. Von dieser Geschichtsauffassung lebte vor allem die Mythologie der Fürsten, der Städte oder Nationen; dann aber auch die politische oder religiöse Ideologie und insbesondere die kollektive Sittlichkeit. Die Geschichte wurde zum Raum, in dem sich die neuen Profanwerte herausbildeten, wo sie ihren Platz fanden, kritisiert und gelebt wurden.

Gerade weil sie sich von Anfang an als ein Bewußtwerden des positiven Charakters der Gegenwart darstellte, wollte die Geschichtsschreibung auf der andern Seite auch deren moralische Gewähr für die Zukunft übernehmen. Folglich konnte sie sich nur selten von den Sorgen der herrschenden Macht innerhalb der Stadt oder des Staates frei machen. Daher die Vielzahl, ja, das Überwiegen der Werke, die uns offiziös oder offiziell erscheinen. Man versteht jedoch den Wert und die Natur dieser historiographischen Erzeugnisse nicht, wenn man sich nicht ihre wirklichen Interessen, ihre Forderungen und Ziele vor Augen hält. Die ersten humanistischen Geschichtsschreiber spielten eine lebenswichtige Rolle. Sie verbanden die keimende und sich durchsetzende Gegenwart wieder mit einer Vergangenheit, die ihr ideelles Gewicht geben, sie rechtfertigen, sanktionieren und sie vielleicht zu Reformen und Verbesserungen anspornen sollte. Die Geschichtsschreibung war hauptsächlich und auf lange Zeit ein soziales, kollektives Bedürfnis, das sich aus der von jeder Gemeinschaft empfundenen Notwendigkeit ergab, sich eine moralische Grundlage zu schaffen. Daher spricht sie lange von unpersönlichen Anliegen, bietet der gelehrten Forschung keinen einfachen Zugang und versperrt nahezu den Weg für eine originelle Ausdeutung. Die Geschichte wollte die nahe oder jüngste Vergangenheit ethisch-politisch behandeln, weil sie das Bewußtsein wiedergewonnen hatte, daß dem Leben jedes Volkes zu jeder Zeit eine der Bearbeitung werte Größe und Konsequenz innewohnt. Eine noch größere Rolle spielte dabei aber die Überzeugung, daß der Staat, dessen Wechselfälle man zu erzählen unternahm, geradewegs eine menschliche Wirklichkeit war, der dieses Bewußtsein weder fehlen konnte noch durfte.

Infolge ihrer Natur und ihrer Ausdrucksmöglichkeiten, die stets geschmeidiger, zahlreicher und artikulierter als die irgendeiner andern geistigen Äußerung waren, bildete die eigentliche Kultur den Aspekt in der Welt des 14. und 15. Jahrhunderts, für den man in der vorhergehenden Epoche am leichtesten Parallelen findet. Zwischen dem Ende des 13. und den ersten Jahrzehnten des 15. Jahrhunderts, d. h. zwischen den Anfängen der Humanistenbewegung und ihrer ersten Reife, gab es keinen eigentlichen Kontinuitätsbruch. Trotzdem lassen sich deutlich Ausnahmen feststellen. So kannte beispielsweise der Humanismus bis nach 1450 nur in Italien eine echte organische Entwicklung, obschon er auch in Nordwesteuropa existierte. Aller Wahrscheinlichkeit nach genügen die durchweg günstigeren politischsozialen Voraussetzungen auf der Halbinsel zur Erklärung dieser Entwicklung nicht und vielleicht nicht einmal die Tatsache, daß das Papsttum sich sehr rasch den humanistischen Strömungen gegenüber aufgeschlossen gezeigt hatte. Vielmehr erscheint das päpstliche Verhalten trotz der bürokratischen Notwendigkeiten der Kurie seinerseits abnorm. Man hatte bereits in Avignon eine kirchliche Hierarchie erlebt, die die Verbreitung der heidnischen Kultur förderte, anstatt sich ernsthaft um die religiöse Reform zu kümmern. Auf jeden Fall machte man einige Jahrzehnte später in noch stärkerem Maße in Rom dieselbe Feststellung. War es Leichtfertigkeit und Kurzsichtigkeit oder weise Berechnung und Ahnen eines möglichen äußerst fruchtbaren Kompromisses? Vielleicht ging es zunächst um einen unbeabsichtigten Vorstoß in einer der Hauptrichtungen der Zeit von seiten einer Institution, die mittlerweile so viele weltliche und politische Forderungen anmeldete. Doch sind die Beziehungen von Kirche und Humanismus im ganzen für diese Zeit noch nicht näher untersucht worden. Aber man kann als sehr wahrscheinliche Hypothese vorbringen, daß Italien zwischen dem 14. und 15. Jahrhundert auch das europäische Land war, wo die überlieferten religiösen Anschauungen weniger tief wurzelten und daher dem sich durchsetzenden, zwar vorwiegend profanen, aber keineswegs antichristlichen Empfinden nur geringen Widerstand leisteten.

Wenn man die übrigen Aspekte der Kultur im weiteren Sinne betrachtet, beobachtet man im allgemeinen keinen zu deutlichen Kontinuitätsbruch und keine schärferen Kontraste. Der Sinn für das Makabre und das Todesbewußtsein waren sicherlich eine Umkehrung der religiösen Jenseitsbeziehung, doch vollzog sie sich relativ langsam und in aller Stille. Der Mythos vom Ruhm bot zwar eine unchristliche Unsterblichkeitslösung, hatte aber starke Ähnlichkeit mit der christlichen Auffassung. Gewiß war das Neue, das sich auf dem Gebiet des Empfindens, der Kultur und des moralischen Bewußtseins in der zweiten Hälfte des 14. Jahrhunderts kundtat und sich zu Beginn des 15. Jahrhunderts durchzusetzen begann, beachtlich. Aber obwohl es um eine treibende Kraft kreiste und auf vielfältige Weise eine Grundtendenz widerspiegelte, ging die Wandlung doch in langsamem Rhythmus mit vereinzelten sichtbaren Ausbrüchen und ohne evidente Einheitlichkeit vor sich. Auch weil innerhalb des allgemeinen Prozesses der sich langsam herausbildenden Eigenart der einzelnen Länder und Kulturzonen immer größere Bedeutung zukam, hat man den Eindruck, einer Gesamtheit von zentrifugalen Bewegungen, von Zerfalls- und Loslösungserscheinungen gegenüberzustehen.

Zweifellos war jedoch eine einheitliche, wenn auch wenig sichtbare Entwicklung und somit eine gewisse Gleichzeitigkeit in der Entfaltung der verschiedenen geistigen Ausdrucksformen, von ihrer gegenseitigen Annäherung ganz abgesehen, vorhanden. Neben unsern bisherigen Ausführungen bestätigt dies auch der eindeutige Übergang, der sich in der Kunst des 15. Jahrhunderts beobachten läßt. Eigentlich dreht es sich um eine regelrechte Umwälzung in voller Übereinstimmung mit den andern, bereits analysierten Tendenzen. Die neue Kunst äußerte sich gleichzeitig in den beiden Gebieten Europas, die damals gleichsam die Pole der europäischen Kultur bildeten: in Flandern und in Italien. Die Lösungen, die hier ausreiften, waren, wenn auch in verschiedenem Maße, wesentlich und entscheidend. Von ihren jeweiligen Eigentümlichkeiten abgesehen, läßt sich jedoch sagen, daß um 1400 in diesen beiden Ländern eine von der mittelalterlichen völlig verschiedene bildliche Darstellungsweise aufkam. Sie gehörte in den gleichen individualistischen und anthropozentrischen Raum, in dem sich der Sinn für die körperliche Endlichkeit, der Mythos vom Ruhm und die Bejahung der irdischen, ethischen Werte durch die Humanisten zusammenfanden. Bis in die letzten Jahrzehnte des 14. Jahrhunderts blieb der Grund der Gemälde golden, als gäbe es das Blau des sichtbaren Himmels nicht. Normalerweise spielte sich die Szene außerhalb des wirklichen Raumes, fern von der Natur, ab und stellte nie gesehene, dafür aber geglaubte, gefühlte und vorgestellte Ereignisse und Personen dar. Das atmosphärische Licht existierte nicht. Mit Recht weist man in der Plastik bei den Schöpfungen von Niccolò Pisano (gest. um 1287) und in der Malerei beim großen Werk von Giotto di Bondone (gest. 1333) auf das Fehlen dieser Merkmale hin. Doch ihre kraftvolle, neue plastische Darstellungsart machte nicht sofort Schule. Man muß im Gegenteil die Generation von Filippo Brunelleschi (1377–1446), von

Donatello (1386—1466) und von Masaccio (1401—1428) für Italien und von Jan Van Eyck (um 1380—1441) für Flandern abwarten, um den Anbruch einer entschlossen neuernden Kunstauffassung zu erleben. Dann aber verbreitete sich ihr Einfluß fast auf der Stelle und setzte sich innerhalb weniger Jahrzehnte im gesamten fortschrittlicheren Abendland durch.

Für die neue Kunst am bezeichnendsten war ihre direkte und eigenständige Bezugnahme auf den Menschen und die Natur. Für ihre Darstellungsart gewannen daher beide einen Wert an sich und verlangten deshalb, daß der Künstler sie in ihrer eigenen Erscheinung wiedergab. Der Inhalt der Gemälde oder der Gegenstand der Plastik blieben weiterhin vorwiegend religiös. Aber auch ein Christus oder ein Adam, eine Madonna oder ein Heiliger unterschieden sich nunmehr von den früheren Darstellungen. Das bedeutet, daß selbst das Göttliche und das Übernatürliche verschieden gemalt oder gehauen wurden: mit Körpern, Kleidern, aktuellem, d. h. gegenwärtigem und, in gewissem Sinn, objektivem Ausdruck. Kurz, während eine Figur oder eine Szene der mittelalterlichen Kunst direkt ein Gefühl und eine Intuition versinnbildlichten, deren Symbole sie waren, wollten die Künstler der damaligen Zeit in nicht-symbolischen Bildern die Bewegungen der Seele ausdrücken, wollten eine fühlbare menschliche Wirklichkeit darstellen, die sie zum Sprachrohr ihrer eigenen Empfindungen werden ließen. Diesem Verhalten lag somit ein völlig neues Anliegen zugrunde, ein aufmerksamer Sinn für den besonderen Aspekt der natürlichen Formen, der von der Forderung durchdrungen war, daß diese Formen in ihrem konkreten Sein geachtet werden müßten und in erster Linie um ihrer selbst willen dargestellt zu werden verdienten. Ja, die Welt des Menschen und der Natur wurde als der eigentliche Bereich des Künstlers aufgefaßt, der damit seiner festen Überzeugung Ausdruck verlieh, daß Mensch und Natur vornehmlich seine Welt ausmachten.

In Italien wie in Flandern vollzog sich der Stilwechsel nicht gerade abrupt, doch ist der unterschiedliche Übergang in beiden Ländern sehr bezeichnend. Als großer Vertreter der Gotik in Florenz gewann Lorenzo Ghiberti (1378—1455) vor Künstlern wie Jacopo della Quercia und Brunelleschi einen öffentlichen Wettbewerb für die Gestaltung der Portale des Baptisteriums seiner Stadt. Dieser ganz hervorragende Goldschmied und Ziseleur versuchte nun in reifem Alter, sich die Beherrschung der neu entstehenden künstlerischen Formen zu eigen zu machen. Doch krönte seine Anstrengungen kein eindeutiger Erfolg. Ein damit vergleichbarer, bei der Ausschmückung des Baptisteriums von Castiglione Olona gemachter Versuch des Malers Masolino (Tommaso Fini, 1383—1447) erlitt noch eindeutiger Schiffbruch.

Aber auch der außergewöhnlichen Persönlichkeit von Fra Giovanni da Fiesole (bekannter unter dem Namen Beato Angelico; 1387–1455) gelang es nicht, den Übergang der beiden Phasen der bildenden Kunst zu beherrschen. Der Dominikaner erschöpfte sich allmählich darin, seine eigene tiefe Frömmigkeit in die neuen Darstellungsformen zu übertragen. Diese veränderten seinen Glauben zwar nicht, verliehen ihm aber ein ungewohntes, widersprüchliches Aussehen und orientierten ihn zur Welt hin. Das mittelalterliche Göttliche, das uns Fra Angelico in einer geometrischen und räumlichen Darstellung schauen läßt, stellt trotz seines verführerischen, unvergänglichen Charakters einen Augenblick labilen Gleichgewichts ohne Zukunft dar.

Die Florentiner Künstler hatten Ausdrucksmittel geschaffen, die sich nicht an das überlieferte christliche Empfinden anlehnten, sondern es vielmehr übergingen. Viel klarer als die zeitgenössischen Humanisten, aber ebenfalls unter Berufung auf antike Vorbilder, hatten sie ein völlig irdisches und profanes System ausgearbeitet. Daher der zwangsläufige Gegensatz zur Gotik und die eindeutige Abkehr von ihr. In Flandern hingegen vollzog sich der Übergang ganz anders. In der Form schloß sich das Neue mehr an die vorausgehenden geistigen Strukturen an und war inhaltlich organischer mit ihnen verbunden. Die großen flämischen Künstler fanden Darstellungsformen, die trotz ihrer Neuheit mit einem lebendigen Teil der nordischen Frömmigkeit harmonierten. Maler wie Van Eyck und Rogier Van der Weyden beweisen unvergleichlich in zahlreichen wunderbaren Porträts ihre Liebe zum Menschlichen und zum Individuum. Doch faßten sie das Menschliche, wie alles Wirkliche, vorwiegend innerlich und als eine Hindeutung auf ein unergründliches Geheimnis auf und stellten es dementsprechend dar. In jeder noch so leidenschaftlich studierten äußeren Erscheinungsform der Natur wollten sie etwas Tiefes und Kosmisches, aber doch wesentlich Christliches wirken lassen, und seiner Darstellung ordneten sie ihre künstlerische Anstrengung und ihre bildliche Suche unter. Diese Empfindensform erlaubte es ihnen, das Menschliche nicht in Gegensatz zum Göttlichen zu bringen, das sie beides in vollem Einklang mit der Geistigkeit der rheinischen Mystik als einander analog verstanden, und ebensowenig schufen sie einen Gegensatz zwischen dem Menschen und seiner Umgebung; vielmehr verbanden sie beides durch ihre Wiederentdeckung der Natur.

Man kann wohl sagen, daß die großen flämischen Maler dem Abendland den Sinn für die Landschaft wiedergeschenkt haben. Die liebevolle Wiedergabe der kleinsten Einzelheiten aus dem Leben der Natur, vom Laub der Bäume bis zum Vogelflug, verbindet sich bei ihnen mit der lebendigen Wahrnehmung des landschaftlichen Schauspiels als Ganzem. Dieses wurde jedoch nicht um seiner selbst willen gesucht und abgebildet, sondern als einer der unter sich eng zusammenhängenden und konvergierenden Aspekte des Wirklichen. Van Eyck und seinen Landsleuten schadete es nicht, jene streng perspektivische Sicht, die die Florentiner Künstler zu Anfang des 15. Jahrhunderts einführten, nicht gekannt und angewandt zu haben. Ja, vielleicht verwirklichten sie dank ihres noch nicht ganz geometrischen Raumgefühls jene wunderbare Verbindung von Menschlichem, Natur und Göttlichem, die für ihre Schöpfungen so bezeichnend ist. Auf der andern Seite ist die in diesen Werken aufleuchtende Religiosität kein Hindernis dafür, daß die Gemälde sich grundlegend von den traditionellen Schöpfungen der Malerei unterscheiden. Denn Van Eyck, Campin und später ihre Nachfolger führten völlig neue figurative Werte ein, vergleichbar denen, denen Masaccio in Florenz zum Durchbruch verhalf: das Hell-Dunkel, das Licht, die lebhaften, nuancierten und nicht mehr eintönigen Farben, das Raumgefühl. In diesen Formen, die sie nicht aus der Antike schöpften, sondern ihrem tiefen, die ganze Wirklichkeit umfassenden, etwas pantheistisch gefärbten Empfinden entnahmen, fanden sich Erde und Mensch mit einer unveräußerlichen Würde bekleidet. Auch wenn in der Absicht der flämischen Maler die konkrete Einführung von Mensch und Natur in die künstlerische Darstellung ein Mittel sein wollte, ihr Teilhaben am Göttlichen zu zeigen, gewann doch die lebendige und genaue Abbildung, die sie von beiden gaben, schließlich eindeutig einen wesentlich eigenständigen Wert.

Den Florentiner Künstlern fehlte ganz gewiß die zwar nicht mehr traditionelle, aber immer noch stark religiöse Atmosphäre der Gemeinschaft ihrer Konkurrenten und Zeitgenossen im Norden. Zu beiden Seiten der Alpen erlebte man also gleichermaßen, wie der Goldgrund verschwand, die Gestalten sich machtvoll abhoben oder sich ausdrucksvoll in einem konkreten Raum bewegten, das Licht schließlich die Szene durchdrang und ihre Töne und Farben in Schwingung versetzte. Doch war der Übergang, der sich in Italien vollzog, viel klarer, kühner und systematischer. Die neue Florentiner Kunst verwirklichte ihre Revolution auf eine fast heroische und streng humanistische Weise. Sie empfand im Grunde nicht die Forderung nach einer Darstellung von Kosmos und übernatürlicher Welt. Sie verherrlichte im Gegenteil mit ungewohnter Kraft die Werte der individuellen Darstellung. Sie wollte nicht nur die formale Beendigung des Mittelalters mit seinen verbindlichen, oft stereotypen Schemata, seinen festgelegten Anspielungen und seiner Symbolik vergessen, sondern lehnte auch seinen Inhalt ab, d. h. die tief wurzelnde Vorstellung von der Zugehörigkeit zu einem

Ganzen, das Gefühl eines kosmischen Kampfes zwischen Gut und Böse, die Transzendenz und die eigenständige Gegenwart des Göttlichen. Viel häufiger als bei den zeitgenössischen Humanisten strahlte bereits zu Beginn des 15. Jahrhunderts in den Werken der Florentiner Künstler die unerhörte Verherrlichung des Menschen auf. Denn während Salutati, Bruni, Guarino und Valla im wesentlichen große Gelehrte waren, haben Brunelleschi, Donatello und Masaccio als regelrechte Schöpfer zu gelten. Nach einer Tradition, die man nicht anzweifeln sollte, haben Brunelleschi und Donatello lange über die römischen Überreste nachgedacht und sie studiert. Wichtig bleibt dabei, daß sie nicht auf eine alte Sprache zurückgegriffen haben, sondern ein neues, kraftvolles Idiom schufen, um ihren neuen, erhabenen irdischen Glauben auszudrücken.

Im Bereich der Kunst wurden somit zum ersten Male die Energien völlig frei, die zu wecken den literarischen Humanismus noch einige Mühe kostete. Das Menschliche wurde so hoch eingeschätzt, daß man nichts anderes darstellen wollte, ja, ihm alles unterordnete; alles nahm seine Ausmaße, seine Formen an. Das Zusammenspiel von künstlerischem Ausdruck und Intuition hatte zweifellos den Aufstieg der großen Persönlichkeiten erleichtert, die zur damaligen Zeit bereits die neue Kunst beherrschten. Diese energiegeladenen Künstler wußten wohl, was sie ausdrücken wollten; denn nur so gelang es ihnen, die Werkzeuge ihres Stils zu schaffen. Gewiß war auch für sie die Betrachtung der Antike und die Begegnung mit ihr eine Offenbarung. Von da holten sie sich Stärke, um einen strengen und autonomen Darstellungstypus zu schaffen. Dennoch hat das reife gesellschaftliche Milieu, in dem sie lebten und in dem die Menschen sich bereits seit längerer Zeit nicht mehr wegen ihrer hierarchischen Würde, sondern aufgrund ihrer individuellen Kraft und der Macht ihrer schöpferischen Energie durchsetzten, weit mehr als die Antike ihr ganz horizontales und gleichzeitig symmetrisches, von strengen Verhältnismaßen geleitetes künstlerisches Sehen angeregt.

Mit diesen vornehmlich irdisch orientierten sittlichen Dimensionen hatte das Genie der Florentiner Künstler die Grundlage für eine heroische und ideale Darstellung des Menschen geschaffen. Wenn wir ihre Entfaltung prüfen, wird sich auch ihre Maßlosigkeit und ihre übertriebene Ausschließlichkeit ergeben. Aber in dieser Anfangsphase während der ersten Jahrzehnte des 15. Jahrhunderts finden wir uns vor Werken von gesammelter Kraft und ganz konkreter Vollkommenheit. Darüber hinaus erlegten Brunelleschi und seine Landsleute dem Kunstwerk die Gesetze der Perspektive und der Zeichnung des menschlichen Körpers die der Idealproportion auf, nachdem sie beides entdeckt hatten, als wollten sie dadurch die absolute Beherrschung der eigenen geistigen Kraft und das theoretische Bewußtsein ihrer Eroberung unter Beweis stellen. Gerade Brunelleschi wurde ja um 1435 von Leon Battista Alberti (gest. 1472) die Schrift *De pictura* gewidmet, der gleichzeitig sein *De statua* abfaßte. So fand der neue Stil seine Normen, und es ist äußerst bezeichnend, daß sie geometrischer und wissenschaftlicher Natur waren. Die perspektivische Auffassung drückte im höchsten Grad das Wesen dieser humanistischen Kunst in Florenz aus. Wie der Bildvorwurf im wesentlichen der Mensch war, so bildete sein Auge den schöpferischen Brennpunkt. Denn die Linien, die vom Auge ausgingen, entsprachen den Fluchtlinien, die das Bild gliederten und ihm seine vollendete Form gaben. Mit diesem genialen Wiederauffinden der Autonomie des Kunstwerks im Menschen, mit dieser theoretischen Verkündigung seiner schöpferischen Macht stellte sich der Künstler schließlich ebenbürtig neben Gott.

5. Der Humanismus

Die neue Kulturrichtung und die die Kunst revolutionierenden Strömungen verschafften sich selbst in Florenz, ihrer Lieblingsstadt und ihrem Schmelztiegel, erst kurz vor der ersten Hälfte des 15. Jahrhunderts Geltung. Ein Jahrhundert später hatten sie fast im ganzen Abendland triumphiert. Die relative Schnelligkeit und das Ausmaß dieses Prozesses, seine wirkliche Bedeutung und die hervorragende Qualität seiner Erscheinungsformen haben seit etwas mehr als einem Jahrhundert jene Gelehrten beeindruckt, die sich mit dieser Epoche befaßten, und sie dazu verleitet, ihr eigens den Namen Renaissance zu geben. Fügen wir gleich hinzu, daß dieser Bezeichnung von der Mitte des 19. Jahrhunderts an ein ständig wachsender Erfolg beschieden war. Jedoch von geschichtlichen Erscheinungen abgesehen, die dieser Begriff bezeichnen möchte, muß man einräumen, daß er vor allem eine Kulturerscheinung unserer heutigen Zeit umschreibt. Denn Renaissance ist ein Wort, das eine Art und Weise, bestimmte Aspekte der abendländischen Kultur um 1500 als Beginn der modernen Geschichte Europas zu verstehen, zum Ausdruck gebracht hat. Infolge einer Begriffserweiterung und gleichsam in abgeleiteter Form hat es dann eine Periode bezeichnet. Richtig besehen, ist ein solcher Ausdruck also alles andere als geschichtlich kritisch verwendbar. Der Kern des Begriffs hat ganz offensichtlich a priori ein Werturteil zum Inhalt. Wer ihn verwendet, für den scheint die Renaissance nur etwas Positives gewesen zu sein (es sei denn, aus einer Reaktion heraus geschieht genau das Gegenteil), und zwar nicht aufgrund eines postulierten Fortschritts und einer allgemeinen Entwicklung in relativem und dialektischem, sondern in absolutem Sinn. Die Renaissance erscheint als ein bevorzugter Augenblick der abendländischen Menschheit, eine Art Verkündigung einer profanen Offenbarung, der lange Moment der Entstehung der modernen Welt. Im Unterschied zu andern Gelehrten sind daher die Renaissanceforscher von jener geheimnisvollen Empfindung erfüllt, die das Schauspiel der Geburt lebender Wesen hervorruft.
Wir wollen hier weder die Rolle, die dieser Begriff in der Kultur unserer Zeit gespielt hat und spielt, noch seine Verbreitung oder Kraft verneinen. Auch ohne seine Wurzeln und seine Bedeutung erneut zu untersuchen, wird klar, daß eine so lange dauernde

Mythologisierung in der Geschichtsschreibung die Krise gerade jener idealisierten Werte widerspiegelt. Da im Begriff Renaissance zumindest teilweise unleugbar ein Mythos steckt, darf sich der Leser nicht wundern, wenn wir nach diesen Bemerkungen das Wort nicht mehr verwenden. Aus demselben Grunde stellen wir auch nicht die Frage, ob die Renaissance existiert hat oder nicht, noch weniger, ob sie früher oder später eingesetzt hat. Wir wollen hier lediglich einen von vornherein kompromittierten und zweideutigen Begriff, der unweigerlich Verwirrung stiftet, vermeiden. Jedwede historische Definition bleibt unvollkommen, aber man behält sie bei und benutzt sie als Arbeitsmittel. Wenn man andern Geschichtsbegriffen eine tendenziöse oder ideelle Bedeutung unterstellt, kann man im allgemeinen den ihnen gegebenen Inhalt von der Form oder dem Wort, das ihm als Stütze dient, scheiden. Aber der Ausdruck »Renaissance« setzt bereits in seiner Etymologie und Struktur eine Reihe von Aussagen und Deutungen voraus, um derentwillen er geprägt wurde, und er verdankt einen nicht geringen Teil seines Ansehens seiner sprachlichen Genialität.

Von diesem grundlegenden ersten Fehler leiten sich vielfältige und schwerwiegende Nachteile her. Die Werte der Renaissance sollen zuerst geistiger, insbesondere künstlerischer, ethischer und literarischer Art sein. Dehnt man diese Aussage auf die ganze Epoche, für die sie gelten soll, aus, so unterliegt man der Inkonsequenz, eine ideale Beschreibung auf grundverschiedene Inhalte zu übertragen. Man gelangt dahin, allgemein vom Menschen und von den Menschen der Renaissance zu sprechen. Umschriebe man den Raum, in dem sich die Renaissance-Erscheinungen fassen lassen, genau, müßte man erkennen, daß sie bei weitem nicht die Vorherrschaft im Abendland hatten. Ein noch negativeres Ergebnis bekäme man, ginge man ihrer Verbreitung oder Tragweite im Bereich der Kollektive nach. Folglich kann man wohl nur gewinnen, wenn man einen Begriff, der eine willkürlich postulierte Überlegenheit einer bestimmten Kunst oder Literatur im Leben Europas zwischen dem 15. und 16. Jahrhundert zum Inhalt hat, meidet und ihm keine Geltung verschafft.

Davon abgesehen, wurde der so lange übliche und immer noch nicht aufgegebene doppelte Gebrauch zweier verschiedener Wörter (Humanismus und Renaissance), die dasselbe oder etwas Analoges bezeichnen sollen, bereits ganz offen bemängelt. Wir haben selbstverständlich den Begriff Humanismus vorgezogen, um die Seiten zu überschreiben, die so vielen von den höchsten Kulturleistungen gewidmet sind, die das Abendland zwischen 1450 und 1550 hervorgebracht hat. Natürlich muß dieser Begriff, wie jede Definition geschichtlicher Wirklichkeit, von Mal zu Mal präzisiert werden, je nach den Ländern, Kreisen und Perioden, auf die man ihn anwendet. Es erschwert unsere Aufgabe keineswegs, daß wir nicht nur vor 1450, sondern auch vor 1350 von Humanisten sprechen können. Auch die Tatsache, daß man dem Humanismus im 17. und 18. Jahrhundert oder noch später wieder begegnet, kompliziert die Sache nicht. Strenggenommen brauchen die Wesensmerkmale dieser Kulturbewegung auch nicht stets im gleichen Verhältnis zueinander zu stehen. Es genügt, wenn sie bei ihrer dynamischen Verwandlung eine ausreichende Kontinuitätslinie und einen genügend klaren und organischen Kern bewahren.

Indes müssen einige Bemerkungen vorausgeschickt werden. Zunächst haben wir in den Grenzen des Möglichen versucht, in Europa von Humanismus für die Zeit vor 1440 nicht zu sprechen. Nur in Italien läßt sich von der zweiten Hälfte des 14. Jahrhunderts an die Bildung einer genügend starken und sozial wirksamen Gruppe von Literaten dieser Richtung feststellen. Die zweite Bemerkung mag weniger selbstverständlich scheinen. Obwohl zwischen den vom Humanismus angeregten und den der Tradition verhaftet gebliebenen oder sich von ihr aus in anderer Richtung entwickelnden künstlerischen und literarischen Äußerungen im allgemeinen große qualitative Unterschiede bestanden, läßt sich das europäische Kultursystem zwischen 1450 und 1550 doch nicht einfach als humanistisch bezeichnen. Auch aus dem Grunde, weil unsere Kenntnis der Humanisten bei weitem (und mehr als man annehmen würde) die Untersuchungen über die übrigen Aspekte der Kultur zwischen dem 14. und 15. Jahrhundert (abgesehen von der Reformation) überwiegt. Daß man es fast bis heute vorgezogen hat, zahllosen, unser Wissen erweiterndern, aufschlußreichen Elementen, die mit dem Humanismus wenig oder nichts zu tun haben und vor sowie nach 1500 vorhanden waren, nicht Rechnung zu tragen, erleichtert das geschichtliche Verständnis des allgemeinen Geschehens dieser Periode nicht. Insbesondere muß die Tatsache überraschen, daß der Humanismus von einer scheinbar beherrschenden Kultur während der 50 Jahre von 1470 bis 1520 zu einer großenteils ausschmückenden Kultur in den folgenden fünfzig Jahren wurde, um danach in eine zwar kritische und fruchtbare, aber, verglichen mit den andern geistigen Strömungen der europäischen Welt, zweitrangige Phase einzutreten. Zweifellos kann man, wenn die Analogie auch nicht ganz stimmt, von einem nicht vollzogenen geistigen Umbruch zwischen dem 15. und 16. Jahrhundert wie von einer verfehlten religiösen Reform zwischen dem 14. und 15. Jahrhundert sprechen. Dem muß man schließlich hinzufügen, daß der französisch-holländische Humanismus von der Mitte des 16. bis zum Ende des 17. Jahrhunderts (von Montaigne und Grotius ab) in seiner der vorhergehenden italienischen Periode gewiß nicht nachstehenden Rolle und Bedeutung verkannt wurde.

Wir werden also festzulegen versuchen, was die großenteils italienischen Humanisten zum kulturellen Erbe des Abendlandes zwischen etwa 1440 und 1530 beigesteuert haben. Das Grundlegende und Wertvolle an dieser Erscheinung war ihre richtungweisende Universalität und die Fähigkeit, Werte auszudrücken, die zu einem in dynamischer Entwicklung begriffenen Gesellschaftstypus paßten. Der italienische Humanismus im 15. Jahrhundert erscheint zwar an die Ideologie eines kaufmännischen, städtischen und vorkapitalistischen Bürgertums gebunden. Dennoch erwies er sich bei seiner Übertragung in andere Länder, wo das Bürgertum nicht dasselbe und gesellschaftlich anders geformt war, als lebenskräftig und genauso fruchtbar. Das bedeutet, daß es diese Bewegung, abgesehen von ihren besonderen ethischen, künstlerischen oder literarischen Anfangsformen, verstand, eine geschichtliche Rolle zu spielen, und ohne Zweifel leitete sich ihre Größe und ihre Fruchtbarkeit daher, daß sie diese Rolle auch spielen wollte. Der Humanismus suchte das hierarchisch gegliederte Geistessystem der mittelalterlichen Gesellschaft durch eine Auffassung zu ersetzen, die auf der einen Seite zum Individualismus neigte, auf der andern Seite eine brüderliche Verbindung ohne wesentliche Unterschiede aller Menschen anstrebte. Seine Forderung nach der Würde des Individuums weist nämlich auf die Bejahung des allgemeinen Wertes der Menschheit und der Natur, in die sie gestellt ist, hin und findet darin ihre Entsprechung. Der Humanismus war eine offene, freie und dynamische Kultur, d. h. eine Kultur, die bewußt menschlich war und deshalb dem Menschen keine Beschränkungen auferlegen und ihn seinem wahren Wesen nicht entfremden konnte. Obschon er die klassische und christliche Forderung beibehielt, wonach die wahre Erkenntnis das Erlernen und die Anwendung des Sein-Sollens miteinschloß, so verlangte er doch auch, daß das Wissen alle Möglichkeiten des Menschen freisetze und nicht nur einige, beispielsweise die Möglichkeit, in einer andern Welt glücklich zu sein und in dieser zu leiden oder den eigenen Körper und Geist vor sozialer Willkür und religiösem Dogma zu beugen. Angesichts der Wucht der christlichen Tradition und des Gewichts der scholastischen Mentalität haben die Humanisten die Antike beschworen und sie mit Hilfe der Philologie in ihrem ursprünglichen Wesen zu fassen gesucht, um dadurch eine gültigere Stütze in ihrem Kampf zu haben, der der Kampf des am meisten engagierten Teils der europäischen Gesellschaft war. Das unleugbare Scheitern der humanistischen Ideologie in der ersten Phase ihrer Blüte hat dank der Zweckgebundenheit ihrer Auffassung nicht verhindert, daß sie sich nach und nach neuen Situationen der abendländischen Gesellschaft anpaßte.

Der Humanismus war allerdings nicht nur eine zweckgebundene und konkrete Kultur. Er wollte irdischen und sozial genau umrissenen Bedürfnissen entsprechen. Jedoch gaben sich die Humanisten in erster Linie der Forderung nach vornehmlich unhistorischen und für »den Menschen an sich« gültigen Werten hin, sei es nun wegen ihrer Berufung auf die Antike oder wegen der starken transzendenten Einflüsse, die die christliche Tradition ausübte. Die Idealisierung des Menschlichen, die ihre und der wie sie empfindenden und auffassenden Künstler größte Stärke war, bildete auch ihre hauptsächliche Schwäche. In ihrer Weltanschauung, die für sie mehr theoretisch als praktisch galt, vermochte gerade ihr Streben nach dem Vollkommenen und allgemein Hervorragenden seinen gesellschaftlichen Ausdruck nur in aristokratischen und adligen Bereichen zu finden. Auch deshalb stellte ihre Kultur keine regelrechte Umwälzung dar, und der Humanismus war ebenso profan wie christlich, konservativ wie fortschrittlich. Dies veranlaßt uns schließlich zur Feststellung, daß diese große Bewegung zu höchst wertvollen, aber oft unorganischen Ergebnissen gelangte (sei es zwischen den verschiedenen Kulturformen untereinander oder innerhalb einer jeden von ihnen), und das spiegelt ohne Zweifel ihre ungleiche Verbreitung in der Gesellschaft wider.

Die Kunst war das Feld, auf dem die humanistische Auffassung zu ihren konsequentesten und kontinuierlichsten, ureigensten und fruchtbarsten Verwirklichungen kam. Beim gegenwärtigen Stand der kulturellen Spezialisierung befindet sich der Historiker im Nachteil, wenn er ein Kunstwerk verstehen will. Die ästhetische oder formale Wertung von Kunstwerken überwiegt, sehr zum Schaden eines angemessenen Verständnisses der verschiedenen Elemente einer jeden Kultur. Der Nachweis erübrigt sich jedoch, daß die neue Kunst des 15. Jahrhunderts auf die Beweggründe, Kräfte und Absichten, die den Humanismus bestimmten, zurückgeführt werden muß. Im weiten Rahmen dieser Kulturbewegung stimmten die künstlerische und philosophisch-literarische Aussage nur teilweise äußerlich überein. Im Lauf des 15. Jahrhunderts lastete die Überlieferung viel stärker auf Philosophie und Literatur als auf der Kunst. Die kritische Kraft und Abstraktionsfähigkeit, zu der sich Machiavelli in den ersten Jahren des 16. Jahrhunderts aufschwang, hatte schon fast 100 Jahre vorher ihresgleichen bei seinen Landsleuten, dem Architekten Brunelleschi, dem Bildhauer Donatello, dem Maler Masaccio, dem Theoretiker Alberti gefunden. Wir haben es hier mit einer wirklichen und nicht bloß scheinbaren Phasenverschiebung zu tun. Sie hing vor allem von den unterschiedlichen Schwierigkeiten ab, die sich für die einzelnen geistigen Ausdrucksformen jeweils ergaben. Auf der andern Seite war die von 1440 bis 1530 gehende Periode auf allen Gebieten durch mehr oder weniger tiefe Phasenverschiebungen gekennzeichnet, ja, dies stellte geradezu eines ihrer Hauptmerkmale dar. Auf das Kultursystem der Vergangenheit, das noch einigermaßen geschlossen und folglich einheitlich und stark durchorganisiert war, folgte eine Kultur, die offen sein wollte, die aber zwangsläufig zentrifugal und trotz des Wunsches ihrer Träger und Interpreten nach einem Kompromiß innerlich zerrissen blieb. Der Humanismus war ein gemeinsames Bestreben, eine allgemeine Forderung nach einem direkteren, irdischeren und menschlicheren Wissen und Ausdruck. Doch darf man nicht vergessen, daß der Unterscheidungsprozeß der verschiedenen geschichtlich gewordenen Teile Europas schon weit fortgeschritten war und sich notwendigerweise in ihren Formen und ihrer kulturellen Entwicklung niederschlug. Auf der italienischen Halbinsel und gerade in den Städten, wo er sich am besten durchsetzte, erscheint der Humanismus, wie erwähnt, unorganisch und ohne System. Er bildete die Ideologie eines reifen, aber seinem Hang nach statischen, von einer tiefen Krise gezeichneten gesellschaftlichen Organismus, der seinem Untergang zustrebte, ohne sich dessen bewußt zu werden.

II. DIE KUNST DES 15. JAHRHUNDERTS

Wir haben bereits zu zeigen versucht (vgl. Kap. 4, IV), wie die neuen Formen der Malerei gleichzeitig in der Toskana und in Flandern aufgekommen sind. Doch die Zeitspanne intensiven analogen Ausdrucks, der die beiden Länder miteinander verband, war kurz, und jedes ging in seiner Richtung auf klar sich trennenden Wegen weiter. Während nämlich die Flamen ihre zugleich menschliche, natürliche und göttliche Darstellung der Wirklichkeit weiterentwickelten, vervollkommneten die Toskaner, und insbesondere die Florentiner, ein vollständiges künstlerisches Darstellungssystem, das nicht mehr den christlichen religiösen Werten untergeordnet war.

Doch muß man hervorheben, daß die neue Phase in der flämischen Malerei, die mit Campin und Jan Van Eyck (gest. 1441) einsetzte, nicht gemeinhin als gotisch bezeichnet werden kann, um so weniger, wenn man diesem Begriff eine mittelalterliche Bedeutung beilegt. Die flämischen Künstler führten im wesentlichen keine Traditionen fort, auch wenn ihr Stil einige Merkmale der vorhergehenden Kunst beibehielt. Dagegen drückten sie eine neue Frömmigkeit mit einer Folgerichtigkeit und Intensität aus, für die es kaum ältere Beispiele gibt. Die Tatsache, daß wir die Klassik und das Heidentum, ja, selbst eine streng perspektivische Sicht in ihren Werken vergeblich suchen, besagt keineswegs, daß sie feststehende und abgebrauchte Formeln aufgriffen. Darüber hinaus verschmähten diese Künstler die Suche nach neuen Ausdrucksmitteln nicht, und ihre bedeutenden technischen Neuerungen weckten stets das Interesse und die Bewunderung ihrer italienischen Zeitgenossen. Doch ihr Hauptanliegen bestand im Ausdruck einer neuartigen Auffassung des

Abb. 15: Typische florentinische Häuser des 15. Jahrhunderts. Die Kleider weisen auf die Prachtliebe des im Luxus schwelgenden Florenz. (Masolino und Masaccio: »Heilung des Lahmen und Auferweckung der Tabita«, Wandfresko in der Cappella Brancacci in Florenz; Ausschnitt.)

Verhältnisses von Göttlichem und Menschlichem. Ihr ordneten sie ihre Geschicklichkeit unter und ihr opferten sie alles Persönliche. Dadurch gelang es den Flamen des 15. Jahrhunderts, wirklich religiöse Gefühle auszudrücken, die man ihrem Charakter nach modern nennen kann. Die äußere Form, das Bild, wurde (selbst wenn es ganz detailliert und anschaulich war) von ihnen nur zu dem Zweck vertieft, innere Bedeutungen, geistige Beziehungen und die ganze Eigenständigkeit des nordischen Glaubenslebens zu zeigen.

Auf der andern Seite läßt sich nicht bestreiten, daß die Heiligen und Madonnen dieser flämischen Künstler durchaus den Eindruck lebender Wesen machen, obschon die Maler auf die Darstellung des Heiligen erpicht zu sein schienen. Sogar die Leiber der Auferstandenen und Verdammten auf Szenen des Jüngsten Gerichts (als Beispiel nehme man das Gemälde von Rogier Van der Weyden — gest. 1464 — in Beaune) waren nicht mehr anonym, sondern völlig persönlich. Man wird von diesem großen Maler Van der Weyden sagen können, daß er sich des Lichtes bei der Gestaltung des Raumes nicht bediente, obgleich er es äußerst fein zu behandeln wußte. Ebenso verschmolz die reiche und anmutige Landschaft seiner Gemälde nicht mit der Szene und führte kein selbständiges, sondern nur ein untergeordnetes Leben als reiner Hintergrund für die Personen. Aber davon abgesehen, daß auf jeden Fall Licht, Raum und Perspektive, wenn auch vom Künstler seinen Zwecken dienstbar gemacht, seinen Schöpfungen nicht mehr fehlen, hat es keinen großen Sinn zu behaupten, sein Werk sei tief mittelalterlich. Seine dramatische Ausdruckskraft verlieh zwar einem religiösen Gefühl Stimme, aber eben dem seiner Gemeinschaft, die jetzt das Göttliche in ihrer pathetischen Auffassung vermenschlichte. Und auch die Glaubensgeheimnisse, wie das der Verkündigung, paßten sich realistischen Interieurs an und wurden in ganz intimen Szenen dargestellt.

Dierick Bouts (gest. 1475) hat einen andern Aspekt der flämischen Frömmigkeit des 15. Jahrhunderts so gesammelt und verhalten zum Ausdruck gebracht, daß man ihn mystisch nennen möchte. Der Qual eines Van der Weyden hat er gleichsam eine ganz bescheidene, zurückhaltende und ganz verinnerlichte Auffassung gegenüberstellen wollen. Zwar entsprach Bouts den Forderungen der Perspektive, doch waren sie jener im Geheimnis geläuterten Konzentration unterworfen, wie sie uns beispielsweise auf dem Triptychon der Eucharistie in Brüssel entgegentritt. Bouts' Gemälde lassen einen Sinn für starke und nüchterne Frömmigkeit erkennen. Dieser Frömmigkeitstypus, fern von jedem sichtbaren Zeichen der Heiligkeit, fern von jeder schmückenden Geziertheit, vollkommen konzentriert und schweigend, kam dem der *Devotio moderna* gleich. Es war ein neues Meditieren, ein neues Beten, eine neue und streng persönliche Glaubensform, die Bouts verwirklichte. Daß Theologen ihm oft beim Entwurf und bei der Komposition seiner Gemälde geholfen haben, schmälert keineswegs die Bedeutung dieser Bilder, sondern unterstreicht vielmehr ihre kollektive Tragweite.

Bis zum Ende des 15. Jahrhunderts entwickelte die flämische Schule diese Tendenzen, auch wenn ihre ikonographischen Lösungen sich in Wiederholungen erschöpften und ihre Inspiration manchmal nachließ. Wie viele seiner Landsleute gab auch Van der Goes (gest. 1482), dessen religiöses Empfinden etwas Bestürmendes an sich hat, den symbolischen Dimensionen seiner Personen weiterhin den Vorrang, anstatt sich den Gesetzen der Perspektive zu unterwerfen. Dagegen wurde die Darstellung des Heiligen bei ihm nun völlig naturalistisch, fast veristisch. Auf dem Portinari-Triptychon in den Uffizien scheint es, als habe der Künstler absichtlich bescheidene Modelle ohne Anmut gewählt, um die Anbetung der Magier gleichsam aktueller und beeindruckender zu gestalten, um dadurch dem Gläubigen einen unmittelbareren geistigen Nachvollzug zu ermöglichen. Auch die Madonna ist hier eine Frau aus dem Volk mit unfeinen Gliedmaßen. Über die Versuche von Bouts hinausgehend, nutzte Van der Goes die Mittel des Lichts schon besser aus und erwies sich stets als eine Künstlerpersönlichkeit, die die Wiederholung von Schemata ängstlich vermied. Und wenn uns auch ein Memling (gest. 1494) verglichen mit seinen Vorgängern weniger originell erscheint, wenn auch gegen Ende des 15. Jahrhunderts diese große Phase der nordischen Malerei allmählich abklang, stellte sie trotzdem einen lebenswichtigen Augenblick in der künstlerischen Entwicklung und im Werden des Kollektivempfindens von Flandern dar, das schöpferisch zu interpretieren sie verstanden hatte. Die Auswirkungen verschiedener Faktoren in Europa (das wachsende religiöse Unbehagen, das Bosch ausdrückte, der lastende, andersartige Einfluß Italiens, schließlich die ethisch-politische Reaktion Brueghels darauf) hinderten diese Schule an einer organischen Weiterentwicklung und an einer echten Kontinuität. Doch in der calvinistischen Frömmigkeit sollten die Niederlande bald die Religiosität wiederfinden, die darzustellen ihre Künstler bereits im 15. Jahrhundert begonnen hatten.

Im Laufe des 15. Jahrhunderts erstrebten die flämischen Maler eine neue Lösung für das Problem der Darstellung des Heiligen. Die religiösen Gefühle, ihr Inhalt, ihr mystischer oder dramatischer Gegenstand, kurz, der Glaube, standen noch im Mittelpunkt ihrer Kunst. Wenn sie auch das Göttliche in den Bereich der wiederentdeckten Natur zogen, wenn sie es auch in irdisches Licht tauchten und es in wirklichkeitsnahen Formen neu gestalteten, dachten sie doch nie daran (gerade weil sie es nicht wollten), das Jenseits der irdischen Welt unterzuordnen oder aus ihren Werken etwas Eigenständiges, von ihrer christlichen Weltanschauung Unabhängiges zu schaffen. Nur in diesem Sinn könnten die Flamen noch als »mittelalterlich« bezeichnet werden. In Wirklichkeit haben sie in einzigartiger Weise Licht-, Raum- und Farbwerte, die die früheren Epochen nicht kannten, mit einem augenscheinlich traditionellen Inhalt verbunden. Doch war die geistige Schöpferkraft, die diese Verschmelzung voraussetzt, nur ihrem kulturellen Milieu eigen. Für die Flamen nahm die ganze irdische Welt an der inneren, innigen und äußerst lebenskräftigen Beziehung zwischen Natur, Mensch und Gott teil. Das Heilige und das Irdische strebten nicht auseinander, sondern trafen sich, durchdrangen sich in einer künstlerischen Auffassung, der eine Gesamtheit von dem Menschen besser entsprechenden und gleichzeitig persönlicheren und strengeren Werten zugrunde lag.

Die italienische Kunst des 15. Jahrhunderts verlangt wenige ähnliche, dafür zahlreiche andere Erwägungen. Unleugbar wollte man auch auf der Halbinsel den Menschen oder die Welt Gott nicht entziehen. Doch ist die künstlerische Suche auf eine völlig andere Bahn geraten, die das Empfinden in eine neue, großenteils unerwartete Richtung gelenkt hat. Die Florentiner Künstler der ersten Hälfte des 15. Jahrhunderts haben die Entwicklung nicht vorausgesehen, die binnen kurzem ihre Darstellung der fühlbaren Wirklichkeit nehmen sollte. Man kann auch nicht sagen, daß für sie die Welt sich auf das beschränkte, was sie mit ihren Sinnen wahrnahmen. Denn ihre Kunst war vornehmlich eine geistige Schöpfung, und das eigentliche Sinnesorgan, auf das sie zurückgriffen, bildete das Auge. Die Lösung, die sie innerhalb weniger Jahrzehnte erarbeiteten, war so dauerhaft und konstruktiv, daß man sie gewiß nicht auf einen Wechsel in der Technik oder auf die Anwendung neuer technischer Erkenntnisse zurückführen kann. Diese Lösung war umgekehrt symmetrisch zu der der Flamen, insofern die Toskaner das Menschliche idealisierten und archetypisch zum Ausdruck bringen wollten, anstatt das Göttliche zu vermenschlichen und psychologisch zu vertiefen.

Vor allem in einem ersten Augenblick ging es nicht um eine absichtliche Umkehrung. Wohl begannen die Toskaner, klar sich auf geistige Koordinaten (Harmonie, Schönheit, Vielfalt) ohne christlichen Charakter zu beziehen. Die ständig wachsende Vertrautheit mit der Antike, die man in Italien systematisch anstrebte, beweist, daß der kollektive Glaube an die überlieferten ethisch-religiösen Werte in Abschwächung begriffen war. Es ging weniger um einen Konflikt mit dem vergangenen Kultursystem als um eine allgemeine Trennung von ihm, um eine neue Handlungs- und Denkweise, die das Alte noch nicht in Frage stellte. Dieser Loslösung lag das nunmehr hundertjährige Wissen um die Fähigkeit des einzelnen und der Gesellschaft zugrunde, schaffen und bauen zu können, oder, wie man auch sagen kann, das errungene Bewußtsein der eigenen menschlichen Selbständigkeit. Nachdem man eine völlige wirtschaftliche und politische Unabhängigkeit erreicht, sie lange Zeit erprobt und gelebt hatte, suchte man in der Tat eine Kultur und eine Kunst, die nicht mehr in einem den irdischen Errungenschaften der städtischen Gesellschaft widersprechenden Weltbild verankert waren. Diese lange menschliche Erfahrung vermochte das Hochkommen fähiger Persönlichkeiten zu bewirken, die auf geistiger Ebene die tiefen Veränderungen ausdrückten, die sich in der gesamten menschlichen Wirklichkeit vollzogen hatten. Ohne Zweifel trugen andere, dem Florentiner Milieu eigene Elemente dazu bei, daß Florenz die Heimat der ersten Künstlergenerationen wurde, die einer neuen Darstellungsart Gestalt verliehen. Doch ihre rasche Verbreitung, zuerst in Italien, dann in Europa, der Widerhall, den sie fand, und vor allem die schöpferische Weiterentwicklung, die in verschiedenen andern Städten und Gegenden folgte, zeigen, daß die allgemeine Lage (natürlich von einem gewissen Niveau an) genügend reif war und daß die von den Florentinern vorgeschlagenen Formulierungen sie grundlegend ausdeuteten.

Der Charakter der künstlerischen Lösung, die sich in Florenz um 1450 herausschälte, kann zweifach definiert werden, da sich zwei Hauptaspekte unterscheiden lassen: der ideale und kontemplative, beinahe zur Beharrung neigende, und der wirklichkeitsnahe und zweckgebundene, der einer eigenständigen Dynamik fähig war. Auf der einen Seite strebte man eine Identifizierung von schön und göttlich an, von perspektivisch und vollkommen, von geometrischer Sicht und Kontemplation; auf der andern Seite bemühte man sich, diese künstlerische Auffassung als an sich gültig zu behandeln, und lenkte sie auf die Darstellung des Lebens mit seinem ganzen Reichtum, seiner Verschiedenheit und Bewegung hin.

Während in der Philosophie, wie sich zeigen wird, keine sehr klare geistige und methodologische Trennung zwischen dem christlichen Kultursystem und dem des angehenden 15. Jahrhunderts bestand, begegnet man ihr auf andern Gebieten, etwa dem der Geschichtsschreibung. Hier, wie schon erwähnt, wurde die Erzählung der menschlichen Fakten wieder aufgenommen, wobei man von der früheren theologischen Perspektive ebenso absah wie vom Wesen der Chronik. Dasselbe traf für die bildende Kunst zu. Leon Battista Alberti und Piero della Francesca waren von Begeisterung für die neue Art zu bauen, zu bildhauern und zu malen erfüllt, die Brunelleschi, Donatello und Masaccio eingeführt hatten. Sie setzten sich für ihre theoretische Darstellung ein, d. h. sie wollten diese neue Ausdrucksweise in einem strengen und zweckbestimmten Ganzen von Kenntnissen darlegen. Aber auf welche Elemente stützten sich ihre Lehren von Perspektive und Geometrie? Auf die wiedergefundene Freude, mit eigenen Mitteln etwas absolut Wertvolles, fast Göttliches, Unsterbliches, etwas der Größe des Menschen höchst Würdiges schaffen zu können. Wohl verwandte die neue Kunst eine ausgearbeitete neue Technik. Aber diese Technik wurde nur dadurch erreicht und konnte sich nur deshalb behaupten, weil sie genau dazu diente, die menschlichen Werte auszudrükken, die bis dahin nicht in selbständiger Form verwirklicht werden konnten.

Die Literaten hatten die Antike als Beziehungspunkt und suchten auf ihren Spuren eine moralische Stütze für ihre Schreib- und Denkweise. Die Künstler fügten zur Autorität der Klassik die der Natur und der Wissenschaft. Das perspektivische Wissen und die experimentelle Beobachtung wurden jetzt als die Hauptpfeiler der Architektur, Skulptur und Malerei angesehen. Recht besehen, hatte die umworbene Natur nicht viel Originelles und war vor allem ein Aushängeschild. Aber als solches, als ideeller Schutz und sittliche Grundlage hatte sie einen unschätzbaren Wert; denn sie sanktionierte zum ersten Male nach so vielen Jahrhunderten den selbständigen Wert des Kunstwerks. In der unumwundenen Berufung auf die »Natur« bestand die große, von den Florentiner Künstlern erlebte und verwirklichte Erneuerung, d. h. für diese Künstler waren die als »natürlich« bestimmten Koordinaten ein hinreichender Maßstab und eine organische Dimension. Diese Neuerung übertraf bei weitem selbst die Tragweite der Geschichtsauffassung, zu der die Humanisten der ersten Hälfte des 15. Jahrhunderts gekommen waren. Diese hatten zwar die Kühnheit besessen, in den Mittelpunkt der Historiographie die politischen und geistigen Interessen der weltlichen Gesellschaft zu rücken, ohne sich um die religiösen Aspekte zu kümmern. Doch obschon sie damit der Geschichtsschreibung eine rein irdische Rolle zurückgegeben hatten, war daraus doch nur ein unzulängliches Instrument geworden, das keineswegs für das organische Verständnis aller ganz großen menschlichen und geschichtlichen Probleme geeignet war. Die »Natur« dagegen, auf die sich die Künstler beriefen, war wirklich die ganze Erde, das ganze irdische Leben, von den Körperformen bis zu den Leidenschaften, vom Anblick der

Felder zu dem der Städte, von den Farben bis zu den Empfindungen, vom Licht bis zu den Symbolen. Für sie bildete die Natur die Wirklichkeit schlechthin, über die man nicht hinausgehen konnte, das Ganze, außerhalb dessen sie sich um nichts anderes mehr kümmerten.

Das Bewußtsein dieser geistigen Eroberung drückte sich in der perspektivischen und geometrischen Methode aus, die die Florentiner im Lauf des 15. Jahrhunderts einführten. Die Natur, d. h. die Welt der Dinge und Menschen, nunmehr als vollendeter Raum aufgefaßt, war das Feld, dessen sich der Künstler als Architekt oder Bildner bemächtigen mußte. Die Florentiner waren mit dieser neuen geistigen und psychologischen »Umwelt« so sehr verwachsen, daß sie sich zum Vorsatz machten, sie geradezu mit Hilfe eines mathematischen Ausmessens zu beherrschen. Diesem Verhalten lag die tiefe Überzeugung zugrunde, daß die Kunst eine echte, schöpferische Tätigkeit werden könne. »Ich habe bemerkt«, schreibt Alberti in seiner Abhandlung über die Malerei, »daß die Möglichkeit, sich jegliches Lob durch jedwede Leistung zu erwerben, auf unserem Fleiß und unserer Sorgfalt nicht weniger beruht als auf der Wohltat der Natur und der Zeiten.« Die Begeisterung über den erneuten Kontakt mit der Welt war zugleich Stolz, die Welt zu formen und abzubilden, männliche Freude, sie zu genießen, und dabei ein mächtiges inneres Gefühl dafür, sie aufbauen zu können, »nie gesehene und nie gehörte Techniken und Wissenschaften« zu finden. Geometrie und Perspektive waren also als unerläßlich anerkannt, doch ebenso in ihrer Rolle als Werkzeuge des Künstlers definiert. Er wußte, daß diese Instrumente seiner Tätigkeit ihn nicht überragen durften. Seine Werke durften davon durchdrungen sein, ohne darunter zu ersticken. Alberti hat den neuen Sinn der sogenannten »Nachahmung« der Natur mit großer Klarheit präzisieren wollen. Der Maler (denn von ihm handelt er speziell) müsse alles, was er malen wolle, aus der Natur beziehen, sie für den Kanon seiner Darstellungskraft nehmen, d. h. er müsse dadurch zum Meister werden, daß er das Leben in seiner prägnanten, reichen und vielfältigen Natürlichkeit abbilde. Wenn er diese Fertigkeit erworben habe, »werde alles, was er tue, der Natur entnommen zu sein scheinen«.

Die Errungenschaft einer ganz irdischen Kunst war somit vollständig, insofern sie nicht nur vom Gesichtspunkt des Inhalts, sondern ebenfalls von dem der Form und der technischen Meisterschaft aus verwirklicht war. Jedoch blieb dieses vollgültige kulturelle Ergebnis gleichsam auf sein Gebiet beschränkt, griff nicht auf die andern ethisch-geistigen Ausdrucksformen über und beeinflußte sie nur in beschränktem Maße. Das Echo, das die Kunst auf andern Gebieten (Literatur, Philosophie, Politik) fand, blieb mehr oder weniger Episode und stellte keinen Abschnitt einer starken, harmonischen Entwicklung dar. Die Kunst selbst dagegen behielt nach Brunelleschi, Donatello und Masaccio ihre eigentliche Vitalität fast bis zum Ende des 16. Jahrhunderts unberührt bei. Diese Beschränkung ließ in der Kunst im allgemeinen enttäuschte, oft gespannte und manchmal tragische Töne aufklingen. Sie bildete eben die Lebensform, die nicht organisch von kollektivem Schwung begleitet und getragen wurde. Dafür gelte das Zeugnis der Malerei, die sich von Anfang an sozusagen den Werten ihrer Umgebung anpaßte. Alberti bereicherte den humanistischen Mythos vom Ruhm, in dem er eine Möglichkeit des Fortlebens erblickte, um eine heroische Nuance, die auf den Künstler gemünzt war, dessen Schöpfungen von den Menschen angebetet würden: »Und er wird sich beinahe wie ein zweiter Gott vorkommen.« Der Künstler des italienischen Quattrocento hatte vielleicht mehr als der Literat das volle Gefühl seiner selbständigen und für die menschliche Gemeinschaft unerläßlichen Rolle erreicht. Der Begeisterung des Florentiner Theoretikers entsprach in Wirklichkeit bei den meisten italienischen Malern des 15. Jahrhunderts eine weniger kühne Behandlung des Inhalts. Als fast einziger Schöpfer in einer eher statischen Gesellschaft und in einer in so vieler Hinsicht rhetorischen Kultur gab sich der Künstler unvermeidlich immer mehr mit seinen Formen, mit der idealen Schönheit, die er so wunderbar und stets neu abzubilden verstand, zufrieden. Das Mißbehagen, mit dem die überlieferten religiösen Gefühle ausgedrückt wurden, war sicherlich tief und wurde immer sichtbarer. Selten jedoch verwandte sich ein Maler dafür, über das seinen Zeitgenossen Geziemende hinauszugehen. Im Gegenteil, er schilderte weiterhin ihre Absichten und ihr Empfinden, stellte ihren Geschmack, ihre Interessen oder ihren Ehrgeiz zufrieden. Daher bildete eine seiner Kategorien die Angemessenheit, die oft die Bedeutung von Anstand annahm, d. h. die anerkannte Forderung, eine Szene, eine Person so darzustellen, wie es sich für den Stand der Ideen und erworbenen Gefühle gehörte. Jedes Schauspiel mußte »würdig« sein. Und Alberti riet dem Maler, die Literaten aufzusuchen (die somit zu Nachfolgern der Theologen wurden), um sich Anregungen zu holen und sein Gemälde entsprechend zu komponieren.

Der Künstler des italienischen Quattrocento war für die ethischen Werte auf formalem wie inhaltlichem Gebiet alles andere als unempfänglich. Ein Botticelli durchbrach absichtlich die Gesetze der Perspektive, um die Bedeutung einer religiösen Szene (Anbetung der Magier) besser hervorheben zu können. Dagegen zögerte Ghirlandaio (1449–1494) nicht, seinen Auftraggeber und Mitbürger Tornabuoni zufriedenzustellen, indem er einige religiöse Episoden mit dem Hauptzweck darstellte, die Mitglieder von Tornabuonis Familie und den Prunk seines Hauses zu verherrlichen. Dies war eine Gepflogenheit von Ghirlandaio, der man in der Cappella Sassetti der Florentiner Kirche Santa Trinità und im Chor von Santa Maria Novella wieder begegnet. Dasselbe läßt sich von seinem Zeitgenossen Benozzo Gozzoli (1420–1497) sagen, der die Medici verherrlichte. Auf der andern Seite machten zwar die christlichen Themen noch einen beachtlichen Teil der malerischen Schöpfungen aus, aber die vage und verschwommene Frömmigkeit, die die Maler auf ihren Bildern ausdrücken wollten, ließ sich nur schwer mit einem wirklichen Kollektivempfinden verbinden. Man denke beispielsweise an Luca Signorelli (gest. 1523) und speziell an seine im Dom von Orvieto um 1500 ausgeführten Fresken. Die christliche Geistigkeit, die diese Szenen beherrschen müßte (Weltende, Paradies, Hölle, Geschichte des Antichrist usw.), verschmilzt nicht mit der vollendeten und kräftigen Körpergestaltung. Hier leuchtet eher das psychologische Drama auf, das in jenen Jahren die schon bestürzten Geister der Halbinsel erschütterte.

Das Bestreben, reine Schönheit abzubilden, das bereits stark bei Fra Angelico, ganz deutlich dann im Werk von Filippo Lippi (gest. 1469) und von Luca della Robbia (gest. 1482) zum Ausdruck kam, bildete nur einen, wenn auch konstanten Bestandteil der florentinischen Kunst des 15. Jahrhunderts. Gewiß war das Schöne ein göttliches Attribut und seine vollkommene Schau höchstes Ziel des Künstlers, das er dank seiner Kenntnis der Perspektive erreichte. Aber die Beherrschung von Raum und plastischen Werten (die sich gerade aus dem Bewußtsein der selbständigen Dimensionen der natürlichen »Umwelt« als eines autonomen, unerläßlichen Ganzen ergab) gestattete es den italienischen Künstlern sehr rasch, eine Fülle von Werken zu schaffen. Denn die Möglichkeiten, die in der neuen, zweckbestimmten und schöpferischen Auffassung lagen, waren zu groß, um nicht von verschiedenen kraftvollen Persönlichkeiten ausgenutzt zu werden. Während Männer wie Michelozzo (gest. 1472), Andrea del Verrocchio (gest. 1488) und Antonio Pollaiuolo (gest. 1498) der Florentiner Architektur, Skulptur und Gravur Glanz verliehen, waren die Maler noch zahlreicher, die für die weitere Verbreitung der von dieser Stadt ausgegangenen Bewegung sorgten. Während die feste räumliche Geschlossenheit der Gebäude, die Harmonie der Proportionen, die beschwingte Kraft der Strukturformen die architektonischen Schöpfungen kennzeichneten, beherrschte ein gewisser statischer Zug die Werke der Malerei. Doch bildete von Anfang an der Wert des Lichts (der nur selten das Hell-Dunkel erreichte) ein Grundelement bei der Anordnung der Massen und Farben in der Flo-

Abb. 16: Leonardo da Vinci. Selbstdarstellung des Künstlers und Gelehrten, die zugleich das überindividuelle Genie des Renaissancemenschen erfaßt.

rentiner Kunst des 15. Jahrhunderts. »Ich werde den wohl nie auch nur als mittelmäßigen Maler schätzen«, ließ sich Alberti unmißverständlich vernehmen, »der nicht klar versteht, welche Kraft jedes Licht und jeder Schatten für jegliche Oberfläche besitzt.«

Das Licht, das bei den Flamen etwas konventionell, fast durchweg einförmig und beinahe unwirklich geblieben war, wurde endlich in seiner Wirkung beherrscht. Unvergleichlicher Meister und bedeutendster Vertreter dieser Zeit war Piero della Francesca (gest. 1492), dem es nach den kräftigen perspektivischen Verkürzungen und der Fähigkeit dramatischer Gestaltung des Andrea del Castagno (gest. 1457) gelang, das Licht mit dem Körpervolumen zu identifizieren und mit seiner Hilfe eine feste und durchscheinende atmosphärische Einheit zu schaffen. Ihm zur Seite stand in der nächsten Generation der so ganz anders geartete Sandro Botticelli (gest. 1510), Erbe und eigenwilliger

Deuter fast aller Florentiner Richtungen des 15. Jahrhunderts. Idyllisch und gequält, mit klaren, ausgeprägten Linien, die doch in leicht tänzelnder Bewegung schwingen, drückte er mit seiner vielseitigen Kunst bereits die kritische Phase aus, in der sich die innere Welt von Florenz im 15. Jahrhundert auflöste. Die Zauberkraft seiner Bilder bleibt stets ganz mächtig. Aber von der hervorragenden individuellen Maltechnik abgesehen, nimmt man keine einheitliche und starke Kollektivauffassung mehr wahr. Während der wenigen Jahrzehnte seiner Tätigkeit wechselten Lebensfreude und Schwermut, religiöse Spannung und tiefe Trostlosigkeit einander ab.

Aber schon gelangte man in den übrigen Gegenden Italiens (ohne von Florenz mit Leonardo und Michelangelo zu sprechen) zu neuen und kühneren Ergebnissen. Dies gilt für die Verwendung von Licht und Farbe (wie bei Antonello da Messina und Vittore Carpaccio) wie für die Art der Behandlung von Volumen und Raum. Darin zeichneten sich Melozzo aus Forlì (gest. 1494), ein Meister der Bewegung (man denke an die Himmelfahrt im Quirinalspalast), und Andrea Mantegna aus Padua (gest. 1506) aus. Indem er für seine eigenen Zwecke die perspektivische Sicht der Florentiner übernahm, verwirklichte Mantegna in seinen Werken eine Räumlichkeit, die zugleich organischer und dynamischer war. Seine Entdeckung des *sottinsù*, der Ansicht von unten, verlieh der geometrischen Sehweise durch Verschiebung des bisher nur frontal ausgerichteten Blickpunktes eine neue Dynamik und eine Vielfalt von Effekten, die sich der optischen Täuschung näherten. Das berühmte Beispiel dafür ist die *Camera degli Sposi* im Herzogspalast von Mantua (um 1474), wo Malerei und Architektur sich ebenfalls vermählen und zum erstenmal erreichen, daß der umgebende Raum sich genial weitet.

III. DAS HUMANISTISCHE WELTBILD

Die Welt der Kunst und die der literarischen Kultur lebten in Italien im 15. Jahrhundert nicht nur zusammen, sondern ergänzten sich auch in einer einzigen Weltanschauung. Ihnen beiden lag also auch eine gemeinsame Philosophie zugrunde. Indes darf das humanistische Denken nicht in weiten und noch weniger in systematischen metaphysischen Formulierungen, in logischen Strukturen und auch nicht in einer eigentlichen Erkenntnismethodologie gesucht werden. Die Philosophie, wie man sie gewöhnlich versteht, d. h. als Theorie, schwieg zur damaligen Zeit ganz und gar nicht, an deren Beginn bereits die große Gestalt des Nikolaus von Kues (gest. 1464) stand. Doch gehörte der von der Mitte des 15. bis zur Mitte des 16. Jahrhunderts reichende Zeitabschnitt zu den Perioden, die ihr Bestes nicht in Spekulation ausdrückten. Die lebendigsten Kulturströmungen, zu denen gerade die humanistischen zählten, suchten zwar angestrengt nach einer harmonischen Verbindung der einzelnen Wissenschaftsgebiete. Doch wollten sie dies verwirklichen, ohne das spekulative Erbe der Vergangenheit (das heidnische wie das christliche) anzutasten. Sie sehnten eine allgemeine Eintracht herbei, eine Aufspeicherung der Wahrheit in jeder ihrer Formen im Rahmen einer großzügigen, äußerst weiten menschlichen Verständigung.

Das fast gänzliche Fehlen eines philosophischen Systems machte aus dem Humanismus doch keineswegs eine Kultur ohne umfassendes Weltbild, und es mindert seine Bedeutung durchaus nicht, daß dieses Weltbild in ziemlich ungewöhnlichen Formen sich äußerte und Gestalt gewann. Im Gegenteil, so wahr es ist, daß das Profanwissen und das kritische Nachdenken der folgenden Jahrhunderte vom Humanismus ausgingen, so richtig ist es auch, seiner Denkweise größte Bedeutung zuzumessen.

Auf den vorhergehenden Seiten haben wir versucht, die Wichtigkeit der neuen, in Italien entstandenen künstlerischen Schöpfungen klarzumachen. Man kann sich nicht vorstellen, daß sie ohne ein vom Mittelalter grundsätzlich verschiedenes Bewußtsein entstanden und zum Durchbruch gelangt wären. Wir haben ebenfalls unterstrichen, welche lebenswichtige Aufgabe die geometrischen Kenntnisse in der neuen Kunst übernahmen und was die ebenso lebenswichtige Rückkehr zur »Natur« bedeutete. Während die künstlerische Erfahrung (darauf sei hier hingewiesen) die Ziele, die sich die Naturwissenschaft setzte, ständig beeinflußte und in Beziehung zu ihnen stand (man denke beispielsweise an Leonardo da Vinci), ereignete sich fast nichts dergleichen im Bereich der ethischen, philosophischen und literarischen Erfahrung der Humanisten. Den Grund hierfür darf man vor allem darin erblicken, daß die literarisch-philosophische Erfahrung sich am Vorbild der Antike orientierte.

Das soll, wie bereits klargestellt, nicht heißen, die neue Kultur des 15. Jahrhunderts habe sich zum Vorsatz genommen, klassische Schemata sklavisch zu kopieren, sie habe sich nur im Absorbieren eines 1500 oder 2000 Jahre alten geistigen Erbes gefallen, und noch weniger, sie habe dieses Erbe lediglich aus Opposition zum christlichen Weltbild bewundert. Die Dinge liegen beileibe nicht so, auch wenn mit der Zeit eine neue, von der früheren verschiedene Art von Scholastik Platz griff. Die Literaten wollten jedoch mit Hilfe der Antike, die sie wieder zu Ehren brachten und aufwerteten, zum selben Ergebnis kommen wie die Künstler, die sich mit ihrer Berufung auf die Natur einen ideellen Schutz für eine wirklich selbständige und schöpferische Tätigkeit geschaffen hatten. Die Humanisten ließen unleugbar die Werke von Griechen und Römern nur deshalb mit solcher Begeisterung und solchem Glanz wieder aufleben, um erneut die Schönheiten der Schöpfung besingen, den aktiven Anteil des Menschen auf Erden fordern und aus der Kultur ein gesellschaftlich zweckgebundenes Organ machen zu können. Verglichen mit der Dehnbarkeit des Begriffes Natur und der gestaltenden Freiheit, die die Künstler aus ihren mathematischen Kenntnissen gewonnen hatten, stellte sich dabei die Aufgabe der Moralisten, Denker und Schriftsteller, die sich um die antiken Texte bemühten, unbestreitbar als außerordentlich verschlungen und kompliziert dar.

Bezeichnenderweise behauptete sich die humanistische Kultur gerade mit Hilfe von indirekten Wirklichkeiten, die gleichsam als Muster und Modell dienten. Sie brachte historische und konkrete Forderungen mittels entfernter oder als universal verstandener Vorbilder zur Geltung. Die Humanisten machten sich das Ausmaß des geistigen Umbruchs, den sie eingeleitet hatten, nicht klar. Sie dachten, es ginge vor allem um eine Änderung der Form und viel weniger des Inhalts. Sie wollten nicht mehr auf »barbarische« Weise reden hören, nicht mehr stereotyp malen und nicht mehr in störrischen, unharmonischen Formen bauen. Doch der Einsatz bei diesem Spiel betraf weit mehr als nur Stil, Farben oder architektonische Strukturen. All diese neuen Ausdrucksformen kündigten, genauer gesagt, eine völlige Umwälzung der abendländischen Kultur an und implizierten sie. Wie wenig die Humanisten dies ahnten, geht allein daraus hervor, daß sie sich bis zur ersten Hälfte des 16. Jahrhunderts fast nie in politischen, gesellschaftlichen, wirtschaftlichen oder religiösen Spitzenpositionen befanden. Wohl verliehen sie der tiefen Unduldsamkeit der neuen Laiengenerationen angesichts der geistig geschlossenen, dogmatischen, hierarchischen und transzendenten Struktur der geistlichen Kultur Stimme. Aber vor dem 16. Jahrhundert glaubten sie, das christliche Weltbild durch ihre Verherrlichung des Irdischen nicht anzutasten, meinten, den Aufbau der Gesellschaft nicht ernstlich verändern zu dürfen, obgleich er ihren Idealen wenig entsprach, und hielten es für ihre Pflicht, den wie auch immer gesetzten Gewalten treu zu dienen. So kam es, daß die übrigen Kulturformen (von der Literatur zur Wissenschaft, von der Philosophie zur Moral) noch lange eine indirekte Wirkung durch den reichen und tiefen Kontakt mit der Antike ausübten, während es der Kunst gelang, einen Weg einzuschlagen, der bereits vollkommen der gegenwärtigen und künftigen Umwälzung des europäischen Lebens entsprach.

Tatsächlich war jene so durch und durch menschliche Welt, die sich in den Spuren der Klassiker widerspiegelte, weit wie ein neuer Kontinent von großer Fruchtbarkeit. Die Literaten gaben sich zuerst dem Genuß hin, die Früchte der Antike zu kosten, und dachten erst an zweiter Stelle daran, selber etwas Eigenes zu schaffen, und dies zweifellos deshalb, weil ihnen die Verse, die Prosa, die Überlegungen der Klassiker gerade das zu sagen schienen, was sie hören wollten. Auf der andern Seite wünschten die Humanisten keineswegs, auf ihre religiösen Anschauungen als Christen zu verzichten oder auf das, was ihnen als wesentlich an der Religion erschien: die Existenz Gottes, die Unsterblichkeit der Seele, den Glauben an die sittliche Tugend. War dies auf den ersten Blick nicht auch ein Anliegen der heidnischen Kultur gewesen, das sie, wenn auch anders, in ihren bedeutendsten Vertretern verfochten hatte? Selbst für das Denken und die Ethik eines Epikur mußte es eine Möglichkeit geben, recht verstanden und sinnvoll genutzt zu werden. Erst gegen Ende des 15. Jahrhunderts begann man, in Epikur wieder einen gott- und sittenlosen Dichter zu sehen. Das bedeutet, daß viel Zeit verstrich, ehe von den Früchten der wiederentdeckten Antike einige zurückgewiesen und für giftig gehalten wurden. Auf jeden Fall führte die Überzeugung von einer grundsätzlichen metaphysischen Übereinstimmung zwischen Antike und Christentum zu einem umfassenden Verzicht, neue philosophische Systeme zu errichten. Eine Ausnahme bildete damals nur das zwar kräftige und eigenständige System des Nikolaus von Kues, das jedoch am humanistischen Empfinden nie wirklich teilhatte. Man darf auch nicht vergessen, daß die neue Profankultur noch nicht reif, sicher und selbstbewußt genug war, um ein eigenes spekulatives System dem traditionellen entgegenzusetzen. Es gab außerdem in diesem überstaatlichen Kreis von Literaten auch kein großes Problem, das dringend einer Lösung bedurft hätte, und ebenso fehlte die Forderung, gegen etwas Feindliches und klar Bestimmtes zu kämpfen. Nach den ersten Jahrzehnten des 16. Jahrhunderts, als Gruppen von Humanisten begannen, aggressiver zu werden, erlebte ihre Bewegung bereits die erste große innere Krise und trat in eine andere Phase.

Es gab jedoch von der zweiten Hälfte des 14. Jahrhunderts an einen immer umfassenderen und entschiedeneren Kampf, je mehr die profanen Kulturpositionen sich verstärkten und an der Gesellschaft Rückhalt fanden. Genau wie die Verfechter der *studia humanitatis* sich dem System der christlichen Anschauungen nicht feindlich zuwandten, erblickten auch die Kirche und ihre Vertreter im allgemeinen in den Humanisten keine zu fürchtenden und sehr gefährlichen Gegner. Dennoch schufen die durch die Philologie erneuerte Kenntnis von Aristoteles, Platon, den Neuplatonikern und verschiedenen andern antiken Denkern und die stets wachsende Zahl lateinischer Übersetzungen griechischer Werke ein vom vorhergehenden äußerst verschiedenes geistiges Klima. Im Mittelalter fehlte es nicht an einer großen Gedankenfreiheit, doch wurde das gesamte spekulative Erbe der Offenbarung untergeordnet, und die Leitgedanken jeder philosophischen Debatte hingen wesentlich davon ab, wie man den Glauben und das Dogma zu interpretieren gedachte. Die Spekulation galt nie an und für sich, da man die Überzeugung gewonnen hatte, nunmehr eine überlegene, göttliche Wahrheit zu besitzen. Wie erwähnt, fühlten sich die Humanisten nicht in der Lage, einfach durch ein direktes Studium der antiken Systeme eigene hervorzubringen. Wenn sie auch noch nicht so weit waren, die Systeme der Antike gründlich zu kritisieren oder sie als völlig irrig zu beurteilen (Pierre de la Ramée machte als einer der ersten die scharfe Bemerkung: *quaecumque ab Aristotele dicta sint, commenticia esse;* aber das geschah erst 1536), so besaßen sie doch genügend Geisteskraft, deren selbständige Stärke zu erfassen und allmählich ihre Verfälschungen zu beanstanden. Dies ist eines der großen positiven Ergebnisse des neuen philosophischen Verhaltens. Denn es bildete die grundlegenden geistigen Voraussetzungen für eine spätere regelrechte Wiederaufnahme der Spekulation. Dadurch, daß sie sich als fähig erwiesen, die theoretische Stärke von Platon und Aristoteles voll zu schätzen, und es verstanden, sie auf nicht mehr traditionelle Gefühle und Perspektiven hinzulenken, zeigten sich die Humanisten zumindest als ebenbürtige Gesprächspartner der Antike. Mit andern Worten, sie bewiesen, das innere Maß wiedergefunden zu haben, um die selbständige Gültigkeit des menschlichen Denkens unabhängig von der offenbarten Wahrheit zu bewerten. Das bedeutete ein regelrechtes geistiges Auftauen, ja, die Befreiung jener spekulativen Kräfte und jener rationalen Fähigkeiten, die zu unterwerfen und zu zähmen dem Dogma bisher gelungen war.

Richtig muß auch das andere grundlegende Ergebnis der humanistischen Philosophie gesehen werden, nämlich die zentrale Stellung, die sie für den Menschen forderte oder, wenn man will, die neue Bedeutung, die sie dem Begriff Mikrokosmos gab. Man darf sich vor allem nicht zu sehr von den vielfältigen Versuchungen verführen lassen, die diese Bedeutung auf kosmologischer Ebene erwecken könnte. Sicher besteht eine Analogie zwischen den kühnen Spekulationen über das Unendliche bei Nikolaus von Kues und einigen geistigen Voraussetzungen für die überseeischen Entdeckungen, zwischen den Thesen von Nikolaus von Kues, Ficino (gest. 1499), Pico (gest. 1494) und anderen über die privilegierte Stellung des Vernunftwesens in der Schöpfung und der einsetzenden Vormachtstellung des Europäers über alle Völker der Erde. Doch gehen diese Analogien nicht sehr weit. Denn der Zentralstellung des Menschen entsprach noch in der Vorstellung der meisten, auch der weniger traditionell eingestellten Zeitgenossen die Zentralstellung der Erde im Weltall. Welch ein Abstand zum größten wissenschaftlichen Ergebnis aus der ersten Hälfte des 16. Jahrhunderts, das Kopernikus erzielte (vgl. seine Schrift: *De revolutionibus orbium coelestium*, 1543). Außerdem implizierte diese Zentralstellung klar eine ontologische, ihrem Wesen nach der mittelalterlichen nicht unähnliche Hierarchie, eine noch vorwiegend sittliche Perspektive, wie sie gerade dem Christentum eignete. Dem Begriff Mikrokosmos kommt also weniger wegen seiner theoretischen Formulierung oder seines metaphysischen Rahmens Bedeutung zu als wegen der besonderen Zweckgebundenheit, die ihm anhaftet. Er drückt das profane Kulturideal jener Zeit ideologisch vollkommen aus. Die Künstler hatten sich sehr wohl auf die göttliche Schönheit der Schöpfung berufen, aber nur, um die Schönheit der Werke des würdigsten unter den Geschöpfen zu feiern. Der äußerst hohe Wert, den die Literaten den Meisterwerken der Antike zusprachen, war für sie nichts anderes als die geistig passendste Art, die Fähigkeiten der Neueren zu verherrlichen, d. h. der Menschen, die die Offenbarung noch nicht gekannt hatten, und der Zeitgenossen, die nicht mehr gewillt waren, alles den religiösen Anschauungen zu entnehmen.

Daher verstanden sie den Begriff Mikrokosmos in dem Sinne, der ihnen am meisten am Herzen lag, nämlich als Ausdruck ihres Glaubens an die zahllosen Möglichkeiten des Geschöpfs. Es stimmt zwar, daß die mittelalterliche Rangordnung der Wesen durch diesen Begriff in ihrer Tiefe nicht erschüttert wurde und daß er in gewisser Weise den profanen Ausdruck der christlichen Auffassung vom Menschen darstellte, der sündigen und der Verdammnis anheimfallen, der aber auch auserwählt und selig werden konnte. Doch jetzt wurde dem Individuum eine neue, eindeutig irdische Aussicht von den Philosophen eröffnet, und der Mensch wurde zum *faber fortunae* ausgerufen, der von der göttlichen Tätigkeit praktisch unabhängig war. Es ist ein neuer Gott, d. h. das höchste Bewußtsein der eigenen Epoche, der durch Pico zu Adam so spricht (in *De hominis dignitate oratio*): »Ich habe dich ins Zentrum der Welt gestellt, damit du leichter um dich blicken kannst und alles, was sie enthält, siehst. Ich habe dich nicht als himmlisches Wesen und nicht als irdisches, weder sterblich noch unsterblich geschaffen, damit du dein freier Erzieher und Herr seist und dir selbst deine Form gibst. Du kannst bis zum Tier absinken oder in freier Wahl dich zum

Göttlichen emporschwingen ... Du allein hast eine Entwicklung, die von deinem Willen abhängt, und du allein trägst die Keime allen Lebens in dir.«

IV. DIE ETHISCHEN AUFFASSUNGEN

Der Humanismus hatte also das harmonische Gleichgewicht des Geschöpfs wiederherstellen wollen, das bis dahin metaphysisch in Materie und Form und noch mehr in Seele und Körper gespalten war. Diese Forderung hatte sich, von der Kultur und ihren Formen ausgehend, in einem expliziten Bewußtwerden des autonomen Wertes der menschlichen Tätigkeit geäußert. Gleichzeitig war die Würde des Menschen weniger unmittelbar betont und viel eher indirekt geadelt worden, und zwar durch seine Fähigkeit, göttlich zu werden, naturnahe Werke zu schaffen oder sich in einer der antiken ähnlichen Weise auszudrücken. Ohne jeden Zweifel gedachten die Humanisten nicht viel weiter zu gehen, d. h. sie beabsichtigten nicht, aus ihren Prämissen Folgerungen zu ziehen, die nicht vorwiegend kulturell waren. Doch diese Voraussetzungen geschaffen zu haben, bildete schon an und für sich eine geistig grundlegende und entscheidende Erscheinung für die künftige Orientierung eines ganzen Abschnitts der europäischen Kultur. Auf der andern Seite muß man auch einräumen, daß die Humanisten lange für die Schönheit und Dichtung, für eine kulturelle Freiheit kämpften, die die Basis und Bedingung für die wiedergefundene Autonomie des persönlichen Urteils abgab. Sie waren von all den irdischen Werten berauscht und feierten sie als unveräußerliche Vorzüge und Eigenschaften des Menschen schlechthin. Sie hatten Freude an ihnen und ihrer Verherrlichung, und es gelang ihnen (wenigstens zum Teil) nicht, auf die Dauer der Gefahr der Abstraktheit und Rhetorik auszuweichen.

Wie es die Errungenschaften der Kunst deutlich gezeigt haben, schloß die Pflege von in gewissem Sinn noch überirdischen Idealen in Wirklichkeit keineswegs den Willen aus, den Menschen nicht nur zu einem Nachahmer, sondern zu einem regelrechten Schöpfer werden zu lassen, aus ihm nicht nur einen ebenbürtigen Gesprächspartner, sondern einen selbständigen Erben zu machen. Die absolute Autonomie der Profankultur wurde zwar durch die Vermittlung der Antike erstrebt und erreicht, doch war ihre kollektive Durchformung langwierig und mühsam. Man denke an die tägliche Arbeit, an den Einsatz, der nötig war, um zur Aufgabe des zäh verfochtenen alten Lehrsystems zu gelangen, zur allmählichen Annahme der klassischen Texte und der neuen pädagogischen Methoden, zu einem, wenn auch unvollkommenen, Sieg über die Widerstände jeglicher Art und jeden Grades, die den Weg verstellten. Die Auseinandersetzung zwischen den nur mit philologischen Kenntnissen und ihrer Unduldsamkeit angesichts der Barbarei des Unharmonischen und Unmenschlichen gewappneten Literaten einerseits, den mittelalterlichen »Klerikern« auf der andern Seite kann mit dem Kampf zwischen David und Goliath verglichen werden. Hinter den Klerikern stand nämlich ein ganz starres, widerstandsfähiges System, eine alte und sehr starke Tradition, eine praktische Organisation und eine regelrechte geistige Struktur. Und da wollten ihnen Widersacher entgegentreten, die den Wert der antiken Dichtung betonten, die den Anspruch erhoben, Platon und Aristoteles anders als ihre Vorgänger zu lesen oder einen zumindest ungewohnten lateinischen Stil durchzusetzen! So stark die Unterstützung gewesen sein mag, die den Humanisten in der weltlichen Gesellschaft (und manchmal auch in der kirchlichen) zuteil wurde, so muß man doch einräumen, daß sie im Vergleich zu den zeitgenössischen Künstlern ungleich größere Hindernisse und Schwierigkeiten zu überwinden hatten. Dieser lange und erschöpfende Kampf macht die gegenüber der freieren, nicht nur genialeren Tätigkeit der Architekten, Maler und Bildhauer relativ geringe schöpferische Produktivität der Literaten und humanistischen Denker im 15. Jahrhundert verständlicher. Trotzdem haben die Humanisten in höherem Maße als die Künstler allmählich das geistige Rüstzeug geschaffen, mit dessen Hilfe das neue Profanempfinden seine Form erhalten konnte.

Von beachtlichen Ausnahmen abgesehen (man müßte z. B. Lorenzo Valla oder Leon Battista Alberti nennen), wurde fast das gesamte 15. Jahrhundert von immer erfahreneren Stilisten, hervorragenden Pädagogen und weltoffenen Gelehrten beherrscht. Dagegen fehlten nicht nur die philosophischen Systeme, sondern auch die großen spekulativen Schriften und wirklich eigenständige Werke der Literatur. Um 1500 schließlich reifte eine kulturelle Wachstumskrise heran, deren Ebenbild man mühelos auch im Bereich der Kunst antreffen kann, deren Folgen sich jedoch auf fast allen Gebieten zeigten. Der Humanismus verließ gewissermaßen ·seine vorhergehende Abstraktheit, die ihn so großzügig die verschiedenen Religionen in einer einzigen, fortschreitenden, zugleich göttlichen und menschlichen Wahrheit hatte verschmelzen lassen oder die ihn die bürgerliche Freiheit des Menschen, wo er auch sei, um des bloßen Menschseins willen hatte verherrlichen lassen. Zu Beginn des 16. Jahrhunderts suchte die edle Begeisterung der Humanisten für Ideale Probleme zu lösen, die scheinbar unvorhergesehen in aller Schärfe aufgetaucht waren, und ging sie verschieden an, jedoch stets mit einer neuen, mehr oder weniger kühnen kritischen Kraft, die auf literarischem und ethischem, philologischem und politischem Gebiet auf jeden Fall reifer und konkreter geworden war.

Wir wollen später (vgl. Kap. 9, I) einen Blick auf die Gesamtheit der Beziehungen werfen, die damals zwischen dem Humanismus und den Forderungen nach einer religiösen Reform bestanden. Doch jetzt schon müssen wir darauf hinweisen, daß vor dem Ausbruch und dem Auflodern der Reformation einige von den größten Humanisten eine eigene Verhaltensweise entwickelten, die manchmal von einer persönlichen Enttäuschung über die rauhe Wirklichkeit der Zeit herrührte, die sie manchmal aber auch einen außerordentlichen Grad an Rationalismus bei dem (für alle vergeblichen) Versuch erreichen ließ, diese Wirklichkeit zu beherrschen. Der Engländer Thomas Morus (1478–1535) war des ungeheuren Abstandes zwischen einem Ideal vernünftigen menschlichen Zusammenlebens und der europäischen Gesellschaftsordnung seiner Zeit innegeworden. Doch allein die Tatsache, diese Kluft bewußt geschildert und vor den Gebildeten systematisch analysiert zu haben, macht aus Morus' *Utopia* ein äußerst bezeichnendes Dokument der sozialen Verantwortung, deren der Humanismus fähig war.

Ganz ähnlich, aber mehr von moralischen Gesichtspunkten bestimmt, hatte sich bereits einige Jahre zuvor sein Freund Erasmus von Rotterdam (1466–1536) in seinem Werk *Encomium moriae* vernehmen lassen (1511), das die *Colloquia* in gewissem Sinne später wiederaufnahmen und weiterentwickelten. Mit diesen Schriften begann man vielleicht zum erstenmal in Europa eine Gesamtheit von weltlichen ethischen Urteilen der christlichen Moral gegenüberzustellen. Es ist absurd, aus Erasmus einen Voltaire *ante litteram* zu machen. Dennoch spürt man beim Lesen der anmutigen Seiten des *Lobes der Torheit*, wie einige Hiebe auf die erworbene und christlich sanktionierte Moral niedersausen. Abgesehen vom wirbelnden Schwarm der erasmischen Pfeile, finden wir hier eine Sehweise, die nicht mehr mit der Tradition übereinstimmt: Es ist die Sehweise eines weltlichen Moralisten nach Jahrhunderten religiöser Moral. Unter den zahllosen menschlichen Torheiten, die der Schriftsteller aufzählt, erscheint diejenige so gut wie nicht, die bis dahin als die größte galt, nämlich die Gleichgültigkeit gegenüber den Höllenstrafen und Himmelsfreuden. Wenn Erasmus sich den Stellvertreter Christi vornimmt (der trotz seines Alters die Jugendkraft wiederzufinden scheint, um sich an die Spitze seines Heeres zu stellen), zitiert er ihn nicht vor den göttlichen Richter, sondern vor das Menschengeschlecht, zu dessen Geißel er geworden ist. Auf gleiche Weise zitiert Erasmus den Pilger, der nach Jerusalem, Rom oder Compostella wallfahrtet, wo er nichts zu suchen hat, vor Frau und Kinder; vor ihren Untertanen verlangt er von den Königen Rechenschaft.

Es geht daher nicht darum, festzustellen, ob der Verfasser des *Lobes der Torheit* Christ war oder nicht, sondern wie er es war. Gegen die Verehrung, um nicht zu sagen Idolatrie, der Heiligenbilder wandte er sich nicht vom theologischen, sondern vom moralischen Standpunkt aus. Und er beobachtete schonungslos auf eine neue Art, wie viele Gläubige am hellichten Tag der Madonna eine Kerze anzündeten; voll Trauer dachte er mehr an die selige Zuversicht dessen, der genau Buch führte über Jahre, Monate und Tage, die ihm im Fegefeuer abzubüßen blieben, als an den skandalösen Ablaßhandel. Gestützt auf sein unabhängiges Urteil, erhob sich Erasmus über die Toren und registrierte mit gleich leidenschaftsloser Distanz die Nichtigkeit der Pedanten und Theologen, die Torheit der Abergläubischen und Bigotten. Dabei leitete ihn ein ethisch neues Kriterium, das über den Humanismus des 15. Jahrhunderts und die mittelalterliche Christenheit hinausging, obschon beide es geprägt hatten. Der Schriftsteller beobachtete mit äußerster Schärfe die sich noch an der Vergangenheit orientierenden Sitten. Auch wenn die Spannweite seines Humors kurz ist, so hat sich doch zwischen ihm und dem Gegenstand seiner Beobachtung ein leerer Raum gebildet. Unter spezieller Verwendung einer ungewöhnlichen ethisch-psychologischen Dimension, des Lächerlichen, drückte Erasmus ein Gefühl geistiger Überlegenheit aus, zu der die neue Kultur gelangt war. Lächerlich ist, was von der allgemeinen Norm abweicht, ob diese nun wirklich befolgt wird oder nur ein Ideal bleibt. Die echten Christen sind Toren der Masse der andern gegenüber, die, verglichen mit dem gesunden Menschenverstand des Vernünftigen, ihrerseits Toren sind. Die Torheit ist universal, aber relativ. Es gibt in der Gesellschaft keine wirkliche Grundlage mehr, Toren von Weisen zu scheiden. Die beiden Torheiten, die weltliche und die göttliche, sind gegenseitig unvereinbar. Doch fühlte Erasmus, daß es zu Beginn des 16. Jahrhunderts verfrüht war, die beiden einzigen vorhandenen Verhaltensweisen im Namen einer dritten zurückzuweisen, die das Ungenügen der ersten zwei zeigen würde. Während das *Lob der Torheit* und einige der *Colloquia* andeuten, daß der einzuschlagende Weg im Kampf um einen ausreichend entwickelten gesunden Menschenverstand gegen die ausschließlichen und gegensätzlichen Forderungen von Leib und Seele bestand, zielten andere Werke darauf ab, einen Ausgleich und einen Kompromiß zwischen diesen Forderungen zu erreichen. Der Vernunft war ein erster Durchbruch gelungen, weitere Erfolge sollten ihr binnen kurzem beschieden sein.

In diesem Zusammenhang muß auch die unerschrockene philosophische Arbeit von Pietro Pomponazzi (gest. 1525) gesehen werden. Sein mit Recht so berühmtes Abenteuer glich dem seines Zeitgenossen Giovan Battista Pio, Verfassers des ersten Kommentars zu *De rerum natura* vor der Mitte des 16. Jahrhunderts. Trotz seiner ihn als »antiken« Autor umgebenden Weihe und seiner ausgezeichneten literarischen Form war Lukrez bereits in den letzten Jahrzehnten des 15. Jahrhunderts von einigen um den rechten Glauben besorgten Humanisten verurteilt worden, wenn ihn auch andere auch leidenschaftlich studierten. Das hinderte Pio nicht, 1511 in Bologna einen sehr umfassenden, gelehrten grammatischen und philosophischen Kommentar zu *De rerum natura* zu veröffentlichen. Der Philologe zögerte dabei nicht, einen gemäßigten und keineswegs von der offenbarten Wahrheit abhängigen Versuch zu wagen und zwischen dem Dogma und dem epikureischen Gedankengut des lateinischen Dichters zu vermitteln. Seine Arbeit fand großen Anklang und wurde 1514 erneut in Paris aufgelegt. Sie konnte gewiß nicht zu philosophisch gültigen Ergebnissen führen. Doch sie bewies, daß der Humanismus über die üblichen Grenzen und aristotelisch-platonischen Kompromisse hinauszugehen verstand und daß er fähig war, seinem autonomen Verständnis auch eindeutig unchristliche Werke zu erschließen.

In spekulativer Hinsicht unvergleichlich strenger und für die Kultur viel nachhaltiger war der *Tractatus de immortalitate animae* (1516) von Pomponazzi; denn der Verfasser griff das heikelste Thema der zeitgenössischen Philosophie auf. Dennoch scheute er sich nicht zu zeigen, wie nach der echten Lehre des Aristoteles (auf den so viele Theologen vertrauten) nicht nur die Unsterblichkeit der Seele unbeweisbar, sondern wie der Intellekt des einzelnen mit dem Körper dem Untergang geweiht war. Pomponazzi verfügte über die nötige geistige Kraft, den Blick auf so viele Intelligenzteile zu lenken, die alle danach streben, eine unkörperliche Tätigkeit auszuüben, durch die sie sich (allerdings völlig zwecklos) zu verewigen suchen. Er war aber ebenfalls einsichtig genug, den Schwerpunkt der menschlichen Persönlichkeit in den Bereich der Ethik zu verlagern. Er behauptete, die menschliche Vollkommenheit, d. h. die hauptsächliche und unerläßliche Aufgabe des Menschen (und damit sein spezifisches Ziel und seine persönliche Erfüllung) bestehe nicht in der Ausübung geistiger oder praktischer Tätigkeit. Natürlich blieben Erkenntnis und Handeln unerläßlich, aber beide erschöpften das Wesen des einzelnen nicht. Sie forderten außerdem eine notwendig harmonische Aufteilung der Aufgaben eines jeden im Hinblick auf das Wohlergehen der Gesamtheit und den Verzicht jedes Geschöpfs auf

Erreichung eines vollständigen Ergebnisses. Der Mensch dagegen gelangt dazu (und verwirklicht sich damit selbst gänzlich) durch den Willen zum Guten und die daraus sich ergebende Übung der Tugend. Diese hat ihren Mittelpunkt in jedem einzelnen, insofern sich nur mit seinem Zutun die allgemeine Forderung, Gutes zu tun, verwirklicht. Und wenn der einzelne das Gute gewollt und erstrebt hat, ergibt sich für ihn ein damit untrennbar verbundenes, selbständiges Glücksgefühl, das er daher nicht von einem andern erwarten oder in einer andern Welt suchen darf.

V. GESCHICHTE UND POLITIK

In diesen Bereich nunmehr überlegener Reflektierfähigkeit gehört das Werk von Francesco Guicciardini, des größten Historikers dieser Zeit (1483–1540). Der florentinische Schriftsteller brachte die der humanistischen Geschichtsschreibung eigenen Möglichkeiten zu ihrer höchsten Vollendung, ließ sie einen entscheidenden Schritt gegenüber ihrer ersten, rhetorisch-politischen Phase machen und zeigte gleichfalls ihre inneren Schwächen. Denn auf der einen Seite ging er ganz darauf aus, in rationaler Form die Verflechtung und die Entwicklung der menschlichen Geschehnisse nachzuzeichnen, auf der andern neigte er wie ein Moralist dazu, die unkontrollierten Kräfte der einzelnen Führerpersönlichkeiten und der Massen hervortreten zu lassen.
Guicciardinis Stärke bestand in einer fast grenzenlosen Beobachtungsgabe. Er verschonte nichts und niemanden, keine religiösen Anschauungen, keine Völker, keine Herrscher, keine Päpste. Alles beschrieb und erwähnte er ohne Nachsicht aus dem tiefen Bewußtsein heraus, daß die Aufgabe des Historikers vornehmlich hierin bestehe. Wie der Franzose Commynes nahm der Florentiner zum Gegenstand seiner Untersuchung die zeitgenössischen Ereignisse, die so verwickelt und durch die ungewohnte Verkettung der Umstände vor allem so neu waren. Mit Zähigkeit und unermüdlichem Scharfsinn stellte er sie in einen immer weiteren, organischeren und komplexeren Rahmen. Wie kam er dazu? Für ihn war Geschichtsschreibung nicht mehr Verherrlichung und wollte nicht nur Erzählung sein, sondern verständliche Erklärung. Daher gab er nach dem Vorbild der Antike eine rationale Begründung der Ereignisse. Die neue Phase, die Guicciardini so der europäischen Geschichtsschreibung eröffnete, behielt jedoch einige grundlegende Einschränkungen bei, die zugleich durch die humanistische Perspektive und die geistigen Forderungen des Christentums bedingt waren. Von ganz wenigen Ausnahmen

abgesehen, hatten sich die analytische Kraft und die unabhängige Urteilsfähigkeit zur damaligen Zeit noch nicht weit genug entwickelt, um sich dem Einfluß moralisierender oder religiöser Kriterien entziehen zu können.

Bei Guicciardini und mehr oder weniger explizit bei vielen andern Historikern der Zeit bestand die erste Untersuchungskategorie in der Feststellung, daß die Menschen sich fast regelmäßig zum Schlechten verleiten lassen. Anstatt sich wie Machiavelli über diese Überzeugung zu erheben, blieb Guicciardini ihr verhaftet und baute seine ganze Synthese aus psychologischen Bestandteilen auf. Wenn er auf dem Gebiet eine hinreichende Erklärung gefunden hatte, gab er sich beinahe zufrieden und ging nicht viel weiter. Kurz, obgleich er wie die größten Geister der Zeit (von Commynes zu Erasmus, von Machiavelli zu Luther) einräumte, daß die Politik sich in einer nichtchristlichen Dimension entwickelt, »nach Staatsräson und staatlichem Nutzen«, stand Gott für ihn dem politischen Geschehen doch nicht wirklich fern. Der Florentiner Historiker entdeckte daher in einer theo-teleologischen Auffassung den Leitfaden seiner Geschichtsbetrachtung, nach einer schonungslosen Analyse der menschlichen Unvernunft und nach einer rationalen Entwirrung des Faktenknäuels. Die *Storia d'Italia* ist durchzogen von einer ganzen Reihe von Überlegungen, prophetischen Reden, Vergleichen von geringfügigen Ursachen und furchtbaren Wirkungen, symmetrischen Kontrasten, Bildern und Symbolen und erscheint schließlich als ein Drama, in dem ein moralisches Gleichgewicht früher oder später wiederhergestellt wird. Anstatt seine geistigen Fähigkeiten auf die positive Untersuchung der Tatsachen zu konzentrieren, beschränkte Guicciardini ihre Wirksamkeit, indem er sie sämtlich auf Politik und Diplomatie lenkte, und schwächte ihre Wirkung noch mehr ab durch seinen besonderen Begriff von Glück; ja, schließlich nahm er ihnen durch seinen Versuch, sie auf eine übergeschichtliche Ebene zu lenken, jegliche Kraft. Hier fand er für alle Schicksale einen Sinn, der letztlich in christlichem Geist Absichten und Handlungen der irdischen Gemeinschaft zunichte machte.

Viel klarer und revolutionärer war der Weg, den sein Zeitgenosse und Mitbürger Niccolò Machiavelli (1469–1527) zurücklegte. Machiavelli verwandte seine ganze Kraft darauf, den verborgenen rationalen Charakter der Geschichte zu fassen, um sie als Vergangenheit zu verstehen und sie gleichzeitig als Zukunft gestalten zu können. Um dieses Ziel zu erreichen, genügte es nicht, zu einem beobachtenden Scharfsinn seine Zuflucht zu nehmen, sondern man mußte ebenso eine neue Ebene suchen, auf der man die Ergebnisse der positiven Forschung neu gestalten konnte. Die geistige Grundlage, auf der Machiavelli wie die

Florentiner Künstler des 15. Jahrhunderts seine Lehre aufbaute, war der Begriff der Natur, offensichtlich der menschlichen Natur. Doch faßte er sie nicht als eine von der Sünde unheilbar geschwächte Energie auf oder als ein gestaltloses Ganzes von Individuen, sondern als organische, von festen und strengen Gesetzen geleitete und einem komplizierten, aber vernünftigen Mechanismus gehorchende Wirklichkeit.

Das Denken Machiavellis war nicht nur die reife Frucht des Humanismus des 15. Jahrhunderts, sondern ebenso eine der höchsten Äußerungen seiner Kraft und seiner Grenzen. Es war unvermeidlich, daß jener Humanismus, wenn er seine Kraft aufs äußerste anspannte, mit dem religiösen Weltbild des Christentums zusammenstieß und sich scharf von ihm abhob. Genau dies ereignete sich im Falle Machiavellis mit seiner bewundernswerten Kraft und Kühnheit. Er forderte die Existenz ewiger Gesetze für das kollektive Handeln der Menschen und schloß von vornherein jede Teilnahme oder jedes Eingreifen Gottes als eines *deus ex machina* mit hypothetischer und unkontrollierbarer Macht aus. Machiavelli, der an den dramatischsten Geschehnissen, die seine Stadt je erlebt hatte, teilnahm, fühlte deshalb nicht weniger den tragischen und stets unsicheren Charakter der irdischen Geschehnisse, die manchmal übergroße Macht des Unglücks. Doch zog er es vor, die Elemente, die die Menschen nicht beherrschen können, die Schwierigkeiten, die der geübteste Politiker nicht voraussieht, denen er auch nicht ausweichen kann, eher in der Idee der Fortuna als in der von Himmel und Gott zu versinnbildlichen. Folglich betrachtete er die Religion nicht als Glauben an den »wahren« Gott, als persönlichen Trost oder als ein Gebilde von Vorurteilen, die ins irdische Leben eindringen und es übersteigen. Vielmehr ließ er sie aus ganz profanen Überlegungen heraus zu einem Element des kollektiven Lebens werden, d. h. für Machiavelli war die Religion höchster moralischer Ausdruck für die Zugehörigkeit zu einem System von Riten und Symbolen, eine Zugehörigkeit, die in den Mitgliedern jeder Gemeinschaft den erhabensten Willen zu deren Verteidigung formte und um die sich die rohesten, aber lebenskräftigsten Energien der Massen sammelten.

Was war also die »Natur«, die Machiavelli intuitiv erfaßt hatte und über die er sich theoretisch äußerte? Ein lebendiges Gefüge gesellschaftlicher Bindungen und persönlicher Energien, die die Geschichte zum Handlungsbereich organisierter Gemeinschaften werden ließen, die in sich den Grund ihrer Entwicklung trugen und sich eigengesetzlich entfalteten. Anders gewendet, eine vollständige, autonome Wirklichkeit, die man nicht unter religiösen Gesichtspunkten betrachten durfte und auch nicht vom Standpunkt der ihnen innewohnenden moralischen Kriterien aus. Dadurch, daß Machiavelli die theologische Auffassung verwarf, ließ er auch implizit die zu ihr gehörende Moral nicht zu. Die fortschrittlicheren Gesellschaftsschichten seiner Zeit waren sich sehr wohl im klaren über die Unmöglichkeit, das internationale Zusammenleben nach den Erfordernissen des Evangeliums zu gestalten, doch wagten sie noch nicht, deren absoluten Wert zu bestreiten, und bedauerten mehr oder weniger bewußt diesen Widerspruch. Jedenfalls hielt man weiterhin daran fest, daß das Handeln des einzelnen sich stets nach jenen Normen zu richten habe, die man für von Gott gesetzt hielt. Machiavelli seinerseits wollte nur rein menschliche Werte zulassen. Jedoch setzte er sie einfach voraus und gab sich nicht die Mühe, sie von innen heraus zu erklären. Er untersuchte vor allem ihre Wirkung im Kollektivleben und begeisterte sich an der Analyse der geschichtlichen Formen, in denen das gesellschaftliche Handeln der Menschen sich gestaltete. Machiavelli ordnete also die Moral nicht der Politik unter. Er nahm sich einfach vor, die objektiven Maßstäbe der Politik herauszuarbeiten. Aber so weit er davon entfernt war, die christliche Auffassung für gültig zu halten, so fern stand er auch einer Entwertung der persönlichen und ethisch-sozialen Energien der einzelnen. Daher muß man sich hüten, ihm, einer alten Tradition folgend, die Mängel zuzuschreiben, für die seit damals der »Machiavellismus« Sinnbild ist.

Zwei unterschiedlich berühmte Werke Machiavellis (der *Principe* und die *Discorsi sopra la prima Decade di Tito Livio*) drücken in besonderer Weise einen Gedanken aus, der sich in all seinen andern zahlreichen Schriften wiederfindet. Im *Principe* verherrlicht der Verfasser die geschichtlich schöpferische Kraft des Menschen, die er auf lateinische Art *virtù* nennt, d. h. die Fähigkeit eines politischen Führers, einen Staat zu schaffen und zu erhalten. Die dynastischen Strukturen der meisten politischen Gebilde des damaligen Europa und dazu die durch die Signorien und Condottieri geprägten Regierungsformen, die es in Italien weithin gegeben hatte und noch gab, rechtfertigen und erklären diese Sehweise des florentinischen Politikers und die besondere Aufmerksamkeit, die er den einzelnen Machthabern schenkt. Darüber hinaus ist seine Auffassung nur zufällig personalistisch, insofern er den Fürsten zum Werkzeug (noch nicht zum »Diener«) für die beste Gestaltung des gemeinschaftlichen Lebens macht. Das, was also zu Unrecht als moralische Norm erscheinen kann, will rationale Definition des objektiven Ablaufs der politischen Beziehungen sein. Kurz, der Fürst ist zwar nicht mehr vor Gott und auch nicht mehr vor seinem persönlichen Gewissen verantwortlich, bleibt es jedoch implizit vor dem Staat. Dies ist weniger scharf und unparteiischer in den *Dis-*

corsi ausgedrückt, wo Machiavelli gerade den Staat als ein Ganzes von politisch-sozialen Kräften analysiert, als »gemischten«, aber organischen »Körper«, dessen Leben speziell von der Gesundheit und Kraft der Grundelemente abhängt, die ihn ausmachen: der »Ordnung und der Gesetze«, der Gebräuche, der Erziehung, der religiösen Anschauungen.

Machiavelli gelangte zu dieser Reife seiner Überlegungen, indem er die »Lektion« der Antike sublimierte, d. h. indem er die wesentliche Unveränderlichkeit der menschlichen Natur voraussetzte, so wie sie bereits in der antiken Geschichtsschreibung erschien, und indem er die lebenswichtigen Regeln ihres bürgerlichen Daseins herausschälte. Indem er den Menschen sich selbst und nicht mehr einem System transzendenter Werte gegenüberstellte, wollte der Florentiner Politiker ihn gerade zu einer realistischen Betrachtung der eigenen individuellen und kollektiven Wirklichkeit veranlassen. Machiavellis Postulat, die Menschen seien in der Hauptsache schlecht, ist vor allem theoretisch. Es bildete eine notwendige und heilsame Reaktion auf das Moralisieren und diente dazu, um methodologisch zu behaupten, daß man das menschliche Handeln in der Gesellschaft nicht verstehen kann ohne Berücksichtigung seiner Triebkräfte, beispielsweise des Strebens nach Macht und Reichtum, des natürlichen Herrschaftsinstinkts, des Triebes zu übermächtiger Expansion, der Suche nach dem Nützlichen und Bequemen. Machiavelli entdeckte in der Geschichte den einzigen Bereich, der für die Erkenntnis des menschlichen und politischen Handelns *iuxta propria principia* geeignet war. Und damit gab er dem Humanismus eine neue, zugleich aktive und wissenschaftliche Spannung.

Die Tragik dieses äußersten Bewußtwerdens war es nicht nur, in einem städtischen Organismus herangereift zu sein, der nunmehr sich als unfähig erwies, es zu befruchten, sondern ebenso, auf eine feindliche kulturelle Situation in Europa zu treffen. Es fehlte an der Vorbereitung, um Machiavellis Folgerungen zu begreifen, und die Zeit neigte eher dazu, sie zu verkennen, weil die mächtigen konservativen und religiösen Strömungen erneut fast völlig die Oberhand gewannen. Aber obgleich es über 100 Jahre lang niemand in Europa wagte, sich auf Machiavellis unumwundene Postulate zu berufen, so erscheint sein entmystifizierendes Werk doch indirekt (und im allgemeinen eingestandenermaßen) für das weitere politische Denken als befreiend. Denn von jetzt an sollte sich die politische Reflexion in Europa in einem verschleierten, aber unaufhörlichen Dialog mit ihrer ersten, kühnen und machtvollen organischen Äußerung entwickeln.

Der Humanismus in seiner Gesamtheit hatte dem Menschen die ethische Rechtfertigung und das unmittelbare Verständnis der eigenen Welt wiedergeben wollen und damit die künstlerischen Mittel, diese Welt darzustellen, die literarischen Möglichkeiten, den Wert dieser Welt zu verherrlichen, und das ethisch-politische Rüstzeug, sie zu beherrschen und zu gestalten. Nachdem dies Ergebnis erreicht worden war, sollte nun allmählich und bewußt, wenn auch im Einzelfall den gesellschaftlichen und wirtschaftlichen Strukturen eines jeden europäischen Landes entsprechend, weitergegangen werden. Immerhin hatte der Humanismus des 15. Jahrhunderts der Kultur einen autonomen Bereich errungen und damit die Voraussetzungen geschaffen, die es einer geistigen Führungsschicht ermöglichten, sich der mächtigen Rückkehr des christlichen Systems zu widersetzen und die Mittel für eine moralisch und sachlich neue Welt bereitzustellen.

6. Das wissenschaftliche und technische Rüstzeug

Einer der bedeutendsten qualitativen Sprünge in der Geschichte der Wissenschaft vollzog sich zweifellos zwischen der Mitte des 15. und der des 16. Jahrhunderts — ein qualitativer Sprung nicht nur und nicht so sehr auf theoretischer Ebene als vielmehr im Sinne der praktischen, konkreten Problemstellung.

I. DIE MEDIZIN

Besonders entscheidend erscheinen die 40er Jahre des 16. Jahrhunderts: 1543 wurde die *Fabrica* des Vesalius veröffentlicht; im selben Jahr erschien *De revolutionibus orbium coelestium* von Kopernikus; 1546 *De contagione et contagiosis morbis* von Hieronymus Fracastoro.

Das Jahr 1543 stellte einen der Höhepunkte in der Geschichte der Anatomie, d. h. der Betrachtung des menschlichen Körpers in seinen konkreten Formen dar: Andreas Vesalius (1514—1564) veröffentlichte in Basel seine *De Humani corporis fabrica libri septem*. Dieses Werk bedeutet gleichzeitig den Anfang und das Ende einer Entwicklung, indem es einerseits noch viele der Lehren des Galenus beibehält, andererseits aber seine Tafeln, abgesehen von einigen Ausnahmen (wie der Darstellung der Leber, des Brustbeins usw.), das Ergebnis objektiver, experimenteller Forschung sind. Wenn beispielsweise im Widerspruch zur Autorität des Galenus der menschliche Unterkiefer sich als ein Knochen ohne irgendeine Nahtspur erwies, so stellte ihn Vesalius auch als solchen dar, ohne sich im geringsten beeinflussen zu lassen.

Um die Bedeutung dieser Neuerung in vollem Umfang sichtbar zu machen, sollen hier statt eines flüchtigen Kommentars lieber zwei Tatsachen angeführt werden. Zunächst erinnern wir an einen bestimmten, zwischen dem 15. und dem 18. Jahrhundert in Europa sehr beliebten Gegenstand der darstellenden Kunst: die Anatomievorlesung. Nicht zufällig wurde bis zur Mitte des 16. Jahrhunderts der Lehrer außerhalb des Geschehens auf einem erhöhten Standort abgebildet, wo er einen klassischen Text erläutert, während die eigentliche Operation von einem Helfer, einem »Bader«, ausgeführt wird: — sinnfälliger Ausdruck der bestehenden Trennung zwischen Praxis — der Technik des Sezierens — und Wissenschaft, die sich auf den eintönigen Kommentar beschränkte und mit dem Fall, der dem Studenten vorgeführt wurde, in keiner wirklichen Beziehung stand.

Praktisches Sezieren oder philologische Lektion? An einer berühmten Stelle seines Werkes beschrieb Vesalius diese Situation auf eindrucksvolle Weise: »Nach unserem verachtenswürdigen Unterrichtssystem gibt der Lehrer, während ein anderer die Sektion der menschlichen Leiche durchführt, eine literarische Beschreibung der verschiedenen Körperteile. Der Dozent steht hoch auf seinem Podium und doziert mit sichtlicher Verachtung über Tatsachen, die er aus eigener Erfahrung nicht kennt, sondern aus den Büchern anderer auswendig gelernt hat oder gar aus dem vor ihm liegenden Buche abliest. Diejenigen, die die Autopsie durchführen, sind so unwissend, daß sie nicht in der Lage sind, den Schülern die von ihnen präparierten Teile zu zeigen und zu erklären; und da der Professor nie die Leiche berührt und seinerseits der Bader die lateinischen Bezeichnungen nicht kennt und daher der Reihenfolge des Vortrags nicht folgen kann, arbeitet jeder auf eigene Faust. Auf diese Weise ist der Unterricht sehr schlecht; ganze Tage gehen durch unsinnige Fragen verloren; und in diesem Durcheinander lernt der Student weniger, als ein Metzger den Professor lehren könnte.«

Die Anklage des Vesalius sollte ihre Wirkung nicht verfehlen, denn von der Mitte des 16. Jahrhunderts an verschwand die Figur des Baders aus den Darstellungen der Anatomievorlesung, und der Professor wird zum Vertreter der Wissenschaft, der den Fall selbst demonstriert.

Die zweite Tatsache ist die, daß in der *Fabrica* der Technik der anatomischen Präparierung breiter Raum gewidmet ist: das Werk war in lateinischer Sprache geschrieben (jedoch erschien fast gleichzeitig ein lateinisch und deutsch abgefaßter Auszug) — in der Sprache der Gelehrten also, aber eben an diese Gelehrten richtete sich eine große Anzahl der Abhandlungen über die technischen Vorbereitungen, über die praktische Seite der Anatomie und das Sezieren.

Damit war das Ende der Zeit gekommen, in der ein Vesalius von seinem Lehrer, Günther Andernach, sagen konnte, er habe sich außer bei Tische nie des Messers bedient...; es wurden die Voraussetzungen für die spätere Praxis des Sezierens im Anatomiesaal geschaffen, mit ihrem demonstrativen Wert für die Zuschauer aller Rangstufen; das erste Beispiel hierfür gab die Universität von Padua im Jahre 1594.

Im Verlaufe weniger Jahre machte Vesalius selbst in der Entwicklung seiner Lehre einen großen Schritt nach vorn. Noch 1538 hatte er zusammen mit Günther Andernach die *Institu-*

*tionum anatomicarum secundum Galeni sententiam libri quat-
tuor* neuveröffentlicht, daneben seine eigenen *Tabulae anatomi-
cae sex,* in denen er sich noch eng an die Lehre des Galenus
hielt; aber bereits 1543 veröffentlichte er die *Fabrica,* in der er
in mindestens zweihundert Punkten vom Werk des großen
Arztes der Antike abwich. Wichtig ist nicht so sehr die große
Anzahl der Abweichungen und Korrekturen, von denen auch
zwei schon genügen würden; für uns ist vielmehr die Tatsache
bedeutsam, daß sie nicht das Ergebnis abstrakter Überlegung,
sondern praktischer Erfahrung waren.

Um die Zusammenhänge noch deutlicher zu machen, sei auf die
parallel laufende und nicht minder interessante Entwicklung
der kirchlichen Doktrin hingewiesen: 1299 wurde durch die
Bulle »De sepulturis«, zumindest indirekt, das Sezieren unter-
sagt; später wurde es durch ein Breve Sixtus' IV. (1471–1484)
erlaubt, sofern die kirchlichen Stellen ihre Zustimmung gaben;
Clemens VII. (1523–1534) schließlich gestattete es ausdrücklich. So scheint die Entwicklung des Vesalius zwischen 1536 und
1543 mit der Wandlung der kirchlichen Auffassung vom Recht
der Untersuchung des menschlichen Körpers im Interesse des
Menschen zu konvergieren. 1546 wurde in Venedig das Werk
De contagione et contagiosis morbis von Hieronymus Fracastoro veröffentlicht: mit diesem Buch entstand der moderne Begriff der Infektion. Zwar verdankte Fracastoro seinen Ruhm
hauptsächlich dem eleganten lateinischen Lehrgedicht *Syphilis
sive morbus gallicus,* das seiner Form nach den vollkommensten
literarischen Beispielen der Goldenen Latinität in nichts nach-
steht. Aber es darf nicht übersehen werden, daß der große Dichter sich in diesem Gedicht auch als Gelehrter von Rang erweist:
Mythos, Fabel und dichterische Form werden mit aller Sorgfalt
ausgearbeitet, aber gleichzeitig wird der wissenschaftliche Teil
— die Beschreibung der Symptome, des Verlaufs und der Therapie der Krankheit — aufs genaueste dargelegt. Im übrigen beweist ein wieder aufgefundener und 1939 herausgegebener
Kodex, der eine Abhandlung Fracastoros in Prosa über die
Syphilis enthält, im einzelnen die wissenschaftliche Exaktheit,
die dem Werk des großen Veroneser Arztes zugrunde liegt.

Mit der Infektionslehre leistete Fracastoro seinen wichtigsten
Beitrag zum Fortschritt der Wissenschaft. Möglicherweise hat
die Atomistik Demokrits, die von Epikur und Lukrez wieder
aufgenommen worden war, zu seinen Ideen beigetragen. Ausschlaggebend ist jedoch, daß er diese Ideen in präzisen Thesen
formulierte und die Begriffe der Infektionsträger *(fomites)* und
der Infektionskeime *(seminaria prima)* einführte.

Das Neue im Werk dieses großen Arztes (so viel Neues, daß er
sogar der »Vater der modernen Pathologie« genannt werden

konnte) besteht weniger in einigen seiner genialen Intuitionen, wie beispielsweise der Zurückführung der Fäulnis auf die Entwicklung besonderer Keime, als vielmehr in der realistischen Einstellung, mit der er Krankheiten studierte. Sein Sinn für die Wirklichkeit veranlaßte ihn zur genauen Untersuchung der »Pest« — zu seiner Zeit wurde noch eine ganze Reihe verschiedener Krankheiten mit diesem Namen bezeichnet — und führte ihn zur Unterscheidung der echten Pest von den nicht-pestartigen Fiebern und schließlich zur genauen Beschreibung der epidemischen Krankheiten und besonders des Flecktyphus. Gerade in seiner Darstellung des Flecktyphus erschütterte Fracastoro die Auffassung des Galenus; er wies nach, daß das Fleckfieber nicht zur Gattung der typhoiden Fieber gehört, und begann so mit der Einführung eines methodischen Zweifels, der weitreichende Folgen haben sollte.

Auch in der Therapie führte Fracastoro Neuerungen ein: die Aufgabe des Aderlasses für die Behandlung verschiedener Krankheiten, des Fleckfiebers zum Beispiel, stand im Widerspruch zur Vorschrift des Galenus, der den Aderlaß bei allen fieberhaften Erkrankungen empfahl; ebenso die Anwendung von Guajacum und Quecksilber bei Syphilis und die Anpassung der Kur an die verschiedenen Krankheitsphasen; bemerkenswert sind z. B. die Kriterien, von denen er sich bei der Behandlung der Tuberkulose (deren ansteckenden Charakter er nachweist) leiten ließ. Noch außerordentlicher ist die Tatsache, daß er einfache, vernünftige Heilmittel anwendete und auf die komplizierte und vielfach phantastische Ausrüstung der mittelalterlichen Ärzte verzichtete.

Erneuerung der Leitgedanken und Einfachheit der Methode scheinen uns einige der hervorstechendsten Eigenschaften von Fracastoros Werk zu sein. Aber es lohnt sich, noch einen anderen Aspekt hervorzuheben: den Sinn für die soziale Bedeutung seiner Wissenschaft, den Fracastoro besaß. Als Mensch seiner Zeit nimmt er mit besonderer Schärfe die dringlichsten hygienischen Probleme des Augenblicks wahr: die Syphilis, die gerade seit Ende des 15. Jahrhunderts ungeheuer um sich griff, und die Fieberseuchen, besonders das Fleckfieber; während der ersten Hälfte des 16. Jahrhunderts (vor allem von 1505 bis 1528) wurde Italien von einer Fleckfieberepidemie heimgesucht. So konzentrierte Fracastoro seine Forschungen nicht auf rein akademische Probleme, sondern auf ganz konkrete Situationen. Diese wirklichkeitsnahe, humane Einstellung ließ ihn den ursächlichen Zusammenhang zwischen Krieg und Hunger und der Ausbreitung der Seuche erkennen. Fracastoro analysierte neue Probleme auf neue Art und Weise und kam zu neuen Ergebnissen (wenn sie auch noch in den Anfängen steckten). Vor allem aber hatte er als Wissenschaftler eine neue Einstellung zu den Problemen des Menschen und der Gesellschaft.

II. DIE ASTRONOMIE

Ein weiter Studienweg führte Kopernikus von seiner Vaterstadt Thorn aus nach Krakau, Bologna, Padua, Ferrara und schließlich zurück nach Polen. Besonnen und methodisch verfolgte er die im Mittelpunkt seines Denkens stehende Idee, obwohl er nebenbei noch als Diplomat tätig war und medizinische und wirtschaftliche Studien betrieb. Die eingehende Beschäftigung mit allen Aspekten seiner Persönlichkeit ergäbe das Bild eines Menschen von ungewöhnlicher geistiger Spannweite. Am bekanntesten ist Kopernikus natürlich als Astronom, dessen lebenslange Überlegungen und Forschungen sich in dem Werk *De revolutionibus orbium coelestium* niedergeschlagen haben. Ein wahrhaft revolutionäres Buch — und als ein solches wurde es auch betrachtet. Genauer gesagt, es wirkte wie eine Bombe mit Zeitzünder. Denn während es sofort nach seinem Erscheinen auf den heftigen Widerstand der Protestanten stieß, erhob die katholische Kirche lange keinen Einspruch, bis das Werk 1616 schließlich doch auf den Index gesetzt wurde, wo es bis 1822 blieb. Das lange Zögern von katholischer Seite ist vielleicht durch das Vorwort Osianders zu erklären, in dem die kopernikanische Theorie eher als spekulative Hypothese denn als konkret gemeinte These dargestellt wurde.
Die gesamte biblische Überlieferung von Jesaias (Jes., XXXVIII, 8) bis Josua (Jos., X, 12—14) wurde durch das heliozentrische Weltbild in Frage gestellt; wie hatte die Sonne »stillstehen« können, wenn sich doch die Erde bewegte? Hier liegt sicherlich ein erster bedeutsamer Bruch mit der Tradition. Noch wichtiger jedoch und wahrhaft revolutionierend war der Widerspruch zu den aristotelischen Grundsätzen der Mechanik. Es scheint uns nicht ohne Bedeutung zu sein, daß etwa Luther oder Melanchthon sich der neuen Theorie im Namen der biblischen Überlieferung widersetzten, während von katholischer Seite vor allem auf den Gegensatz des heliozentrischen Systems des Kopernikus zum ptolemäischen und aristotelischen System hingewiesen wurde.
Auf welchem Wege vollzog sich diese Revolution?
Gewiß bringt das *De revolutionibus* erstaunliche Erkenntnisse auf dem Gebiet der Trigonometrie, die eine getrennte Veröffentlichung verdienten; zweifellos ist das von Kopernikus eingeführte Prinzip der kinetischen Relativität eine ungemein wichtige Errungenschaft der reinen Spekulation; besonders beachtenswert ist aber die Tatsache, daß die Abhandlung des Ko-

Abb. 17: Bild des Kopernikus mit astronomischem Modell, auf dem als Symbol die Sonne angebracht ist. Idealisierte Darstellung des Astronomen von einem unbekannten Künstler.

pernikus auch Beobachtungen und Messungen enthält. Zwar hatte vor ihm bereits Johannes Müller (von Königsberg, genannt Regiomontanus, gest. 1476) diesen Weg beschritten, als er eine Überprüfung der im *Almagest* enthaltenen Beobachtungen unternommen und sich dabei der von geschickten Handwerkern konstruierten, weitgehend verbesserten Instrumente bedient

hatte. Aber Kopernikus widmete sich selbst mit viel Geduld den Beobachtungen und Messungen: man bedenke, daß bei der komplizierten Berechnung des Sternenjahres seine Ergebnisse (365 Tage, 6 Stunden, 9 Minuten und 40 Sekunden) von den in jüngster Zeit festgestellten Werten nur um 30 Sekunden abweichen. Im übrigen legte er selbst so viel Wert auf die von ihm angestellten Beobachtungen, daß er im Vorwort zu seinem *De revolutionibus orbium coelestium* direkt darauf anspielte: »Und so habe ich denn, unter Annahme der Bewegungen, die ich im nachstehenden Werke der Erde zuschreibe, und *durch viele und lange fortgesetzte Beobachtungen* endlich gefunden, daß . . .«*
Er ging also vom Abstrakten, von der Theorie aus und verlangte, daß sie mit der Realität übereinstimme und diese zum Ausdruck bringe.

Das Beispiel des Kopernikus ist vielleicht von all denen, die man anführen könnte, am aufschlußreichsten. So konstruierte er bekanntlich die Umlaufbahnen der Himmelskörper kreisförmig. Später wird Tycho Brahe auf Grund ganz anderer Berechnungen mit größter Genauigkeit die These von den ellipsenförmigen Umlaufbahnen der Erde und der Satelliten aufstellen. Kopernikus hatte also geirrt; und das um so gründlicher, als die Voraussetzungen für seinen Irrtum diese waren:

a) die Überlegung, daß die geradlinige Bewegung widernatürlich sei, und

b) daß die kreisförmige Bewegung dagegen natürlich sei;

daß also nur eine Himmelsmechanik, die mit kreisförmigen Bewegungen arbeitet, gültig sein könne.

So gesehen kann die Bewegungslehre des Kopernikus nicht als modern bezeichnet werden. Und doch trennte ihn ein wahrer Abgrund von seinen Zeitgenossen und vor allem von seinen Vorgängern: »Tatsache ist, daß er spontan und ohne Zögern das Universum unter einem ästhetischen Gesichtspunkt betrachtet: dem einer geometrischen Ästhetik; überdies und vielleicht unbewußt und ohne es jeweils *expressis verbis* zu sagen, betreibt Kopernikus eine geometrische Physik, genauer gesagt, eine Physik der optischen Geometrie. So verwandelt er in doppelter Hinsicht den Begriff der Form: wo die antike Physik von *substantieller* Form sprach, meinte Kopernikus *geometrische* Form. Dies hatte natürlich weitreichende Folgen: Wenn es für die antike Physik die spezifische Eigenart der substantiellen Form (und der entsprechenden Materie) war, die die Kreisbewegung der Himmelskörper determinierte, so ist es nun für Kopernikus deren geometrische Form, die Kugelgestalt, die dasselbe be-

---

* Übers. aus dem Lat. von Dr. C. L. Menzzer: Nicolaus Coppernicus, Über die Kreisbewegungen der Weltkörper, Thorn 1879, S. 7 — Hervorhebung des Verf. (Anm. d. Ü.).

wirkt ... Die Transposition des Begriffs der Form ins Geometrische wies der Erde wieder ihren festen Platz unter den Gestirnen zu und verlegte sie sozusagen in die Weiten des Himmels.« (A. Koyré.)

Auch hier fand also ein entschiedener Bruch statt: sowohl mit der *via moderna* der abendländischen Nominalisten als auch mit der *via antiqua* der Realisten. Kopernikus, der sich dieses Bruchs und der Bedeutung seines Werkes durchaus bewußt war, versicherte unumwunden, daß er über diejenigen, die etwa zwischen seinen Thesen und bestimmten Stellen der Heiligen Schrift Widersprüche entdecken sollten, nur lachen könne: »Denn«, so meinte er, »es ist nicht unbekannt, daß Lactantius, übrigens ein berühmter Schriftsteller, aber ein schwacher Mathematiker, sehr kindisch über die Form der Erde spricht, indem er diejenigen verspottet, die gesagt haben, die Erde habe die Gestalt einer Kugel. Es darf daher die Strebsamen nicht wundern, wenn dergleichen Leute auch uns verspotten.«[*]

Der Bruch wurde im Namen der spekulativen *Methode* vollzogen (auf die Kopernikus sich berief) und im Namen der Erfahrung, der Beobachtung, der Messung: ist die Behauptung übertrieben, daß hier wirklich die Grundlagen der modernen Welt sichtbar werden? Denn dies ist der entscheidende Punkt: umsonst sucht man eine kontinuierliche Entwicklung von der Wissenschaft des Mittelalters zu der des 16. Jahrhunderts. Zwischen den großen Perioden, in die sich die Entwicklung menschlichen Wissens einteilen läßt, liegt ein Bruch, und ein Mann wie Kopernikus, auch wenn er in mancher Hinsicht noch dem Mittelalter verhaftet ist, steht aufgrund anderer, entscheidenderer Aspekte seines Werkes diesseits der Zäsur.

III. DIE WECHSELSEITIGE BEEINFLUSSUNG VON TECHNIK UND WISSENSCHAFT

Mit wenigen Strichen haben wir die Porträts dreier Wissenschaftler gezeichnet: des Flamen Vesalius, des Italieners Fracastoro und des Polen Kopernikus, und haben damit (wenn auch allen drei Gelehrten ihre Studienzeit in Padua gemeinsam ist) drei verschiedene geistige Horizonte umrissen, die als beredte Beispiele für die Situation der vierziger Jahre des 16. Jahrhunderts gelten können.

Natürlich fand die Wissenschaft zwischen der Mitte des 15. und der des 16. Jahrhunderts nicht die »Wahrheit« schlechthin. Diese wurde weder damals noch später erreicht. Bei einer geschicht-

---

[*] Übers. aus dem Lat. von Dr. C. L. Menzzer, a.a.O., S. 7 (Anm. d. Ü.).

lichen Entwicklung geht es nicht um die Entdeckung der Wahrheit, sei sie nun wissenschaftlicher oder metaphysischer Art. Es handelt sich nicht darum — wie es ein allzu oberflächlicher und bequemer Relativismus immer wieder hinstellt —, daß zum Beispiel das kopernikanische Weltbild im Vergleich zum ptolemäischen System keinen Vorteil bietet: nur im Übergang von einem zum andern Stadium kann in Wahrheit das historische Fortschreiten des wissenschaftlichen Geistes erfaßt werden.

Aber das ist nicht alles.

Bedeutsam ist, daß nicht nur einige oder auch viele »geniale« Männer blitzartige Eingebungen, außerordentliche Ideen hatten. Bemerkenswerter ist, daß jene Ideen und Eingebungen einen ungewöhnlichen Widerhall in der damaligen Gesellschaft fanden. Die Gesellschaft trug ihrerseits zur Entstehung jener Ideen bei. Nur durch diese Dialektik erklärt sich ein so außerordentlicher geistiger Aufschwung, wie ihn Europa auf wissenschaftlichem Gebiet während der ersten Hälfte des 16. Jahrhunderts erlebte.

Wenn ein Roger Bacon im 13. Jahrhundert sagte: »Wenn ich könnte, würde ich alle Bücher des Aristoteles verbrennen, da ihr Studium nur Zeitverlust ist, zu Irrtümern führt und die Unwissenheit vermehrt«, oder: »Hört auf, euch von Dogmatismus und Autoritätsglauben beherrschen zu lassen; betrachtet lieber die Welt« — so bedeutet dies sicherlich eine bewundernswerte geistige Anstrengung, eine geniale Eingebung, die zu ihrer Zeit ganz wenige Anhänger, viele erbitterte Feinde und eine Welt von Gleichgültigen fand; eine große geistige Leistung also, die sich in sich selbst erschöpfte oder erst in Verbindung mit konkreten Errungenschaften späterer Zeiten Bedeutung gewinnen sollte. Zwischen dem 15. und 16. Jahrhundert hingegen fanden die umwälzenden Erkenntnisse, die sich der wissenschaftlichen Auseinandersetzung stellten, ungeheuren Widerhall und eine besondere Aufnahmebereitschaft. Wie geschah dies und warum?

Wie erklärt es sich, daß die Welt jetzt die Anfänge einer Wissenschaft, wie sie Antike und Mittelalter nicht gekannt hatten, erlebte? Voraussetzung ist die Aufhebung geistiger Hemmungen. Aber warum fand diese Erneuerung gerade jetzt statt?

Unserer Ansicht nach ist die Frage nicht zu beantworten, wenn man sie nicht im Zusammenhang mit einem andern, eng mit ihr verbundenen Faktor sieht, nämlich der Technik. Der wissenschaftliche Aufbruch ist nicht zu verstehen, wenn man nicht die gleichzeitig (und in gewissem Sinn schon vorher) sich abzeichnende neue Einstellung gegenüber der Technik betrachtet. Seit der Mitte des 15. Jahrhunderts erlebten jene Künste, die das Mittelalter verächtlich als »mechanische« bezeichnet hatte, eine hohe Blüte. Und sie erreichten nicht nur einen neuen Höhepunkt, sondern heischten auch Anerkennung für ihre neue Würde, ihre Lebendigkeit und ihre Fruchtbarkeit.

Ihre Vitalität bewiesen die »mechanischen« Künste in dem Augenblick, da die »Meister«, denen es nur ein Jahrhundert früher aufgrund ihrer gesellschaftlichen Stellung nahezu verwehrt gewesen wäre, sich zu äußern, Abhandlungen schrieben, die sich von denen ihrer Berufsgenossen in der Vergangenheit insofern unterschieden, als sie sich nicht darauf beschränkten, das *Wie* eines bestimmten Verfahrens zu beschreiben, sondern auch das *Warum*. In diesen Schriften brachten sie ihr ganzes Denken zum Ausdruck, den Stolz auf ihren Stand als »artefices« und sogar eine gewisse, zuweilen offene Verachtung für alles, was die offizielle Wissenschaft lehrte und was ihnen in ihrer alltäglichen Praxis von keinerlei Nutzen war.

Pochen auf die eigene Würde bedeutet es, wenn der Töpfer Palissy (gest. 1590) versicherte, daß »die Künste, die sich des Zirkels, des Lineals, der Zahlen, Gewichte und Maße bedienen, nicht mechanische Künste geschimpft werden dürfen«, oder wenn Leonardo ausrief: »Nach Ansicht der Leute ist die Erkenntnis, die aus der Erfahrung kommt, mechanisch; wissenschaftlich die, die im Geiste entsteht und in ihm endet [...] aber mir will es eher scheinen, daß die Wissenschaften eitel und irrig sind, die nicht aus der Erfahrung, der Mutter aller Gewißheit, entstanden und nicht in einer bestimmten Erfahrung münden.«

Schließlich fällt bei der Lektüre der zwischen dem 15. und dem 16. Jahrhundert sehr zahlreich veröffentlichten Traktate über die verschiedenen Künste die Überzeugung auf, daß es der Wissenschaft nicht zugute kommt, wenn sie sich in einem *globus intellectualis* abkapselt, sondern daß sie aus der Verbindung mit dem *globus mundi* lebendige Kräfte schöpfen könnte.

All diese wissenschaftlich-technischen Bemühungen führten zur Entstehung einer neuen Gestalt, die zweifellos einen charakteristischen Faktor in der technischen und geistigen Entwicklung zunächst Italiens und in der Folgezeit ganz Europas darstellt: der des »Experimentiermeisters«. Unmöglich können hier alle Beispiele aufgezählt werden. Wir betrachten daher nur ein bestimmtes Gebiet, die öffentliche Baukunst. Eines der Elemente, auf das die *laudatores* des Mittelalters immer wieder zurückkommen, ist die Kühnheit der gotischen Bauten; wie konnten, so sagen sie, solch wuchtige und himmelwärts strebende Bauwerke ohne die Kenntnis einer hochentwickelten Technik errichtet werden? Derart moderne Überlegungen setzen für die Ausführung einer Konstruktion Berechnungen voraus. Jedoch stützte sich die mittelalterliche Konstruktion eben nicht auf Berechnungen: es wurde zunächst ein Holzgerüst errichtet, auf das sich der Steinbau dann stützte... Aber jetzt änderte sich dies alles: Mit dem Bau der Kuppel von Santa Maria del Fiore in Florenz wurde die vorausgehende theoretische Berechnung der Statik des Bauwerks eingeführt. Von diesem neuen Geist, dem wachsenden Sinn für die Bedeutung der Technik zeugt auch die Geschichte der Patentverleihung für Erfindungen. Schon seit der Mitte des 15. Jahrhunderts setzte sich der Gedanke des geistigen Eigentums auf diesem Gebiet durch. 1474 sah ein venezianisches Gesetz den Schutz der Interessen jener »scharfsinnigen Köpfe« vor, »die es verstehen, mancherlei sinnvolle und kunstreiche Gegenstände auszudenken und zu erfinden«. Zwar findet man in Venedig oder in Florenz unschwer Dokumente, die beweisen, daß schon früher die Behörden »Monopole« oder »Alleinverkaufsrechte« an Erfinder verliehen. Ein bekannter Fall ist die Gewährung eines dreijährigen Monopols an Filippo Brunelleschi auf eine seiner Erfindungen für den Warentransport auf Flüssen. Aber abgesehen davon, daß es sich hier um Einzelfälle handelte, muß vor allem beachtet werden, daß es um die Verteidigung ganz bestimmter Interessen ging: das gewährte Privileg war nichts anderes als ein wirtschaftliches Monopol — wie es die Bestimmung zugunsten Filippo Brunelleschis beweist, die besagte: »ne sui ingenii et virtutis fructus ab alio percipiatur sine sua voluntate et consensu.« Das venezianische Gesetz von 1474 (wie übrigens schon ein Dokument aus dem Jahr 1453) verfolgte zwei Ziele: einerseits den Schutz der materiellen Interessen des Erfinders bei der Nutzung seiner Erfindung (als Entschädigung für die Kosten und die Arbeit, die er in sie investiert hat), andererseits die Ermunterung des Erfinders zu neuen Anstrengungen und Investitionen. Dabei spielt schon nicht mehr allein der wirtschaftliche Aspekt eine Rolle: Das Gesetz von 1474 verlangte, daß die Patente für die Gesellschaft von Nutzen wären, und präzisierte außerdem, daß die patentierten Instrumente neu sein und ihren erklärten Zweck erfüllen müßten. Damit nicht genug; es handelt sich darum, den »honor«, die Ehre des Erfinders, gegen Nachahmungen zu schützen. Der »honor« bezeichnete gleichzeitig den Ruhm und den Profit, das »ingenium« und sein Entgelt. Der humanistische Geist, der (ob direkt oder indirekt, das steht hier nicht zur Diskussion) ein Gesetz von so allgemeiner Bedeutung inspiriert hat, das die Werke der menschlichen Intelligenz verteidigen sollte, war zu umfassend, als daß er sich auf eine Gruppe von Gebildeten beschränken ließe.

Wie sehen überhaupt diese »Erfindungen« aus, für die von den Erfindern Patente beantragt und von den Behörden Genehmigungen gewährt wurden? Man darf sich beileibe nichts allzu Kompliziertes und Großartiges unter ihnen vorstellen. Nach den von Julius Mandich zusammengetragenen venezianischen

Dokumenten des 15. und 16. Jahrhunderts handelt es sich im wesentlichen um Mühlenprojekte, Wasserhebemaschinen, Instrumente zur Glasbearbeitung: kurz, lauter bescheidene, alltägliche Dinge. Die Tatsache, daß ein Gesetz, daß der Staat sich jetzt mit ihnen befaßten, ist äußerst aufschlußreich: Die mechanischen Künste wurden nicht mehr verachtet, und die Handarbeit, die zuvor im Sinne der Bibel als Fluch betrachtet worden war, erlangte eine eigene Würde. Auch auf diesem Gebiet war also die Autorität des Aristoteles erschüttert, und der von dem griechischen Weisen aufgestellte Gegensatz zwischen *episteme* und *techne* ging seiner Auflösung entgegen. Die Entwicklung der Technik zur Wissenschaft zeichnet sich klar ab: Nur durch die Anerkennung der konkreten Bedeutung der Technik konnte die Wissenschaft neue Impulse empfangen, um dann ihrerseits die Theorie der Praxis zu erarbeiten und zur technischen Wissenschaft, zur Technologie zu werden.

Die Erneuerung der Technik war — und dies sollte besonders beachtet werden — kein Triumph der Technik; diese entwickelte sich nicht selbst zur Wissenschaft. Gerade das vorhin erwähnte Beispiel des Kuppelbaus von Santa Maria del Fiore durch Brunelleschi zeigt die Grenzen des technischen Aufschwungs im 15. Jahrhundert: Man darf nicht meinen, daß die Technik selbst bis zur Anwendung der Geometrie auf die Probleme der Architektur vorgestoßen sei; sie gelangte lediglich zu den äußersten Schlußfolgerungen, die ihre Mittel gestatteten. An diesem Punkt angekommen, übte die Technik einen wachsenden Druck auf das wissenschaftliche Denken aus: Dieses mußte nunmehr der Technik zu Hilfe kommen ... Und die Unterstützung der Technik durch die Wissenschaft erfolgte wenig später. Aber der erste Anstoß ging von der Technik aus: Hier wurde die grundlegende Arbeit geleistet, wurden alte Ideen, überlebte Denkgewohnheiten abgestreift und deren Grenzen aufgezeigt.

In diesem Zusammenhang drängt sich die Frage auf: Vorausgesetzt, daß erst die Entwicklung der Technik die Erneuerung der Wissenschaft erlaubte, was hat dann zur Erneuerung der Technik geführt? Denn das Problem kann nicht durch einfaches Auswechseln der Worte gelöst werden, indem man »Erneuerung der Technik« anstatt »Erneuerung der Wissenschaft« sagt. Man ist versucht, beispielsweise im Falle des Kuppelbaus von Santa Maria del Fiore, folgendes Schema aufzustellen: Die Arbeiten zogen sich schon seit Ende des 14. Jahrhunderts hin. 1417 wurde die endgültige Entscheidung zum Bau getroffen, deren Verwirklichung jedoch auf große Schwierigkeiten stieß. Die Errichtung des bei der mittelalterlichen Bautechnik unentbehrlichen Holzgerüstes erwies sich für das in jenen Jahren von Krisen erschütterte Florenz als beinahe unerschwinglich; folglich sah sich die Technik zu einer einfacheren, wirtschaftlicheren Lösung gezwungen.

Aber diese Schlußfolgerung wäre zu simpel: das »folglich« ist nicht so unausweichlich, wie es dem Satzzusammenhang nach erscheint.

Immerhin bleibt die Tatsache bestehen, daß in jener Zeit gerade der Maschinenbau zu ungewöhnlicher Blüte gelangte. Diese Maschinen waren nicht für sich bestehende Instrumente, sondern sie erfüllten eine ganz bestimmte Funktion: sie sollten eine bestimmte Tätigkeit schneller und mit weniger Arbeitsaufwand verrichten. Zu ihren Verteidigern zählte Leonardo da Vinci. Von der einfachen Verlängerung eines menschlichen Organs verwandelten sie sich in etwas völlig anderes, das eine selbständige, von der Natur unabhängige Wirkung ausübte und gegenüber der Handarbeit gänzlich neue Eigenschaften aufwies. In wachsender Zahl entstanden Maschinen, deren Arbeitsrhythmus von dem des Menschen verschieden war. Der Arbeitsertrag dieser Maschinen muß schon beachtlich gewesen sein, wenn man von einem gewissen Zeitpunkt an sogar versuchte, ihre wachsende Bedeutung einzuschränken.

Der nur allzu bekannte Streik der Drucker von Lyon im Jahre 1539 soll gar nicht erwähnt werden. Aber 1579 wurde im Danziger Senat vorgeschlagen, den Erfinder eines Webstuhls, der mehrere Gewebe zugleich herstellen konnte, zu ertränken.

Zweifellos trugen ganz allgemeine wirtschaftlich-soziale Bedingungen zum Aufschwung der Technik bei. Aber neben diesen sozialen und wirtschaftlichen Gegebenheiten (die, zumindest teilweise, auch das Resultat, nicht nur der Grund der neuen Entwicklung waren) müssen auch die Veränderungen des geistigen »Werkzeugs« gesehen werden, die sich jetzt besonders deutlich zeigten, auch wenn sie seit geraumer Zeit nach und nach in Erscheinung getreten waren: der Sinn für Zeit, Präzision und Maß.

Im Zusammenhang mit den wirtschaftlich-sozialen Verhältnissen kann der Fall der Kirche Santa Maria del Fiore noch einmal als ausgezeichnetes Beispiel dienen, wobei nicht so sehr die besondere wirtschaftliche Lage von Florenz zu beachten ist als vielmehr die allgemeine Situation der europäischen Wirtschaft.

Der Bau dieser Kirche war bereits 1296, und so wie alle mittelalterlichen Bauwerke, begonnen worden, nämlich ohne genauen Bauplan. Mit wechselnder Intensität waren die Bauarbeiten ein Jahrhundert lang bis zur Höhe des Gesimses fortgesetzt worden (die Verzögerungen sind zweifellos der schweren Krise des 14. Jahrhunderts zuzuschreiben). Im Jahre 1367 — als der Bau also schon ziemlich weit fortgeschritten war — hatte man Pläne ausgearbeitet, die jedoch das Problem des Kreuzgewölbes über der gewaltigen Vierung nicht lösten ... Vor und auch nach der Ausschreibung eines Architektenwettbewerbs im Jahre 1401 waren Polemiken und Rivalitäten an der Tagesordnung. Erst etwa 1420 wurde die eigentliche Konstruktion der Kuppel begonnen, die um 1440 vollendet wurde. So fand diese Kirche, die mit mittelalterlichen Arbeitsmethoden begonnen worden war, ihre theoretische und praktische Vollendung durch eine Technik, die, ohne bereits wirklich modern zu sein (noch wurde die Geometrie nicht auf die Architektur angewandt), doch nichts mehr mit der früheren Bauweise gemein hatte.

Unschwer ließen sich parallele Entwicklungen verfolgen: Man denke nur an die Hydraulik. Man hat viel von der Hydraulik des Mittelalters und von den großen Meliorationsarbeiten jener Zeit gesprochen. Aber nur allzu oft hat man verschwiegen, daß es sich bei diesen Arbeiten im wesentlichen darum handelte, das Wasser durch geneigte Kanäle zu Tal zu leiten. Vom 15. Jahrhundert an jedoch stellte man sich das große Problem der Wasserhebung — und begann es zu lösen. Bedeutungsvoll sind in diesem Zusammenhang einige hydraulische Anlagen in der Republik Venedig, bei denen man diese Anwendung neuer Prinzipien verfolgen kann.

Im übrigen beziehen sich viele der erwähnten Patente auf die Bemühungen um die Wasserhebung. Die Erfolge auf diesem äußerst wichtigen Gebiet waren beträchtlich, wenn man bedenkt, daß nun Wasserpumpen in den Bergwerken eingesetzt wurden (beispielsweise in Lüttich von 1531 an belegt), wodurch die Wiederaufnahme der Arbeiten in Stollen ermöglicht wurde, in denen man den Abbau der Flöze wegen des eingedrungenen Wassers hatte aufgeben müssen.

Das Eindringen der Technik in das tägliche Leben läßt sich nicht nur in so bedeutenden Tätigkeitsbereichen wie dem Bergbau und der Bodenaufbesserung verfolgen. Auch in den einfachsten, alltäglichen Verrichtungen nahm sie einen immer größeren Platz ein.

Aber vor allem anderen sollte vielleicht daran erinnert werden, wie sich die Messen in ganz Europa im 16. Jahrhundert mit Waren füllten, bei deren Erzeugung die Anwendung der neuen technischen Erkenntnisse eine wichtige Rolle spielte. Henri Estienne beschränkte sich in seiner Schrift *Francofordiense Emporium* von 1574 nicht darauf, die Aufmerksamkeit auf die Menge der Waren zu lenken, die auf dieser Messe ausgestellt und verkauft wurden, sondern betonte die Möglichkeit, durch die neuen Maschinen menschliche Arbeitskraft zu ersetzen: Maschinen, »die den Armen eines einzelnen Menschen die Kraft eines Mühlwerks verleihen«, oder Bratspieße, die völlig selbsttätig arbeiten.

Es waren oft bescheidene Dinge, aber Henri Estienne möchte sie gerne mit einem Glorienschein umgeben, indem er sie als Früchte der »industriellen Künste« bezeichnete, für die er nur »dem Wort der Vulgärsprache gemäß« die Bezeichnung »mechanische Künste« gelten ließ.

Der Triumph der Technik in der Praxis zeigte sich auch im Erfolg der technischen Traktate, die zu wahren »Bestsellern« wurden: das 1540 in Venedig erschienene Werk *De la Pirotechnica* von Biringuccio (1480–1539) erlebte vier Ausgaben in italienischer Sprache (1550, 1558, 1559) und zwei in französischer Sprache (1556, 1572); das Buch über die Kriegsmaschinen von Valturio da Rimini wurde 1472 veröffentlicht und dann 1482 und 1483 neu aufgelegt, 1483 in Bologna, 1493 in Venedig und zwischen 1532 und 1555 viermal in Paris; das Werk *De re metallica* von Agricola (Georg Bauer, gest. 1555) fand in der Welt des Bergbaus solche Verbreitung, daß die Seelsorger der Pfarreien in den Bergwerksgebieten Lateinamerikas nicht zögerten, ein Exemplar davon an den Altären ihrer Kirchen aufzuhängen, um die Bergleute zu veranlassen, zu beten und sich gleichzeitig zu unterrichten . . .

Fordernd und anregend wirkte die Technik auf jenes Wissen, das im Begriff war, Wissenschaft zu werden. Und diese zeigte sich — wie schon angedeutet — jener gegenüber nicht taub: ein Mann wie Galilei beschäftigte sich in der Folgezeit selbst mit der Konstruktion von Linsen, und Galilei und Torricelli befaßten sich persönlich mit der Trockenlegung der Chiana. Hier erarbeitete die Wissenschaft wirklich die Theorie der Praxis und wurde zur technischen Wissenschaft. Zwischen dem 15. und 16. Jahrhundert wurden dazu die grundlegenden Voraussetzungen geschaffen.

IV. KENNZEICHEN DES NEUEN WISSENS

Das Neue im Verhältnis von Wissenschaft und Technik lag weitgehend in der neuen Aufgabe, die der Erfahrung zuerkannt wurde. Die »neuen Männer«, die die Gegenwart aufbauten und die Zukunft vorbereiteten, sahen nur ungern das Festhalten an der Gelehrsamkeit der Vergangenheit, die großenteils von ethisch-religiösen Erwägungen geprägt und für die Erfordernisse des Alltags recht unfruchtbar war. Das Zeitalter, das später die Neuzeit genannt wurde, war zweifellos durch ein beschleunigtes Anwachsen des Wissens charakterisiert, sozusagen durch eine steigende Zuwachsrate der praktischen Anwendbarkeit des Verstandes. Wie in manchen anderen Bereichen, so scheint der neue geschichtliche Abschnitt auch auf dem Gebiet der wissenschaftlichen und technischen Errungenschaften erst um die Mitte des 16. Jahrhunderts, wenn nicht später, zu beginnen. Es steht außer Frage, daß die großen Entdeckungen und folgenschweren Einsichten eines Kopernikus, Vesalius und Fracastoro gerade um 1540/50 einen völligen Wandel des geistigen Rüstzeugs Europas herbeiführten. Doch haben wir bereits betonen müssen, daß diese geistigen Errungenschaften die Krönung eines längeren Annäherungsprozesses an eine neue Form des Erkennens darstellen, das sich lieber auf die Beobachtung als auf traditionelle Behauptungen stützt und nach Anwendbarkeit trachtet, d. h. die Lösung praktischer Aufgaben und die Erfüllung der konkreten Forderungen und Bedürfnisse des aktivsten Teils der Gesellschaft ins Auge faßt.

Für beinahe den gesamten in diesem Band untersuchten Zeitraum von der Mitte des 14. bis zu Beginn des 16. Jahrhunderts kann jedoch gesagt werden, daß die damals gemachten Fortschritte denen der folgenden Epoche nicht gleichkamen. Beispielsweise kam man nicht zu theoretischen Ergebnissen, die mit denen eines Kepler, eines Galilei oder eines Descartes zu vergleichen wären. In Wirklichkeit ist es ziemlich schwierig, das Wissen einer geistig noch in sich geschlossenen Epoche mit dem einer Gesellschaft zu vergleichen, die nunmehr gewohnt war, in anderen Formen zu denken und ihren Forschungseifer auf Probleme zu richten, die bis dahin noch nicht fordernd und dringlich erschienen waren. Vielleicht sollte man deshalb eher für einen jeden historischen Zeitabschnitt die Dynamik, die Durchschlagskraft und die konstruktive Wirkung der technisch-wissenschaftlichen Erkenntnisse abwägen. Zwischen dem Ende des 14. und dem Anfang des 16. Jahrhunderts hat die Geschichte der Wissenschaft keine grundlegenden Entdeckungen oder Werke zu verzeichnen, die heute noch gültig wären. Und doch kann das Problem nicht auf diese Weise betrachtet werden. Bekanntlich verlieren von Zeit zu Zeit ganze Bereiche des Wissens ihre Brauchbarkeit und haben neuen Methoden und anderen Anwendungsformen zu weichen. So mußten zahlreiche Wissensgebiete, die im 17. und 18. und auch im 19. Jahrhundert festbegründet oder geradezu unanfechtbar schienen, in unserem Jahrhundert aufgegeben werden, wie es vorher für das Wissen des 14. und 15. Jahrhunderts der Fall war. Sosehr es sicherlich begründet sein mag, die Wissenschaft als theoretisches Gebäude darzustellen, das sich nach und nach der Vollendung nähert, so befriedigt diese Betrachtungsweise doch nicht gewisse unumgängliche Forderungen der Geschichtswissenschaft. Technische und wissenschaftliche Kenntnisse haben einerseits ihr spezifisches Gewicht innerhalb einer bestimmten Gesellschaft, andererseits aber eine eigene Richtung und Zielsetzung. Und gerade diese beiden letzten Faktoren gewannen zwischen 1350 und 1500 eine bemerkenswerte Bedeutung im Leben Europas. Der technische Fortschritt jener Zeit erscheint bereits bedeutend, nicht nur gegenüber den zwei vorhergehenden Jahrhunderten, sondern auch im Vergleich zu den folgenden. Neu für das Abendland waren beispielsweise die Buchdruckerkunst und das Artilleriewesen. Dennoch hatten diese beide Erfindungen bis zu Beginn des 16. Jahrhunderts faktisch nur einen geringen Einfluß auf das Leben des einzelnen und der Staaten. Ähnliche Überlegungen gelten für andere in jener Zeit erworbene Techniken. Sie schienen von geringem objektivem Gewicht, da die offensichtliche Langsamkeit ihrer anfänglichen Entwicklung ihre Wirkung begrenzte und ihre Bedeutung erst allmählich zu Bewußtsein kommen ließ. Nur zögernd setzte sich die klare Erkenntnis des Wertes der neuen Erfindungen für den Menschen und die Gemeinschaft durch. Es ist wichtig, sich von diesen Aspekten nicht allzusehr beeindrucken zu lassen und dabei andere, weitaus entscheidendere zu übersehen. Wenn also der Fortschrittsglaube noch auf sich warten ließ, so weniger deshalb, weil das dank der neuen Techniken bis zur ersten Hälfte des 16. Jahrhunderts Erreichte nicht schon beachtlich gewesen wäre, sondern weil die damalige Mentalität für Perspektiven allgemeinen Wohlstands und irdischen Glücks nur schwer zugänglich war. Bevor sich die europäische Sensibilität mit dem Mythos einer immer glücklicheren irdischen Zukunft der Menschheit identifizierte, durchlief sie zögernd mancherlei Zwischenzustände, deren geistiger Hintergrund stets die Vorstellung eines bestimmten, aber jenseitigen Ortes der Glückseligkeit war. Es ist offensichtlich, daß die Anziehungskraft des christlichen Mythos vom Paradies immer mehr nachließ. Aber ebenso klar ist es, daß die Idee des Fortschritts den Anfängen der modernen Wissenschaft nicht vorausging, sondern sie allenfalls hie und da begleitete und ihnen vor allem folgte. Zwischen dem 15. und 17. Jahrhundert nahm man zu zahlreichen, unpassenden Ersatzmythen Zuflucht, die gleichsam eine Verkleinerung und weniger jenseitige Wiederholung der christlichen Paradiesesvorstellung waren: der Garten der Wonnen, das Schlaraffenland, das »Eldorado«, der Mythos vom guten Wilden — um nur einige zu nennen. Die entscheidenden Merkmale der technischen Erfindungen und der wissenschaftlichen Perspektiven jener Zeit waren ihre Zweckbezogenheit und ihre innere Dynamik. Betrachten wir einige der wichtigsten Erfindungen: Die Zeitmessung mit Uhren, die zunächst an den Rathaus- und Glockentürmen angebracht wurden, begann in der ersten Hälfte des 14. Jahrhunderts und fand in der Folgezeit große Verbreitung, bis sie mit der Konstruktion der ersten Taschenuhren im 16. Jahrhundert ihren Höhepunkt erreichte. Worauf es uns ankommt, ist eben das Bedürfnis zu messen, den flüchtigen Lauf der Tage zu unterbrechen und zu strukturieren, wie um sich daraus ein greifbares und wertvolles Zeugnis der menschlichen Tätigkeit zu schaffen. Neben den Glocken, die zum Gebet oder zum Gottesdienst riefen, verlieh das regelmäßige Schlagen der Uhren dem irdischen Leben einen festen Rhythmus. — Es folgte das Messen des Raumes. Zwar erschienen die frühesten geographischen Karten moderner Konzeption erst nach den ersten großen Entdeckungen, doch waren diese wiederum das gemeinsame Ergebnis kosmographischer Studien und darauffolgender Erfahrungen von Seefahrern. Der mittelalterliche Portulan (Seefahrthandbuch) mit seinen Triangulationen war also lange überholt, bevor er effektiv durch die neuen, mit Längen- und Breitengraden versehenen Karten ersetzt wurde. So gelangte man von der Vermessung des Himmels und der bekannten Erde vermittels astronomischer Anhaltspunkte zur unabhängigen Geographie der gesamten Erde. — Gleichzeitig erfolgte die Vervollkommnung der Währungseinheiten. Während des 15. Jahrhunderts setzten sich neue Buchführungssysteme durch. Daneben bürgerten sich auch rationale Formen der Voraussicht ein, wie beispielsweise die Schiffahrtsversicherung. Die Titel der Werke, die in die neuen Verfahren einführten, begannen häufig mit einem bezeichnenden Wort: »Praxis des Handels« oder »Praxis der Schiffahrt«.

Zweifellos handelte es sich hierbei um Techniken, die bestimmten Klassen dienten. Aber sicher ist es kein Zufall, daß es gerade jene Klassen waren, die das Gefüge der mittelalterlichen Gesellschaft verschoben und gegen die auf ihrem Wege aufgetauchten Schwierigkeiten kämpften. Typisch für das Wissen dieser Klassen (das heißt des Bürgertums jener Zeit und nicht der Bourgeoisie im allgemeinen) war seine starke Bezogenheit auf die Bedürfnisse und Ziele der Menschen dieser Gesellschaftsschichten und vor allem sein instrumentaler Charakter. Ingenieure und Seefahrer, Künstler und Erfinder aller Sparten suchten immer weniger die Wissenschaft an sich, die ewige und unveränderliche Wahrheit, wie sie die Philosophie betrachtet und die die Religion zu offenbaren behauptet. Sie begannen nun, Projekte zu entwickeln, die zu bestimmten Zwecken »dienen« sollten, sie ordneten also freiwillig und gemeinsam ihr geistiges Wirken praktischen Erfordernissen unter. So kehrten diese Forscher die jahrhundertalte Bestimmung geistiger Tätigkeit, die in der Betrachtung des Wesens der Dinge und in der Suche nach der ethischen Verhaltensnorm bestanden hatte, um. Zwar hatte es lange vorher im Abendland Männer gegeben, die ihren Erfindungsgeist zur Überwindung bestimmter Schwierigkeiten einsetzten, und hier und da hatte in den früheren Jahrhunderten jemand allgemein gültige, das heißt nützliche Verfahren entdeckt. Aber ist es nicht sehr bezeichnend, daß die Namen dieser manchmal genialen Künstler und Handwerker unbekannt blieben? Die Gesellschaft ehrte und suchte sie in gewissem Sinne auch nicht: Die von ihnen geschaffenen Werte lagen außerhalb der geistigen Maßstäbe der mittelalterlichen Weltanschauung. Doch die Situation hatte sich von Grund auf geändert. Die Persönlichkeit der Künstler, der Ingenieure, der Wissenschaftler wurde langsam auf Grund ihrer besonderen Funktion von der Gesellschaftsschicht anerkannt, die sie brauchte und daher anspornte und gewissermaßen hervorbrachte. Die wirtschaftlichen und politischen Bedürfnisse des europäischen Bürgertums des 14. und 15. Jahrhunderts hielten mit dem neuen Rhythmus der technischen und theoretischen Forschung Schritt. Es schien auch kein Zögern möglich: Eins zog das andere nach sich und verlieh ihm organischen Sinn vermöge einheitlicher Zielsetzung und dynamischer Forderungen.

Auf diese Weise entstand jetzt eine wirklich weltbezogene Wissenschaft, die spät, oder jedenfalls sehr langsam, sich ihrer selbst voll bewußt wurde. Aber sie war auch nicht aus dem reflektierten Bewußtsein ihrer Funktion und ihrer Ziele entstanden, sondern aus dem vitalen Streben einer immer größeren Gesellschaftsgruppe nach irdischen Gütern, die nicht provisorisch und sofort wieder vergänglich sein sollten. Der Bürger setzte die Normen, die die Bewahrung und Vergrößerung seines Reichtums, die Aufrechterhaltung und die Ausdehnung seines Handels am besten zu garantieren schienen; er erforschte alle Möglichkeiten zur gesteigerten Nutzung von Zeit und Raum. Der Bürger begriff jetzt, daß die Aufzeichnung der eigenen Erfahrung für die kommenden Generationen lohnend oder geradezu unerläßlich sein konnte. Daher verherrlichte er sie und setzte sie dem traditionellen, unbeweglichen, ewig gültigen, jenseitsbezogenen und unnützen Wissen entgegen. Aus dieser Häufung von Kenntnissen, dieser Ansammlung praktischer Anleitungen entstand eine neue Mentalität, die schließlich nicht nur das Registrieren gemeinsamer und analoger Merkmale der Dinge forderte, sondern auch die Erfassung ihres Mechanismus und ihrer Gesetze. Diese Entwicklung geschah vor allem dank der Einsicht in die unweigerliche Dynamik aller menschlichen Errungenschaft und Schöpfung, das heißt dank des beständigen Strebens nach wirtschaftlich-sozialem Aufstieg, als dessen Werkzeug sich der Verstand gebrauchen ließ, der aufhörte, ein souveränes und rein kontemplatives Vermögen zu sein.

Für den Historiker ist es heute schwierig, den gemeinsamen Weg von Technik und Wissenschaft zwischen dem 14. und dem

16. Jahrhundert nachzuzeichnen. Aber das von dieser Entwicklung aufgeworfene Problem liegt nicht so sehr in der Auffindung der einzelnen Erfinder oder ihrer vereinzelten Antizipationen, sondern in der Zurückführung ihrer Arbeit und ihrer Erfindungen auf eine konkrete und organische Einheit. So fällt es nicht leicht, die Frage zu beantworten, in welchem Maße die Entwicklung des Artilleriewesens durch machtpolitische Erfordernisse der Monarchien oder der Stadtstaaten bedingt worden sei. Und doch hing beides eng zusammen. Dasselbe oder Ähnliches gilt für die Buchdruckerkunst. So wie die militärische Macht des Adels nach und nach durch den Sieg der Feuerwaffen gebrochen wurde, so wurde durch das Buch die geistige Vorherrschaft des Klerus in den Grundfesten erschüttert. Derartige Fragen beantworten sich nicht von selbst, doch müssen sie gestellt werden. Worauf es ankommt, ist der Aufweis jener eigentümlichen gegenseitigen Abhängigkeit, die sich in dieser Zeit zum erstenmal im Abendland zwischen den verschiedenen praktischen, politischen und wirtschaftlichen Bedürfnissen und Forderungen und der geistigen Aktivität herstellte. Dies ist der wahre Anfang vom Ende jeglicher Jenseitsbezogenheit in der Geisteshaltung der europäischen Gesellschaft. Die Beteuerungen dieses oder jenes Philosophen der Immanenz sind dafür längst nicht entscheidend, und jene der Humanisten über die Würde des Menschen sind vor allem Abglanz und indirekte Bestätigung einer Wirklichkeit, die in der Tat weitaus mehr als nur ein kulturelles Phänomen war. Eine neue Gesellschaft trat ins Leben und fand langsam ihre Gliederung und mit ihr eine Form des Wissens, die sich zutiefst von aller theologischen, philosophischen und ethischen Erkenntnis unterscheidet.

Zum Schluß müssen wir noch einmal auf die wesentliche Rolle der Erfahrung zurückkommen, um zu versuchen, ihre Merkmale genauer zu umschreiben. Wurde sie doch ohne weiteres als Quelle echter Erkenntnis aufgefaßt und bildete seit dem Ende des 14. Jahrhunderts eine bewußte Errungenschaft. Erfahrung bedeutete in jener Zeit vor allem Erinnerung an Ereignisse, die dem künftigen Handeln seine Richtung weisen konnte und somit eine Vervollkommnung der individuellen Leistungsfähigkeit ermöglichte. Gleichzeitig bezeichnete sie den kollektiven Fortschritt innerhalb einer bestimmten Erkenntnisform oder einer besonderen Technik. Biringuccio zum Beispiel konnte ohne weiteres die ballistische Praxis und die Artillerie-Richtverfahren seiner Zeit den noch vor zweihundert oder hundertfünfzig Jahren üblichen Methoden entgegensetzen und dabei sich und seine Zeitgenossen als die »Moderne« und seine Vorgänger aus dem 14. und 15. Jahrhundert als die »Alten« bezeichnen. Die Erfahrung war schließlich die Grundlage für die Aneignung, die dynamische

Erneuerung und die konkrete Erprobung der neuen Wissenschaft. »Ich habe mich in meinem Leben bemüht, die Dinge mehr aus eigener Erfahrung als durch die Worte anderer kennenzulernen«, ließ Alberti den Hauptgesprächspartner im dritten Buch seines Werks *Del governo della famiglia* programmatisch sagen, »und was ich verstehe, begriff ich eher durch die Wahrheit, als durch das Argumentieren anderer. Und wenn daher einer von denen, die den ganzen Tag lesen, zu mir sagt: ›so ist es‹, glaube ich ihm dennoch nicht, wenn ich nicht einen offensichtlichen Grund sehe, der mich überzeugt, daß es so ist. Und wenn mir ein der Bücher Unkundiger denselben Grund anführt, so glaube ich ihm, ohne mich auf eine Autorität zu berufen wie der, der das Buch zum Beweis anführt; denn ich denke, daß der Schreiber ein Mensch wie ich war.« Instinktiv gab der städtische Bürger jetzt dem Tatsachenbeweis den Vorzug vor den Büchern; da er den durch die Tradition eingeimpften ehrfürchtigen Respekt vor dem Gelehrten verloren hatte, zog er ihm den Mann der Praxis vor. Er tat dies nicht aus Ehrerbietung für rein manuelle Fähigkeiten oder für die Kunstfertigkeit eines einzelnen, sondern auf Grund des Postulats, daß der Geist im großen Buch der Natur wahre Erkenntnisse zu finden vermag, die noch nie niedergeschrieben wurden. »Es scheint, daß die Natur selbst«, so versicherte ebenfalls Alberti gegen 1435 im ersten Buch des zitierten Werks, »vom ersten Tag an allen Dingen, die sie geschaffen hat, überaus deutliche und klare Merkmale und Zeichen beigelegt und verliehen hat, kraft derer sie sich so darbieten, daß die Menschen sie erkennen könnten, soweit es nottut, sie im Wissen um ihre eingeborene Nützlichkeit zu benutzen.«

Wenn einerseits Nützlichkeit und Zweckgebundenheit als Grundgedanken und Triebfedern des »neuen Wissens« erscheinen, so bilden sie zugleich auch seine positive Begrenzung. Nach Alberti lebt der Mensch, um sich die Dinge nutzbar zu machen, und dafür muß er sie kennen: Erst dadurch kann er tüchtig und glücklich werden. Dieser freimütige Entwurf eines rein irdischen und sozialen Glücks, das im übrigen von dem florentinischen Denker nicht näher beschrieben wurde, stellte eine der fortschrittlichsten Positionen im Denken jener Zeit dar. Zumindest formell bemühte er sich noch, diesen Entwurf in eine religiöse Gesamtsicht hineinzustellen, um jeden Konflikt mit der christlichen Weltanschauung und Ethik zu vermeiden. Auch in seiner kühnen Darstellung des Problems wurde die kluge Verwendung der irdischen Güter als Gott wohlgefällig bezeichnet, da er sie für seine vernunftbegabten Geschöpfe geschaffen hat. Die selbständige Vision eines rein menschlichen Wohlstandes blieb noch unversucht; dementsprechend ist keine Rede davon, die Wissenschaft oder die Technik zu einer theoretischen, aus eigener Kraft bestehenden Konstruktion zu machen. Die »Erfahrung« jener Zeit war noch nicht das eigentliche Experiment, auch wenn sie die ersten Voraussetzungen dazu schuf. Der Ingenieur und der Erfinder, der Künstler — der ihnen oft sehr nahe kam — und der Techniker nahmen nunmehr einen wichtigen Platz in der Gesellschaft ein, aber eben nur ihrer Dienste wegen und als einzelne Persönlichkeiten. Ihr Wissen hatte noch keine feste Form, so daß ihre Forschungen, auch wenn sie untereinander und von Land zu Land ausgetauscht wurden, auf ihren jeweiligen Bereich beschränkt blieben, ohne sich in ein wirkliches Begriffssystem einzufügen. Von diesem Gesichtspunkt aus gab es allerdings zwischen 1350 und 1550 noch keine Wissenschaft. Aber die ersten Schritte in dieser Periode waren nicht minder entscheidend als die nachfolgenden Entwicklungen; als Typus des Wissens besaß die Wissenschaft jedenfalls schon ihre volle Daseinsberechtigung, hatte sich in einigen Tätigkeitsbereichen durchgesetzt und übte immer stärkere Anziehungskraft auf den aktiven Teil der gebildeten Klasse aus. Diese sollte sich bald zu ihr bekennen und ihr auch auf theoretischer Ebene zum Durchbruch verhelfen.

7. Entdeckung und Eroberung der Welt

I. DIE PROBLEMATIK DER ENTDECKUNGEN

Hier beginnt das vielleicht außergewöhnlichste und abenteuer-
lichste Kapitel der Geschichte Europas: der Aufbruch seiner
Söhne in die Welt.

Ein überaus rasches Unternehmen, wenn man nur seine Höhe-
punkte betrachtet: 1492 erste Fahrt des Kolumbus; 1497/98
Fahrt des Vasco da Gama; 1519 bis 1522 Erdumseglung durch
Magalhães. Aber wie immer läßt sich auch hier eine verborgene
Vorgeschichte erkennen, die sich weitaus langsamer abspielte.
Nach der ersten Fahrt der Gebrüder Vivaldi über die Meerenge
von Gibraltar hinaus erreichte Lazarotto Malocello zu Beginn
des 14. Jahrhunderts die Kanarischen Inseln; 1341 wurde Madeira entdeckt. Bis dahin handelt es sich im wesentlichen um
Leistungen von Genuesern, die versuchten, auf dem Seeweg
direkt zu den Goldquellen der Sahara vorzudringen und so alle
Zwischenhändler auszuschalten. Doch nun begannen Portugiesen und Genueser gemeinsam allmählich in Marokko einzudringen, und es folgte die außergewöhnlich kühne und zugleich bewundernswert vorsichtige Erforschung der afrikanischen Küste
durch die Portugiesen: 1434 Kap Bojador; 1444 Kap Verde;
um 1472—74 die Äquatorlinie ... Eine ganze Reihe von Etappen, die den sich überstürzenden Ereignissen der Jahre 1492 bis
1522 vorausgehen. Sucht man nach einem gemeinsamen Begriff
für diese ganze Periode, so könnte man wohl von einer Zeit der
Erkundung sprechen, denn die eigentliche Eroberung begann
erst gegen 1510—20.

Ein weiterer charakteristischer Zug, der Beachtung verdient, ist
das plötzliche Eingreifen der Spanier in ein Unternehmen, das
portugiesisches Monopol zu sein schien; ein unvermitteltes und
— wie man hinzufügen muß — vom Glück begünstigtes Eingreifen. Zweifellos wußten sich die Spanier dieses Glücks in der
Folge als durchaus würdig zu erweisen, aber die Expedition des
Kolumbus, eine der wenigen, die von den spanischen Herrschern
ausgerüstet wurde, kann man unmöglich anders als glücklich
bezeichnen.

Doch wie dem auch sei, Spanier und Portugiesen brachten es
immerhin so weit, den unbekannten Erdball und die kaum erforschte, riesengroße, ja geradezu verzehnfachte Welt untereinander aufzuteilen, wobei es an verschiedenen Punkten zu Rei-

bungen kam. Der Vertrag von Tordesillas, der sich auf die vorangegangenen Beschlüsse von Papst Alexander VI. gründete, teilte den Spaniern das gesamte mehr als 170 Meilen westlich der Azoren liegende Gebiet zu und überließ den Portugiesen den östlich dieser Linie gelegenen Raum. Dies war ein bemerkenswerter Wandel, ein förmlicher Bruch im Vergleich zur Bulle Kalixts III. (1456), die den Portugiesen nicht weniger als das Monopol auf alle geographischen Entdeckungen gewährt hatte. Freilich war auch diese Aufteilung kaum danach gemacht, den verschiedenen europäischen Herrschern zu gefallen, und Franz I. mochte sich wohl zwischen Scherz und Ernst fragen, gemäß welcher Klausel von »Adams Testament« Portugiesen und Spanier sich in die unbekannte Welt teilten. In Wirklichkeit war durchaus keine Prädestination im Spiel; vielmehr entschied (abgesehen von der besonders günstigen geographischen Lage Portugals) eine viel einfachere Tatsache: der Umstand, daß diese beiden Länder im Vergleich mit den anderen europäischen Staaten eine gesellschaftliche und wirtschaftliche Struktur besaßen, die für Unternehmen dieser Art geeignet war: gute seemännische Tradition, ausreichende demographische Spannung, soziale Gegensätze im Innern, entwickelte seefahrerische Techniken (die Karavelle — dieses herrliche Instrument — stand schon seit 1440 zur Verfügung) und wissenschaftliche Kenntnisse (besonders in Astronomie und Kartographie). Alle diese notwendigen Voraussetzungen waren in Portugal und Spanien gegeben.

Die ersten Ergebnisse erschienen für die Portugiesen günstiger als für die Spanier. Sie fanden rasch, was sie suchten: die Gewürze des Orients. Die Spanier hingegen stießen in der Neuen Welt weder auf Gewürze, noch wurde ihre Goldgier, ihr »Todeskampf« ums Gold, wie es Oviedo nannte, ausreichend belohnt. Die ersten »Schätze«, die in Europa anlangten, waren reicher in Lissabon als in Sevilla ... Aber allmählich entwickelte sich das Verhältnis der Kräfte und der Erfolge zugunsten der Spanier, die sich schließlich sogar erlauben konnten, den Vertrag von Tordesillas zu brechen und selber in den Fernen Osten zu fahren, jedoch ihrerseits von der amerikanischen Pazifikküste aus. 1529 wurde diese neue Sachlage in Saragossa besiegelt. Fortan entschieden nicht mehr die Päpste über Grenzen und Einflußverteilung; nur noch die Macht und die realen Verhältnisse sanktionierten Hegemonien und Monopole, wie das Vorgehen Karls V. bewies.

Diese Entdeckung der Welt, deren Etappen sich um die Wende vom 15. zum 16. Jahrhundert förmlich überstürzten, zwang die Europäer zum Nachdenken. Die Schrift *Mundus Novus* von Amerigo Vespucci, die 1502 erschien, erlebte bis 1504 zwölf, in den ersten drei Jahren zweiundzwanzig und bis 1550 etwa fünfzig Auflagen.

Was bedeuteten all diese geographischen Entdeckungen in religiöser Hinsicht? Inwiefern führten sie zu einem Bruch mit überkommenen Vorstellungen, und welche alten Begriffe wurden durch sie zerstört?

Vor allem muß festgestellt werden, daß die Identität von *oikumene* und *christianitas*, die seit dem hohen Mittelalter bestand, aufgehoben wurde und die *christianitas* sich allein auf Europa beschränkt sah. Das Prinzip, nach dem das Wort Christi durch die *dispersio Apostolorum* in die ganze bewohnte Welt getragen worden war, wurde offensichtlich widerlegt. Welche Stellung, so fragte man sich, nehmen diese Völker, die das Wort Christi nicht kennen, vor dem Gericht Gottes ein? Werden sie verdammt? Oder kann sittliche Tugend allein sie retten? Der Zweifel tauchte auf — die logisch und korrekt formulierte Antwort hat erst viel später ein Montaigne gegeben. Dieser Zweifel entzündete sich auch an anderen Fakten: Entgegen der christlichen, von Augustinus vertretenen Auffassung hatten die Entdeckungen gezeigt, daß es eine Vielzahl irdischer Welten gibt; daß die Vorstellung von einer »heißen Zone«, die jedem Abenteuer der Menschen eine Grenze setzt, nicht der Realität entsprach; daß die Möglichkeit einer Diskussion über den polygenetischen Ursprung der Menschheit nicht auszuschließen war.

Die ersten Reaktionen waren gekennzeichnet durch »insensitivité à l'incompatible«, wie es Lucien Febvre formuliert hat, das heißt: man zog es vor, sich zu allem, was mit den theologischen Prinzipien unvereinbar war, nicht eindeutig zu erklären. Aber der Zweifel mit seinen zersetzenden Wirkungen blieb, auch wenn man schwieg. Natürlich beschränkte man sich in diesem religiösen Bereich nicht darauf, die theologische Sicht angesichts der durch die geographischen Entdeckungen aufgeworfenen Probleme zu korrigieren. Es gab auch eine Reaktion dialektischer Natur: Wenn auch einerseits die *christianitas* durch die Feststellung, daß ungeheure Menschenmassen ohne den »wahren« Gott leben, zusammenschrumpfte, so bot sich doch andererseits die Möglichkeit, unter diesen Menschen zu wirken, um sie wieder zu einer großen Herde unter einem einzigen Hirten zusammenzuführen. Auch darf man nicht vergessen, daß das Bedürfnis, die Eroberung der neuen Welten ideologisch zu rechtfertigen, einen starken Druck ausübte. So erklärt sich der missionarische Eifer. Aber auch er fand seine Grenze in der Prophezeiung des Evangeliums, nach der das Ende der Welt mit der Bekehrung aller Welt zum wahren Glauben zusammenfallen werde. Kam seine Verbreitung da nicht einer Art von Selbstvernichtung gleich? Nicht wenige Missionare (vor allem Spanier) stellten sich angstvoll die Frage, ob sie nicht das Herannahen des Weltenendes beschleunigten, je eifriger sie ihre Aufgabe erfüllten. Alle diese Probleme sollten erst viel später eine vollständige, zusammenhängende Antwort empfangen. Aber schon 1539 gab Francisco de Vitoria (gest. 1546) in seiner an der Universität Salamanca vorgetragenen *Memoria de Indis* eindeutig dem Bewußtsein Ausdruck, daß Christenheit und Welt nicht gleichzusetzen seien.

Die Verschiedenheit der Religionen auf dem Erdball war nunmehr eine feststehende Tatsache. Das Gleichgewicht konnte nur durch die Schaffung einer natürlichen Ordnung, die ganz auf die Erfahrung gegründet sein mußte, wiederhergestellt werden. Dieser Begriff gewann jetzt große Bedeutung: Die »Erfahrung« ließ nunmehr im Widerspruch zu Aristoteles, der kategorisch die Unmöglichkeit der Existenz eines anderen Himmels als desjenigen unserer nördlichen Hemisphäre behauptet hatte, Dinge offenbar werden, die »nie gesehen worden waren, denn unsere Seemänner passierten den Äquinoktialkreis und sahen die Sonne senkrecht über ihrem Kopf«, und »Als sie die Äquinoktiallinie überfahren hatten, kamen sie in eine andere Welt, in der ihr Schatten nach Süden und nach rechts fiel, wenn sie sich gen Osten wandten«. Es ist bis zu einem gewissen Grade seltsam, daß selbst die hartnäckigsten Verteidiger des mittelalterlichen und christlichen Weltbildes, vor allem Jesuiten, bei dem Versuch, die neuen Tatsachen mit den alten Prinzipien dialektisch (im landläufigen Sinn dieses Wortes) zu versöhnen, gerade den Begriff der Erfahrung heranzogen, um zu erklären, wie und warum ein Augustinus irren konnte.

In der Mitte des 16. Jahrhunderts gab es keinen Zweifel mehr: die »Welt« ist der »Erdball«. Das Bewußtsein von der Gemeinschaft aller Menschen hat einen großen Fortschritt gemacht.

II. DIE EROBERUNG AMERIKAS

Dieses waren in raschem Überblick einige der bemerkenswertesten Züge und religiösen Folgeerscheinungen der Entdeckungen. Aber Entdeckung bedeutete hier ja auch materielle Besitznahme. Am deutlichsten wird der unerhörte Umfang des Unternehmens im Falle Amerikas. Um die spanischen Erfolge in der Neuen Welt zu erklären, hat man die verschiedensten Begründungen angeführt: einmal den »Triumph der Gesundheit«, um auszudrücken, daß nur außergewöhnliche physische Kraft, verbunden mit dem niedrigen Durchschnittsalter der Eroberer (etwa 30 Jahre), diese Handvoll Männer in den Stand setzte, die Höhenkrankheit der Hochebenen, die Malaria der mittelamerikanischen Landenge,

die Gefahren der feindlichen Urwälder und die gleißende Öde der Wüsten zu überwinden; zum andern berief man sich auf die Überlegenheit der Kriegsmittel, wobei man weniger die eigentlichen Waffen im Auge hatte als das Pferd, dieses unvergleichliche Kampfinstrument der amerikanischen Eroberungszüge. Der »Pferdmensch« mit seinen scharfen, besonders abgerichteten Bluthunden erhob sich wie ein Gott über die Scharen der *Indios*, die den »treuen Freund des Menschen« (hier müßte man eher sagen: »des Weißen«) nicht kannten und sich so von vornherein im Zustand praktischer und psychologischer Unterlegenheit befanden. Diese Faktoren (und andere, die sich hinzufügen ließen) haben ohne Frage eine wichtige Rolle gespielt, auch wenn sie allein nicht ausreichen, einen so gewaltigen und beinahe legendären Vorgang wie die Eroberung Amerikas durch die Spanier zu erklären. Das eigentlich wesentliche Moment erscheint eher in dem Motto »ir a valer mas«, das dem Verlangen Ausdruck verleiht, »mehr zu gelten«, ein höheres Ansehen zu gewinnen, und zwar in jeder Hinsicht: in wirtschaftlicher, moralischer und gesellschaftlicher. Damit rühren wir an die mächtige Triebfeder des spanischen Abenteuers in Amerika — wie überhaupt außerhalb Europas; und die entscheidende Frage lautet, wie dieses Motto verwirklicht worden ist und welches zu gleicher Zeit die Folgen für die eroberten Länder gewesen sind. Eine heikle Frage, deren Beantwortung allzu leicht in den Bannkreis der finsteren oder der verklärenden Legende von der Eroberung gerät. Der einen zufolge hätten die Spanier, lauter Bösewichte, nur gemordet, gequält, geraubt und vergewaltigt, während sie nach der anderen Version aus reinsten Motiven den Eingeborenen die wahre Religion und damit das Heil der Seele gebracht, das Rad eingeführt und »wilde« Völker mit der europäischen »Kultur« bekannt gemacht haben sollen. All das sind entmutigende Vereinfachungen. Ein Urteil über den Zusammenstoß zweier verschiedener Mentalitäten läßt sich nicht auf eine eindeutige Formel bringen. Es gilt zu unterscheiden und abzuwägen, und zwar nicht nur um die moralische Verantwortung zu bestimmen, sondern vor allem um die Entstehung von Verhältnissen deutlich werden zu lassen, die bis auf den heutigen Tag in den Beziehungen zwischen der zahlreichen indianischen Bevölkerung Mittel- und Südamerikas und der Gesellschaft der Weißen (und Mestizen) lebendig sind. Die Nachwirkungen der Eroberung sind auch im 20. Jahrhundert noch nicht abgeklungen.
Es besteht kein Zweifel darüber, daß vor allem zu Beginn des Kampfes von den Spaniern vorsätzliche, absichtliche, ungerechte und ungerechtfertigte Verheerungen angerichtet worden sind. Die Zeugnisse dafür sind zu zahlreich und zu sprechend, als das man dies leugnen könnte. Doch durch die Verwüstungen allein

läßt sich der ungeheure Rückgang der indianischen Bevölkerung während des 16. Jahrhunderts nicht erklären. Man muß andere Ursachen in Anschlag bringen. An erster Stelle ist darauf hinzuweisen, daß die Europäer eine ganze Reihe von Krankheiten nach Amerika mitbrachten, die für die indianische Bevölkerung, die keinerlei natürliche Immunität vor ihnen schützte, die schlimmsten Folgen hatten. Hinzu kamen die neuen Arbeitsformen, die den Indianern aufgezwungen wurden, vor allem das neue Arbeitstempo, das die Unterworfenen überaus schwer ertrugen.

Noch folgenschwerer dürften aber gerade jene Momente sein, die gewöhnlich in die positive Version der Eroberungsgeschichte aufgenommen werden. Denn zweifellos war es eben jene christliche und europäische Zivilisation, die das größte Übel in die Gemeinschaft der amerikanischen Eingeborenen trug: ihre völlige moralische, gesellschaftliche und psychologische Auflösung. In der Tat ist es gerade dieser Umstand, der einer Geschichte Amerikas *a parte victi* (aus der Sicht des Besiegten) ihren dramatischen Höhepunkt verleiht: Eine große Anzahl von Menschen erlebte die Auflösung ihrer eigenen Geschichte (im vornehmsten Sinn des Wortes), die bis ins Innerste reichende Zerstörung ihres eigentlichen Seins. Am Anfang stand ein Gewaltakt. Ihm folgte eine langsame Zersetzung.

Wie war jedoch dieser Gewaltakt möglich? Es war ja nur eine Handvoll Männer, die mit einer ungeheuren Menschenmasse zusammenstieß. Wenn auch die Zahl der ersten Eroberer Amerikas nicht bekannt ist, so kann man doch den Umfang der »Auswanderung« in die Neue Welt seit 1509 (also im Anfangsstadium der »Eroberung«) schätzen: Für den Zeitraum von 1509 bis 1537 sind Dokumente über 7659 offizielle Einschiffungen mit Passagieren nach Amerika erhalten. Diese Zahl ist natürlich unvollständig: Aus einigen Jahren gibt es zum Beispiel kaum Dokumente; außerdem fehlen die Schiffsmannschaften und Soldaten (sie benötigten keine Einschiffungspapiere), die nicht mehr auf den alten Kontinent zurückgekehrt sind. Rechnet man auch noch blinde Passagiere hinzu, so kommt man im günstigsten Falle auf höchstens 100 000 Personen. Und mit dieser kleinen Schar wurde Amerika erobert! Der Feldzug nach Mexiko, der sicher der schwierigste war, wurde mit 1300 Mann durchgeführt, und Pizarro zog mit 112 Spaniern zur Eroberung Perus aus.

Wie groß auch immer ihre militärische Überlegenheit, ihr Unternehmungsgeist, ihr Mut gewesen sein mögen, wie konnte es dazu kommen, daß sie nicht von der Menschenmasse, die sie dort umgab, verschlungen wurden? Auch die erstaunlichsten Berichte von Schlachten zwischen Spaniern und Indianern, in denen von den Heldentaten jedes einzelnen Spaniers wahre Wunderdinge erzählt werden, vermögen uns den siegreichen Ausgang des Kampfes nicht völlig überzeugend zu erklären. Auch die unermüdlichsten Kämpfer hätten schließlich unterliegen müssen. Wir meinen vielmehr, daß die Größe des spanischen Sieges, der heroische Charakter des amerikanischen Abenteuers in der Auseinandersetzung mit der Natur besteht. Wo es gegen Menschen ging, hat die Rede bescheidener zu klingen. In Wirklichkeit waren die militärischen Siege der Spanier sehr bescheidener Art: Sie endeten damit, daß die Spanier ihre Herrschaft bereits beherrschten Menschen auferlegten, also nur eine andere Herrschaft ablösten. Man muß sich klarmachen, daß der amerikanische Kontinent zum Zeitpunkt der Eroberung durch die Europäer in einzelne Herrschaftsbereiche mit streng feudaler Ordnung gegliedert war. Für die Beherrschten bedeutete es zumindest im ersten Moment keinen großen Unterschied, ob sie ihre Abgaben dem Inka oder einem spanischen Eroberer zu zahlen hatten. In dieser indifferenten Haltung der Massen muß man die Ursache für den spanischen Erfolg in Amerika sehen. Dies wird übrigens durch die Tatsache bestätigt, daß die Spanier damals in einigen Gebieten gerade unter den Eingeborenen Helfer bei ihrem Eroberungswerk fanden, da diese glaubten, einen Verbündeten für die Wiedererlangung ihrer Unabhängigkeit von einem drückenden Joch gefunden zu haben. Einen indirekten Beweis kann man außerdem in der Tatsache sehen, daß durch die spanische Eroberung nichts an den geographischen Grenzen der alten Herrschaftsbereiche geändert wurde. Etwas südlich vom heutigen Zentralgebiet Chiles widerstanden die Indianer den Spaniern ebenso heldenhaft wie vorher dem Inka, und dieser Widerstand dauerte bis zum 19. und sogar bis zum Anfang des 20. Jahrhunderts. In der argentinischen Ebene verteidigen sich die Pampas-Indianer jahrhundertelang; dasselbe gilt für die Charruas, die hauptsächlich im Gebiet des heutigen Uruguay siedelten. Es ist übrigens bedeutsam, daß dort, wo der indianische Widerstand nur gering oder ohne Erfolg war, die Gemeinschaft der Eingeborenen bis in unsere Tage geschlossen fortgelebt hat, wenn auch unter schwierigen Verhältnissen. Dagegen haben sich jene Gruppen von Indios, die sich vorher dem Joch der Inkas nicht gebeugt hatten, auch mit aller Kraft gegen die Spanier verteidigt. Diese »indios bravos« sind zwar völlig ausgerottet worden, aber erst nach einem Guerillakrieg, der stellenweise bis ins 18., 19. und sogar bis ins 20. Jh. andauerte. Es handelt sich dabei um Pampas, Araukaner, Fueghinos und andere. Die Ruhmestaten dieser Verteidiger ihrer Unabhängigkeit und Menschenwürde werden erst jetzt langsam bekannt und verdienen es, daß wir hier auf sie hinweisen.

Abb. 18: Ankunft der Konquistadoren in der Neuen Welt. Hernando Cortez wird von den Fürsten von Tlaxcala (Mexiko) empfangen und richtet das Kreuz auf. (Tafel Nr. 5 aus dem Kodex »Lienzo de Tlaxcala«.)

Wir wiederholen: es ist nicht unsere Absicht, die heroische Größe, mit der sich die Spanier in das Buch der Geschichte eingetragen haben, zu mindern. Die Siege, die jene Menschen gegen die unermeßlichen Weiten einer neuen Welt errangen, verdienen den höchsten Ruhmestitel, dem Schwerthiebe und Schüsse nur wenig hinzufügen könnten. Eine Überschätzung der Waffentaten käme fast einem Verrat an dem gleich, worauf die Spanier selbst am meisten stolz waren. Wie könnte man übersehen, daß diese Menschen ohne große Bildung gerade auf den Seiten, die sie der Beschreibung dieser neuen, gewaltigen Natur widmen, höchstes schriftstellerisches Niveau erreichen? Die Weite der Landschaften lebt in ihren Schilderungen wieder auf, die Schlachtbeschreibungen bleiben einfache Berichte.

Aber die Spanier begnügten sich nicht, die Neue Welt zu erobern; sie haben sie auch aufgebaut. Ein anfechtbares Unterfangen, ohne Frage; im Licht heutiger Betrachtungsweisen wie in den Augen der Zeitgenossen: Las Casas verdammte es mit glühenden Worten. Und bis zur Stunde hat man nicht mit Kritik für diese Art von »Aufbau« gespart. Aber heißt Kritisieren immer auch schon »Erklären«? In 4000 Meter Höhe die Stadt Potosi zu bauen — die höchste Stadt der Welt — und sie rasch auf 160 000 Einwohner zu bringen, ist gewiß keine geringe Leistung, auch wenn man in Betracht zieht, daß die Silberminen in ihrer Umgebung eine starke Anziehungskraft ausübten. Es ist auch keine Erklärung, wenn man hinzufügt, daß der Preis für diese Schöpfung das Leben von Millionen Indianern war. Wesentlicher dürfte es sein zu zeigen, vermöge welcher organisatorischen Gliederung, im Rahmen welches »Systems« das Opfer dieser Indianer jenem Aufbau zugute kam. Es würde hier zu weit führen, auf die einzelnen Aspekte und Funktionen der »encomiendas« (Arbeitsleistungen an Stelle der Tribute, die die Indianer einer bestimmten Gegend zu entrichten hatten), »asientos de trabajo« (Arbeitsverträge) und »obrajes« (Zwangsarbeit in Tuchmühlen) näher einzugehen. Die Behandlung dieser Probleme, denen sich schon seit langem zahlreiche Forscher widmen, würde viele Seiten füllen.*

Für eine globale Deutung mag es genügen, den wahren, innersten Charakter der amerikanischen Kolonialgesellschaft in ihrem Feudalismus zu sehen. Das ist freilich ein ziemlich gefährlicher Begriff, denn er lädt zu politisch-propagandistischen Auslegungen verschiedenster Art ein. Sein Gebrauch ist daher nur nach einer möglichst genauen Definition zulässig. Der Feudalismus Südamerikas war hauptsächlich ein System der Naturalwirtschaft, das sich auf einen großen Reichtum an Boden und Arbeitskräften gründete. Zu Landbesitz kam man durch »Eroberung«, Privilegien, Abfindungen, Usurpation und nur sehr selten durch Kauf. Arbeitskräfte gewann man durch die Ausübung von Rechten über Personen. Unter diesem Aspekt erscheint die Bedeutung der Eroberung Amerikas ebenso klar wie die Art der Beziehungen zur einheimischen Bevölkerung. Denn nachdem die ersten Jahre, in denen man nach »Schätzen« und »Lösegeldern« suchte, vergangen waren, nachdem die erste Periode des Raubes von Edelmetallen vorüber war (zahllose Goldschmiedearbeiten wurden von den Spaniern in Goldbarren umgeschmolzen — mit welchem Verlust an Kunstwerten, braucht nicht beson-

* Im einzelnen siehe Fischer Weltgeschichte, Bd. 22 (Süd- und Mittelamerika I).

ders betont zu werden), mußten gesellschaftlich-wirtschaftliche Beziehungen geschaffen werden, die die dauernde Vorherrschaft der Erobererschicht begründen sollten. Und ist es etwa verwunderlich, daß diese Männer, die in ihrem Vaterland weder in »Iglesia, mar o casa real«, d. h. weder im Dienste Gottes noch im Dienste des Staates unterkommen konnten und daher beschlossen hatten, Glück, Ehre und Ruhm in fernen Ländern zu suchen, sich jenem Feudalismus zuwandten, der sich im Mutterland bereits bewährt hatte und der in Amerika in seiner reinsten Form wiederhergestellt werden konnte?

Der Begriff »Feudalismus« kann sicher dazu dienen, Vorstellungen zu klären und Perspektiven zu eröffnen. Aber um das wahre Wesen der spanisch-amerikanischen Gesellschaft zu verstehen, muß man diesen Begriff, wie gesagt, genauer bestimmen. Dieser Feudalismus entstand aus einer Naturalwirtschaft und schuf seinerseits die Bedingungen dafür, daß diese Wirtschaftsform sich erhielt und zur Blüte gelangte. Naturalwirtschaft: also spärliche Geldzirkulation, strenge soziale Abgrenzung, keine Möglichkeit von Kapitalbildung außerhalb einer kleinen Herrenschicht, fehlende Autonomie gegenüber dem Mutterland. Diese und andere Erscheinungen, denen man in der lateinamerikanischen Geschichte auf Schritt und Tritt begegnet, finden in der Naturalwirtschaft einer Feudalordnung ihre einheitliche Erklärung.

Somit hat man — im Gefolge der kühnen und intelligenten Thesen der letzten Jahre — die »Eroberung« im Zusammenhang mit der Krise des spanischen Feudaladels zu sehen, der in dem amerikanischen Abenteuer einen Ausweg aus seinen eigenen Schwierigkeiten und ein freies Betätigungsfeld für seinen Ehrgeiz fand. In alten Chroniken und Dokumenten liest man zwar, daß die ersten »Entdecker« ausschließlich arme Teufel waren. In der zweiten Welle von »Eroberern« findet man jedoch eine außergewöhnliche Anzahl von »secundones«, d. h. von jüngeren Söhnen aus allen Schichten des Adels, die natürlich auch als arme Teufel gelten konnten, aber mit dem Lebensstil, dem Mythos, den Vorstellungen und den Methoden des Feudalismus vertraut waren. Muß man nicht darin den Gegensatz sehen, der zwischen den »recién venidos« (den zuletzt Angekommenen) und den »isleños« entstand (jenen Spaniern, die als erste die Antillen erreichten, dort heimisch geworden waren und Wurzel gefaßt hatten und deren Söhne diesen Namen gleich annahmen)? Man muß annehmen, daß die wirkliche Eroberung durch die »isleños« und die »recién venidos« gemeinsam unternommen wurde. Die »isleños« waren die besseren Kämpfer; so ist noch heute die These vertretbar, daß eine kontinentalamerikanische Menschenmasse von Männern unterworfen wurde, die bereits als Amerikaner betrachtet werden können. Es handelt sich hier jedoch nicht nur um einen Gegensatz zwischen Veteranen und jungen Rekruten. Neben diesem Gegensatz, der sich aus dem wahrscheinlich berechtigten Stolz der Veteranen erklärt, die sich das Verdienst des Sieges zuschrieben, bestand ein weit tieferer Kontrast. Die ersten Eroberer waren nämlich Bauern, die in Amerika ein schnelles Glück oder auch eine neue Heimat suchten, die ihnen Hoffnung auf ein besseres Leben bieten konnte. Die anderen dagegen sahen ihre Aufgabe darin, die Lebensformen neu aufzubauen, von denen sie in der alten Heimat lediglich durch das Erstgeburtsrecht ausgeschlossen waren. So gelangte in Amerika — dem unberührten Kontinent — jene Feudalwelt, die in Europa bereits die ersten Schläge erlitten hatte, zu neuem Leben und neuer Blüte. Diese »amerikanische Feudalordnung« — wie man mit Recht sagen darf — fand Verhältnisse vor, die sich von den europäischen teilweise unterschieden. Einerseits war es für sie von Vorteil, daß die Menschen, über die sie ihre Rechte ausübte, einer anderen Rasse angehörten, zum Christentum bekehrt werden mußten und, im Vergleich zum europäischen Niveau, in technischer Hinsicht unterlegen waren; dadurch wurde eine besonders harte und dauerhafte Unterdrückung möglich. All das erwies sich im Laufe der Zeit als sichere Grundlage, die besonders für die Produktion wichtig war. Aber andererseits machte es die weite Entfernung vom Mutterland den in Amerika herrschenden Gruppen unmöglich, in die Güterverteilung, d. h. den Handel von amerikanischen Produkten nach Europa und europäischen Waren nach Amerika einzudringen. So konnte aller Profit nur aus der Leibeigenschaft gezogen werden, die den Indio an den Eroberer band. Auch wenn in der Folgezeit die persönliche Abhängigkeit formal aufgehoben wurde, blieb in der Praxis die feudalistische Situation bestehen. Durch das System der Verschuldung des Bauern oder des Handwerkers blieb die Knechtschaft des Indio eine konkrete Tatsache.

Dieser »feudalistische« Grundzug des amerikanischen Lebens erscheint von Anfang an auch außerhalb des im engeren Sinn wirtschaftlichen Bereichs. So waren zum Beispiel auf politischer Ebene die offenen Empörungen gegen den Herrscher ein Kennzeichen des Feudalwesens, das in Spanien wie im übrigen Europa nie ganz den kritischen Punkt der Explosion erreicht hatte.

Im spanischen Amerika dagegen kam es zu zahlreichen Erhebungen — ein Zug, der gar nicht genug unterstrichen werden kann —, angefangen von dem berühmten Aufstand Pizarros, Carvajals, Cepedas in Peru (1544) bis zu den Revolten der Brüder Contreras in Nicaragua (1550), des Lope de Aguirre in Venezuela (1561) oder des Martín Cortéz in Mexiko (1565). Es handelt sich dabei nicht darum, vereinzelte Episoden aufzubauschen, so wichtig sie auch gewesen sein mögen (es genügt, daran zu denken, daß die Idee, sich zum König krönen zu lassen, sowohl Martín Cortéz als auch Pizarro kam), doch zeigen diese Rebellionen, die sich hier nicht einmal alle aufzählen lassen, wie gewisse Keime feudaler Anarchie jenseits des Ozeans neue Kräfte und ein günstiges Klima fanden. Überdies darf man nicht die häufigen Fälle außer acht lassen, in denen Kommandanten und hohe Beamte, ohne bis zur offenen Auflehnung zu gehen, sich weigerten, ihre Stellung aufzugeben, auch wenn der Befehl dazu aus dem Mutterland an sie erging. Man kann somit eine Schwächung der Zentralgewalt und einen ungeheuren Machtzuwachs an der Peripherie beobachten. Dies kommt in der damals weitverbreiteten Redensart zum Ausdruck: »Dios está en el cielo, el rey está lejos, yo mando aqui« (Gott ist im Himmel, der König ist weit, hier befehle ich).

Diese Welt der »conquistadores« war freilich schon recht seltsam. Alte Ideen lebten hier bei Männern fort, die ganz sicher die Faszination der mittelalterlichen Rittergeschichten erfahren hatten, die gerade zu jener Zeit durch den Druck weit verbreitet wurden. Irving A. Leonard hat den Einfluß von Büchern wie dem Amadis-Roman oder der *Historia del caballero de Dios que avia por nombre Cifar* auf die »conquistadores« nachgewiesen. Aber noch bedeutungsvoller als diese entfernten Einflüsse war das Fortwirken des Geistes der Reconquista, des Kampfes der Spanier gegen die Mauren, der bis zum Ende des 15. Jh. geführt worden war. Auch in Amerika blieb »Santiago!« der Schlachtruf; die Tempel der Eingeborenen wurden gewöhnlich »mezquitas« (Moscheen) genannt; die Spanier waren immer die »Christen«, und »wenn man die sonderbaren Sitten und Gebräuche der Eingeborenen mit denen anderer Völker vergleichen will, bezieht man sich gewöhnlich auf die Mauren«, heißt es bei José Durand.*In Brasilien wurden die Indianer »Mameluken« genannt. Bei diesen Eroberungsfeldzügen spielte also das Weiterleben alter Motive aus dem »nationalen« Kampf eine entscheidende Rolle. Erinnert nicht sogar die Landaufteilung in Amerika an jene Zeit der spanischen »reconquista«, da die Könige ihren Soldaten das Land zuteilten, so wie es nach und nach von mohammedanischer Herrschaft befreit wurde?

IV. WESENSZÜGE DER SPANISCHEN KOLONISATION

Doch in der Neuen Welt hatte sich das alte Motto »oro, gloria y evangelio« (Gold, Ruhm und Evangelium) in Situationen zu

---

* José Durand, La transformacion social del conquistador. Bd. I. Mexiko 1953, S. 48.

bewähren, die weitaus verwickelter waren als die früheren »nationalen« Verhältnisse. Diese amerikanischen Spanier waren in erster Linie Männer, die alle Brücken hinter sich abgebrochen hatten. Man muß sich vor Augen halten, daß von den ersten Eroberern nur wenige in das Mutterland zurückkehrten; die meisten wollten in dem von ihnen eroberten Land bleiben. Sie faßten so fest Wurzel, daß in einigen Fällen mit der Todesstrafe gedroht werden mußte, um eine Repatriierung zu erzwingen.

In Amerika bleiben hieß, den gesamten gesellschaftlichen Rahmen wiederaufzubauen, bei der Familie angefangen. Bis 1513 war es den spanischen Soldaten streng verboten, eingeborene Frauen zu heiraten, aber andererseits gab es kaum spanische Frauen in Amerika. Zu Verbot und Mangel kam das weitverbreitete Fortbestehen törichter Vorurteile in bezug auf die »limpieza de sangre« (Reinheit des Blutes), so daß verständlich wird, warum die Bildung von Familienverbänden äußerst schwierig und langwierig war. Für lange Zeit war das Konkubinat die einzige Form der Beziehung zwischen Spaniern und Indianerinnen. Man hat immer wieder darauf hingewiesen, daß diese ersten Gefährtinnen der »conquistadores« manchmal von ihren eigenen Vätern als »Geschenk« angeboten worden waren. Doch damit ist nicht die Tatsache aus der Welt geschafft, daß über ein halbes Jahrhundert lang die Sinne der Spanier nicht nur vom wunderbaren Eldorado angezogen, sondern auch vom Fieber der Begierde erhitzt und verwirrt wurden, das seine Befriedigung in der Einrichtung regelrechter Harems fand. So konnte es mit ein wenig Übertreibung zu der These kommen, daß eine vage erotische Abenteuerlust die Triebfeder der Eroberung Amerikas gewesen sei. Eine Übertreibung, sicherlich, doch bleibt bestehen, daß die Spur der Schande, die Scham, die diese Beziehungen zurückließen, die vielleicht ärgste Belastung des künftigen Verhältnisses zwischen Eingeborenen und Weißen geworden ist. Die Kinder, die aus diesen Verbindungen hervorgingen (die *mestizos*), standen im Grunde, auch wenn sie von ihren Vätern adoptiert wurden, außerhalb der einen wie der anderen Gemeinschaft. Der Inka Garcilaso de la Vega, eine große Gestalt der spanisch-indianischen Welt und ein bedeutender, scharfsinniger Schriftsteller, verkörperte die eindringlichste Bewußtwerdung dieses qualvollen Zustandes. Als dann die Periode der illegitimen Verbindungen vorüber war — wenn auch die Gewohnheit, eine indianische Geliebte im Herrenhause zu halten, noch lange Zeit fortdauerte —, wurden Ehen mit spanischen Frauen geschlossen, in denen sämtliche strengen Prinzipien der spanischen Familie herrschten. Doch schon bald wurde diese strenge Abgrenzung durchlässig: Die Kinder hielten sich in den Küchen, in den »patios« (Höfen) des Gesindes auf, wurden von Indiane-

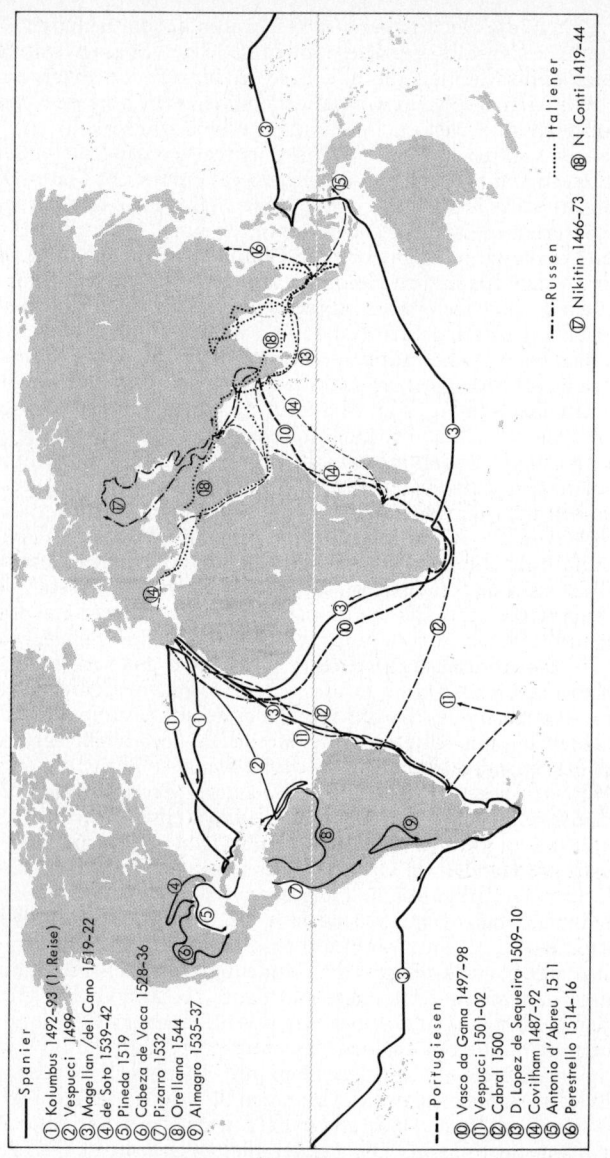

Abb. 19: Entdeckungen und Reisen im 15. und 16. Jahrhundert.

rinnen großgezogen und spielten mit kleinen Indianern und Mestizen, die oft ihre Halbbrüder waren. In diesem Milieu entstand der Typ des »criollo« (Kreole), des in Amerika geborenen Spaniers, der gegenüber dem im Mutterland geborenen viele Sonderzüge aufweist.

Ebendort, nämlich in der Küche, vollzog sich eine der tiefgehendsten Wechselwirkungen zwischen der Welt der Indianer und der Welt der Weißen. Die Spanier — und mit ihnen ganz Europa — übernahmen früher oder später viele Grundbestandteile der indianischen Küche: Kartoffeln, Kakao, Knoblauch, Ananas, ebenso Süßigkeiten, Eingemachtes und ganze indianische Gerichte. Nur dem Mais setzten die Spanier — in Amerika wie in Europa — hartnäckigen Widerstand entgegen. Natürlich ging die Wirkung nicht nur in einer Richtung. Auch die Spanier importierten in die Neue Welt ihre Produkte und Speisen: Weizen, Orangen und Oliven, Spargel, Sellerie und Salat sowie Schafe.

Auch in der Sprache vollzog sich eine Verschmelzung: wir meinen hier nicht so sehr die Einführung entstellter Wörter der Eingeborenen in das Spanische, noch gewisse Wandlungen in der Aussprache, die vielleicht auf den Einfluß der Indianersprachen zurückzuführen sind. Eher hat man daran zu denken, daß der Einfluß der logischen Strukturen der Eingeborenensprachen, die von Kind auf im Zusammensein mit Ammen und kleinen Spielkameraden gelernt wurden, dauernde Spuren hinterlassen und die Möglichkeit von Satzkonstruktionen schaffen mußte, die entfernte Anleihen erkennen lassen. Noch heute kann man dieses Phänomen in der Umgangssprache der Weißen in vielen Ländern Amerikas mit starkem Prozentsatz indianischer Bevölkerung leicht nachweisen.

Die in Familien organisierten spanischen Gemeinwesen gingen sehr bald zu Städtegründungen über, vor allem dort, wo es die Möglichkeit gab, schnell zu Reichtum zu gelangen (z. B. in Bergbaugebieten). Noch heute zeugt die lateinamerikanische Stadt von dem unbedingten Willen der ersten Einwohner, sie in einem landschaftlichen Rahmen zu erbauen, der einem Fleckchen Spanien möglichst ähnlich war. Von diesem Gesichtspunkt aus kann man wohl sagen, daß die »conquistadores« keine neuen Länder suchten, sondern eher von der Heimat her vertraute Landschaften. Die Architektur wurde natürlich durch die am Ort verfügbaren Baumaterialien und die besonderen geographischen Gegebenheiten beeinflußt, aber in den einzelnen Bauten ist das spanische Vorbild unverkennbar. Die Anlage der Stadt jedoch ist neu; die strenge Geometrie der Straßen, die strahlenförmig auseinanderlaufen, ist rein »amerikanisch«. In ihrem Zentrum liegt die *plaza de armas*, auf der sich die Kathedrale leicht erhöht über die öffentlichen Gebäude und die Wohnsitze der Honoratioren erhebt. Aber anfangs und noch während des ganzen 16. Jh. waren diese »Städte« lediglich einfache Siedlungen, in denen der ländliche Charakter vorherrschte. In der Stadt wurde die Trennung zwischen den drei ethnisch und zum großen Teil Teil auch sozial unterschiedenen Gruppen offensichtlich, ihre Gewohnheiten klafften augenfällig auseinander. Diese Kluft wurde vom Indio her gegenüber Mestizen und Weißen nie geschlossen; eher noch gelang es dem Mestizen, sich dem Weißen anzunähern.

Der umfassendste Versuch einer Verschmelzung wurde auf dem Gebiet der Religion unternommen: man baute Kirchen, Klöster, Privatkapellen; mit den Schulen von Quito und Cuzco erlebte die religiöse Kunst eine hohe Blüte. All das sind unmißverständliche Zeichen des außergewöhnlichen Einflusses der katholischen Religion in der Neuen Welt. Die Klöster in den Städten wurden zu Zentren des gesellschaftlichen Lebens. Die weiße Bevölkerung traf sich dort zu zahllosen Festlichkeiten, die mit dem größten Aufwand an Eleganz begangen wurden und aus Gründen des gesellschaftlichen Vorranges oft zu Streitereien und Duellen führten; die indianische Bevölkerung holte sich in den Klöstern die »Armensuppe«. Aber wenn auch die Religiosität mit ihrem Pomp, ihren äußeren Riten ein Zeichen der Gemeinschaft aller Bürger war, so gelang es doch der Religion niemals, von innen heraus eine wahre Einheit zu schaffen. Der tiefere Grund dafür war, daß für die Spanier während ihres ganzen Lebens die Religion wesentlich äußeres Zeichen blieb und sich nur in der Todesstunde, dem einzigen Moment der Wahrheit, zu dramatischer Aufrichtigkeit verdichtete. Für die Mestizen entstand der Bruch schon bei der Familiengründung, wo das katholische Schema der unbedingten Überlegenheit des Mannes über die Frau zerbrach. Die Indios schließlich lebten eine Religiosität des Erduldens und der Hoffnung, die nicht ohne Zweideutigkeit war, da die alten Kulte noch lange Zeit fortbestanden. Der Tod aber war für sie lediglich der Anfang des Nichts, wie es eine ganze Eingeborenenliteratur beweist, die, kaum bekannt, deshalb nicht weniger aufschlußreich ist:

> Was ist schließlich dieses Leben?
> Die Straßen haben sich verloren,
> Und alle, die Zuflucht boten, sind nicht mehr.
> Alles, alles ist zu Ende!
>
> (Quechua-Dichtung aus der Kolonialzeit)

So blieben alle Versuche, eine einheitliche Gesellschaft zu schaffen, oberflächlicher Schein. Die erfolglosen Einheitsbestrebungen riefen darüber hinaus in der Gruppe der Weißen selbst Spannungen hervor. Man braucht nur an die Auseinandersetzungen zwischen den Dominikanern, die im allgemeinen aufrichtige und erbitterte Verteidiger der Rechte der Indios waren, und Franziskanern, Jesuiten und anderen religiösen Orden zu denken. Dieser Kampf vollzog sich so rücksichtslos, daß man bestürzt ist, wenn man ihn heute in seinen einzelnen Phasen verfolgt. Ein äußeres greifbares Zeichen dieses Gegensatzes findet man übrigens in der noch heute sichtbaren relativen Armut der Dominikanerkirchen in Amerika. Die reichen Almosen und großen Stiftungen kamen nie den Dominikanern zugute, sondern waren für die Franziskaner und Jesuiten bestimmt, die mit ihrem Verdikt der Minderwertigkeit des Indios die Interessen der Großgrundbesitzer verteidigten, welche darin eine Rechtfertigung fanden, zahllose Unglückliche unter unmenschlichen Bedingungen leben zu lassen und dennoch ihr Gewissen zu beruhigen.

Wenn wir hier das Scheitern des Einigungsversuches so sehr betonen, dann geschieht das nicht aus kulturellen Erwägungen. Es handelt sich um weit mehr! Die Tatsache, daß in anderthalb Jahrhunderten ungefähr 8 Millionen Indianer (eine zwar ungenaue, aber glaubwürdige Zahl) bei der Arbeit in den Silbergruben von Potosi umgekommen sind, wiegt nicht nur in moralischer Hinsicht schwer. Sie hatte vor allem gewichtige praktische Folgen, die bis in unsere Zeit nachwirken.

Es ist klar, daß die »Eroberung« ihre eindeutigste Form in der Abgeschiedenheit der ländlichen Gegenden annahm, wo niemand sich irgendwelche Zügel anzulegen brauchte. Dort waren die Beziehungen zwischen dem weißen Eroberer und dem unterworfenen Indio von unbarmherziger Härte. Ein handgreiflicher Beweis dafür ist die Tatsache, daß in vielen Regionen, soweit die allgemeinen und klimatischen Bedingungen es erlaubten, Negersklaven eingeführt wurden, um den starken Rückgang indianischer Arbeitskräfte auszugleichen. So kam eine neue variable Größe in das gesellschaftliche und wirtschaftliche System Amerikas, die wir hier jedoch nicht zu untersuchen haben, da sie erst nach der von uns behandelten Periode Bedeutung gewann.

Auf dem amerikanischen Kontinent entstand also eine neue Welt, aber — und dieser Punkt ist uns wichtig — diese Welt wurde nicht aus dem Nichts geschaffen; der spanischen Prägung begegnet man auf Schritt und Tritt. Wie hätte es auch anders sein können? Den Abenteurern und Bauern der Entdeckungsphase folgten die »hidalgos pobres«, die besitzlosen jüngeren Söhne aus den Adelsfamilien — Träger einer ererbten Ideenwelt mit ihrem Lebensstil, ihren Vorstellungen und Träumen, die man zusammenfassend nur mit dem Begriff »hispanidad« charakterisieren kann. Es ist schwer, in einer anderen Sprache den unvergleichlichen Ton mancher Seiten der spanischen Eroberungschroniken wiederzugeben; doch ist es nicht nur die Sprache, die uns in ihnen Spanien ahnen läßt, seine stolze Würde, seine Härte und von ihr untrennbar die adligen Züge des Spaniers.

V. DER PORTUGIESISCHE HERRSCHAFTSBEREICH

Die auf den vorangehenden Seiten angedeutete Darstellung der spanisch-amerikanischen Welt kann nicht einfach auf andere Gegenden der Erde übertragen werden, welche zu derselben Zeit von den Spaniern und vor allem von den Portugiesen erobert wurden. Von Lissabon nach Macao war es ein weiter Weg. Es ist vielleicht nicht unnütz, einen raschen Überblick über das portugiesische Vordringen auf diesem Weg zum Indischen Ozean und bis zum Pazifik zu geben. Die Eroberung der Westküste Afrikas ging langsam, systematisch und Schritt für Schritt vor sich. Sie nahm Jahrzehnte in Anspruch. Aber gleich nachdem die Portugiesen das Kap der Guten Hoffnung erreicht hatten, stießen sie voller Begeisterung und bedenkenlos in die unermeßlichen Räume fremder Meere und Länder vor. Das ungeheure Ausmaß dieser Räume war zugleich Anzeichen und Ursache der Schwierigkeiten, die sich in jeder Hinsicht für die organisatorische Durchdringung ergaben.
Es wäre sicher leicht, die wichtigsten Daten der portugiesischen Eroberung des Indischen Ozeans einfach in chronologischer Reihenfolge zu geben. Doch das hätte wenig Sinn. Unserer Meinung nach ist es weitaus nützlicher, die grundlegenden Etappen und die Bemühungen um eine Organisation der neuen Niederlassungen zu verfolgen. Es wurden Festungen gebaut, Bündnisse mit den einheimischen Fürstenhäusern und sogar mit mächtigen Herrschern geschlossen (so z. B. mit dem Sophi von Persien, der sich als nützlicher Verbündeter gegen die Türken erwies); im Indischen Ozean und im Roten Meer wurden Stützpunkte errichtet und Schiffe und Waffen am Ort hergestellt. Aber aus der Nähe gesehen, erweisen sich die Ergebnisse als keineswegs so einschneidend und dauerhaft, wie sie auf den ersten Blick scheinen mochten. Die portugiesische Anwesenheit war durch einen dauernden Kriegszustand gekennzeichnet: Krieg gegen die einheimische Bevölkerung, Krieg gegen die Ägypter, Krieg schließlich gegen die Türken, der sowohl direkt als auch indirekt geführt wurde. 1505 übernahm Francisco de Almeida das Kommando der Flotte in den indischen Gewässern und die Leitung der Handelsniederlassungen. Diese doppelte Kommandogewalt

scheint uns außerordentlich bezeichnend. Der Krieg gegen die lokalen Machthaber und gegen die Korsaren, der dann unter Alfonso Albuquerque weiterging, wurde nun straff organisiert. Die ersten Erfolge waren die Eroberung von Socotra und Maskat (1507), Ormus (1508) und Diu (1509). Alles wesentliche Stützpunkte, in denen die Portugiesen ihre außerordentliche Vitalität, oder besser noch ihren Willen zum Überleben unter Beweis stellten. Aber zur gleichen Zeit waren sie gezwungen, alle ihre kleinen Stützpunkte im Oman-Gebiet überstürzt aufzugeben, da diese nicht mehr zu halten waren. Nominell behielt der König von Portugal zwar die Oberherrschaft, in Wahrheit aber nur eine Pseudogewalt, denn die Portugiesen wurden gezwungen, sich nach Sohar, Matara, Karjat und Maskat (nur sie eine Hafenstadt) zurückzuziehen. »Sie brauchten fast ein Jahrhundert, um Maskat durch Mauern und eine Zitadelle zu befestigen. Dieser Ort hätte für sie ein Stützpunkt ersten Ranges sein können, aber leider waren weder seine Besetzung noch die anderen schwachen Garnisonen in Oman von spürbarem Nutzen. Ohne sichere Hilfsmittel, ohne Lebensmittelvorräte und ohne Verbindung mit ihren Landsleuten verkümmerten diese Plätze bald und wurden schließlich abtrünnig. Die kleinen Festungen wurden zu Zufluchtsorten für Verbrecher und Piraten, und nach und nach gerieten sie bei den portugiesischen Herrschern selbst in Vergessenheit. Die portugiesischen Schiffe wagten es kaum, dort anzulegen« (Kammerer). Das gilt für Maskat und Oman; aber man kann diese Feststellungen unschwer weiter ausdehnen und verallgemeinern.

Man sehe in diesen Bemerkungen keine Geringschätzung der portugiesischen Leistungen. Auch hier geht es im Grund nur um das Zurechtrücken der Proportionen eines Heldenepos. Worauf es uns ankommt – schon um einer allzuweit verbreiteten Auffassung entgegenzutreten –, ist die Tatsache, daß Portugals historisches Abenteuer durchaus kein heroisches Kinderspiel gewesen ist. Ihm entgegen standen die ägyptischen und ab 1517 die türkischen Galeeren, die Feindschaft der lokalen Machthaber, die Piraten und die materiellen Schwierigkeiten der Seefahrt. So kehrten zwischen 1497 und 1572 von 625 nach Hinterindien ausgelaufenen Schiffen nur 315 nach Lissabon zurück. Wenn man die Ausgaben für die Erhaltung von Stützpunkten und Festungen am Roten Meer und im Indischen Ozean und für die Unterhaltung von Schiffen in diesen Meeren hinzurechnet, kann man sich ungefähr vorstellen, welch schwere Opfer die portugiesische Expansion verlangte. Diese trugen zweifellos ihre Früchte. Aber wir wollen nicht den alten Gemeinplatz vom Verfall des Mittelmeerhandels wiederholen. Dieser stand noch viele Jahre in hoher Blüte. Gewiß läßt sich nicht bestreiten, daß es den Portugiesen gelang, große Mengen von Gewürzen billig auf die europäischen Märkte zu werfen. Es wäre jedoch einseitig, nur diese Vergrößerung des Gewürzhandels zu sehen, auch wenn sie beträchtlich war. In Wirklichkeit war der Handel des Mittelmeerraums mit dem Vorderen Orient und über diesen mit dem Fernen Osten nicht nur auf Gewürze beschränkt; es wurde auch mit Korallen, Seide, Teppichen, wohlriechenden Essenzen, Perlen und Pelzwaren gehandelt. Die Hauptquellen dieser Produkte blieben den Portugiesen zum großen Teil unzugänglich. Auch was den Gewürzhandel angeht, hatten sie im Grunde nur mit dem Aufkauf des Pfeffers Erfolg. Die Nachfrage auf den europäischen Märkten bestand aber nicht nur für Pfeffer, sondern für das ganze Gewürzsortiment: Zimt, Gewürznelken, Muskatnüsse. Tatsächlich gelang es den Portugiesen lediglich, das Monopol für Pfeffer zu gewinnen (der zudem meist von minderwertiger Qualität war und durch die widrigen Umstände der Schiffahrt noch schlechter wurde). Kann man das wirklich als Erfolg bezeichnen? Gewiß, wenn man die Schaffung von Handels-»Stützpunkten« auf der ganzen Welt, die Erschließung eines gewissen Produktes für die breiten Massen und die Verdrängung alter Handelsrivalen aus einer Monopolstellung als Erfolg bezeichnen will. Aber sonst blieb diese Herrschaft begrenzt; sie war über riesige Küstenstrecken auseinandergezogen, wobei es ihr nicht gelang, in das Innere der Kontinente vorzudringen. Dieser Grundzug kennzeichnet übrigens nicht nur die Besitzungen Hinterindiens; an den afrikanischen und amerikanischen Küsten war die Situation sehr ähnlich. Ist es ein Zufall, daß das heutige Brasilien noch nicht völlig erforscht und das einzige Land Amerikas ist, in dem die Erschließung des Hinterlandes so weit zurückgeblieben ist? Ist nicht gerade diese geringe Erschließung, diese auf die Küste beschränkte Eroberung einer der wesentlichen Gründe, der die Portugiesen zwang, nicht wie die Spanier Wirtschaftsformen auf feudalistischer Grundlage, sondern eine unverhohlene Sklavenwirtschaft zu schaffen? Einerseits standen den Portugiesen in Afrika unerschöpfliche Vorräte an Arbeitskräften zur Verfügung, andererseits herrschte vor allem an der Küste Brasiliens intensive Ausbeutung der Zwangsarbeit. Wir wollen uns jedoch hier nicht in moralischen Erwägungen verlieren, sondern bedenken, daß das gesamte Geld, das von den Portugiesen in den Ankauf von Sklaven investiert wurde, sich als gewaltige Kapitalanlage erwies, deren direkte Folge der Aufbau eines Zuckermonopols war, das von Anfang an einen außergewöhnlichen Erfolg hatte, doch erst später seinen Höhepunkt erreichte.

Das sind die unserer Meinung nach hervorstechendsten Züge der iberischen Herrschaft außerhalb Europas.

Aber die Bedeutung und das außergewöhnliche Ausmaß der iberischen Expansion darf uns nicht vergessen lassen, daß bereits zu dieser Zeit die ersten Franzosen und Engländer zögernd an den Küsten der neuen Welten auftraten. Es waren vor allem Fischer, die von den reichen Fischbänken Neufundlands angezogen wurden. Aber es gibt auch Anzeichen, die weit tiefergehende Interessen offenbaren. So begann Giovanni Caboto bereits Ende des 15. Jahrhunderts seine Entdeckungs- und Erforschungsfahrten zur Nordküste Amerikas. Wir glauben nicht, daß man diesen Vorgängen eine übertriebene Wichtigkeit beimessen sollte; aber auf jeden Fall muß man sie in Betracht ziehen, um verstehen zu können, daß die Berufung Frankreichs und Englands zur Weltmacht sich in dieser Zeit anbahnte und nicht etwa abrupt hervortrat.

Wir wissen heute, im Jahre 1967, ganz genau, welches Ausmaß an Vernichtung moralischer, künstlerischer und sozialer Werte die Ausbreitung der Europäer über die Welt mit sich brachte. Das ist kein moralisches Urteil, sondern eine sachliche Feststellung. Nichtsdestoweniger ist dieses Kapitel, wie wir es eingangs formuliert haben, dem vielleicht außergewöhnlichsten Abenteuer der Geschichte Europas gewidmet.

8. Religion und Gesellschaft in der zweiten Hälfte des 15. Jahrhunderts

Nach der langen Krise, die das Kaisertum in Europa durchgemacht hatte, und während der Periode allmählicher Festigung der abendländischen Monarchien war es dem Papsttum gelungen, seine Macht zu bewahren, ja, sie noch zu erweitern. Auch die nachteiligen Folgen des Schismas oder die langen Sessionen der großen Konzilien in der ersten Hälfte des 15. Jahrhunderts hatten die päpstliche Autorität nicht tief erschüttert. Mit einem Wort, das Papsttum muß als einer jener Machtpole betrachtet werden, die versuchten, sich in Europa gegenüber dem im Niedergang begriffenen Feudaladel, den zahlreichen freien Städten, die sich kaum außerhalb ihrer Mauern behaupteten, und gegenüber dem nunmehr ohnmächtigen Heiligen Römischen Reich durchzusetzen. Seit mehreren Jahrhunderten war die päpstliche Macht zugleich religiös und politisch gewesen und blieb es auch nach 1450. Doch von dem immer deutlicheren Streben nach einer Vormachtstellung abgesehen, kamen neue Elemente hinzu, die im Lauf des 15. Jahrhunderts das Bild des Papsttums und folglich auch seine kirchliche Funktion bestimmten.

Da war vor allem die ganz hartnäckige Abneigung des Bischofs von Rom gegen die Konzilsversammlungen, obgleich es ihm gelungen war, aus dem Kampf mit ihnen siegreich hervorzugehen. Diese Abneigung war natürlich und in gewissem Sinn eine der Nachwirkungen seines Triumphes. Gerade weil die Konzilien mit Verbissenheit versucht hatten, die selbstherrliche Autorität des Papstes zu definieren, reagierte dieser seinerseits mit dem Versuch, diese Autorität auszudehnen und immer mehr zu festigen. Ja, er sträubte sich gegen die wiederholten Versuche, ein Konzil einzuberufen, und verhielt sich sogar feindlich, wo es um die Anerkennung jener Forderungen ging, die sich die in Konstanz, Basel oder anderswo versammelten Konzilsväter zu eigen gemacht hatten. Diese Art von »Komplex« der Kurie und ihres Oberhauptes äußerte sich in vielen Bereichen und hatte für das Leben der Kirche schwerwiegende Folgen. Man kann gleich vorweg sagen, daß dieses päpstliche Verhalten eine der stärksten Voraussetzungen für die zunehmende Entfremdung zwischen der Spitze der kirchlichen Hierarchie und der Gesamtgemeinschaft der Gläubigen bildete. Natürlich verschwanden die konziliaren Strömungen ihrerseits nicht dadurch, daß man ihnen feindlich begegnete, und jene Probleme, die sie hatten regeln wollen, waren noch weniger gelöst. Von einem Jahrhundert zum andern wuchs daher die Entfremdung zwischen der örtlichen Kirchenautorität und dem Papst, dessen Mitarbeiter sich immer weniger außerhalb Italiens rekrutierten, obgleich gerade das Gegenteil notwendig gewesen wäre.

Jede Papstwahl ließ periodisch die Hoffnung neu aufkeimen, die allerorts ersehnte Kirchenreform werde verwirklicht oder zumindest ernsthaft in Angriff genommen. Ein nicht unwesentlicher Grund für die ablehnende Haltung der Päpste diesen Forderungen gegenüber lag gerade darin, daß die verfochtenen Reformen, um wirksam zu sein, an Haupt und Gliedern zu geschehen hatten. In diesem Zusammenhang ist die immer präzisere und strengere Abmachung kennzeichnend, die die Kardinäle bei jedem Konklave, vor allem nach dem Tode des Spaniers Kalixt III. (1455—1458), trafen. Diese Vereinbarungen hatten zum Ziele, die römische Kirche und die Regierung der Kirche in weniger absolutistischem Sinn neu zu ordnen, dem Kardinalskollegium bei der Verwaltung der kirchlichen Angelegenheiten, der Fortführung des Türkenkreuzzugs und bei der eigentlichen Reform größeres Gewicht zu geben. Doch keiner der folgenden Päpste hielt sich an die vorherigen Abmachungen, angefangen bei Pius II., der erklärte, er wolle das Versprechen nur in dem Maße halten, wie es die Ehre und die Vorrechte des Heiligen Stuhles (vgl. Kap. 2, I) nicht berühre . . . Das tiefsitzende päpstliche Widerstreben gegen jede Entscheidung, die bereits im Rahmen eines Konzils gefällt war, kam sogar auf dogmatischer Ebene zum Ausdruck. Denn obwohl die Bischöfe von Rom zu jener Zeit persönlich nicht gegen die Verkündigung des Dogmas von der Unbefleckten Empfängnis Mariens waren, verweigerten sie dieser Kultform ihre Zustimmung, da sich das Konzil von Basel für den neuen Glaubenssatz ausgesprochen hatte.

In der zweiten Hälfte des 15. Jahrhunderts lassen sich zwei Hauptphänomene feststellen: einmal die tatsächliche Aufteilung der Vollmachten und der Güter der christlichen Kirche zwischen der römischen Kurie und den einzelnen Herrschern des Westens, zum andern ein bleibendes, sich verschärfendes geistiges und moralisches Unbehagen bei den Gläubigen. Diese beiden Phänomene hatten sich bereits im 14. Jahrhundert klar abgezeichnet, und zwar besonders zur Zeit des Schismas: Jetzt gewannen sie an Präzision und Schärfe. Die sich gewaltig vergrößernden Gebietsansprüche und staatlichen Ambitionen der neuen Päpste entsprachen durchweg den vergleichbaren Bestrebungen der verschiedenen damaligen Dynastien, bewirkten aber auch, daß das moralische und folglich das politische Ansehen des Papsttums außerhalb Italiens eindeutig sank, und zwar so sehr, daß die römischen Bischöfe auf verschiedene Art und Weise dem Absolutismus in den einzelnen Ländern das Feld überließen. Nun konnte man aber von Herrschern und Fürsten, mochten sie auch Titel wie »katholisch« oder »allerchristlichst« tragen, wirklich nicht erwarten, daß sie sich im Sinne des Evangeliums mehr um die Gläubigen kümmerten als die Seelenhirten. Es ging vor allem um einen wirtschaftspolitischen Machtkampf, weil in der europäischen Gesellschaft des 15. Jahrhunderts die kirchliche Organisation eben eines der hauptsächlichen Machtinstrumente war. Päpste und Könige machten sich weiterhin gegenseitig Zugeständnisse zum Schaden des Klerus, des Kults und zum Nachteil des Glaubens in seiner lebendigsten Ausprägung.

Die Fürsten erhielten fast überall das Recht, über die Kirchenlehen zu verfügen, von den Prälaten Steuern zu fordern und zwischen der Kurie und dem örtlichen Klerus die Rolle einer verbindlichen Zwischeninstanz zu spielen. Im allgemeinen konnte der Papst um so weniger die Befähigung seiner Diener außerhalb Italiens garantieren, je mehr er sich in die italienischen Angelegenheiten einließ. Und so wurden die Kämpfe um die kirchlichen Ämter und Pfründen offener, wilder, auch anstößiger und wirkten sich auf jeden Fall immer mehr zum Nachteil für das christliche Leben aus. Man erwäge z. B., daß trotz einer Bulle Nikolaus' V. (1447–1455) zugunsten der Kandidatur des Ambrosius von Cambrai für das Bistum Langres ein hoher königlicher Beamter den Domherrn im Namen Karls VII. befahl, einen Mann auf den Bischofsthron zu erheben, der das Vertrauen des Königs genoß. Obgleich der Papst in einer zweiten Bulle Ambrosius bereits ernannt und den Kanonikern befohlen hatte, keine andere Wahl vorzunehmen, gab er doch bald nach und resignierte vor der weltlichen Gewalt. Man wird jedoch nicht nur den Gallikanismus zitieren dürfen oder glauben, solche Phänomene seien ausschließlich für ihn kennzeichnend. In Spanien, wo Ferdinand und Isabella als die tatkräftigsten Verteidiger des Glaubens herrschten, war die Lage für eine tatsächliche Unabhängigkeit der Kirche, wenn auch aus ganz andern Gründen, nicht günstiger. Ja, in keinem Land Europas wurde die Religion, dank besonders guter Vorbedingungen, mehr zum Instrument der fürstlichen Macht als im weiten iberischen Reich. Denn die Herrscher von Aragon und Kastilien machten aus der Religion den ideologischen Pfeiler und das schonungslose Mittel zur Einigung Spaniens, zuerst auf Kosten der sehr großen jüdischen Gemeinde, dann der arabischen und maurischen, schließlich (auf noch umfassendere und dauerndere Weise) auf Kosten aller Spanier.

Die beiden aneinander grenzenden westlichen Monarchien bieten in der Tat zwei extreme, in Wirklichkeit sich ergänzende

Aspekte der allgemeinen Lage der Kirche außerhalb Italiens: einerseits Verwirrung, zum andern eiserne Disziplin. Ein Richter aus dem Forez konnte 1484 vor den Generalständen von Tours sagen, man habe unter der langen Regierung Ludwigs XI. (1461–1483) die gesamte Kirche Frankreichs durch die Aufhebung der Wahlen, den Zutritt Unwürdiger zu den kirchlichen Ämtern und Lehen und die Ausschaltung der fähigsten Männer entehrt gesehen. Doch hatte sich die Lage zu Beginn des 16. Jahrhunderts keineswegs gebessert. Als Zeichen dafür können die Ereignisse gelten, die sich 1507 beim Tod des Bischofs von Poitiers abspielten. Das Domkapitel war in zwei Faktionen gespalten, von denen sich jede ihrerseits auf zwei entgegengesetzte Parteien stützte, die sich innerhalb des Klerus, des Lehrkörpers, des Bürgertums und selbst des Volkes gebildet hatten. Beide Faktionen wußten, daß zur Beherrschung der Wahl die gewaltsame Kontrolle der Kathedrale nötig war. Daher stießen am 18. August, dem Vorabend der Wahl, vor den Portalen der Kirche zwei bewaffnete Banden zusammen. Ihrem blutigen Treffen vor dem Dom (ein Kleriker kam dabei ums Leben) folgten zwei Tage heftigen, ergebnislosen Getümmels unter den Domkapitularen in der Kirche. Eine bewaffnete Schar drang von neuem in die Kathedrale, was einen Tumult zur Folge hatte, bis eine der Faktionen sich unter den Schutz des Königs stellte und ihren Kandidaten wählte. Auf diesen Skandal folgte bald einer der üblichen Prozesse, um die Gesetzlichkeit des Wahlmodus anzufechten.

Dagegen herrschte im angrenzenden Reich von Aragon und Kastilien viel größere Ordnung, doch festigte sie sich unter dem unheilvollen Zeichen der Inquisition. Diese spanische Institution darf nicht mit der Inquisition verwechselt werden, die zu Beginn des 13. Jahrhunderts im gesamten Bereich der abendländischen Christenheit existierte. Die iberische Inquisition wurde 1478 von Sixtus IV. (1471–1484) auf Verlangen Ferdinands von Aragon und Isabellas von Kastilien geschaffen, um das Kryptojudentum der gewaltsam bekehrten Israeliten (*conversos*) auszumerzen. Der neue kirchliche Gerichtshof unterschied sich von seinem Vorgänger, dessen Mitglieder zumindest indirekt vom Papst ernannt waren, dadurch, daß die iberischen Herrscher das Recht erhielten, die Inquisitoren selber zu ernennen. Wie zu erwarten war und wie es die beiden Herrscher klar wünschten, übte dieses Tribunal nicht nur eine »religiöse« Funktion, sondern vor allem eine politisch-soziale aus; dabei ging es gleich zu Beginn so drastisch vor, daß es den persönlichen Protest Sixtus' IV. erregte. Dessenungeachtet und trotz der folgenden Versuche, die Auswirkungen seines eigenen Zugeständnisses abzuschwächen und sie zu begrenzen, sah sich der

Papst angesichts der harten Haltung Ferdinands zum Nachgeben gezwungen. Der König war sogar zum Bruch bereit, um sich nur nicht das großartige, eben erst erworbene Machtinstrument entwinden zu lassen. Die Überlieferung hat mit diesem schrecklichen Tribunal den Namen des Dominikaners Tomás de Torquemada verbunden, der fünfzehn Jahre lang (1483—1498) Präsident des obersten Inquisitionsrates (oder Großinquisitor) war. Obwohl er zweifellos im Namen eines unversöhnlichen Dogmas eher unerbittlich als hart war, so muß der Mönch doch als ein wenn auch bewußtes Instrument der erbarmungslosen und unmenschlichen Politik des spanischen Herrschers angesehen werden. Dieser zögerte übrigens nicht, seine blutige, juristisch-kirchliche Maschine gegen eine andere ethnische Minderheit einzusetzen, gegen die Muselmanen des ehemaligen Königreichs Granada, die gewaltsam bekehrt und dann bezichtigt wurden, insgeheim Mohammedaner zu sein. Als es schließlich darum ging, nach dem eben entdeckten Amerika »Missionare« zu senden, gelang es Ferdinand, nunmehr mit dem Namen »der Katholische« ausgezeichnet, von Julius II. die weitgehendsten Vollmachten für die Verwendung des Klerus in der Neuen Welt zu erhalten. Dank dieser Machtbefugnisse sollte er einen dritten und noch größeren Völkermord sanktionieren und ins Werk setzen, nämlich die Vernichtung der Indianer.

Es ist hier nicht nötig, ein vollständiges Bild von der Mitschuld der Päpste und ihrem Verzicht auf ihre Rechte angesichts der Übergriffe der weltlichen Gewalt auf kirchliches Gebiet zu zeichnen. Doch ist es angebracht, ihr Ausmaß wenigstens auf einem Gebiet, auf dem das Papsttum noch die Initiative zu behalten suchte, hervorzuheben: Wir meinen die Predigt und Leitung des Kreuzzugs gegen die Türken. Abgesehen von den spanischen Königreichen, für die der Kampf gegen die überlebenden Muselmanen zu ihrer Politik der nationalen und monarchischen Einheit gehörte, stellte das 14. und 15. Jahrhundert in Europa gewiß die Zeit des größten Niedergangs des Kreuzzuggedankens dar. Der Vormarsch der Ottomanen auf der Balkanhalbinsel, selbst die Eroberung von Konstantinopel und sogar die türkischen Einfälle in Italien (1476/78 besonders in Friaul und 1480 und 1481 in Otranto) bewegten die abendländischen Herrscher nicht dazu, sich gegen den »ungläubigen« Feind zu verbünden. Auch dachte keiner der Fürsten daran, die päpstlichen Aufforderungen ernst zu nehmen. Im übrigen war der Papst, der mehr als jeder andere die Begeisterung der alten Kreuzritter bei seinen Zeitgenossen zu wecken suchte, gleichzeitig ziemlich skeptisch, was die praktische Möglichkeit, seinen Wunsch verwirklicht zu sehen, anging. Wie hätte es bei den Erfahrungen, die gerade Pius II. (1458—1464) gemacht hatte, anders sein können? Die christlichen Adligen zogen es vor, die für den Kreuzzug gesammelten Mittel zum Kampf untereinander oder zu ergiebigen Raubzügen zu verwenden, anstatt gegen die Türken im Osten zu streiten. So konnte es geschehen, daß eine von Kalixt III. (dieser feurige Spanier hatte am Tag nach seiner Wahl theatralisch erklärt, er werde für die Befreiung der heiligen Stätten sogar sein Blut vergießen) mühsam zusammengestellte Flotte zwischen 1456 und 1457 dem Seeraub diente. Die mit Kreuzzugsgeldern bewaffneten Schiffe des Erzbischofs von Tarragona hatten bereits 1456 für Alfons von Aragon auf Kosten der Genuesen und Venezianer Kaperei getrieben. Im Jahr darauf fuhren auf Wunsch Karls VII. von Frankreich die Galeeren von Marseille ihrerseits nicht nach Osten, sondern segelten gegen die Aragonier von Neapel und griffen zur großen Entrüstung Pius' II. sogar die dem Papst unterstehenden Küstenstriche an. Wie sollte man sich daher wundern, wenn dieser Papst, wenigstens einen Augenblick lang, daran dachte, Mohammed II. (1451 bis 1481) mit friedlichen Mitteln zum Christentum zu bekehren, um ihn danach mit den »usurpierten« Gebieten zu belehnen? Gewiß war dies ein friedlicher Traum eines Humanisten, den der deutsche Kardinal Nikolaus von Kues übrigens vollauf teilte. Doch kam darin gleichfalls eine tiefe Entmutigung zum Ausdruck, und es zeichnete sich ein Bestreben ab, mit den Türken zu paktieren, das die folgenden Päpste des 15. Jahrhunderts sich zu eigen machen sollten. Auf der andern Seite wurden bei der finanziellen Organisation des Kreuzzugs Methoden angewandt, die alle möglichen Nachteile mit sich brachten. Die Steuer für das Unternehmen war vom Oberhaupt der Christenheit selber festgesetzt, wurde von seinen Emissären eingezogen und mit Kreuz und Ablaß vergolten. Der Papst zeigte sich bei seinen Geldforderungen an die Gläubigen nicht bescheiden: Vom Klerus wurde ein Zehntel seiner Einkünfte verlangt, von den Juden ein Zwanzigstel und von den übrigen Besitzenden ein Dreißigstel. Man muß hinzufügen, daß die aufgetriebenen Geldsummen, wie groß sie auch waren, schließlich nicht allein infolge der schon erwähnten Umstände, sondern wegen der evidenten Bedeutungslosigkeit der tatsächlichen kriegerischen Unternehmungen zu andern Zwecken verwendet wurden. Daher rührte die große Gereiztheit, mit der die päpstlichen Aufrufe fast allerorten aufgenommen wurden, die Anklage, der Kreuzzug sei nur ein Vorwand für die päpstliche Kasse (dieser Vorwurf war besonders in Deutschland zu hören); dieser Gereiztheit entsprang auch ein grundsätzlicher Widerstand wie im Fall der Pariser Universität, die 1456 aus Protest gegen die Kollekten eine Abordnung nach Rom schickte, die 18 Artikel gegen die Vollmachten des Papstes auf diesem Gebiet vorlegte. Der Hinweis erübrigt sich beinahe, daß sich trotz der Vorsichtsmaßnahmen der Kurie bei diesen großen Kreuzzugskampagnen verdächtige Prediger und falsche Kollektoren einschlichen. So entsprach den Summen, die trotz allem in Rom oder den kirchlichen Geldschränken zusammenflossen, eine gleichstarke Dosis Mißkredit für die Hierarchie und ihre Art, die Gläubigen zu regieren.

Wenn man indes die päpstliche Tätigkeit im eigentlich italienischen Raum betrachtet, stellt man fest, daß der Papst Grund genug hatte, das Geld der Gläubigen zu fordern. Wie einer der autorisiertesten Vorkämpfer der päpstlichen Ideologie, Pietro Del Monte, Verfasser der Schrift *Contra impugnantes sedis apostolicae auctoritatem*, mit aller Deutlichkeit behauptete, war der Papst nicht nur der Stellvertreter des Herrn bei der Verwaltung der Kirche, sondern er sorgte kraft »göttlicher« Stiftung wie ein König für die Verleihung der Kirchenlehen und -würden (*Christi vicarius ex institutione divina qua toti Ecclesiae tanquam rex previdet beneficia et dignitates ecclesiasticas his quibus virtutes et merita suffragari cognoverit plena libertate conferre . . .*).

Nun schob sich zwischen den Papst und die einzelnen Völker des Abendlandes nicht nur die Tätigkeit der weltlichen Gewalt, sondern in der zweiten Hälfte des 15. und in der ersten des 16. Jahrhunderts wurde der Papst selber immer mehr zum Fürsten und weltlichen Monarchen. Denn er verhandelte mit den andern katholischen Mächten zuerst als italienischer Monarch und ordnete in der Regel das, was die Forderungen der Kirche sein konnten, der Behauptung seiner weltlichen, persönlichen und familiären Macht unter. In die außeritalienischen Länder schickte er Nuntien oder Legaten, die zwar eine politische Tätigkeit entfalteten, im allgemeinen aber auf dem Gebiet der Religion und Zucht nur oberflächliche Ergebnisse erzielten, angefangen bei Nikolaus von Kues in Deutschland bis zu Giovanni da Capistrano in Mitteleuropa und Pietro Del Monte in Frankreich. Unter diesen Gesandten wie unter den übrigen päpstlichen Dienern und Vertretern überwogen die Italiener immer mehr. Nach Kalixt III. wurden auch hauptsächlich Italiener Päpste.

Die monarchische Gewalt des römischen Hofes hatte natürlich einen etwas besonderen Charakter. Sie ging nicht vom Vater auf den Sohn über, sondern blieb bei den Mitgliedern der Familie — vor allem bei den Neffen —, deren Oberhaupt den Thron Petri bestiegen hatte. Seit dem Pontifikat Kalixts III. setzte sich diese Tendenz deutlich durch, und im Lauf weniger Jahrzehnte lösten sich an der Spitze der Hierarchie die Mitglieder derselben Familiengruppe ab: Borgia, Della Rovere, Piccolomini, Medici; Farnese und Carafa folgten rasch nach. Die oligarchische Struktur des damaligen Kirchenregiments entsprach gut der politisch-sozialen Phase der Machtausübung in Italien, dem Land, wo gerade eine nationale Zentralgewalt sich so wenig durchsetzte und wo die Familie weiterhin noch für lange Zeit den hauptsächlichen Ausdruck des politischen, wirtschaftlichen und kirchlichen Mechanismus darstellte. Der Übergang des Pontifikates von einer Familie zur andern verursachte übrigens keinen größeren Kontinuitätsbruch als den, der sich beispielsweise zur selben Zeit in Frankreich beobachten läßt. Die päpstlichen Ziele und Regierungsmethoden blieben im wesentlichen die gleichen: Errichtung eines regelrechten Kirchenstaates, solide Finanzorganisation, entschlossenes Eingreifen in die italienischen Angelegenheiten. Zwar erlangte eine immer größere Zahl von Mitgliedern des Kardinalskollegiums das Zeichen ihrer Würde, den Kardinalshut, von den verwandtschaftlichen Beziehungen abgesehen, durch Simonie oder aus politischem Kalkül; zwar führte eine Reihe von ihnen ein zügelloses Leben, und einige Päpste ihrerseits zeigten nicht nur stolz ihre Kinder, sondern schlossen für sie auch fürstliche Heiraten ab. Dennoch wurde die päpstliche Bürokratie, wenn auch durch den Ausbau des Systems der Käuflichkeit von Ämtern, die andere für heilig hielten, immer robuster, gliederte sich in zahlreiche Organismen und festigte besonders die päpstliche Gewalt in weiten Gebieten. Die Päpste ahmten ihre königlichen Zeitgenossen auch darin rasch nach, daß sie ihr Herrschaftsgebiet viel weniger als den Besitz des Apostels Petrus ansahen denn als ihr persönliches Eigentum. Seinen wesentlichsten Aspekten nach wurde der Kirchenstaat also zu einem modernen Organismus im gleichen Sinn, wie man es von verschiedenen andern westlichen Monarchien dieser Zeit behaupten kann. Obschon sie alle von ihrer Tätigkeit als Herrscher auf dem Gebiet der Politik, der Finanzen und der Kunst in Anspruch genommen waren, vernachlässigten die Stellvertreter Christi schließlich doch nicht die Kriegskünste, um ihre Macht möglichst stark auszubauen. Dabei konnten sie sich, wie Alexander VI. (1492—1503), irgendwelcher Mittelsmänner bedienen, oder sie konnten, wie Julius II. (1503—1513), persönlich Krieg führen. Es war aber nicht erst nötig, daß ein Papst an die Spitze der eigenen Truppen trat und deren Angriffe bewaffnet leitete: Auch ohne dies wurde sichtbar, daß das Papsttum durch Aufgabe seiner sogenannten geistlichen Funktionen (vgl. Kap. 2, I) es verstanden hatte, seinen Machtbereich zum angesehensten Fürstentum Italiens werden zu lassen.

Obwohl dieser Wandel in der Kirchenleitung sich in ziemlich raschem Rhythmus vollzogen hat, kann nicht bestritten werden, daß die abendländische Gesellschaft im Grunde diesen Wandel eher vorantrieb als sich ihm anpaßte und daß sie ihn durch ihre allgemeine Bewegung eher unterstützte als unter ihm litt.

In diesen Jahrzehnten änderte sich der Wert und die Funktion der Religion, obgleich dies erst um die Mitte des 16. Jahrhunderts klar wurde. Die christliche Kirche als organische, kollektive Wirklichkeit, als einzige und lebendige Gemeinschaft der Gläubigen, verlor an Gewicht, da sie vor allem von der unerbittlichen Entwicklung Westeuropas unterminiert wurde. Die einzige Macht, von der man einen Widerstand hätte erwarten können, war diejenige, die sich als universal und religiös zugleich bezeichnete, das Papsttum. Doch es fügte sich so gut in den Entwicklungsprozeß der europäischen Gesellschaft ein, daß es ohne Zögern die Anliegen, die viele noch als die seinen betrachteten, vernachlässigte: zuallererst die Kirchenreform, d. h. die Wiederherstellung der Klosterzucht, die Abschaffung der Mißbräuche im Bereich des Kultus, die Besserung der Sitten des Klerus und besonders die Mahnung an die Priester, ihre geistliche und biblische Sendung zu erfüllen. Ungefähr ein Jahrhundert lang hatten insbesondere die obersten kirchlichen Führer diese Aufgaben weithin außer acht gelassen. Der Klerus und speziell die Hierarchie, die ihr Amt seit langem rein äußerlich unter dem Aspekt der Verwaltung ansahen, gaben dieser Tendenz noch mehr Raum, nur daß aus der Unsicherheit und dem allgemeinen Durcheinander, das die Profangesellschaft im 14. und 15. Jahrhundert kennzeichnete, eine neue Ordnung hervorging, die sich ohne Zweifel auf Kosten der kirchlichen Gesellschaft durchsetzte. Diese sollte daher auch bald eine schwere Anpassungskrise durchmachen. Vorläufer und Zeichen für diese Krise war die bereits begonnene tatsächliche Auflösung der christlichen Universalität des Abendlandes, der innere Zerfall des Klerus und der Niedergang seiner Kollektivfunktionen.

II. DIE MISSSTÄNDE DER ALTEN KIRCHE

Aus theologisch-dogmatischer oder moralistischer Sicht hat man das Verhalten des Papsttums in der zweiten Hälfte des 15. Jahrhunderts und der ersten des 16. als den kirchlichen Interessen abträglich beurteilt. Solche Perspektiven setzen ein Idealbild der Kirche selbst voraus. Gewiß kann man auf jeden Fall sagen, daß sich damals die Häupter der Christenheit im allgemeinen viel weniger eingehend um die überlieferten Werte und religiösen Anschauungen sorgten als ihre Vorgänger, daß sie absolut nicht nach dem Evangelium lebten und von ihrer Macht blindlings Gebrauch machten, indem sie dem Dogma und selbst der christlichen Moral Gewalt antaten. Doch sind solche Überlegungen nur dann zulässig, wenn man davon ausgeht, daß das Christentum unwandelbar und ewig ist und den Ausdruck einer endgültigen, unverrückbaren Wahrheit darstellt. Die Kirche des 15. Jahrhunderts war jedoch nicht die Kirche früherer Jahrhunderte und entwickelte sich weiter, ja, sie steuerte auf eine radikale Umwandlung zu. Freilich folgte sie zum Schaden einiger als »religiös« definierter Werte dem allgemeinen Prozeß der abendländischen Gesellschaft, in der sie lebte; sie litt schwer darunter, leistete aber auch ihren Beitrag zu diesem Prozeß. Wird man jedoch verlangen dürfen, sie hätte sich von dieser Entwicklung frei machen und ihr widerstehen oder sie hätte sich vielleicht »reformieren« sollen? Dies wäre ein unerlaubtes, zensorisches Verhalten, das vergessen lassen könnte, daß auch die Kirche aus Menschen bestand und ausgesprochen irdische Interessen und Leidenschaften hatte. Was man von den Päpsten und der römischen Kurie als Dienern Christi auch halten mag, als Menschen scheinen sie nicht viel tadelnswerter als die Fürsten, ihre Zeitgenossen, und deren Höfe. Sie gingen nämlich scharfsinnig zu Werke, als sie ihrer Macht eine eigentlich monarchische Struktur gaben, als sie sich in Italien eine feste territoriale Grundlage schufen und ihre finanzielle Macht konsolidierten. Das erleichterte es ihnen, in der Folgezeit wieder zum Mittelpunkt und zu Führern einer erneuerten Kirchenorganisation zu werden, die auf politischem und sozialem Gebiet scharf hervortrat, in kultureller und geistiger Beziehung allerdings rückständig und lähmend, dafür aber dauerhaft und mächtig war.

Man kann zwar objektiv sagen, daß die mittelalterliche Kirche zwischen dem 15. und 16. Jahrhundert weitgehend geschwächt war. Es ist beinahe ein Gemeinplatz, vom wirtschaftlichen Niedergang, vor allem aber vom Verfall der Klosterzucht zu sprechen, vom Fehlen vorherrschender geistlicher Interessen bei einem Großteil der Novizen, die daher weit davon entfernt waren, die Klöster als geweihte Stätten zu betrachten. Die alte Konkurrenz zwischen den Mitgliedern der Bettelorden einerseits, den Pfarrern und Leutpriestern andererseits bestand nicht nur weiter, sondern verschärfte sich durch das den Mendikanten von Sixtus IV. verliehene Recht, die priesterlichen Funktionen überall wahrzunehmen, und außerdem durch die Bulle *Dum fructus uberes*, die 1478 den Franziskanern die Erlaubnis gab, testamentarische Vermächtnisse anzunehmen. Durch eine geschickte, zweckmäßige Predigtweise bearbeitet und im Bann der Idee vom Fegefeuer stehend (vgl. Kap. 3, V), vermachten die Gläubigen bis zur Mitte des 16. Jahrhunderts weiterhin auf ihrem Sterbebett den Geistlichen einen beachtlichen Teil ihres Vermögens zur Tilgung der zu Lebzeiten begangenen Sünden. Um sich eine materielle Existenzgrundlage zu sichern, machten jedoch vielerorts die Leutpriester mit ihren Pfarrkindern regelrechte Tarife aus, die manchmal auch die Ohrenbeichte mit einbezogen. Von den zahlreichen falschen, oft streunenden Klerikern, die eine priesterliche Funktion ausübten, abgesehen, muß daran erinnert werden, daß das Proletariat der Pfarrer und Kapläne, besonders in Deutschland, zusätzlichen Berufen nachging oder offen Simonie trieb. Auf der andern Seite herrschte in der untersten Schicht des Klerus sehr häufig theologische und liturgische Unkenntnis, da nur diejenigen sich um die Erwerbung der nötigen Universitätsgrade kümmerten, die auf ein regelrechtes Kirchenleben aus waren. Schließlich machte sich zur damaligen Zeit eine Gewohnheit breit, wie aus verschiedensten Dokumenten hervorgeht: das Konkubinat der Priester. Unter Innozenz VIII. (1484 bis 1492), dem ersten Papst, der seine Kinder öffentlich ehrte, zirkulierten gefälschte Bullen, die die intimsten Beziehungen der Priester zum andern Geschlecht gestatteten. Trotz der offiziellen Verurteilungen waren diese in der ganzen Christenheit äußerst zahlreichen wilden Ehen von der öffentlichen Meinung akzeptiert. Dies und die vorbildliche Lebensführung verschiedener Geistlicher mit Frau und Kindern bereitete eine der wesentlichen Neuerungen der Reformation vor.

Gewissen Anzeichen für einen Zerfall des Kirchenbesitzes — zum Beispiel wurden die festen Einkünfte in einer allmählich an Wert verlierenden Währung bezogen — lassen sich andere entgegenhalten. Hier wäre die Zunahme der von den Gläubigen bezahlten Riten und Fürbitten zu nennen, die sich durchsetzende Erblichkeit der Kirchenlehen und ihre häufiger werdende Kumulierung. Der Papst selbst gestattete schließlich durch die sogenannte »Dispens« ein und derselben Person die Nutznießung von drei oder vier Kirchenlehen, obwohl sie nach kanonischem Recht zur Kategorie der *incompatibilia* gehörten. Auf der andern Seite gab es Unterschiede von einem Land zum andern: Wenn man im Fall Italiens plausibel von einem wirtschaftlichen Abstieg des Klerus zwischen dem 15. und dem 16. Jahrhundert sprechen kann, so gilt dies nicht in gleichem Maß für Deutschland. Zu Beginn des 16. Jahrhunderts übten im Reich nicht nur 50 Bischöfe und 40 Äbte eine weltliche Herrschaft aus, sondern zu der Zeit umfaßten die Hoheitsgebiete der Bistümer und Abteien ein Drittel des Heiligen Römischen Reiches. Zu diesem Problem kam noch ein weiteres Element von großer Tragweite hinzu: der immer stärker aristokratische Charakter der Hierarchie. Die Träger der bedeutenden Kirchenlehen versuchten — in Nachahmung der weltlichen Großen — mit Erfolg, die reichsten Pfründen und Ämter mehr und mehr innerhalb ihrer Familie zu halten. Diese Gewinnsucht des Klerus hatte natürlich ihre moralische Seite, die Giovan Battista Spagnuoli (Mantuanus; gest. 1516) schreiben ließ: »venalia nobis templa, sacerdotes, altaria, sacra, corone, ignes, bura, preces, coelum est venale Deusque.« Aber nicht weniger wichtig ist der soziale Aspekt dieser Jagd auf die mit den kirchlichen Würden verbundenen Güter. Die Erscheinung trat in Deutschland schärfer hervor als anderswo: Hier waren die Sitze in den Domkapiteln fast ausschließlich dem Adel vorbehalten. Thomas Murner (gest. 1537) wandte sich gegen die massive Besetzung der deutschen Bischofsstühle durch die Aristokratie. Für ihn war dieses Eindringen des Adels in die Hierarchie die Hauptursache der Mißstände in der Kirche. Johann Geiler von Kaysersberg (gest. 1510) hielt es für ein Zeichen von Dummheit, für die Leitung der Gläubigen den adligen Sprossen einem nur ehrenwerten und umsichtigen Mann vorzuziehen. Vor dem Hintergrund der nunmehr bevorstehenden Reformation lassen sich somit Wirtschaftskonflikte innerhalb der großen Masse des Klerus erkennen.

Doch sollte man vielleicht nicht zu sehr die Sitten der deutschen Bischöfe der zweiten Hälfte des 15. und der ersten des 16. Jahrhunderts hervorheben, von denen zwar mancher kein Latein konnte, jahrzehntelang keine Messe las oder durch sein Erscheinen auf einem Reichstag im Bischofsornat seine Amtsbrüder empörte, die sich wie Laien kleideten und viel öfter das Schwert als den Hirtenstab trugen. Denn die französischen Bischöfe waren sehr oft in erster Linie zuverlässige königliche Verwaltungsbeamte, die ihren Bischofssitz, d. h. ihre Einkommensquelle mit äußerster Leichtigkeit wechselten und fast ständig am Hof lebten. Und was sollte man vom spanischen Episkopat zur Zeit Ferdinands von Kastilien (1479–1516) sagen? Kurz, für ganz Westeuropa traf die Beschreibung zu, die uns Johann Butzbach von den von Stolz aufgeblähten Prälaten gibt, die sich in feines englisches Tuch kleideten, an den Fingern wertvolle Ringe trugen, sich auf prunkvollen Pferden und mit einem zahlreichen Gefolge von Dienern in prahlerischen Livreen brüsteten. »Sie errichten prächtige Residenzen, wo sie sich inmitten prunkvoller Gelage Orgien hingeben. Die Güter der frommen Stifter verschwenden sie für Bäder, Pferde, Hunde und gezähmte Jagdfalken.« Aber war es nicht erlaubt, über die Entrüstung hinauszugehen und zu den wirklich strittigen Punkten zu kommen? Christlich verwerflich, wenn man will, sozial reaktionär, war das Verhalten dieser Prälaten ein Zeichen dessen, was die Kirche immer klarer wurde und in gewisser Weise auch sein wollte. »In diesem unserem Gotteshaus gibt es nur eine Sache, die uns viel Freude macht«, sagte Savonarola 1493 zu den Florentinern, »daß es nämlich ganz ausgemalt und mit Flitter bedeckt ist. So hat unsere Kirche nach außen bei der festlichen Begehung der kirchlichen Feiern viele schöne Zeremonien mit schönen Gewändern, mit zahlreichen Behängen, mit Leuchtern aus Gold und Silber und so vielen schönen Kelchen, daß es eine wahre

Pracht ist. Du siehst da jene großen Prälaten mit den schönen gold- und edelsteingeschmückten Mitren auf dem Haupt und mit silbernen Hirtenstäben. Du siehst sie mit jenen schönen Meßgewändern und ihren Pluvialien aus Brokat am Altar mit so viel schönen Zeremonien, so viel Orgeln und Sängern, daß dir der Atem stockt. Und diese Männer scheinen dir eine große Würde und Heiligkeit zu besitzen. Und du glaubst nicht, sie könnten irren, vielmehr habe man das, was sie sagen und tun, wie das Evangelium zu beobachten. So ist die heutige Kirche beschaffen. Die Menschen weiden sich an diesem Unsinn, freuen sich über diese Zeremonien und sagen, die Kirche Christi habe noch nie derart in Blüte gestanden und der Gottesdienst sei noch nie so festlich begangen worden wie gegenwärtig. Oder wie es einmal ein großer Prälat ausdrückte: ›Die Kirche stand noch nie so in Ehren, die Prälaten waren noch nie so angesehen, und die früheren Prälaten, verglichen mit den heutigen, waren eher Prälätchen.‹« Allen war also der Abstand von der ursprünglichen Demut klar bewußt; aber je nach den Orten war die Partei derer stärker, die keineswegs zu den Ursprüngen zurückkehren wollten und es bei weitem vorzogen, ihren gegenwärtigen Erfolg in der Gesellschaft zu festigen.

Entsprechend verschieden, doch immer klarer trat in Europa auch die Abneigung der Laien gegen die lokale Geistlichkeit oder die römische Zentralgewalt hervor. Im Gegensatz zu Spanien war sie in Italien bereits sehr ausgeprägt. Hier nahm sie hauptsächlich die Formen blasierten Spotts oder offener, aber vor allem verbaler Kritik an, die sich im allgemeinen mit einem Gefühl der Gleichgültigkeit gegenüber dem Los der persönlichen Abhängigkeit verband. Während in der französischen und deutschen Gesellschaft der Niedergang des Klerus eine Mischung von echter Besorgnis und bereits ernster Revolte aufkommen ließ, beobachtete man in England seit längerer Zeit ein viel reiferes Verhalten. Schon zuvor hatte die staatsbürgerliche Erziehung in diesem Land deutlichere Konturen gewonnen als anderswo im Westen; dort war auch unter den Laien der Sinn für die eigene Würde gegenüber dem Klerus viel lebendiger. Die Gestalt und das Werk Wiclifs waren Ausdruck einer von der Mitte des 14. Jahrhunderts an klar umrissenen ethischen und geistigen Lage. Wenn auch die Tätigkeit dieses Theologen keine umfassende Veränderung in der englischen Kirche hervorgerufen hatte, wenn es den Lollarden auch nicht gelungen war, sich im Laufe des 15. Jahrhunderts in einflußreichen Gemeinden zu gruppieren, so hatte sich unter den englischen Laien doch der Wille durchgesetzt, die Ansprüche des Klerus in Wirtschaft und Rechtsprechung nicht mehr zu dulden. Das Gefühl gesellschaftlicher Trennung zwischen den Gläubigen und ihren Priestern, das durch die weitgehende Verweltlichung der Kirche entstanden war, gab weiterhin in ganz Europa einer äußerst vielgestaltigen Feindseligkeit Nahrung, die bald eine der Dimensionen für die Verwirklichung der Reformation werden sollte. In England zeigte sich diese Kluft zwischen der profanen und der kirchlichen Gesellschaft deutlicher als in den andern christlichen Staaten: Sie beeinträchtigte weniger das Glaubensgut als dessen äußere Struktur, konnte jedoch zu einem hinreichenden Grund für eine Loslösung von der römischen Ordnung und den mit ihr hauptsächlich verbundenen Praktiken und Einrichtungen werden.

III. DIE VORBOTEN DER REFORMATION

Einige der Gelehrten, die die kirchliche Neuordnung näher analysiert haben, die sich in den nichtprotestantischen Ländern von der Mitte des 16. Jahrhunderts an durchsetzte, haben behauptet, die Ansätze dieser Bewegung gingen auf die Zeit vor Luthers Revolte zurück. Sie haben daraus gefolgert, es gebe zwischen den ersten Symptomen im 15. Jahrhundert und den ganz scharf umrissenen Formen des 16. Jahrhunderts keinen Kontinuitätsbruch. Der Hinweis mag überflüssig scheinen, aber bekanntlich hatte der christliche Glaube innerhalb der abendländischen Kultur weder vor dem Aufkommen des Protestantismus noch nach dessen Durchbruch seine Rolle ausgespielt. Er spielt sie nämlich heute noch. Doch ist nicht weniger evident, daß die Organisation der Kirche von der Mitte des 16. Jahrhunderts an in Europa keine in sich geschlossene Wirklichkeit mehr darstellte und daß ihre tiefe innere Spaltung zu einer politischen, wirtschaftlichen und sozialen Frontstellung parallel lief, die die Länder des Westens mindestens bis zur zweiten Hälfte des 17. Jahrhunderts in gegenseitige Kämpfe verwickeln sollte. Ohne zu untersuchen, welchen Kulturbeitrag jeder Sektor der Christenheit nach 1560 geleistet und welche Rolle er gespielt hat, kann man doch feststellen, daß vor diesem Datum, genauer gesagt, vor 1530 (*Confessio augustana*) die religiösen Anschauungen zwar aus den Fugen gerieten, aber nicht nachhaltig auseinandergingen und sich nicht feindlich gegenüberstanden. Wenn man daher behauptet, es gebe zwischen dem vorlutherischen oder vortridentinischen Katholizismus und dem späteren keinen Kontinuitätsbruch, so ist das teils zweideutig (auch wenn es nicht, was ebenfalls vorkommt, tendenziös gemeint ist), teils nichtig. Da man seit Jahrhunderten, und ganz besonders im Lauf des 15. Jahrhunderts, von einer Reform der Kirche sprach und sich auch um sie bemühte, ist es nur natürlich, wenn man eine Kontinuität zwischen dem, was man zuvor zu tun gedachte oder verwirklichte, und dem, was man danach zu schaffen vermochte, feststellt. Aber alle kirchlichen Versuche vor Luther gehörten der viel umfassenderen religiösen und sozialen Wirklichkeit des 15. Jahrhunderts an, die die einzelnen Bemühungen, die Zucht wiederherzustellen, ebenso miteinschloß wie die Tendenzen des Kollektivempfindens, die weitverbreitete und unbefriedigte Forderung nach einer Neuorientierung der Geistigkeit und einer Neuordnung des Klerus. Die künftige Entwicklung zeichnete sich noch keineswegs ab, sondern alle Möglichkeiten waren offengelassen. Es ist zu einfach, nachträglich die Vorläufer dieses oder jenes Phänomens zu finden und so manches unvorsichtige, leichtfertige Urteil zu fällen. So versteht es sich, daß aus der kirchlich-politisch-sozialen Wirklichkeit des 15. Jahrhunderts im folgenden Jahrhundert zwar die katholische, aber ebenso auch die protestantische Neuordnung hervorgegangen ist.

Besieht man sich dann die unmittelbaren Vorläufer als solche — ob sie nun dem tridentinischen Katholizismus, wie man meint, vorangingen oder den Protestantismus ankündigten —, stellt man ein ganz beachtliches Mißverhältnis zwischen ihrem Ausmaß und dem, was in Europa ungefähr nach 1525/30 folgte, fest. Was besonders die christlichen Anschauungen anlangt, so lassen sich zwar, wie gesagt, neue Situationen und sich bildende Kräfte beobachten. Doch bis einschließlich zum ersten Drittel des 16. Jahrhunderts blieben die Spitzen der kirchlichen Hierarchie und vor allem das Papsttum zum großen Teil von den Tendenzen, die man »Reformtendenzen« nennen kann, unberührt, teilten nur sporadisch ihre Forderungen und waren fast vollständig, wie bereits in großen Zügen beschrieben, mit anderen Aufgaben beschäftigt. Daher fehlte es den Reformversuchen nicht nur an Koordination, sondern sie erscheinen im Gesamtleben der Kirche von ganz andern Phänomenen gleichsam überdeckt. Dazu waren sie untereinander von so verschiedener Natur, daß sie tatsächlich keine geistig zusammenhängende und organische Bewegung bildeten und seit langem kein ernsthaftes Gegengewicht für die religiöse Auflösung der damaligen Zeit, abgesehen von Spanien, darstellten. Man muß also auch in dieser Hinsicht die Nachteile der durch übertrieben spezialisierte Untersuchungen hervorgerufenen Betrachtungsweise unterstreichen und die Notwendigkeit betonen, den Protestantismus und den tridentinischen Katholizismus nicht einzig oder hauptsächlich als kirchliche Wirklichkeiten anzusehen, die fast ausschließlich mit Hilfe »religiöser« Faktoren verstanden werden können.

Die Behauptung, die Versuche der Kirche im 15. Jahrhundert hätten an und für sich nie zu einer Neuordnung tridentinischer

Art geführt, läßt sich auch durch Beispiele belegen. Der Kardinal Nikolaus von Kues z. B. war zweifellos ein Reformbischof. Doch mußte er während seines zehnjährigen Wirkens in der Diözese Brixen eine Reihe von Mißerfolgen erleben, und trotz seiner Energie gelang es ihm nicht einmal, in den Klöstern die Zucht, die er für notwendig hielt, einzuführen. Ja, er sollte schließlich sein Unternehmen aufgeben und fern der ihm anvertrauten Herde sterben. Der Abt Jean de Bourbon war nicht weniger entschlossen, die alte Disziplin unter den Cluniazensern wiederherzustellen. Doch vermochte er trotz eines fast dreißigjährigen Wirkens (1456–1483) und seiner nicht weniger beachtlichen kirchlichen Stellung infolge der starken Widerstände, die sich ihm stets in den Weg stellten, nicht, zu einem befriedigenden Ergebnis zu kommen. Wir haben schon auf den Mißerfolg des päpstlichen Legaten Giovanni da Capistrano (gest. 1456) hingewiesen, der glaubte, nach italienischem Muster mit theatralischen Predigtmethoden, mit einem nach außen hin autoritären und paternalistischen Wesen in Böhmen und in den Nachbarländern zum Ziel zu gelangen. Der einzige hohe Prälat, der wirklich die Herrschaft des Christentums in der Gesellschaft des 15. Jahrhunderts festigte, der Kardinal Ximenes de Cisneros (1436–1517), wirkte im einzigen Land des Westens, wo der Glaube tatsächlich bereits Staatsreligion geworden war, nämlich in Spanien.

Es ist gewiß kein Zufall, wenn der Katholizismus in diesem Land, wo er jahrhundertelang auf die Herrschaft der Araber und gleichzeitig den Islam gestoßen war, eine ganz besondere Lebenskraft bewies. Gerade aus der Erwägung dieser Umstände heraus scheint es wenig gerechtfertigt, die nationale Festigung der spanischen Kirche auf die gleiche Ebene wie die Reformversuche des restlichen Abendlandes zu stellen. Spanien folgte der Bahn seiner geistigen und gesellschaftlichen Entwicklung auf eigenständige Weise ohne beachtliche Eingriffe der Konzilien oder der Päpste. Wenn es sich im 16. Jahrhundert an den religiösen Auseinandersetzungen im übrigen Europa beteiligte, geschah dies vor allem aus Gründen einer politisch-wirtschaftlichen Vormachtstellung, wie es der hundertjährige Kampf, den die spanisch-habsburgische Koalition gegen die protestantischen Mächte führte, deutlich zeigt. Vom gleichen Augenblick an bewirkte die wesentliche Übereinstimmung der päpstlichen und der spanischen Interessen, daß das Papsttum und die »katholische« Monarchie schlechthin ein stillschweigendes, aber äußerst festes Bündnis eingingen, um gemeinsam im Abendland zu triumphieren. Aus demselben Grunde machte sich die Kirche mehr und mehr die spanische Geistigkeit und Energie nutzbar, um sich neu zu ordnen, um besser dem unverhofft entstandenen

Protestantismus entgegenzutreten und viele der verlorenen Stellungen wiederzuerobern. Daß sich im katholisch gebliebenen Teil Europas die eiserne Disziplin, der äußere Zwang und die spanische Mystik durchsetzten, stellt ein Phänomen ersten Ranges dar, bei dem sich die politisch-monarchische Dynamik mit der der religiösen Anschauungen verband.

Die Züge des spanischen Katholizismus kündigten sich in gleicher Weise durch die Einrichtung der Inquisition und die Verstärkung der kirchlichen Strukturen auf Betreiben des Kardinals Ximenes de Cisneros an, in dessen Werk sich übrigens vielfältige Strömungen der spanischen Religiosität vereinigten. Die Monarchie von Aragon und Kastilien, die eine viel erbittertere, aggressivere und unbeugsamere Verteidigerin des Glaubens als selbst die Kurie war, machte aus der Religion auf der einen Seite ein furchtbares Instrument autoritärer Zentralisierung, auf der andern Seite förderte sie innerhalb der Religion entsprechende Tendenzen dank der besonderen Entwicklungsbedingungen, die sie ihr bot. Im Lauf des 15. Jahrhunderts nahm das spanische Christentum noch europäische Bestandteile auf, vor allem italienische und flämische; denn der Einfluß, den das Wirken Savonarolas auf Spanien ausübte, war beachtlich, und vielleicht war die Wirkung der *Devotio moderna* noch stärker. Doch bemerkt man bereits, wie ein Geist missionarischer Ausbreitung aufkeimte, der viel schärfer hervortrat als in den andern westlichen Ländern. Ebenso findet man in Spanien eine entschiedene Verwendung der modernsten technischen und kulturellen Mittel — der Buchdruck oder die humanistische Philologie wären da zu erwähnen —, um den Glauben unerbittlich durchzusetzen. Alles wurde in den Dienst einer strengen, intensiven und kontrollierten Beobachtung der kirchlichen Pflichten durch den Klerus und der liturgischen Vorschriften durch die Gläubigen gestellt. Es war derselbe Mann, Ximenes de Cisneros, der die Häufigkeit des Sakramentenempfangs prüfte, indem er diejenigen zählte, die 1503 in Toledo an Ostern nicht kommuniziert hatten, und der einige Jahre zuvor (1499) 4000 Muselmanen zusammen hatte taufen lassen, der arabische Bücher konfisziert und teilweise verbrannt hatte. Er berief auch schon zu Ende des 15. Jahrhunderts Synoden ein, um die Residenzpflicht und die zur Predigt nötige Ausbildung der Pfarrer sowie den Katechismusunterricht für die Kinder festzusetzen. Auf der anderen Seite gründete er in denselben und den folgenden Jahren die Universität von Alcalà de Henares, einer Stadt, die ihm als Erzbischof von Toledo persönlich gehörte. Diese Hochschule mit ihrer starr pädagogisch-dogmatischen Zweckgebundenheit machte die mittelalterliche Tradition noch drückender. Die juristische Fakultät fehlte, und die Artistenfakultät wurde als Vorstufe zum Theologiestudium angesehen. Mit einem Wort, es handelte sich um ein ganz von der Theologie beherrschtes Unterrichtswesen, wo das kanonische Recht als kirchliche Wissenschaft galt. Darüber hinaus zeigte Ximenes de Cisneros keine sonderliche Sympathie für die Scholastik. Er ließ zwar ihre drei Haupttendenzen — Thomismus, Scotismus, Nominalismus — gleichzeitig an seiner Universität zu, betrieb aber auch die Rückkehr zu den großen Meistern der Patristik. Schließlich führte er das Griechisch- und Hebräischstudium ein. Zwischen 1514 und 1517 kam die dreisprachige sogenannte Alcalà-Bibel heraus, in der die von den Humanisten wiederentdeckten philologischen Mittel der textkritisch äußerst genauen Richtigstellung der Bibel und des christlichen Dogmas dienstbar gemacht und ihr untergeordnet wurden.

Gegenüber diesen praktischen Verwirklichungen der spanischen Kirche, dem wahren Vorbild und der Vorläuferin der harten Neuordnung von Trient, kann das, was man in den übrigen abendländischen Christenheit für die Reform zu tun versuchte, nur als sprunghaft und von wenig Bestand erscheinen. Natürlich gab es Mönchsorden, die ihre alte Zucht wiederherzustellen versuchten, etwa die Augustiner, aus denen später Luther hervorging, oder vor allem die holländischen Dominikaner. Es entstanden auch neue, besonders weibliche Orden: die Krankenschwestern vom Dritten Orden der Franziskaner, die Karmeliterinnen und die Schwestern von der Verkündigung Mariens. Die Kongregation von Windesheim und die *Devotio moderna* wirkten weiterhin im rheinischen Gebiet (vgl. Kap. 3, VII). Bruderschaften, wie die von der Göttlichen Liebe, entstanden in Italien, wo es auch einige partielle »Reform«-Versuche der Humanisten gab. Das Neue und das Alte überschnitten sich ziemlich planlos; die rigoristische Tendenz scheint die stärkste gewesen zu sein: Sie wollte die alte Strenge erneut zur Geltung bringen, schärfte aber ebenso möglichst viele äußere Praktiken ein. Die rührigsten und in dieser Beziehung zwischen dem 15. und 16. Jahrhundert im Vordergrund stehenden Geistlichen wollten eine Gegenwart und eine Zukunft nach dem Vorbild der Vergangenheit und mit rückwärts gewandtem Blick gestalten. Doch sahen sie dabei viel mehr auf die mittelalterlichen »Regeln« als auf die Lehren der apostolischen Zeit. Männer wie Jan Monbaer (gest. 1501), der die Mystik von Windesheim nur noch mechanisch vortrug, und Jan Standonck (gest. 1504), das ganz strenge Oberhaupt der Kongregation von Montaigu, setzten sich zwar (neben einer größeren Sittenstrenge des Klerus) für eine persönliche Geistigkeit und eine gründliche Ausbildung ein, aber ihre Methoden paßten schlecht zur neuen Gesellschaft, jedenfalls zu deren fortgeschrittenem Teil.

Da das Papsttum ganz auf die Festigung seiner eigenen, weltlichen Herrschaft und Vormachtstellung innerhalb der Hierarchie ausgerichtet und der wachsamste Teil des Klerus durch die Neuordnung des Klerus selbst völlig in Anspruch genommen war, ließ der Einfluß der Geistlichen auf die Gläubigen zu dieser Zeit nach. Die Seelsorger, die ihrer Gemeinde am nächsten blieben, kümmerten sich recht wenig um deren geistige Bildung und konzentrierten sich auf die Ausformung und Beibehaltung der christlichen Praktiken unter ihren Pfarrkindern. Doch diese Gebräuche kamen jetzt immer weniger ohne ein gefühlsbetontes, volkstümliches Empfinden aus. Gleichzeitig entwickelte die Elite unter den Laien gegenüber der Kirche und der Religion, die sie vertrat, mit Entschiedenheit ein kritisches Bewußtsein und begann, ein neues, hauptsächlich ethisch-persönliches Frömmigkeitsgefühl zu verspüren. Daraus ergab sich eine scharfe Trennung zwischen den Volksmassen einerseits und verschiedenen kirchlichen und bürgerlichen Eliten andererseits, wenn diese letzteren auch untereinander unterschiedliche Stellungen einnahmen. Denn man kann nicht bestreiten, daß die christliche Frömmigkeit im Volk äußerst lebendig blieb. Doch wurde oft ihren minderwertigsten Tendenzen von einem Klerus Raum gegeben, der daraus Nutzen zog und zu schwach war, um ihnen zu widerstehen.

Das weite Gebiet der Volksfrömmigkeit im 15. Jahrhundert ist längst nicht genügend untersucht, und man muß daher in Erwartung einer systematischen und zusammenhängenden Analyse wohlbekannte Phänomene hervorheben. Wie könnte man z. B. nicht von den Ablässen sprechen? Übrigens nicht nur, um an die Ausbeutung der Gläubigen durch den Klerus (was der Ablaß nun einmal war) zu erinnern, sondern wegen jener Gesamtheit geistiger Verhaltensweisen und Gepflogenheiten in der Gesellschaft, die zweifelsohne zur Ablaßpraxis gehörte, und wegen der wirtschaftlichen Folgen des Ablaßwesens. In dieser »christlichen« Welt vom 15. zum 16. Jahrhundert diente der Ablaß nicht nur dazu, den Bau der neuen Peterskirche in Rom voranzutreiben, sondern auch, um Deiche gegen die Bedrohung durch das Meer zu errichten. Der Ablaß war eine wirkliche Form der kollektiven Frömmigkeit, ein sicherer Weg, die Zustimmung der Gläubigen zu gewinnen, ein fast unerschöpfliches Mittel, die Gefühle der Menge anzusprechen, die davon überzeugt war, dank dem Ablaß nicht nur ihre, sondern auch ihrer Toten Sündenlast leichter zu machen, die man als Büßer im Fegefeuer wähnte. Gewiß ging es dabei um eine alte Gepflogenheit; sie gewann aber allmählich an Ausmaß und

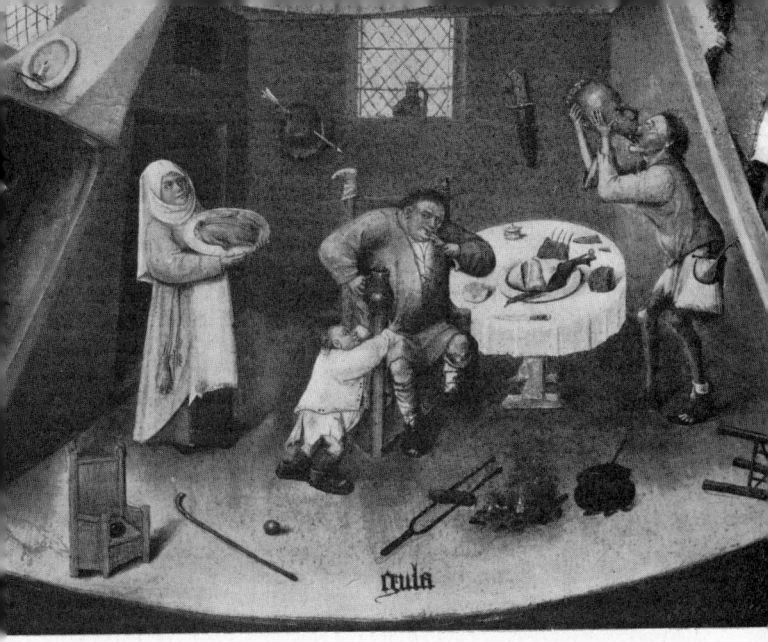

Abb. 20: Realistische Wiedergabe einer Mahlzeit. Man sieht, daß nun auch die Wohnungen des mittleren Bürgertums mit Glasfenstern ausgestattet sind, während früher Ersatzstoffe, wie Pergament und anderes durchscheinendes Material, als Fensterfüllung benutzt wurden. Das Bild zeigt für eine Inneneinrichtung des frühen 16. Jahrhunderts typische Geräte. (Ausschnitt aus der Darstellung der »Sieben Todsünden« von Hieronymus Bosch; es handelt sich dabei um eine bemalte Tischplatte.)

verbreitete sich jetzt, bis ins einzelne geregelt, von Rom und jedem Diözesanzentrum aus. Der Ablaß war eine Frömmigkeitsform mit vielfältigen Aspekten, bei der die moralische Absicht mit dem wirtschaftlichen Nutzen weniger und der Leichtgläubigkeit der Menge eine Einheit bildete. Entsprechende Beobachtungen gelten für die Wallfahrten und Jubeljahre. Man muß übrigens auch darauf hinweisen, daß die päpstliche Bulle, die die Rechtmäßigkeit, den Ablaß den Seelen der Verstorbenen *per modum suffragii* zuzuwenden, sanktionierte, gerade aus diesen Jahren stammt (1476). Sie gewann die Zustimmung der meisten Theologen. Abgesehen von dem großen Zustrom der Pilger nach

Rom und den ständigen Reisen ins Heilige Land, gab es kein Heiligtum und keine Reliquie, die nicht in gewissen zeitlichen Abständen wenigstens ein regionales Wallfahrtsziel der Gläubigen darstellten.

Selten hat die abendländische Geistigkeit so weit verbreitet aus Ernst und Oberflächlichkeit, aus Leidenschaft und Haarspalterei, aus Strenge und Leichtfertigkeit bestanden. Dies war sicher nicht die geringste Ursache, die zu einer neuen, auf jeden Fall klareren und geordneteren Form der Religion führte, und zwar auf viel natürlichere Art, als es manchmal scheinen mag. Die Religion jener Zeit war wirklich ein chaotisches Magma, vor allem wenn man bedenkt, daß sie immer noch den Hintergrund und das Gerüst für die abendländische Kultur bildete. Von den Wallfahrten abgesehen, gab es zahlreiche andere Begegnungsformen sakralen, profanen oder gemischten Charakters, ohne von den üblichen liturgischen Zeremonien zu sprechen, auf die man doch nicht verzichten konnte. Es gab die sakralen Aufführungen und die »Mysterienspiele«, den Karneval, der sich gerade jetzt mit wachsendem Erfolg durchsetzte, die Predigtkampagnen der großen Kanzelredner, die Reliquien. Die Funktion der Reliquien war ein weiteres Beispiel, das den schillernden Charakter der »religiösen« Phänomene beweist: Sie dienten politischen Zielen und Programmen (wie im Falle von Thomas Palaiologos, der eine als Haupt des heiligen Andreas verehrte Reliquie und einen als Arm Johannes des Täufers geltenden Armknochen nach Rom brachte, um Pius II. noch mehr zum Kreuzzug gegen die Türken zu bewegen), sie besaßen die magische, fast totemhafte Kraft, die Volksfrömmigkeit zu erregen, und waren schließlich Gegenstand erbitterter theologischer Auseinandersetzungen von großem Widerhall.

Hierher gehört die Kontroverse, die über der Verehrung des Blutes Christi entbrannte. Jesus hatte im letzten Abschnitt seiner Passion Blut verloren, und es stand seit Jahrhunderten gemeinhin fest, daß jemand einen Teil dieses Blutes gesammelt und aufbewahrt hatte. Aber waren diese Reste tatsächlich göttlich? Denn für die Gläubigen war der Körper, in dem das Wort Fleisch geworden war, göttlich. Doch galt dies noch für die Teile, die sich wie das Blut vom Leib gelöst hatten? Hatte der Erlöser bei seiner Auferstehung schließlich nicht wieder alle seine körperlichen Elemente an sich genommen? Dominikaner und Franziskaner diskutierten darüber in aller Öffentlichkeit, und zwar aus philosophischen Erwägungen nicht weniger als aus einem Antagonismus ihrer Orden heraus. Es fehlte nicht an Bischöfen, die um die Mitte des 15. Jahrhunderts die Verehrung solcher Reliquien formell verurteilten. Die theologische Fakultät von Paris dagegen befürwortete den Kult, desgleichen wenig später

Nikolaus V., an den sich die Gegner gewandt hatten. Es steht indes fest, daß der Papst das Problem auf salomonische Art löste, indem er sich nicht über die Zugehörigkeit des vorhandenen Blutes zum Leib Christi äußerte und erklärte, es handle sich vielmehr um Blut, das viele Jahrhunderte nach Jesu Tod einer Wunde, die man einem Christusbild zugefügt habe, entflossen sei. Die Flüssigkeit könne von den Gläubigen wegen ihres wunderbaren Ursprungs verehrt werden.

Eine andere große Streitfrage, die Franziskaner und Dominikaner gegeneinander aufbrachte, war das Problem der Unbefleckten Empfängnis Mariens. Die Dominikaner gingen zu Beginn des 16. Jahrhunderts so weit, daß sie Erscheinungen vortäuschten, um zu enthüllen, daß Maria tatsächlich nicht im Zustand der Erbsünde empfangen war. Der Großteil der Christenheit jedoch lieh sein Ohr der Ansicht der Franziskaner, die den Herzensergüssen und dem Geschmack der Volksfrömmigkeit näherstanden als ihre theologischen Gegner. Übrigens braucht man kaum hervorzuheben, daß die Marienverehrung im Lauf des 15. Jahrhunderts Höhepunkte erreichte. Die Gestalt dieser mit himmlischen Funktionen ausgestatteten Frau erregte weithin die Gefühle. Sie gehörte fast ebenbürtig in den Kreis der christlichen Dreifaltigkeit und bildete hier den Gegenpol zu Christus. Durch ihre menschliche Nähe sprach sie das Empfinden des Volkes unmittelbar an. So verehrte man z. B. alles an der Jungfrau Maria, von der Milch bis zu den Haaren und dem Schutzmantel, den sie auf Wunsch der Gläubigen immer gütiger ausbreitete. Um 1470/75 entstand der Kult der Muttergottes von Loreto, und die ersten Rosenkranzbruderschaften konstituierten sich. Auf der andern Seite ließ man in diesen Jahrzehnten die Passion Christi ganz realistisch und pathetisch ins Bewußtsein treten (die Kreuzwegsitte entwickelte sich gerade vom Ende des 15. Jahrhunderts an). Wie sollte man in der schroffen Gegenüberstellung der Milde Christi und seiner Anhänger und der Roheit seiner Henker und Verfolger nicht ein Bedürfnis des Volkes erkennen, seinen Abscheu vor der irdischen Ungerechtigkeit und der harten Unterdrückung der schlichtesten Menschlichkeit auszudrücken?

Am Ende des 15. Jahrhunderts bildete das Christentum in ganz Europa, obschon gegenüber früheren Jahrhunderten tief gewandelt, immer noch den einzigen geistlichen und geistigen Rahmen. In seinem Innern regten sich auseinanderstrebende Kräfte, widersprüchliche Tendenzen, von denen aber keine das Christentum radikal aufgab oder aufgeben wollte. Nur auf individueller Ebene fanden sich Ausnahmen, und meist waren sie nur partiell. Nichts schien, auf welchem Gebiet auch immer, auf eine bedeutungsvolle, historische Wende hinzuweisen. Im politischen Bereich hatte die große militärische Auseinandersetzung in Europa noch nicht begonnen. Auf wirtschaftlichem Gebiet sah niemand auch nur die unmittelbaren Folgen der Absatzmöglichkeiten in den überseeischen Kolonien voraus. Auf ethischreligiöser Ebene wünschte man auf verschiedene, unklare Weise eine Reform. Indes verlor das Kollektivempfinden weithin seinen Halt, wie am Beispiel der sich ausbreitenden Hexerei klar wird. Ihrer Natur nach stand sie zahlreichen kultischen Handlungen sehr nahe, die zwar christlich hießen, in Wirklichkeit jedoch abergläubisch waren. Da sie sich aber der Kontrolle des Klerus entzog, oder sich ihr zu entziehen versuchte, konzentrierte sich die Reaktion der kirchlichen Autorität auf diese Erscheinung.

Es geht hier um ein großenteils unerforschtes Gebiet, das die Dokumente spärlich beleuchten, die uns diejenigen hinterlassen haben, die manchmal erbarmungslos gegen die Hexen einschritten. Mit der Bulle *Summis desiderantes* aus dem Jahr 1484 gab Innozenz VIII. das feierliche Zeichen zur Unterdrückung der Hexerei. Aber kann man in dieser Urkunde etwas anderes sehen als die Verdrehung einer menschlichen Wirklichkeit, auf phantastische Weise mit Hilfe abwegiger theologischer Schemata zustande gebracht? Man liest da, Personen beiderlei Geschlechts unterhielten verwerfliche Beziehungen mit den Dämonen, ihre verbrecherischen Hexenkünste verursachten den Tod von Kindern und Tieren, verdürben die Ernten, die Früchte und sogar die Wiesen; kurz, sie verleugneten auf Betreiben des »Feindes« des Menschengeschlechts, des Teufels, die Taufe und verachteten die göttliche Majestät.

Die religiöse Weltanschauung, die sich gerade infolge ihres Beharrungsvermögens als unfähig erwies, ein derartiges Phänomen zu begreifen, verfolgte immer noch in mittelalterlich barbarischer Weise ganze christliche Sekten, die ihren religiösen Anschauungen viel harmloser und viel mehr im Geist des Evangeliums anhingen als die offizielle Kirche. Gewiß verachteten die Waldenser die irdische Macht der Kirche, lehnten ihren hierarchischen Aufbau ab und verwarfen noch mehr die Ablässe, den Heiligenkult, das Fegefeuer und die Wallfahrten. Nun sahen diese Gläubigen, die meinten, keiner aus Stein gebauten Kirche für ihr Gebet zu bedürfen, ihre Abneigung gegen den Krieg und sogar gegen den Kreuzzug ziemlich schlecht belohnt. Nach einer Zeit relativer Ruhe, die sie unter der Regierung Ludwigs XI. erlebten, stellten sie fest, wie sich einer jener Kreuzzüge gegen sie selbst richtete, zu denen sonst vergeblich gegen die Türken aufgerufen worden war. Um 1487/88 stürzte sich eine große Schar Bewaffneter, die von vornherein (wie alle, die ihnen halfen) mit vollkommenen Ablässen und Sündennachlaß ausgestattet waren, auf eine wehrlose Bevölkerung zahlreicher Täler von Piemont und des Dauphiné, verbreiteten Schrecken, führten Prozesse und töteten. Den Opfern wurde nachträglich eine Huldigung zuteil, die die Anhänger der Hexerei nie bekamen: die öffentliche Rehabilitierung nach zwanzig Jahren.

V. DAS GEFÜHL FÜR DIE REFORM

Zweifellos richtete ein beträchtlicher Teil von Gebildeten in diesem Klima seine Aufmerksamkeit mehr auf die moralischen Auswirkungen und den ethischen Zerfall der abendländischen Gesellschaft als auf die speziell kirchlichen, liturgischen oder die Disziplin berührenden Probleme. Ihre Stellungnahmen und zuvor ihre Reaktion und ihr gründliches Interesse an der Krise der religiösen Anschauungen müssen als Zeichen ihrer Aufgeschlossenheit für die Probleme ihrer Zeit oder als keineswegs zu vernachlässigende Elemente jener großen Erscheinung angeführt werden, die man oft in einem zu engen Sinn Reformation nennt. So ungerechtfertigt es ist, allein in Luthers Werk den Beginn der Reformation zu erblicken, so wenig darf man sie als etwas ausschließlich die Kirche Betreffendes betrachten, als verdanke sie ihre Entstehung einzig der Diskussion organisatorischer und theologischer Fragen innerhalb der Kirche. Die Gesellschaft war noch ganz christlich, und wer sich, sei es auch nur im Geist, von der überlieferten Weltanschauung zu lösen vermochte, gehörte bis zur Mitte des 16. Jahrhunderts zu einer verschwindend kleinen Minderheit. Um sich davon zu überzeugen, genügte es, näher zu untersuchen, wie die Religion und ihre Funktion noch um 1500 angesehen wurden. So ging man, wollte man von der Religion die Philosophie trennen, um für diese einen selbständigen Charakter zu beanspruchen, nicht über den Grundsatz der doppelten Wahrheit, d. h. der des Glaubens und der Vernunft, hinaus. Bis ungefähr 1550 hatte der logisch-rationalistische Hintergedanke, der implizit eine Entwertung der offenbarten Wahrheit anstrebte, viel weniger Gewicht als die objektive Gegenüberstellung der göttlichen und menschlichen Erkenntnisform. Erst die lange, von der Reformation ausgelöste Erschütterung des Dogmas sollte es der Vernunft erlauben, sich der »Offenbarung« nicht mehr als deutende und erklärende Dienerin zuzuwenden, sondern in gleichem Maß in ihrer neuen Gestalt als unerbittliche Kritikerin. Zwischen dem 15. und 16. Jahrhundert gab es im Abendland keine philosophische Bemühung, die die Theologie übergangen hätte; ja, selbst diejenigen, die sich am ehesten durchzusetzen schienen, suchten ernsthaft nach jeder Art von Kompromissen. Viele versuchten das Dogma mit einem antiken Weltbild zu vereinbaren, angefangen beim Platonismus bis zum Neuplatonismus, dem Stoizismus und selbst dem Epikureismus. Oder man bemühte sich geradewegs, zu einem allgemeinen Synkretismus aller »Wahrheitsformen« zu gelangen. Indes wurde bis zur zweiten Hälfte des 16. Jahrhunderts die offenbarte »Wahrheit« eigentlich keiner Prüfung durch die Vernunft unterzogen, sondern stets als eine »Gegebenheit« hingenommen, die einen geistigen Vorrang besaß und ein Erbgut darstellte, von dem man nicht absehen konnte.

Man muß diesem Umstand Rechnung tragen, um die Reform des 16. Jahrhunderts zu begreifen. Wie sich das Christentum im Lauf der Jahrhunderte grundlegend geändert hat, sei es in seiner Form und der äußeren Organisation oder sei es in seiner spezifischen Bedeutung für die Gesamtheit der abendländischen Kultur, so entwickelte sich auch von einem Jahrhundert zum andern die christliche Forderung nach Reform. Hier interessiert uns die Feststellung, daß um 1500 das Gefühl für eine Reform nicht nur lebendig, sondern mehr als je ausgeprägt und in den wachen und bewußten Schichten der weltlichen oder kirchlichen Gesellschaft verbreitet war. Es ist keineswegs überflüssig hinzuzufügen, daß nach den Geschehnissen des 16. Jahrhunderts, d. h. nachdem jeder die Reform auf seine Weise vollzogen hatte, die grundlegende Forderung nach ihr innerhalb der Christenheit immer weniger gestellt wurde. Die Christenheit war also zu Beginn des 16. Jahrhunderts immer noch eine geschlossene Welt. In ihr glaubte man, ohne Blick auf die Vergangenheit, ohne Annäherung an die vermeintlichen ethischen oder kulturellen Ursprünge der eigenen Geistigkeit keine Besserung bewirken oder, wie wir heute sagen würden, keine Fortschritte machen zu können. Wir haben bereits versucht (vgl. Kap. 4, II-III), genau die damals aktuellen Forderungen anzuführen, die im 14. und vor allem im 15. Jahrhundert so viele Gebildete veranlaßten, Humanisten zu werden. Doch müssen die Form und die Perspektive, in denen sich diese bedeutende Erscheinung äußerte – die Rückkehr zur Antike und die Suche nach dem Menschlichen in den klassischen Texten –, überraschen und dürfen um so weniger übergangen werden. Man vermag die Reformation nur zu verstehen, wenn man sie auf die Forderungen zurückführt, die sie hervorriefen und die mit ihrer Hilfe erfüllt werden wollten. Doch fällt auf, daß sie sich – darin dem Humanismus und seiner Suche nach den Ursprüngen vergleichbar – im Zeichen der vermeintlichen Archetypen des Urchristentums verwirklichen wollte, die sie beharrlich für unveränderlich hielt und von denen sie nicht absah. War die Entdeckung und Erforschung des Menschlichen in Gestalt einer Wiederentdeckung geschehen, so beanspruchte die erneute Durchsetzung des Göttlichen noch eindeutiger, die einfache Erneuerung einer ursprünglichen, dogmatischen Wahrheit, der biblisch-neutestamentarischen Ethik, oder, auf der andern Seite, der idealen Kirchenorganisation zu sein. Diese Manie der Ursprünge, dieser Mythos der »Urkirche« oder der katholischen Reinheit bilden ein geschichtliches Phänomen ersten Ranges und vermitteln ein Bild vom allgemeinen Geisteszustand der europäischen Gesellschaft. Kurz, es läßt sich nicht bestreiten, daß das Abendland damals noch ein ziemlich christliches, auf sich bezogenes, wenn auch mittlerweile ein aus den Fugen geratendes und nicht mehr geschlossenes Universum war, unfähig eine Neuordnung ohne die Rückkehr zu den Grundsätzen, auf denen es sich, wie es glaubte, aufgebaut hatte, anzustreben.

Dieser ersten Behauptung muß eine zweite folgen: Wenn die grundsätzliche Zustimmung zur Reform weiterhin im Hinblick auf eine Rückkehr zur Moral und zu den geistigen Formen des vollkommenen Christentums gegeben wurde, so umfaßte das Gefühl für diese Reform vom 15. aufs 16. Jahrhundert doch eine Reihe anderer grundlegender Bestrebungen und zahlreiche andere Nuancen. Denn jene Reformströmungen haben die Oberhand gewonnen, denen die Gesellschaft am meisten zugetan war und die sie, mit andern Worten, als mit ihrer Struktur am ehesten in Einklang stehend betrachtet hatte. Es genügt, zwei klare Beispiele zu nennen: Wirtschaftlich-soziale und geistige Gründe haben zum Versuch geführt, die Wiedertäufer sofort zu vernichten, oder bewirkt, daß der fast allerorts abgelehnte und verfolgte Sozinianismus in bestimmten Gegenden ziemlich weitgehend Aufnahme fand. Auch im kirchlichen Bereich allein läßt sich unschwer erkennen, daß sich nur die weniger revolutionären Sekten durchsetzten, wenn man sie in ihrer Gesamtheit betrachtet, d. h. das Luthertum und der Calvinismus. Wir heben diese Erscheinung gerade deswegen von vornherein hervor, um zu betonen, wie eng begrenzt die Basis dieser Reformidee war und wie stark die geschlossene dogmatisch-theologische Mentalität des mittelalterlichen Christentums von Anfang an ihre bedeutendsten Leistungen — trotz allem Anschein — belastete. Man muß in diesem zumindest geistig reaktionären Grundzug das Hauptmotiv für das allmähliche Auseinandergehen der neuen, lebenskräftigen profanen Strömungen der Kultur vom 16. aufs 17. Jahrhundert und der am weitesten verbreiteten Ausdrucksformen protestantischen oder katholischen Denkens sehen. Der theologisch-konfessionelle Sturm des 16. Jahrhunderts muß auch als eine der wichtigsten Äußerungen einer Periode erneuter gesellschaftlicher Abkapselung, Geistesunterdrückung und Freiheitsbeschränkung betrachtet werden. Anders gewendet: Kaum war zwischen dem ersten und zweiten Viertel des Jahrhunderts klargeworden, daß die Auffassung, die die kirchliche Autorität von Gott herleitete, in Gefahr zu geraten drohte, als auch schon diejenigen, die im Namen dieser Auffassung die Macht ausübten — Protestanten wie Katholiken — ihr möglichstes taten, um die Wasser einzudämmen und jene, die über die Ufer getreten waren, zu kanalisieren (vgl. Kap. 10, II).

Bis zum zweiten Jahrzehnt des 16. Jahrhunderts entdeckt man nichts dergleichen; fast überall reagiert man auf die sich immer mehr verbreitende und immer nachhaltigere Spontaneität in Gedanken und Ausdruck ohne drastische Mittel. Niemand vermutete, die jahrhundertelange Anerkennung des theologischen Lehramtes könne aufhören oder der Gehorsam der kirchlichen Hierarchie gegenüber auf weiten Gebieten der Christenheit und in schroffer Form gekündigt werden. Zwar stellte man allerseits fest, daß zwischen den christlichen Idealen und der moralischen Wirklichkeit der Zeit ein ungeheurer Abstand herrschte. Ein scharfsinniger Beobachter wie Philippe de Commynes unterstreicht dies in seinen Memoiren am Ende langer Überlegungen, die besonders das Verhalten der höheren Schichten betreffen: »Aus welchem Grund«, so fragt er sich, »begehen sie und alle andern all jene Scheußlichkeiten, von denen ich gesprochen, und viele andere, die ich der Kürze halber übergangen habe, ohne die Macht Gottes und seine Gerechtigkeit zu erwägen?« Seine große Erfahrung und sein klarer Verstand veranlaßten ihn ohne Zögern zu folgender Antwort: »Ich meine, dies geschieht aus Mangel an Glauben und bei der Masse aus Mangel an Glauben und Verstand zugleich, aber vor allem an Glauben; mir scheint, daher kommen alle Übel, die in der Welt sind, und besonders diejenigen, die zur Folge haben, daß die einen sich beklagen, von den Stärkeren unterdrückt und zertreten zu werden.« Commynes prüft die menschlichen Handlungen ohne Vorurteile, stellt sie den religiösen Anschauungen gegenüber und behauptet: »Denn wenn derjenige, der den echten Glauben besitzt und fest daran glaubt, daß die Höllenstrafen so sind, wie sie wirklich sind, einem andern etwas widerrechtlich entwendet hat oder wenn er eine von seinem Vater entwendete Sache noch besitzt (und handle es sich dabei um ein Herzogtum, eine Grafschaft, eine Stadt, ein Kastell, Mobiliar, eine Wiese, einen Tisch, eine Mühle, je nach den Möglichkeiten eines jeden) und wenn er fest glaubt — wie er es tun müßte —: ›Ich werde nie ins Paradies kommen, falls ich das fremde Gut, das ich wissentlich besitze, nicht zurückgebe‹ (sei er König, Königin, Fürst, Fürstin oder welchem Stand er auch immer in dieser Welt angehöre, ob hoch, ob niedrig, sei er Mann oder Frau), ist es dann möglich, daß er bewußt und tatsächlich etwas behalten will, das einem seiner Untergebenen oder einer anderen näheren oder ferneren Person gehört? . . . Beileibe nein, das kann man wirklich nicht glauben! Hätten also alle einen festen Glauben und glaubten, was uns Gott und die Kirche unter der Strafe der Verdammnis befehlen, und dächten an unsere so kurz bemessenen Tage und an die so gräßlichen und endlosen Höllenstrafen, wären sie dann noch die gleichen? Man muß wohl annehmen, nein, und sagen, daß alle Übel von mangelndem Glauben herrühren« (a. a. O. Buch V, Kap. 19).

Was uns als übertriebene Forderung erscheint, daß nämlich die religiösen Anschauungen für den guten Ablauf des bürgerlichen Lebens sorgen sollen, war zwar eine mittelalterliche Betrachtungsweise, aber nicht zu Unrecht schien sie dem französischen Geschichtsschreiber begründet. Denn er glaubte nicht, das Verhalten seiner Zeitgenossen nach andern moralischen Maßstäben messen zu dürfen, und er folgerte nach reiflicher Überlegung, daß diese Maßstäbe mittlerweile tatsächlich unwirksam geworden waren. Es nimmt zwar nicht wunder, stellt aber eine bemerkenswerte Bestätigung dar, daß sich mit dem Urteil dieses Laien das des Dominikaners eines andern Landes traf: das Urteil von Girolamo Savonarola. Auch er sah sich veranlaßt, eine allgemeine Verkehrung der Werte festzustellen. »Die dich hassen, Herr«, sagte er 1493 in Florenz von der Kanzel herab, »sind die Sünder, die falschen Christen und vor allem die Würdenträger. Und die rühmen sich heute, die Strenge der Vorschriften aufgehoben zu haben, die Einrichtungen der heiligen Väter, die Beobachtungen der guten Gesetze; sie rühmen sich, das christliche Leben erweitert zu haben . . .« Der Mönch stellte anschließend die logische Frage: »Wenn die Sünden für Tugenden gelten und die Tugenden für Laster, wer wird dann seinen Irrtum zugeben? Wer wird sagen: ›Ich habe schlecht gehandelt‹? Wer wird ohne Entschuldigung seine Fehler gestehen? Jeder möchte seine Sünde entschuldigen.« Die Übertretungen waren noch deutlicher beim Klerus: »Scheint dir nicht, daß die Prälaten heute ihren Verstand verloren haben? Siehst du nicht, wie sie alles andere als ihre Pflicht tun? Sie haben kein Urteilsvermögen, können das Gute nicht vom Schlechten unterscheiden, das Wahre nicht vom Falschen, das Angenehme nicht vom Unangenehmen. Das Gute scheint ihnen schlecht, das Angenehme unangenehm, das Wahre falsch und umgekehrt . . . Du siehst heute Prälaten und Prediger der Welt und ihren Werken völlig ergeben; die Seelsorge liegt ihnen nicht mehr am Herzen, es genügt, die Einkünfte sicherzustellen« (Adventspredigten 1493; XXIII.)

Die Überzeugung, die Welt gehe zugrunde und die Kirche folge ihr darin mit ihrem verkehrten Handeln und ihren verfehlten Zielen, stellte eine der tiefen geistigen Dimensionen des Reformgefühls vom 15. aufs 16. Jahrhundert dar. Eine Reform war für die damaligen Menschen notwendig; trotz allem glaubten sie, die christlichen Prinzipien seien die allein gültigen; und nur von einer Rückkehr zu ihnen könne man auf Erden Gerechtigkeit und Rettung im Himmel erwarten. Der Glaube müsse wieder geweckt, die Werke gebessert, der Gesellschaft ihre wahre Norm zurückgegeben werden; auf jeden Fall müsse das Auseinandergehen der religiösen Anschauungen und der Lebensführung jedes einzelnen, das nunmehr vollzogen schien, angeprangert werden. Selbst wer, wie Machiavelli, genügend Kraft und Genie besaß, sich von der kirchlichen Betrachtungsweise der Geschichte und des politischen Lebens frei zu machen, teilte das allgemeine Gefühl für die dringende Notwendigkeit der *renovatio*. Auch er meinte, wenn die Religion »nach den Vorschriften ihres Stifters von den Lenkern der christlichen Staaten eingehalten worden wäre, stünden diese Staaten und Republiken geeinter und viel glücklicher als in Wirklichkeit da«. Und er fügte prophetisch hinzu: »Wenn jemand die Prinzipien der Religion betrachtete und sähe, wie ganz anders sie gegenwärtig angewendet würden, käme er zum Schluß, der Untergang dieser Staaten oder ihre Bestrafung stünden zweifellos bevor« (Reden I, 12). Der Florentiner Politiker sah gleichfalls als einer der ersten, welch festigende Rolle die Orden der Franziskaner und Dominikaner in einer nahen Vergangenheit für die Christenheit gespielt hatten, »weil diese beiden Orden durch die Armut und durch das Beispiel von Christi Leben den Menschen die Religion wieder zum Bewußtsein gebracht haben, die sie bereits vergessen hatten« (a. a. O. III, 1). Doch sein beobachtender Scharfblick war noch größer als sein Historikertalent: Er erlaubte ihm, auch die schwerwiegendsten Nachteile zu sehen und aufzuzeigen, die durch diese Bettelorden entstanden und weit davon entfernt waren, zu verschwinden. »Ihre neuen Orden waren so mächtig«, schrieb nämlich Machiavelli, »daß sie die Ursache bilden, dank derer die Religion durch die Unwürdigkeit der Prälaten und der Spitzen der Hierarchie nicht vernichtet wird. Denn die Bettelmönche leben noch in Armut und verfügen über so viel Ansehen beim Volk durch Beichthören und Predigt, daß sie ihm beibringen, es sei schlecht, Böses über das Böse zu sagen und gut, der Hierarchie gegenüber im Gehorsam zu leben und für deren mögliche Fehler Gott die Strafe zu überlassen. Deshalb handeln die geistlichen Würdenträger so schlecht sie können, weil sie jene unsichtbare Strafe nicht fürchten und nicht daran glauben. Doch haben diese neuen Orden diese Religion erhalten und sorgen weiterhin für ihren Bestand« (a. a. O.).

Die Überzeugung, man müsse die Gesellschaft christlich erneuern, rief jetzt infolge ihrer Stärke zahlreiche zusätzliche Phänomene hervor. Dazu gehörte das Überhandnehmen des Prophetentums: jener Ton, den umherziehende Eremiten, aber auch offizielle Prediger anschlugen, um die dringende Notwendigkeit einer unmittelbaren Erneuerung hervorzuheben, verstärkte sich immer mehr. Um den damit verbundenen Mißbrauch und die häufig kritische Verwendung der Prophetie gegenüber dem Klerus zu vermeiden, verbot das fünfte Laterankonzil 1516 das Prophetentum. Vergleichbar damit sind die immer zahlreicher werdenden, mehr oder weniger furchtbaren Prognosen, die der Buchdruck verbreitete und die durch die Leidenschaft für astrologische Vorhersagen (abgesehen von der Verwendung der Kalender mit ihren häufigen »Horoskopen«) zunahmen. Das Herannahen des Jahres 1500, das wegen seiner Zäsur in der Mitte des Jahrtausends Weltuntergangsängste hervorrief, ließ apokalyptische Gluten entstehen, wovon beispielsweise die Stiche von Dürer und die Fresken von Signorelli in Orvieto ein großartiges Zeugnis ablegen. In diesem Klima taten sich zahlreiche Publizisten — von Brandt bis Murner und Erasmus — hervor, bei denen sich die moralische Entrüstung der Reformforderung vor allem um das Thema der Torheit kristallisierte. Um die Gläubigen, die die christlichen Normen verlassen hatten, zu geißeln und ihr völlig abwegiges Verhalten zu zeigen, stellten sie sie in Bildern und Begriffen der Torheit dar. Denn Torheit besagte für diese Christen das Benehmen von Bürgern und Prälaten, Laien und Mönchen, die alle auf verschiedenste Weise die göttlichen Anordnungen mit Füßen traten. Torheit war die Sünde, die man im Grunde (von Erasmus abgesehen) als Moralist verfolgen wollte. Aber man erblickte in ihr gleichsam eine verallgemeinerte Torheit, und gerade dies gab Anlaß, aus einer christlichen Sicht heraus die religiöse Indifferenz nur unter einem einzigen Aspekt, dem der Torheit, darzustellen. Diese Essayisten fanden, wo sie es nicht selbst taten, sofort Leute, die den Sinn ihrer Werke im Bild auszudrücken wußten, so daß die Schriften durch die beigefügten Stiche oft viel beredter waren als durch ihren Text.

Dieses ganze, oft schon in der Volkssprache und hauptsächlich deutsch abgefaßte Schrifttum (man denke an Brant, Murner usw.) trug zweifelsohne zur Schaffung einer allgemeinen Erregung bei und schärfte vor allem den kritischen Sinn der Allgemeinheit denen gegenüber, die zu Recht oder zu Unrecht als die wichtigsten Exponenten und Hauptverantwortlichen des religiösen Zerfalls angesehen wurden: gegenüber dem Klerus. Als Beispiel läßt sich sehr gut Thomas Murners 1515 in Straßburg erschienene Schrift *Die Mülle von Schwyndelszheim und Grede Müllerin Jarzeit* anführen. Der Verfasser, ein elsässischer Minorit, wählte unter Verwendung einer weitverbreiteten allegorischen Sprache verächtlich und ohne Zögern als Symbol des Prälatenstandes den Esel. Nicht ohne Erstaunen erkennt der Besitzer sein verlorenes Tier wieder, und zwar der Reihe nach im Gewand eines Universitätsdoktors, eines Domkapitulars, eines Franziskanerguardians und eines Dominikanerpriors. Doch zitieren wir Murners Werk nicht zufällig. Denn er hatte bis zum Ausbruch von Luthers Revolte verschiedene Schmähschriften dieser Art veröffentlicht, vollzog jedoch danach mit dem Objektiv seines Geschützes eine vollständige Schwenkung, um es auf Luther, Zwingli, auf alle Protestanten und jene zu richten, die sich seiner Ansicht nach unerlaubterweise die Vorrechte des Klerus aneigneten. Bis gegen die Mitte des 16. Jahrhunderts sollte die einzige Weise, dem eigenen satirischen Schwung freien Lauf zu lassen, darin bestehen, die Gegner der einen Partei nur deshalb anzugreifen, um eine andere Partei zu verteidigen. Natürlich waren diese lebhaften Äußerungen kritischen Geistes, die sich mit den nur einige Jahrzehnte älteren nicht vergleichen lassen, nicht die einzigen und vielleicht auch nicht die entscheidendsten. Diejenigen, die für die Lage richtungweisend wurden und die genau bis an den Rand des Abgrunds führten, waren viel feiner und mächtiger. Ohne das Hervortreten eines zersetzenden Elements und besonders ohne die Vorbereitung eines möglichen Auswegs hätten die anstehenden Probleme weiterhin auf ihre Lösung gewartet. Eines steht jedenfalls fest: Die von Erasmus, Lefèvre d'Etaples, Zwingli, schließlich Luther selbst und, auf entscheidendere Weise, von allen gespielte Rolle brachte die vielen sich ungeordnet regenden menschlichen Kräfte zur Entladung, wies den so zahlreichen, an Wesentliches rührenden, aber unorganischen Protesterhebungen die Richtung und führte somit den Bruch herbei.

Wir haben bereits vom Wirken Ximenes' de Cisneros in Spanien gesprochen: Er faßte eine mächtige, sich entwickelnde Bewegung zusammen und kündigte die Art von Neuordnung der Disziplin an, die sich in der Folgezeit in den Rom treu gebliebenen Ländern durchsetzen sollte. Man muß ebenso auf das hinweisen, was das Papsttum selbst zu tun versuchte, als es unter Julius II. im Mai 1512, wenn auch vorwiegend aus politischen Gründen, fast unerwartet, das fünfte Laterankonzil einberief. Falls es noch eines Beweises bedurft hätte, zeigte dieses Konzil endgültig, daß die Kirche von sich aus, d. h. über den Weg ihrer Hierarchie, zu einer eigenen Reform, wie sie die meisten wünschten, nahezu unfähig war. Viele vernünftige Anordnungen wurden getroffen, die die Neuordnung der Kurie, die Kumulierung von Kirchenlehen und die Einschränkung der Kommenden betrafen. Doch blieben sie zum großen Teil toter Buchstabe. Dagegen ging die päpstliche Suprematie gestärkt aus dem Konzil

Abb. 21: Julius II. Kraftvolles Porträt eines großen Papstes der italienischen Renaissance. Dieser kriegerische Kirchenfürst gab den Anstoß zur Einberufung des 5. Laterankonzils (über die Kirchenreform), das erst Leo X. zum Abschluß brachte, und bei dem die Grundlagen für das Konzil von Trient geschaffen wurden. – Im November 1506 traf in Bologna Erasmus mit Julius II. zusammen.

hervor. Angesichts der gewaltigen, einer Lösung harrenden Probleme scheinen die Ergebnisse, zu denen dieses Konzil doch noch gelangte, mager: Es bestätigte die Einrichtung der Pfandhäuser, leitete die Arbeiten für einen neuen Kalender ein und verurteilte philosophische, im Widerspruch zur Unsterblichkeit der Seele stehende Argumente. Die einzige große Frage, die definitiv gelöst wurde, war das Problem der Beziehungen zwischen dem Heiligen Stuhl und der französischen Monarchie. Ein Zeichen und ein Maßstab für die Epoche ist die Tatsache, daß das Konkordat nicht vom Konzil ausgearbeitet, sondern direkt zwischen dem neuen Papst Leo X. (1513–1521) und dem neuen König Franz I. (1515–1547) zum Abschluß gebracht wurde. Die versammelten Konzilsväter beschränkten sich auf die Ratifizierung nach der Unterzeichnung (18. August 1516). Es ging hauptsächlich um einen Kompromiß zwischen zwei Autoritäten, der religiösen und der politischen. Der Papst erreichte, daß die Zahlung der »Annaten« an die Kurie wiederaufgenommen wurde. Der König sicherte sich für die Folgezeit die Ernennung der Kandidaten für die Kirchenlehen. Er machte von diesem seinem Recht skrupellosen Gebrauch und ließ das Bischofsamt fast zu einem Staatsamt werden. Man kann auf jeden Fall sagen, daß dieses Konkordat nicht dafür geschaffen war, den französischen Klerus zu bessern und wieder aufzurichten oder die protestantische Bewegung in diesem Land aufzuhalten.

9. Die Reformation

Der Raum, in dem jene Bewegung, die man gemeinhin als Reformation bezeichnet, zur Reife gelangte, war das Heilige Römische Reich. Wie schon erwähnt (vgl. Kap. 3, VII), hatte sich hier vom 14. Jahrhundert an gegen das Bestreben der Kurie und der Mönche, die Frömmigkeit für sich allein in Anspruch zu nehmen, und gegen die bürokratische Verwaltung der Religion durch den Klerus eine viel mehr nach innen gerichtete Religiosität durchgesetzt, eine persönliche Mystik und das Verlangen nach einer unmittelbaren Befriedigung des Heilsbedürfnisses durch Ausrichtung des eigenen Lebens auf das Vorbild Christi. Zweifelsohne fanden zu Ende des 15. Jahrhunderts diese Verhaltensweisen, insbesondere die letztere, in der Humanistenbewegung einen wichtigen Verbündeten. Genauer gesagt, gelangten Männer wie Erasmus von Rotterdam und Lefèvre d'Etaples mit Hilfe der erneuerten Kultur zu einer größeren menschlichen Unmittelbarkeit in ihrer religiösen Erfahrung, indem sie die raffinierteren Mittel einsetzten, die diese Kultur der Verwirklichung ihrer zur überlieferten theologischen wie volkstümlichen christlichen Praxis im Widerspruch stehenden Ideale bot.

Viel früher als im Norden hatte der Humanismus in Italien bei Verfassern erbaulicher Schriften und bei Theologen Aufnahme gefunden, die aus ihm ein Mittel zur Verherrlichung des Glaubens gemacht hatten. Jedoch trotz der Gedichte von Giovan Battista Spagnuoli, des Poems von Sannazzaro *De partu virginis* (1526) und einer Reihe anderer literarischer Erzeugnisse war die Verbindung von antiker Form und christlichem Inhalt über einen stilistisch-literarischen Wechsel nicht wesentlich hinausgegangen. Die *studia humanitatis* lösten im allgemeinen keine schöpferischen religiösen Impulse unter den Gebildeten Italiens aus, die vielmehr zu verstehen gaben, daß sie diese *studia* zur Lösung keines irgendwie wichtigen Problems tiefer aktueller Geistigkeit heranziehen wollten. Andererseits schien ein strengerer Teil des Klerus auf der Halbinsel, angefangen bei Giovanni Dominici (gest. 1419) bis zu Savonarola (gest. 1498), den Auswirkungen, die diese Hinwendung zu den humanistischen Manieren hervorrief, eindeutig ablehnend gegenüberzustehen. »Die Säulen, die aus Porphyr zu bestehen scheinen und

IMAGO · ERASMI · ROTERODA
MI · AB · ALBERTO · DVRERO · AD
VIVAM · EFFIGIEM · DELINIATA ·

ΤΗΝ ΚΡΕΙΤΤΩ · ΤΑ · ΣΥΓΓΡΑΜ
· ΜΑΤΑ · ΔΕΙΞΕΙ

MDXXVI ·

Abb. 22: Erasmus von Rotterdam. Der große Humanist bei der Arbeit am Schreibpult, das Tintenfaß in der Linken: so sah Dürer 1526 den damals Sechzigjährigen. Durch seine Krankheit ist Erasmus gezwungen, stehend zu schreiben.

aus Holz sind«, behauptete der Mönch aus Ferrara entrüstet, »sind die Lehren der Dichter, Redner, Astrologen und Philosophen. Auf diese Säulen gestützt, hält sich die Kirche aufrecht und regiert. Geh nach Rom und überall in der Christenheit in die Häuser der großen Prälaten und Doktoren: Man achtet nur auf die Dichtung und die Redekunst. Geh nur und schau nach:

Du wirst sie mit humanistischen Büchern in der Hand finden. Und sie geben zu verstehen, mit Vergil, Horaz und Cicero die Seelen führen zu können [...] Unsere Prediger haben ebenfalls die Heilige Schrift liegen lassen und sich der Astrologie und Philosophie hingegeben, und diese verkünden sie auf den Kanzeln und erheben sie zur Königin. Die Heilige Schrift benutzen sie als Magd, weil sie die Philosophie predigen, um gelehrt zu scheinen, und nicht, weil sie ihnen zur Auslegung der Bibel dient« (Adventspredigten 1493, XXIII).

Der Humanismus fand in Nordeuropa weite Verbreitung, als die nordischen Länder noch viel enger als Italien — oder zumindest das gebildete Italien — mit den überlieferten christlichen Werten verbunden waren. Auf der andern Seite hatten diese Werte seit langem in jenen Ländern ein Gewicht, einen Ausdruck und eine Kraft, die sich von der religiösen Lage im westlichen Mittelmeerbecken ziemlich unterschieden. Nicht nur wegen der geistigen Strömungen, die wir kurz gestreift haben, sondern auch beispielsweise wegen der erneuten und weitverbreiteten Tendenz, einen unmittelbaren Kontakt mit dem offenbarten Wort herzustellen. Man hat zu Recht für die zweite Hälfte des 15. Jahrhunderts und für den Anfang des 16. von einem christlichen Humanismus gesprochen. Aber im allgemeinen ist man wenig auf die verschiedenen Aspekte eingegangen, die diese Erscheinung in den einzelnen Kulturzonen Europas annahm. Wenn man will, kann man auch für Italien davon sprechen. Doch muß man zugeben, daß auf dieser Halbinsel der christliche Humanismus hauptsächlich in ganz kleinen Kreisen von Gebildeten eine Rolle gespielt hat. Man vergleiche ihn mit den Ereignissen in Spanien: Dort organisierte sich der christliche Humanismus fast sofort auf konkreter kirchlicher Ebene, wie es das Wirken von Ximenes de Cisneros gut gezeigt hat, und ist weit davon entfernt, sich in einem Phänomen hoher und oft schmückender Kultur zu erschöpfen. Davon wiederum recht verschieden sind seine Züge im Norden. Um 1500 wirkte in den nordeuropäischen Ländern eine stattliche Anzahl von Humanisten. Dem Ruhm so vieler unter ihnen hat gewiß der Umstand (aus dem man ihnen aber keinen Vorwurf machen darf) geschadet, daß sie sich im allgemeinen mit Problemen befaßten, die eher den Inhalt als die Form betrafen und von dem neuen Kulturtypus viel eher einen Beitrag zur Lösung genau umrissener geistiger Forderungen als literarische oder stilistische Befriedigung erwarteten. Wir haben an anderer Stelle (vgl. Kap. 4, IV) hervorgehoben, welche Ladung an kollektiven Energien auch in Italien die neue Profankultur der Humanisten in sich barg. Doch haben wir einräumen müssen, daß ihr betont selbständiger Ausdruck und ihre von Anfang an betriebene Loslösung von der christlichen Tradition daraus eine aristokratische Bewegung von Eliten machten, die durch die Krise in der oberen und mittleren Gesellschaftsschicht Italiens im 15. Jahrhundert schließlich zur Stagnation verurteilt wurde. Auf die andersartigen Schicksale der humanistischen Strömungen Nordeuropas wirkte sich zweifellos in beträchtlichem Maße die allgemeine Aufstiegsphase des nordischen Bürgertums aus. Nicht weniger entscheidend war aber, daß die Mehrzahl der aus dem Bürgertum hervorgehenden Gelehrten zu der konkreten ethischen Lage und den Bedürfnissen des Kollektivempfindens viel stärker Stellung nahmen. Mit einem Wort, es war kein Zufall, sondern ein Phänomen von großer Tragweite, daß kein französischer, deutscher, flämischer oder englischer Humanist sich die antike heidnische Moral aneignete, wie es ein Valla oder ein Alberti getan hatte, oder eine neue, weltliche Moral ausarbeitete, die sich auch nur von fern mit der Machiavellis oder Pomponazzis vergleichen ließe. Fast alle Gelehrten aus dem Norden befaßten sich mit ernsten religiösen christlichen Forderungen, und eines ihrer besonderen Anliegen, um nicht zu sagen ihr Hauptanliegen, bestand in der Erfüllung dieser Forderungen mit Hilfe ihres neuen Wissens.

Diese gegenseitige Durchdringung von Humanismus und überlieferter Kultur fand zumindest 200 Jahre lang einen ganz großen und nachhaltigen Widerhall in den nordischen Ländern, und aus ihr ging die neue geistige Ordnung der europäischen Kultur hervor. Man muß zugeben, daß die Reformation diesen weitläufigen Prozeß teils unterbrach, teils störte, teils in eine andere Richtung lenkte. Andererseits muß man jedoch betonen, daß die nordeuropäische Humanistenbewegung gerade der Reformation das technische Rüstzeug geliefert und den nötigen geistigen Abstand ermöglicht hat, um ihre religiöse Revolte ins Werk zu setzen. Der Engländer John Colet (gest. 1519), der Holländer Desiderius Erasmus (gest. 1536), der Nordfranzose Jacques Lefèvre (gest. 1536), der Schweizer Ulrich Zwingli (gest. 1531), um nur einige der größten zu nennen, übertrugen all ihre Erfahrung als Gelehrte auf den Glaubensbereich und durchlebten die moralische Forderung der Reform. Mit andern Worten, ihr Humanismus äußerte sich weniger in einer erneuten Kenntnis der Klassik als in einem leidenschaftlichen Studium der antiken religiösen Texte, der patristischen und vor allem der biblischen. Indem sie eine tief wurzelnde Kollektivforderung ausdeuteten, suchten sie bei den griechischen und lateinischen Autoren weniger das Modell für das Menschliche, als daß sie das Ideal des christlichen Menschen in seinen ursprünglichen Formulierungen, wie sie die Schrift bot, ergründeten. Es versteht sich, daß die nordeuropäischen Humanisten auf eine konkrete religiöse Problematik antworten wollten, wie auch die italienischen Humanisten nicht von einem historischen oder nur archäologischen Interesse für die Antike getrieben waren, sondern von genau umrissenen kulturellen Bedürfnissen der Gegenwart. Während jedoch die italienischen Humanisten ihre neue Kultur neben der mittelalterlichen aufbauten und ihr anfänglicher ethischer Verzicht den Auftakt zu einer Reihe von Kompromissen gab, stellte man im Norden einleitend scheinbar weniger unabhängige Behauptungen auf, die aber vielen Aspekten der mittelalterlichen Geistigkeit direkt zuwiderliefen.

Diese Geistesbewegung kann man also mit gutem Recht christlichen Humanismus nennen. Weit davon entfernt, der Verherrlichung oder der Rhetorik zu dienen, gab sie die kritische Plattform für einen ausgedehnten und harten Kampf ab und bildete außerdem eine Voraussetzung dafür, daß das kirchlich-kultische Gebäude, das der Klerus in den vorausgehenden Jahrhunderten errichtet hatte, einstürzte. Das immer stärker verfeinerte Studium der Heiligen Schrift in ihrem griechischen oder hebräischen Wortlaut, das fast kein italienischer Humanist in Angriff genommen hatte, gehörte zu den großen gemeinsamen Themen der Gelehrten nördlich der Alpen. Sie benutzten indes den Urtext weniger zur Korrektur der in die Vulgata eingedrungenen Übersetzungsfehler, d. h. zur Herstellung einer besseren literarischen Form oder einer zuverlässigeren, rein philologischen Grundlage. Gewiß erfüllten humanistische Technik und humanistischer Geist eine unerläßliche Funktion; aber die Hauptarbeit bestand darin, daß auf die Bibel, das heilige Buch schlechthin, dasselbe Verfahren angewandt wurde, dem bis dahin die Werke der antiken Autoren unterworfen waren. Obschon sich bei dieser Arbeit nicht der geringste Anflug ausdrücklicher Unehrerbietigkeit finden läßt, brach sich dabei doch eine Urteilsfähigkeit Bahn, die ungeheure Folgen zeitigen sollte. Der Wunsch, die Schrift in ihrer unverfälschten Gestalt zu lesen, entsprang zweifelsohne der Frömmigkeit. Da man die Bibel für die Treuhänderin der göttlichen Offenbarung hielt, schien es Christenpflicht, sie in ihrem reinsten Ausdruck zu kosten. Aber hinter diesem Wunsch verbarg sich die Forderung, die Bestätigung für eine neue Geistigkeit zu finden, die noch nicht durchgeformt war, aber der überlieferten, besonders der aus den letzten Jahrhunderten des Mittelalters, klar entgegenstand. Es darf nicht wundernehmen, wenn die dafür nötige Sanktionierung sogleich gefunden und allmählich und immer entschiedener verkündet wurde.

Diese zweite und einschneidendere Phase des Humanismus, die sich in Nordeuropa zwischen dem 15. und dem 16. Jahrhundert einstellte, hatte, wenn auch mittelbar, eine sehr beachtliche Breitenwirkung. Denn zwischen 1466 und 1478 wurden die ersten

Bibelausgaben in Deutsch, Holländisch, Italienisch und Französisch ediert. 1470 war in Augsburg die erste der Bilderbibeln erschienen, die infolge ihrer ikonographischen Ausstattung noch zugänglicher waren. Schon bevor Luther sich gegen Rom erhob, zählte man in Europa nicht Dutzende, sondern Hunderte von Bibelausgaben. Die Kommentare und die ethischen Forderungen der Gelehrten stießen nicht ins Leere. Der schon seit langem bestehende Wunsch nach einer weniger durch die Kirche vermittelten und sich weniger in Riten und äußeren Praktiken darstellenden Geistigkeit verstärkte sich. Die Kirche war aber weit davon entfernt, ihm zu entsprechen. Mit Hilfe des Buchdrucks und dank der Sorgfalt, die Humanisten und Theologen auf das Studium und die Erklärung des heiligen Textes verwandten, fanden sehr viele Gläubige endlich nach und nach eine Autorität, auf die sie sich gegenüber der bis dahin einzigen und unwidersprochenen Autorität, der der Kirche, berufen konnten. Da für den Gläubigen ursprünglich, authentisch und wahr ein und dasselbe bedeutete, eröffnete sich ein geistiger Weg, auf dem sich hauptsächlich eine Elite, dann aber immer breitere Volksschichten dem kirchlichen Gehorsam und letzten Endes der Geschlossenheit ihres Dogmas entziehen konnten. Denn obschon nur implizit, war das Bedürfnis darum doch nicht weniger stark und verbreitet, einen neuen Weg zu finden, um die göttlichen Gebote zu akzeptieren, um Christ zu sein. Die anhaltende, stets intensivere und frustrierende Vermittlung der Kirche hatte dies unumgänglich gemacht. Bereits anderthalb Jahrhunderte zuvor hatte Wiclif dieser Forderung Ausdruck verliehen, aber in einer schwierigen Theologensprache und zu einem verfrühten Zeitpunkt. Nach über hundert Jahren verstärkten polemischen Strebens nach einer Rückkehr zum Evangelium, zu den »Ursprüngen«, fanden die Folgerungen und der Protest der Humanisten, die meist absichtlich die alte, den Theologen eigene Ausdrucksweise aufgaben, einen ganz andern Widerhall.

Die Gläubigen (zu denen die Gelehrten gehörten) wagten also, auf die philologisch korrektere Textform der Bibel zurückzugreifen, weil sie vom Wunsch beseelt waren, aus der reinsten Quelle der offenbarten Wahrheit zu schöpfen und Gottes Stimme so direkt wie möglich zu vernehmen. Die Gegenüberstellung der Ergebnisse dieser Suche und der kirchlichen Wirklichkeit der Zeit war ebenso unvermeidlich wie beabsichtigt. Gewiß hätte sie allein nicht genügt, die protestantische Revolte auszulösen. Doch war mit ihr noch ein anderes, weniger polemisches, dafür tiefer liegendes Element verbunden, bei dem der humanistische Geist auf subtile, aber mächtige Weise eine Rolle spielte: die Rechtmäßigkeit und gleichsam die Notwendigkeit der selbständigen Initiative des einzelnen im religiösen Leben. Wenn Lefèvre d'Etaples behauptete, der Christ bedürfe, um die Schrift zu verstehen, eines Lehrers, d. h. des Heiligen Geistes, präzisierte er sofort, der Heilige Geist inspiriere notwendigerweise auch die einfachen Gläubigen. Es ist zwar wohlbekannt, daß die größten Führer der Reformation ihren Anhängern nicht lange die Sorge überließen, sich persönlich ein Glaubensbekenntnis zu wählen; doch erschöpfte sich die Reform bei weitem nicht in den neuen Kirchen. Ein ganz großer Kreis von Personen blieb außerhalb der bedeutendsten konfessionellen Gruppierungen, und den Sauerteig dieser zahlreichen Sekten bildete gerade die religiöse Initiative des einzelnen, während ihre Häupter fast durchweg Humanisten waren oder Männer, die mehr oder weniger unter humanistischem Einfluß gestanden hatten. Für die Reform bedeutete dies ein neues, wesentliches Stadium, bei dem religiöses Engagement und Humanismus innig verschmolzen.

Lange vor Luther also und in ziemlich großem Umfang verbanden sich insbesondere in Nordwesteuropa einige der mächtigsten Auflösungselemente der mittelalterlichen Christenheit. So ging die alte, speziell im Norden lebendige Tendenz, den Gläubigen dahin zu bringen, daß er den eigenen Seelsorgern einen stummen, passiven Gehorsam verweigerte und die Priester nicht hörte, falls sie nicht nach den Worten des Evangeliums predigten, mit jener jüngeren ein Bündnis ein, die den Gläubigen dazu trieb, den echten Bibeltext selbst zu lesen oder denen zu vertrauen, die sich darauf beriefen. Das alte Kriterium, daß die durch die Schrift nicht bestätigten Lebens- und Frömmigkeitsformen zu verbannen seien, gewann eine neue, grundsätzliche Bedeutung durch die viel häufigere Berufung auf den biblischen Urtext und durch den unumstößlichen Charakter, den der humanistische Geist dieser Bestätigung verlieh. Gerade weil es dem Kollektivempfinden nicht darum ging, sich von seinen religiösen Anschauungen zu trennen, sondern ihnen auf eine ethisch zeitgemäßere und unabhängigere Weise zuzustimmen, stärkte auf der andern Seite diese Rückkehr zur Schrift, dieser unmittelbare Zugang zur göttlichen Botschaft, die Frömmigkeit des einzelnen und bewirkte sein persönliches Engagement gegenüber dem Glauben der Allgemeinheit. Bei dieser Art von Bloßlegung des Kontaktes (d. h. der Suche nach dem Kontakt) zwischen Gott und Mensch veranlaßte das geschwundene Ansehen der überkommenen Einrichtungen und die durch sie verursachte tiefe geistige Unzufriedenheit die Gläubigen, die sichtbare Kirche zumindest in Frage zu stellen und zu versuchen, ein neues religiöses Erlebnis nur aus eigener Kraft zu gestalten. Der Glaube, der rettet, oder die von Luther verkündete Rechtfertigung aus dem Glauben sollten sich als richtungweisend für diesen Vorgang herausstellen. So ist es sehr bezeichnend, daß sich noch vor der

deutschen Revolte der ungeheure Erfolg von Erasmus feststellen läßt, der die leidenschaftliche philologische Arbeit an den heiligen Texten mit einer nunmehr offenen und direkten Kritik an den mittelalterlichen Entartungen der Kirche verband und der trotz seiner Forderung nach so vielen irdischen Rechten für die menschliche Persönlichkeit die Philosophie Christi fortsetzte. Während der holländische Humanist aus dem Mensch-Gott den Mittelpunkt und das Modell des ethisch-religiösen Lebens machte, benutzte auch sein etwas älterer Zeitgenosse Lefèvre d'Etaples eigens humanistische Kriterien, um die Geistigkeit seiner Zeit in fruchtbarere Bahnen als die herkömmlichen zu lenken. Er dachte (wie viele andere) fast nicht mehr daran, eine Reform mit Hilfe der Hierarchie ins Werk zu setzen. Gläubig und vor Gott gleichsam allein stehend, versuchte der gelehrte Franzose, die für sein inneres Leben nötige Inspiration aus der philologisch sorgfältigen Betrachtung der heiligen Texte zu schöpfen. Wie es bereits Colet getan hatte und wie es wenig später Luther tun sollte, richtete er seine Aufmerksamkeit großenteils auf die Paulusbriefe. Hier ließ er seiner geistigen und kritischen Initiative freieren Lauf, indem er dem lateinischen Text der Briefe eine direkt nach einer griechischen Vorlage angefertigte Übersetzung gegenüberstellte. Überzeugt, die Vulgataversion der Briefe stamme nicht von Hieronymus, verhielt sich Lefèvre dem offiziellen Text gegenüber nunmehr bedenkenlos. Er kommentierte ihn nicht nur, obgleich er kein Theologe war, sondern ging dabei auf eine von der üblichen Theologie ganz verschiedene Weise vor, indem er versuchte, das Dokument auch in seinen geschichtlichen Zusammenhang einzuordnen. Allerdings lag diesem Humanisten, wie so vielen seiner Zeitgenossen und all denen, die im Begriff waren, protestantisch zu werden, weniger daran, das göttliche Wort auf besondere Art zu vernehmen, als vielmehr, von ihm die Grundlage für die eigenen religiösen Anschauungen zu beziehen und damit die Wurzel der eigenen Frömmigkeit zu nähren. Es war kein Zufall, wenn sich gleichzeitig so viele Betrachtungen auf die paulinischen Briefe in diesen Jahren um 1515 konzentrierten. Denn in ihrer energischen Botschaft sah man eine Möglichkeit, die inneren Erfahrungen auszudrücken und deren Vollendung zu finden. So äußerte Lefèvre den Gedanken von der Rechtfertigung durch den Glauben, d. h. vom Vorrang des Glaubens für das Empfinden der lebendigsten Gläubigen, schon vor Luther.
Die Stellung von Lefèvre war, wie es auch das äußere Schicksal seiner Existenz zeigt, die des labilen Gleichgewichts zwischen dem Humanismus und dem, was die lutherische Reform werden sollte. Er besaß die ruhige Zuversicht, es genüge, die Seelen der Gläubigen mit dem Licht der Schrift zu erleuchten, damit sie

ihren Glauben und ihre Sitten reformierten. Dasselbe Verhalten beobachten wir, jedenfalls zu Beginn, bei dem Schweizer Humanisten Zwingli, der ein überzeugter Anhänger von Erasmus war und sich als Pfarrer um die Reform seiner Pfarrkinder emsig mühte. Durch Zwingli und natürlich durch die dramatischen Umstände, die rasch zum Zusammenstoß zwischen Erasmus und Luther führten, erlebte der christliche Humanismus seine erste große Schlacht und erfuhr seine erste Teilniederlage. Erasmus hatte sich zum Ziel gesetzt, die Kirche ohne die Hierarchie zu reformieren, aber nicht gegen sie: unter Umständen mit ihrer Hilfe. Ganz in Anspruch genommen von der Erneuerung der biblisch-theologischen Studien und dazu von der Polemik gegen die Mißbräuche und Entartungen der kirchlichen Praxis, sah Erasmus der Begegnung zwischen einer einfachen und nüchternen Religion und einer erhabenen, weltlichen Ethik, zwischen irdischer und christlicher Weisheit mit Zuversicht entgegen. Zwingli behielt beachtliche Züge seiner humanistischen Bildung bei, auch als er entschieden in das Lager der Reformierten überwechselte. Doch dieser Wechsel führte ihn auf ein ziemlich andersartiges, nicht mehr allein ethisches, sondern wieder theologisches Gebiet.

Unter den großen protestantischen Führern ist die Persönlichkeit des Schweizers zwar eine der weniger dogmatischen, da er seiner Art nach alles ablehnte, wofür ihm sein Verstand keine einleuchtende Erklärung gab. Weniger nachsichtig als ein Luther und auch ein Calvin mit der kirchlichen Überlieferung und der von ihr geschaffenen Lehre, beschränkte er sich nicht darauf, diejenigen anzugreifen, die die menschlichen Vorschriften auf die gleiche Ebene wie die des Evangeliums (oder noch höher) stellten. Es genügte ihm auch nicht, die Freiheit des Gläubigen von den verschiedenen, von der Kirche allmählich sanktionierten Vorschriften zu beanspruchen. Abgesehen von dem durch die Gelübde genährten Dünkel und dem mit ihnen getriebenen Kult (man denke an das Keuschheitsgelübde), abgesehen vom Fegefeuer und den Ablässen, lehnte Zwingli den sakramentalen Charakter der Beichte, ja, sogar der Eucharistie und der Messe ab. Wie Gott allein durch Jesus Christus und nicht durch das Priesteramt die Sünden vergibt, so hat sich Christus ein für allemal geopfert, um die menschlichen Vergehen zu sühnen. Folglich ist die Messe kein wirkliches Opfer mehr, sondern eine Erinnerung an Christi Opfertod und ein symbolisches Unterpfand seiner Wirkung. Entsprechend ist die Taufe eine einfache Zeremonie und ein Zeichen. Was aber die Reform Zwinglis besser kennzeichnet, ist seine Auffassung vom Glauben, die eng mit der (nicht mehr kirchlichen, sondern eindeutig ethischen) von der Gottheit verknüpft ist. Denn die menschlichen Handlungen, angefangen bei den guten Werken bis zu den Riten, erreichen vor Gottes Augen nie ein verdienstvolles Niveau. Gott verlangt von den Menschen als eigentliche Kultform das Bemühen um einen stets höheren Grad von Gerechtigkeit und moralischer Integrität. Ohne den Glauben an den Erlöser bliebe ihnen das ewige Leben vorenthalten, das Christus durch sein Leiden verdient hat. Durch ihn bringt uns das göttliche Gesetz (das uns gerade darum offenbart wurde, um uns die Unmöglichkeit zu zeigen, das Gute zu tun und die Sünde zu besiegen) nicht mehr unvermeidlich Verdammnis, sondern schenkt uns Gnade.

Diese äußerst nüchterne Auffassung bildete das Ergebnis der Symbiose der im christlichen Humanismus (wie wir ihn zu definieren versucht haben) zum Ausdruck kommenden Reformforderungen der Laien und der überlieferten theologisch-dogmatischen Forderungen nach einer Neuordnung. Mit Zwingli begann man, den Vorrang der moralischen und bürgerlichen Aufgaben vor den kirchlichen und liturgischen Funktionen zu betonen. Selbst innerhalb der christlichen Betrachtungsweise vollzog sich die Trennung von positivem Tun und innerer, aber universaler Frömmigkeit und kündigte sich ein überkonfessionelles Empfinden an. Denn der Schweizer Reformator schrieb gegen Ende des Jahres 1519, augenscheinlich unbekümmert um den Mythos der »unteilbaren« Kirche, über seine »römischen« Gegner: »Diese schändliche Schar von Antichristen mag uns ruhig der Unvorsichtigkeit und Unverschämtheit bezichtigen; nimm es dir nicht zu Herzen! Wir beginnen, nicht mehr häretisch zu sein, obwohl sie es laut ausposaunen, verlogen wie sie sind. Denn wir sind nicht allein. In Zürich trinken bereits mehr als 2000 Leute, angesehene und kleine, die geistliche Milch und werden bald etwas festere Nahrung zu sich nehmen können, während jene Leute Hungers sterben« (Brief an Myconius vom 31. Dezember 1519). In seinen »Thesen« von 1523 legte der Reformator kategorisch fest, die weltliche Autorität sei im Gegensatz zur kirchlichen eine göttliche Einrichtung, und deshalb gehöre alles, was die Kirche sich anmaße, zum Aufgabenbereich des Staates.

II. LUTHER

Betrachtet man Luthers (1483–1546) Botschaft als Ganzes, findet man in ihr alle Punkte wieder, die wir auf den vorhergehenden Seiten herauszuarbeiten bemüht waren. Der deutsche Mönch war vor allem der Sprecher der Reformforderungen seiner Zeit. Ebenso hat er die geeignetste theologische Formulierung aus seinem persönlichen Erleben heraus geprägt, um den mora-

Abb. 23: Martin Luther, gemalt von Lucas Cranach dem Älteren.

lischen Kräften des neuen religiösen Empfindens einen dynamischen Ausdruck zu verleihen. Da die überkommene Rechtgläubigkeit ein Gebilde war, das sich mit Hilfe seiner komplizierten Hierarchie und seiner unentwirrbaren Verflechtung mit
den Gesellschaftsstrukturen hielt, konnte sich Luthers Revolte
nur außerhalb des eng begrenzten ethischen oder geistigen Bereichs verwirklichen und dadurch, daß der Reformator die
Lösung der wirtschaftlichen und politischen Probleme anstrebte.
Man kann nie genug betonen, daß der Erfolg des Protestantismus weniger vom Wirken der eigentlichen Reformatoren abhing
als von der mittlerweile voll vorhandenen Aufnahmebereitschaft

der weltlichen Gesellschaft und von der Unterstützung ihrer höchsten Vertreter.

Zunächst ist es nicht erstaunlich, daß Luther Gehör finden konnte, wenn er es ablehnte, bei einem Konzil Hilfe zu suchen, und wenn er erläuterte, die römische Schlauheit habe in direkten Verhandlungen mit den Königen und Fürsten das Mittel gefunden, mit dem Konzil fertig zu werden: »Vnd alsso einen rigel furgestreckt / aller reformacion sich zu erweren / aller buberey schutz vnd freyheit zuerhalten.« (*Von den guten Werken*; Luthers Werke in Auswahl, hrsg. von Otto Clemen, Bd. I, S. 281.) Da es dem Papst gelungen sei, so führte Luther aus, die Anerkennung seiner eigenen, absoluten Autorität in der gesamten Kirche durchzusetzen, gebe es kein anderes Mittel, als sich gegen ihn zu erheben. Die Kirche sei nicht in Rom und nicht an Rom gebunden: Weshalb könnte sie beispielsweise nicht in Prag sein? Außerdem bedürfe sie auf Erden keines derartigen Hauptes. Luther hatte leichtes Spiel, wenn er feststellte, Rom unterjoche die ganze Christenheit mit tausenderlei Schikanen: »Hie muggen hurn kinder ehlich werden / alle unehre vnd schand hie zu wirden kommen / (. . .) / O wilch ein schetzerey und schinderey regirt da / das ein scheyn hat / das alle geistlich gesetz allein darumb gesetzt sein / das nur viel geltstrick wurdenn / daraus man sich muss lossen / wer ein Christen sein sal.« (*An den christl. Adel dtsch. Nation*, a. a. O., S. 383.) Wer ein guter Christ sein wolle, müsse sich von Rom loslösen. Deutschland, errechnete der Reformator, schicke jährlich ungefähr 130 000 Gulden nach Rom: ». . . die kirchen vorwusten ond schwechen / das man sie lass / den Bapst tzu Rom speyssen, dem sie dienenn. Es fugt sich nit, das wir dem Bapst seine knecht / sein volck / ja seine buffen vnd huren neren / mit vorterbe vnd schaden vnser seelen.« (*Von den guten Werken*, a. a. O., S. 281.) Luther rief also zu einem regelrechten Kreuzzug gegen den Papst auf, der nunmehr verderblicher für die Christenheit geworden sei als selbst die Türken. Alles, was der Papst anordne, müsse im Licht der Schrift beurteilt werden, ohne auf die zu hören, die aus dem Papst den unfehlbaren Interpreten der Bibel machten, um alles, was ihm in den Kopf komme, zum Glaubensartikel zu erheben. Daher Luthers Aufruf an den Adel und die deutschen Fürsten, damit man in Rom um kein Kirchenlehen mehr bitte und sich kein Prälat mehr nach Italien begebe, um sich in seiner Würde bestätigen zu lassen. Deshalb auch die Ermahnung: ». . . were onnd rad das niemant pfaff / munnich / none werde / vn wer drynnen ist erauss gehe / gib nit mer gelt tzu bullen / kertzen / glocke / taffeln / kirchen / ssondern sage, das eyn christlich lebenn stehe ym glaubenn vnnd liebe / vnnd lass unss das noch tzwey iar treyben / sso solten wol sehen / wo Bapst /

Bischoff / Cardinal / pfaff / munch / nonne glocke turn mess / vigilien / kutten / kappen / platten / regel / statuen vnd das gantze geschwurm vnnd gewurm Bepstliches regments bleybe / wie der rauch sol es vorschwinden.« (*Eine treue Vermahnung zu allen Christen, sich zu hüten vor Aufruhr und Empörung,* a. a. O. Bd. II, S. 307.)

Luthers Anregungen wurden befolgt, und seine Prognosen, so optimistisch sie auch waren, erwiesen sich im wesentlichen als richtig. Man hat immer wieder auf die Lage in Europa als ein für die Verbreitung des Luthertums günstiges Element hingewiesen. Doch ist eine Lage nur dann wirklich günstig, wenn ihr die gesellschaftlichen Strukturen entsprechen. Gewiß blieben die von Kaiser und Reichstag über den Mönch in Worms (1521) verhängte Acht und die feierliche päpstliche Exkommunikation wirkungslos, was bis dahin noch nicht vorgekommen war. Natürlich lag der Grund dafür in den Schwierigkeiten, denen sich Karl V. gegenübersah, der, kaum gewählt, mitten im Kampf gegen seinen Rivalen Franz I. stand, und sicherlich schuf die eigennützige Unterstützung, die der französische König wiederholt der protestantischen Partei gewährte, ein günstiges Moment, desgleichen die Unduldsamkeit der deutschen Fürsten ihrem Kaiser gegenüber. Aber ebenso entscheidend für die Wirkungslosigkeit der Reichsacht waren die bereits dargelegten (vgl. Kap. 8, V) Motive und besonders die Feindschaft des Reiches gegen die von Rom auferlegten Steuerlasten. Auf ganz verschiedene Weise hatten die großen Kirchen des Abendlandes erlebt, wie ihren nationalen Forderungen Genüge getan wurde. Nicht so die deutsche Kirche, die meist ohne den Schutz einer festen politischen Macht geblieben war. Dazu hatten die Deutschen in der Ablaßfrage, die die religiöse Revolte zum Ausbruch brachte, schon lange den römischen Praktiken besonders ablehnend gegenübergestanden. Es genüge hier, die Namen von Matthias Doering, von Schwarz und Wessel Gansfort zu nennen. Der Boden für die Ablehnung bestimmter Verfahren war also weitgehend vorbereitet. Mehr noch: Das Kollektivempfinden war an dem Punkt angelangt, daß es die Verkündigung neuer Wahrheiten, d. h. Aussagen, die denen der kirchlichen Hierarchie entgegenstanden, hören konnte.

An dieses Kollektivempfinden appellierte Luther, und mit welch durchschlagendem Erfolg! Vor diesem Forum behauptete er, es genüge, über das Papsttum klar zu sprechen, es anzuprangern und zu »enthüllen«, damit es in Schmach völlig zusammenbreche: »Den keyn mensch ist sso toll / der da folge vnd nit hasse / die offentlichen lugen vnnd falscheyt« (a. a. O., S. 302). Für die dogmatischen Probleme rief der Reformator die Schrift zum Schiedsrichter an, und in Fragen des ganz persönlichen

Glaubens versuchte er, sich der Forderung nach einer individuellen Frömmigkeit zu bedienen. Aber für die kirchlichen Probleme schien es ihm zu Recht ausreichend, sich auf die allgemeine Urteilsfähigkeit der Gläubigen zu berufen. Es genügte ihm, zu sprechen, das Papsttum in Reden und Schriften anzugreifen, »biss das es ynn aller wellt bloss auffdeckt erkenet vnnd tzu schanden werde. Denn mit worten muss man yhnn tzuvor todten / aber mitt dem liecht der warheytt / wenn man yhn gegen Christo vn seyne lere gegen das Evangeliu hellt / da fellt er vn wirt tzu nicht vn alle muhe vnnd erbeyt« (a. a. O., S. 307). Schließlich konnte Luther aufgrund der Zustimmung ziemlich weiter Kreise behaupten: »Kurtz vmb / es ist alles auff deckt / damit sie bissher die welt betzaubert / erschreckt vnnd vorfuret haben. Man sihet das es eyttel gauckel werck gewessen sey« (a. a. O., S. 307). Die erfolgreiche Polemik des Reformators gründete sich also auf die in dieser Zustimmung liegende Kraft, auf den kritischen Sinn, den die jahrhundertelangen Mißbräuche und die humanistische Kultur geweckt hatten. Der Christ war jetzt weitgehend in der Lage, die Übel der Kirche weniger dem Teufel oder dem Antichrist als der eigennützigen Nichtswürdigkeit einer sozialen Gruppe zuzuschreiben. Der Einfall, Päpste, Bischöfe, Priester und Mönche Klerus, die Fürsten, Kaufleute und Bauern dagegen Laien zu nennen, wurde als etwas ganz Raffiniertes und Heuchlerisches betrachtet. Der dem Klerus von den Laien in Fragen der Lehre geschuldete Gehorsam, die Macht und das Recht, über das, was christlich oder häretisch ist, zu befinden, erschienen als dreiste Anmaßungen. Die päpstlichen Vorschriften waren in Luthers Augen willkürliche Gesetze, um die Gläubigen in Abhängigkeit zu halten und sie dann gegen Geld von diesen Gesetzen entbinden zu können. Die »heiligen« Weihen stellten für ihn eine großartige Machenschaft dar, um der Mehrheit eine sogenannte Überlegenheit und eine abscheuerregende Tyrannei aufzuzwingen. Im Priestertum selbst sah er eine einträgliche Karriere für die Schmarotzer der Gesellschaft und im Zölibat der Geistlichen einen widernatürlichen und ungebührlichen Deckmantel für das Laster. »Wenn jemand mit unzähligen Huren schlafen gegangen ist, wenn einer Frauen und Mädchen vergewaltigt oder Lustknaben ausgehalten hat, liegt kein Grund vor, weshalb er nicht Bischof, Kardinal oder Papst werden könnte«, schrieb Luther; »hat er allerdings geheiratet, so bildet die Ehe einen Hinderungsgrund« (*De captivitate Babylonica*, a. a. O., Bd. I, S. 502).

Die selbständige Urteilsfähigkeit des Christen war also einer der entscheidendsten Faktoren für die Verwirklichung der lutherischen Reform. Sie lieferte die tragfähige geistige Grundlage, auf der sich das religiöse Empfinden in Deutschland (und schon bald in verschiedenen anderen Ländern Nordwesteuropas) außerhalb des traditionellen Katholizismus eine neue Struktur geben konnte. Luther beanspruchte die Betätigung dieser Urteilskraft als unabdingbares Recht des Gläubigen. Damit machte er eine Kraft nutzbar, deren Ausmaß er verspürt hatte und die ihn selbst trug. Denn so mystisch der Begriff der Gemeinde, der höchsten Instanz für die Erkenntnis der Wahrheit, auch sein mag, er verbirgt doch nicht, wie in Luthers Revolte der kritische Sinn des einzelnen und der Glaube der Gemeinschaft sich tatsächlich verbanden. Jede christliche Gemeinde hat nach des Reformators Auffassung die Pflicht, die geistliche Autorität zu fliehen, sich ihr zu entziehen, sie abzusetzen, wenn sie sich wie der Klerus des 16. Jahrhunderts aufführt. Es sei, meinte Luther, schon an sich schwerwiegend, wenn der Papst so töricht und verrückt handle; das Maß laufe jedoch über, wenn man dies dulde und billige. Wie könne beispielsweise ein christliches Herz sehen, daß der Papst bei der Kommunion sitzen bleibe wie ein vornehmer Ritter und sich das Sakrament von einem knienden Kardinal auf einem goldenen Löffel reichen lasse? Auf der andern Seite stimme es schon, daß, wer etwas von Christus wissen wolle, sich nicht selbst vertrauen und mit Hilfe seiner eigenen Vernunft eine persönliche Brücke zum Himmel schlagen dürfe, sondern zur Kirche kommen, sie aufsuchen und fragen müsse. Indes, die Kirche bestehe aus der Menge der Gläubigen, und die Lehre, die man predige, müsse ihnen unterbreitet werden. Was gelehrt werde, müsse die Gemeinde beurteilen und begutachten. Darüber hinaus fühlte Luther, daß die wachsten Christen seiner Zeit zum Eingreifen bereit waren, um laut auszudrücken, was sie in der Schrift sahen. Deshalb die Anerkennung des Rechts und der Pflicht eines jeden, der dazu fähig ist, das Wort Gottes zu lehren: »Denn das kan niemant leucken, das eyn iglicher Christen gottis wort hatt / vnd von gott gelert / vnd gesalbet ist tzum priester« (*Daß eine christliche Versammlung oder Gemeinde Recht oder Macht habe, alle Lehre zu urteilen und Lehrer zu berufen, ein- und abzusetzen, Grund und Ursach aus der Schrift*, a. a. O., Bd. II, S. 399). Der Gläubige hat sogar die Möglichkeit, sich zu melden und inmitten der andern zu lehren, ohne gerufen zu sein, wenn man merkt, daß eine hierzu geeignete Person fehlt, vorausgesetzt, alles geschieht mit Zucht und Schicklichkeit. Die Stellung eines Priesters in der Kirche sollte sich von der irgendeines Beamten nicht unterscheiden: Solange er sein Amt ausübt, genießt er eine Vorrangstellung, ist er jedoch abgesetzt, ist er lediglich ein Bauer oder Bürger wie die andern.

Man muß sich diese »weltliche« und potentiell auf die Gleichheit aller ausgerichtete Betrachtungsweise zu eigen machen, um den Beitritt zahlreicher Humanisten zum Luthertum zu verstehen, abgesehen von so vielen ehemaligen Mitgliedern des Welt- und Ordensklerus oder von Laien. Ein gewaltiger und äußerst harter Kampf entbrannte zwischen den Reformatoren und den päpstlichen Scharen. Die Predigt Luthers, seiner Parteigänger oder Konkurrenten traf neben den religiösen Anschauungen die Verleihung und den Besitz der Kirchengüter, die liturgischen Gebräuche, die Volksfrömmigkeit: eine riesengroße Wirklichkeit. Aber es fehlte nicht an neuen Seelsorgern, von Melanchthon (gest. 1560) bis zu Martin Bucer, von Ökolampadius zu Crotus Rubianus, von Capito zu Osiander, Myconius und Konrad Pelikan, um nur einige von den ersten Anhängern Luthers in Deutschland zu erwähnen. In der Tat handelte es sich um eine beachtliche Zahl von Predigern und Gelehrten, die jedes Zögern aufgaben und eine gewaltige, alle Gesellschaftsschichten umfassende, direkte Diskussion mit dem christlichen Volk auslösten. Ihre Leidenschaft für Debatten triumphierte in kurzer Zeit dort, wo die politische oder religiöse Autorität keine unüberwindlichen Hindernisse in den Weg stellte, oder dort, wo ihr Versuch, es zu tun, mißlang. Trotzdem drang das Luthertum rasch in andere Länder Europas ein, manchmal auch in die abgeschlossensten und feindlichsten, und zwar dank dem Buchdruck und der Kontakte mit den deutschen Kaufleuten und Studenten im Ausland. Das erste reformierte Gebiet umfaßte ungefähr Sachsen und Thüringen (mit Wittenberg, Zwickau, Magdeburg und Weimar) und Süddeutschland (mit Nürnberg, Augsburg, Ulm und Nördlingen); aber auch die Städte Straßburg, Bremen, Hamburg, Antwerpen, Utrecht, Dordrecht, Breslau und Riga gehörten dazu.

Es ist hier nicht notwendig, den Ereignissen, die am Anfang des Luthertums standen, nachzugehen oder die zwangsläufige Verquickung des politischen Geschehens, der wirtschaftlichen Interessen und der theologischen Polemiken nochmals vorzuführen. Die katholischen Fürsten des Reichs verbündeten sich 1525 in Dessau und riefen damit die Reaktion ihrer reformierten Standesgenossen hervor, die im Jahr darauf den Bund von Torgau schlossen. Bereits der Reichstag von Speyer erkannte 1529 die vollendete Tatsache an, d. h. das Recht der Lutheraner, ihre Lehre dort öffentlich zu verkünden, wo sie sich bereits durchgesetzt hatte. Die Lutheraner gaben sich damit jedoch nicht zufrieden, protestierten sofort (daher »Protestanten«), und schon im folgenden Jahr verfaßte Melanchthon mit Luthers Billigung ihr erstes gemeinsames Glaubensbekenntnis (*Confessio augustana*). Die größte Ausbreitung des Luthertums vollzog sich in den nächsten Jahren dank dem Landgrafen Philipp von Hessen, den Kurfürsten Friedrich und Johann Friedrich von Sachsen, dem Herzog Heinrich und seinem Neffen Moritz von Sachsen und Joachim II. von Brandenburg. Die Bistümer von Mainz, Münster, Osnabrück und Köln waren dem neuen Glauben zunächst zugetan; aber weitgehend setzte er sich in Braunschweig, der Pfalz, in Pommern, der Grafschaft Nassau, im Herzogtum Kleve, in Hannover, in Anhalt und in Preußen durch.

Hätte sich Luther darauf beschränkt, seine Landsleute zu einem Kreuzzug gegen Papst und Kirche aufzuwiegeln, hätte sein Wirken gewiß keine so große Strahlungskraft besessen und keinen so nachhaltigen Widerhall gefunden. In ganz Nordwesteuropa rief seine Predigt nämlich nach und nach Zustimmung hervor und fand Unterstützung. Fast die gesamte Christenheit wurde dadurch in ihren Grundfesten erschüttert und ging gespalten aus dem Sturm hervor. Die Summe von Energien, denen das Luthertum den Weg wies und die es förderte, war deshalb so beträchtlich, weil der Reformator das religiöse Problem in seiner Gesamtheit, d. h. gleichzeitig unter dem äußeren Aspekt der Organisation und dem inneren des Glaubensinhalts, in Angriff nahm. Es konnte auch nicht anders sein, da die Strukturen der mittelalterlichen Kirche sich organisch in sich gegenseitig stützenden Formen verfestigt hatten. Hätte man nur die einen bekämpft und die andern nicht, so wäre das Ergebnis Stückwerk geblieben oder einem Fehlschlag gleichgekommen. Das ganze System der Klöster und Reliquien, der Kirchenlehen und Ablässe war eng verbunden mit mächtigen Frömmigkeitsformen und tief verwurzelten religiösen Anschauungen und bezog daraus seine Kraft. Gegen sie vor allem gedachten die Reformatoren den Kampf aufzunehmen.

Luther erblickte den Angelpunkt des katholischen Systems im Begriff und der Ausübung der sogenannten guten Werke. Es hat wirklich wenig Sinn, die Frage rein theologisch zu betrachten, ob der Reformator vom dogmatischen Standpunkt aus im Recht war oder nicht. Gewiß wollte Luther beweisen, daß er recht hatte, und bemühte sich sehr darum, der Schrift den von ihm gewünschten Sinn zu geben, d. h. er verhielt sich wie alle seine theologischen Vorgänger. Die Stoßkraft seiner Behauptungen rührte jedoch nicht von einer größeren oder geringeren Übereinstimmung mit den biblisch-evangelischen Texten her, sondern von dem erneuerten ethisch-christlichen Bewußtsein seiner Zeitgenossen. Luther erlebte in seinem Innern das Drama dieses Bewußtseins und versuchte, seine Dialektik gleichsam zum Zünden zu bringen. Seine Formulierung entsprach der Entwicklungsstufe des damaligen Kollektivempfindens (vor allem Nordwesteuropas), das die religiöse Erfahrung und darüber hinaus das kulturelle, moralische und geistige Leben persönlich gestalten wollte.

Wie Zwingli war auch der deutsche Mönch der Meinung, daß die Vorschriften Gottes einen jeden nur über seine Pflichten unterrichten, ohne die dazu nötigen Kräfte zu verleihen. Folglich sind sie nur dazu bestimmt, den Menschen seine eigene Unfähigkeit zum Guten erkennen zu lassen und ihn zu lehren, an sich selber zu verzweifeln. Mit andern Worten, die Gottheit wird nicht im Sinn des Anthropomorphismus weniger erhaben aufgefaßt, sondern als für den Menschen unerreichbar, als höchstes Seinsollen postuliert. Die Beziehung zu dieser Gottheit besteht daher nicht in der Erfüllung äußerlicher Opfer, sondern in einer dauernden moralischen Verpflichtung zum Kampf gegen das Böse. Wie kirchliche Mittler und ständige sogenannte fromme Einrichtungen unnötig sind, so können auch passiv begangene Riten oder irgendwelche willkürlichen, zur »Ehre« Gottes vollzogenen Handlungen nicht eigentlich als christlich gelten.

Man kann schwerlich bestreiten, daß besonders im 14. und 15. Jahrhundert die Religion in Europa eine immer geringere ethische Rolle in der Gesellschaft gespielt hatte und in erster Linie zu einem großen Kultverwaltungssystem, zum Machtinstrument einer besonders straff organisierten menschlichen Gruppe geworden war. Ebenso schwer läßt sich leugnen, daß die Nachwirkungen dieser Entwicklung in der christlichen Praxis ihren unmittelbaren Niederschlag gefunden hatten; denn man räumte tatsächlich den Gelübden und Wallfahrten, mehr oder minder stereotypen Gebeten, volkstümlichen Andachtsformen und regelrechtem Aberglauben den ersten Platz in der Frömmigkeit ein. Die Elite der Humanisten hatte diese Verhältnisse zur Kenntnis genommen und eine Moral auf rein menschlicher Basis erarbeitet. Auch wenn die italienischen Humanisten von den christlichen Werten nicht völlig absehen konnten, so hatten sie doch ein gründliches Gespräch mit den religiösen Instanzen über die neuen und eigenständigsten Aspekte ihrer Auffassung abgelehnt und mit Verachtung aus der Distanz auf die Empfindungsweise der Menge herabgesehen. Sie räumten wohl ein, daß »jedem Menschen, so gut und so heilig er auch sein mag, stets ein Makel oder ein Fehler anhaftet, da wir auf Erden leben und so beinahe genötigt sind, dem Willen und der Lust mehr nachzugeben als der Vernunft mit echtem Urteilsvermögen und Redlichkeit zu folgen« (L. B. Alberti, *Della famiglia*, Buch IV). Jedoch stellte für sie die Religion kein Mittel ethischen Aufstiegs mehr dar, sondern nur noch eine implizite Folge, gleichsam ein Kennzeichen moralischer Rechtschaffenheit. »Die Religion wird stets etwas ganz Redliches sein«, behauptete Alberti weiter nach einem sehr stolzen Angriff auf die lasterhaften Priester seiner Zeit, »und niemals war jemand religiös, ohne nicht zuvor die

Redlichkeit geliebt zu haben, und du wirst keinen redlichen Menschen finden, der nicht auch sehr religiös wäre« (a. a. O.). Luther dagegen setzte auf den Spuren des christlichen Humanismus Nordeuropas und noch stärker aus seiner theologischen Sicht heraus Christentum und Sittlichkeit völlig gleich. Doch lag trotz seiner biblisch-evangelischen Sprache seiner Revolte der mächtige Impuls des weltlich gewordenen Empfindens des 16. Jahrhunderts zugrunde.

Luther behauptete also, unsere Annahme, durch die guten Werke Gottes Wohlgefallen zu erregen, sei nur ein Täuschungsmanöver, um Gott äußerlich zu ehren, während wir im Innern uns selbst zum Götzen machten. Keiner diene Gott, es sei denn, er lasse ihn seinen Gott sein, der in ihm seine Werke wirkt. Weiter heißt es: »Wie wol man itzt leyder das wortlin gottis dienst / sso in einen frembden Vorstand onnd brauch hat bracht / das wer es horet / gar nichts an solche werck denckt / ssondern an den glockenn klang / an das geplerre in den kirchen / an das golt / seyden / edelstein der korknappen on messgewandt / an die kilch ond monstrantzen / an die orgeln on taffeln / an die procession ond kirchgang / on das grossist an das maulpleppern / ond pater noster steyn zelen« (*Magnificat*, a. a. O., S. 180). Mit einem Wort, die Werke machen niemand gerecht, und der Mensch muß zuvor von Gott die Gerechtigkeit erhalten. Kein Werk, kein Gebot sind dem Christen zur Seligkeit erforderlich. Er ist an kein Gebot gebunden und erfüllt alles von sich aus und in völliger Freiheit, ohne durch die Werke seinen persönlichen Nutzen oder die Seligkeit zu suchen.

Um aus dieser moralisch unhaltbaren Lage herauszukommen und die quälende Ungewißheit derer, die nicht wußten, wie es mit ihrem Verhältnis zu Gott bestellt war (auch Erasmus gehörte zu ihnen), loszuwerden, verkündete Luther auf hundertfache Weise seine geistige Entdeckung. Denn vor Gott ist alles, was im Glauben getan, gesagt, gedacht werden kann, wohlgefällig und somit auch das eigene Handwerk, das Gehen, das Innehalten, das Essen und Trinken, das Schlafen und jegliche zur Ernährung des Körpers oder zum allgemeinen Nutzen nötige Handlung. Die Werke finden nicht an und für sich bei Gott Aufnahme, sondern wegen des einigenden Glaubens, der unterschiedslos in allen Werken und in jedem einzelnen ist, in ihnen lebt und durch sie seine Wirksamkeit zum Ausdruck bringt, so zahlreich und so verschieden sie auch sein mögen. Nur durch den Glauben oder den Unglauben, das Vertrauen oder den Zweifel, durch kein anderes Werk sonst, kann man Gott finden oder verlieren. Wie der Glaube zur Gerechtigkeit genügt, so vollbringt er auch die guten Werke. Wer dagegen annimmt, sich durch die eigene Zerknirschung und Buße beruhigen zu können, wird nie seinen Seelenfrieden finden und schließlich verzweifeln müssen.

Mehr als ein Jahrhundert bevor Descartes mit seinem Grundsatz des Cogito die Grundlage des Verstandes im Verstand selbst sah und den unwiderlegbaren Beweis für dessen logische Selbständigkeit erbrachte, wies Luther den Christen auf das Unterpfand seiner persönlichen, selbständigen Frömmigkeit hin. Wie Gott dem französischen Denker dazu diente, die absolute Gültigkeit der klaren und eindeutigen Intuition zu garantieren, so war Gott für Luther der Garant (oder die ideale Verkörperung der Notwendigkeit einer Garantie) des individuellen Glaubens. Denn ohne Verheißung kann man nicht glauben. Da Gott aber mit dem Menschen nie anders als auf dem Weg von Verheißungen verhandelt hat, vermögen wir uns unsererseits Gott nur durch den Glauben an sie zu nähern. Gott will, daß man ihn in seinen Verheißungen für wahrhaftig hält und daß wir geduldig auf deren Erfüllung warten, indem wir ihn durch den Glauben, die Hoffnung und die Liebe ehren. So offenbart er in uns seine Herrlichkeit. An Gottes Verheißung ist unsere ganze Heilsmöglichkeit geknüpft. Durch die Taufe hat sich Gott, der nicht lügt, verpflichtet, uns unsere Sünden nicht anzurechnen. Der Reformator könnte zu diesem wesentlichen Punkt nicht ausführlicher sein: »Nur der Unglaube kann den Christen in die Verdammnis stürzen; wenn der Glaube an der göttlichen Verheißung festhält, die dem Getauften gegeben wird, oder zu ihr zurückkehrt, werden alle andern Sünden in einem Atemzug getilgt, und zwar eben durch diesen Glauben oder vielmehr durch Gottes Wahrhaftigkeit; denn Gott kann sich selbst nicht verleugnen, wenn du ihn bekennst und auf seine Verheißung fest vertraust« (*De captivitate Babylonica*, a. a. O. Bd. I, S. 462). Wenn Gott also sieht, daß die Seele ihm Gerechtigkeit widerfahren läßt und ihn mit ihrem Glauben ehrt, wird auch er seinerseits sie ehren und sie für gerecht und wahrhaftig halten. Und sie ist gerade aufgrund ihres Glaubens gerecht und wahrhaftig geworden. Denn die Anerkennung von Gottes Gerechtigkeit und Wahrhaftigkeit ist eine gerechte und wahrhaftige Handlung und macht zugleich wahrhaftig und gerecht. Solange dieser Pakt der Seele mit ihrem Gott besteht, verleiht ihr Gott als Gegengabe seine Gnade, kommt mit ihr überein, die Sünden, die auch nach der Taufe in ihrer Natur liegen, nicht anzurechnen und sie deshalb nicht zu verdammen. Vielmehr begnügt er sich mit der fortwährenden Anstrengung der Seele, jene Sünden auszurotten, und sieht mit Wohlgefallen, wie die Seele sich stets danach sehnt, von ihm nach dem Tod von allen Sünden befreit zu werden.

Diese im wesentlichen neue Sprache stellte den Protestantismus auf eine vom herkömmlichen Katholizismus eindeutig verschiedene geistige Ebene. Alle Sekten oder die neuen Kirchen, die sich der alten römischen Kirche widersetzten, taten dies im Licht dieser Ausführungen des deutschen Reformators, auch wenn sie sich vom Luthertum trennten oder sogar versuchten, es wegen seiner Kompromisse zu bekämpfen. Der Bund jedes Gläubigen mit Gott bildete die Krönung der neuen christlichen Erfahrung in Nordwesteuropa. Dieser Pakt wollte hauptsächlich religiös sein, da er immer noch eine »Offenbarung« zum Gegenstand hatte, und die göttliche Verheißung sollte ja nicht auf Erden, sondern im Jenseits in Erfüllung gehen. Doch indem Luther den christlichen Glauben auf diesem Grundsatz aufbaute, verankerte er ihn mit der ethischen Energie des einzelnen und machte aus jedem Gläubigen den für seine Seligkeit direkt und selbständig Verantwortlichen. Denn der Glaube schreckt und demütigt beim Anblick von Gottes unverrückbarer Wahrheit das Gewissen, dann richtet er es auf, stärkt und rettet es, falls es Reue gezeigt hat. So bewirkt die Drohung Reue, und die Verheißung stärkt den, der an sie glaubt. Durch den Glauben verdient der Mensch die Vergebung seiner Sünden. Dieser neue Standpunkt, der die Grundlagen der üblichen Frömmigkeit zerstörte, ermöglichte es den Gläubigen, ihre äußeren Praktiken tatsächlich aufzugeben, auf die Gelübde und die überflüssigen Zeremonien, auf den Heiligenkult, die Ablässe und des Fegefeuer zu verzichten. Denn anstatt die eigenen religiösen Anschauungen hauptsächlich in äußeren oder rituellen Handlungen auszudrücken und sie darin gewissermaßen erstarren zu lassen und dadurch selbst zu verkümmern, ließ der Reformierte ihre Spannung auf sich selbst zurückwirken und sie ohne Unterlaß auf sein Handeln dynamisch Einfluß nehmen. Selbst die Sünde des Menschen war nicht mehr wie ein von einem Kleid zu entfernender Fleck, sondern spornte jeden an, noch intensiver zu glauben, d. h. die Sünde mit verstärkter Kraft abzulehnen und zu überwinden.

Obgleich es die Reformatoren (wie schon die Humanisten vor ihnen) nicht wahrhaben wollten, war die neue Frömmigkeit doch keineswegs eine Rückkehr zur Religiosität des Urchristentums. Der Mythos von der Urkirche war vor allem polemisch und diente als Kampfmittel. Die Protestanten der ersten Hälfte des 16. Jahrhunderts verhalfen dem christlichen Gewissen lediglich zu einer größeren Reife (eine freilich wesentliche Eroberung), indem sie es gegen die Einrichtungen und Entartungen der spätmittelalterlichen Kirche stellten, beides offen ablehnend und die Voraussetzungen (wenn auch nur implizit) für eine neue kollektive Moral schufen. Sie hatten den Gläubigen mündig gemacht, indem sie die Vormundschaft der römischen Hierarchie und ihres Kultsystems abschüttelten. Doch in Wirklichkeit durchbrachen sie auch die geistige Enge, in der die Christenheit völlig befangen war. Bis dahin hatte es nur eine Kirche gegeben, ihre Autorität (wie das Ansehen derer, die sich zu Interpreten dieser Autorität aufgeschwungen hatten) war unangefochten, ihre kulturelle Vormachtstellung unbestritten gewesen. Welche andere Kirche hätte je eine größere oder auch nur gleich große Autorität anstreben können, nachdem Luther die römische Kirche in so aufsehenerregender Weise desavouiert hatte? Mit der Beseitigung der Monopolstellung der Theologie befreite der Reformator nicht nur den Glauben, sondern alle geistigen Fähigkeiten des Menschen. Das geschah zwar gegen seinen Willen, ist aber der Beweis dafür, daß sich unter dem Anschein der religiösen Reform eine viel umfassendere kulturelle Neuordnung vollzog. Die Ereignisse der folgenden Jahrzehnte bestätigten dies nur. Es war natürlich, daß nach Jahrhunderten eines vom Dogma beherrschten Gemeinschaftslebens, in dem Diskussion und Ungewißheit keinen Platz hatten, die bis dahin gezügelte, eingeengte, aber auch darniederliegende und stagnierende menschliche Denk- und Kritikfähigkeit unaufhaltsam durch die in den Damm der überlieferten religiösen Anschauungen geschlagene Bresche hindurch ihre Freiheit suchte.

III. REFORMATION UND GESELLSCHAFT

Die Tatsache, daß die lutherische Haltung in der Frage des christlichen Verhältnisses von Gott und Mensch den Ausgangspunkt der verschiedenen protestantischen Richtungen bildete, beweist zur Genüge ihre geistige Zweckgebundenheit, wenn man die ethische Lage in Europa des beginnenden 16. Jahrhunderts bedenkt. Aber sobald die religiöse Energie einmal von dem drückenden Panzer der Theologie und des Kultes befreit war, begann sie wieder, organischer zu leben, d. h. in Formen, die zum Charakter der Völker, zu den Bestrebungen der Klassen, kurz, zu den übrigen menschlichen Neigungen besser paßten. Vom wirtschaftlichen und politischen bis zum geistigen und mystischen spornte sie jedes Interesse an, da sie zwangsläufig noch die beherrschende geistige Dimension für die Kultur und die ethische Entwicklung der Gesamtheit darstellte.
Der Erfolg der Reformation leitete den Niedergang der Vorrangstellung des Christentums im Leben Westeuropas ein. Dies gilt nicht für die beiden großen Halbinseln des Mittelmeeres, Spanien und Italien, wo der Katholizismus im Gegenteil (bis zu einem gewissen Grad aus Reaktion auf die Ereignisse im Norden) sehr rasch seine Stärke zurückgewann und seine drückende Herrschaft noch lange aufrechterhalten sollte. Anschei-

nend gilt dies aber auch nicht so sehr (zumindest in dem auf Luthers Wirken folgenden Jahrhundert) für die Länder Mittel- und Nordeuropas, wo von 1525 an eine Reihe von Unruhen und regelrechten Kriegen ausbrach, deren einer Hauptfaktor unbestreitbar die Religion war. Dennoch darf man die durch den Protestantismus bewirkte Auflockerung des geistigen Lebens, von der schon öfter die Rede war, nicht vergessen. Die Kämpfe zwischen Klassen, politischen Faktionen oder Staaten erhielten durch die religiöse Spaltung zweifellos eine eigene Färbung und auch eine geistige Begründung. Da bis dahin das kirchliche und die politischen Systeme sich tief durchdrungen hatten, war es unmöglich, mit einem Schlag zur Trennung der beiden Bereiche zu kommen, sosehr auch die Reformatoren der Forderung nach einer grundsätzlichen Unterscheidung von religiösem Leben und weltlichem Regiment hatten Geltung verschaffen wollen. Lange Jahrzehnte hindurch konnte man sich also die Unabhängigkeit der religiösen Meinung nicht ernstlich vorstellen, noch weniger die Gewissensfreiheit. Obwohl die Christenheit sich tatsächlich gespalten hatte, verlor die dogmatische Mentalität nicht sofort an Gewicht. Die Führer der bedeutendsten konfessionellen Neubildungen trieben als erste den Kampf gegen die andern Kirchen voran. Ihr theologischer Ingrimm kam notgedrungen zu den bereits bestehenden Rivalitäten und Gegensätzen hinzu. Wie es daher unmöglich ist, bei diesen Rivalitäten die rein religiösen Aspekte von den übrigen zu trennen, so muß man in dieser neuen Verbindung von irdischen Interessen und religiösen Anschauungen eine noch weiter verschärfte Politisierung der einzelnen Kirchen sehen. Auf der andern Seite machte sich als Reaktion gerade von dem Zeitpunkt an ein Frömmigkeitsgefühl bemerkbar, das sich als ein von der Zugehörigkeit zu einer bestimmten Konfession unabhängiger Wert durchsetzte.

Luther behauptete nicht lange, man könne die Irrlehre nie gewaltsam verhindern und müsse die Häretiker durch die Schrift und nicht auf dem Scheiterhaufen besiegen. Vor allem zu Anfang brachte die Reformation der abendländischen Gesellschaft keine Toleranz. Protestanten und Katholiken betrachteten sich weiterhin hartnäckig als die alleinigen Besitzer der Wahrheit, als die wahren Vertreter des Christentums. Die dogmatische und theologische Raserei trug dazu bei, die Europäer noch mehr gegeneinander zu hetzen. Zum Zusammenprall der wirtschaftlichen Interessen und zu den Erbansprüchen der verschiedenen Monarchien kam noch das Toben der »religiösen« Leidenschaften. Dieses Phänomen stellte sich ein, als Luther an die weltliche Gewalt der Fürsten und des deutschen Adels appellierte (vgl. Kap. 10, II), da er nicht sah, wie er anders Unterstützung für seine Revolte hätte finden können. In der Folgezeit trat es jedoch stärker hervor, komplizierte sich und wirkte sich selbst innerhalb der christlichen Kirchen aus. Denn bis dahin hatte sich das Papsttum zum eifersüchtigen Hüter der kirchlichen Selbständigkeit gegenüber der weltlichen Gewalt erhoben. Gewiß hatte sich im Lauf der vorhergehenden zwei Jahrhunderte die weltliche Gewalt, besonders in den westlichen Monarchien, auf Kosten des Klerus allmählich durchgesetzt. Doch die römischen Bischöfe verhandelten mit ihr noch zumindest als Gleichgestellte. Die Verwerfung der päpstlichen Autorität durch die Protestanten gab zwangsläufig der weltlichen Gewalt einen beträchtlichen Auftrieb. Dies war nicht der letzte Grund, weshalb so viele Fürsten die Reformation in ihren Staaten begünstigten oder sie geradezu zur Pflicht machten. In einigen Staaten gelang es den Landesherrn, unter ihrer Kontrolle ein Überwachungssystem der religiösen Tätigkeiten einzurichten, deren Bewegungsfreiheit sie ernsthaft beschränkten.

Die Auswirkungen der Reformation machten sich auf diesem Sektor auch dadurch bemerkbar, daß die Glaubensspaltung erneut in der Öffentlichkeit an Gewicht gewann. Durch die Verschiedenheit der Bekenntnisse wandelten sich althergebrachte Gebräuche und entstand jede Art von Unruhen. Es gab also einen objektiven Grund, der das entschiedenste und oft entscheidende Eingreifen des Fürsten in die dogmatischen Streitigkeiten rechtfertigte. Andererseits war es schon immer vorgekommen, daß der sogenannte weltliche Arm die Häretiker verfolgte und seine Funktion erfüllte, die Einheit der Untertanen im rechten Glauben zu gewährleisten. Wenn der Protestantismus in seinen verschiedenen Formen in ein Land eingedrungen war und der Landesherr es für nötig erachtete, für oder gegen die neue Lehre Stellung zu beziehen, tat er es mit herkömmlicher Entschlossenheit. So setzte sich ohne äußeren Zwang, rein aus der Natur der Sache ein in gewisser Hinsicht revolutionäres Prinzip durch: das Prinzip *cuius regio, eius et religio*. Danach hatten die Untertanen grundsätzlich die Religion ihres Landesherrn anzunehmen. Während die bewaffneten Auseinandersetzungen, die die christliche Neuordnung in Europa förderte, hauptsächlich nach der hier behandelten Periode ausbrachen, gehören die ersten Zusammenstöße, die von Anfang an selbst in den Reihen derer, die sich gegen die Autorität Roms aufgelehnt hatten, Unruhe stifteten, noch in diesen Zeitraum. Die Hauptpunkte der lutherischen Lehre brachten zwar eine Umwälzung der hierarchischen Ordnung und der landläufigen Frömmigkeit mit sich, riefen aber neben einer massiven Zustimmung neue Überlegungen hervor, die über sie hinausgingen. Luther sagte, er sei vom Heiligen Geist inspiriert, wenn er sich soweit wie möglich auf die Bibel stützte. Doch gerade die Dynamik seiner geistlichen Auslegung zog andere Deutungen nach sich. So entstanden neben der seinen, und bald auch gegen sie, weitere Lehren, die Luthers Doktrin zwar befruchteten und der Entwicklung des europäischen Westens einen großen Dienst leisteten, die aber gleichzeitig hitzigste Debatten und gewaltige Unruhen verursachten.

Die ersten und bis zur Mitte des 16. Jahrhunderts bedeutendsten Konflikte waren durch die Wiedertäufer entstanden. Nach ihrer Meinung implizierte Luthers Prinzip der Rechtfertigung durch den Glauben die nochmalige Taufe der Gläubigen, da sie keinen Glaubensakt hatten vollziehen können, als sie, noch in Windeln, jenes Sakrament empfangen hatten. Diese radikale Folgerung wurde bereits um 1520 gezogen, als Luthers Predigt noch in ihren Anfängen steckte, und zwar von Gelehrten wie Luthers eigenem Lehrer Karlstadt, von Predigern wie Thomas Münzer und von Laien wie Nikolaus Storch. Darüber hinaus bestanden die Wiedertäufer auf der direkten Inspiration, die der Heilige Geist den Gläubigen verleihe, als sie im Licht ihrer Mystik einerseits die Feindschaft gegen die Zeremonien und jede äußere Kultform verschärften und auf der andern Seite die soziale und wirtschaftliche Gleichheit aller Gläubigen im Geist des Evangeliums verkündeten. Dieser zweite Teil ihrer Botschaft fand besonderen Widerhall und unmittelbare Folgen. Die Besitzlosen und vor allem die Masse der deutschen Bauern, in der es schon seit vielen Jahren gärte, erblickten in dem neuen Glauben auch ein Mittel sozialer Erlösung und hingen ihm mit verzweifelter Inbrunst an. Daher folgten sie nicht nur Karlstadt, der sie zum Bildersturm, ja, zur Zerstörung von Kirchen und Büchern aufstachelte, sondern noch mehr Münzer, der die Notwendigkeit verkündete, die bestehende, ungerechte politische Gewalt zu vernichten, um an ihre Stelle ein Reich Christi zu setzen, wo die Güter der Gemeinschaft gehören sollten. Auf die Profanierungen und Exzesse, die diese armen Fanatiker begingen, reagierte Luther mit der ganzen Heftigkeit seines Wortes, deren er fähig war, und der deutsche Adel mit einer noch größeren militärischen Grausamkeit. Das Wiedertäufertum wurde aus der Christenheit verbannt und mußte im geheimen gepredigt werden. Doch übte es weiterhin einen starken Einfluß und eine gewaltige Suggestionskraft aus und bildete lange Zeit gleichsam ein äußerst wirksames Ferment für das reformatorische Empfinden. Gewiß waren jene Metzeleien um so gräßlicher, als sie ohne positives Ergebnis blieben.

Doch vom dogmatischen Standpunkt aus war die Zerstörung des alten kirchlichen Lehrgebäudes, die das geistige Erdbeben der Reformation verursacht hatte, nicht weniger entscheidend, ja, noch bedeutender und unendlich viel wohltuender. Da auf die wenigen Jahrzehnte örtlich freier Predigt und äußerst mannigfaltiger religiöser Diskussionen eine lange Periode der Unterdrückung und harter Zusammenstöße zwischen den wichtigsten Konfessionsrichtungen folgte, ist es nicht leicht, das wirkliche Ausmaß dessen auszumachen, was im Abendland an Christlichem fortbestand. Wenn auch später die Wiedereinführung einer äußeren, fast verbindlichen Observanz den Auflösungsprozeß der religiösen Anschauungen aufhielt, so verschwanden jedenfalls doch nie die Wirkungen der befreienden Kollektiverfahrung, die sich über ungefähr dreißig Jahre (1520–1550) erstreckte. Denn in diesem Zeitraum lebten zum großen Teil diejenigen (oder sie wuchsen heran), die die wirksamsten geistigen Mittel zur Untergrabung der wichtigsten theologisch-dogmatischen Stützen des mittelalterlichen Christentums ausarbeiteten. Außerdem verbreiteten sich Verhaltensweisen und geistige Tendenzen wie der Nikodemismus und der sogenannte Libertinismus, die (wenn auch nur teilweise und nicht ausdrücklich) für die traditionelle Religion und die Grundsätze, auf die sie sich stützte, Verurteilung und moralische Ablehnung bedeuteten.

Vor allem nach der Niederlage der Wiedertäufer verstärkte sich bei Nikodemiten und Libertinern die Überzeugung, daß ein Christ durch seinen Glauben die Freiheit hat, alles zu tun, und daß er nur insoweit, als die andern noch nicht wie er glauben können, ihre Last mitträgt und die Gesetze beobachtet, die er eigentlich nicht zu beobachten brauchte. Mit einem Wort, von 1530 an gab es in Europa nicht nur den religiösen Bruch zwischen Katholiken und Nichtkatholiken, sondern es existierte ebenfalls eine große Gruppe von Christen, die beiden Lagern gleich fern standen, und eine noch größere Zahl von Personen, die den Kult nunmehr als eine Gewohnheit und Konvention hinnahmen, die sich mit einemmal als etwas rein Äußerliches enthüllt hatte. Neben denen, die offen für oder gegen die Dogmen und Zeremonien kämpften, fand sich eine Menge von Leuten, die nicht eingriffen, die sich aber auch nicht darauf beschränkten, dem Kampf tatenlos beizuwohnen. Ihr Verhalten war um so weniger passiv, als sie bewußt von den streitenden Parteien Abstand nahmen und sich die Glaubens- und Urteilsfreiheit vorbehielten. Es gab wieder andere, die sich auf einen ganz verinnerlichten, stark mystisch geprägten Glauben konzentrierten, und solche, die eine mehr oder weniger große Gleichgültigkeit an den Tag legten. Noch andere reflektierten über eine eigene selbständige kritische Haltung und bildeten sie aus, und schließlich begann manch einer, sich gegen das Christentum selber zu wenden.

Die religiöse Erschütterung, die sich über Jahrzehnte hinzog und alle Gesellschaftsschichten erfaßte, führte also nicht nur zu einer liturgischen oder hierarchischen, sondern auch zu einer kulturellen und geistigen Neuordnung. Das Panorama, das das Kollektivempfinden bietet, war nicht mehr dasselbe wie zu Beginn des Jahrhunderts. Zwar wurde es noch von der alten und neuen theologischen Problematik beherrscht, doch sind die Risse zahlreicher künftiger Einbrüche schon sehr deutlich, die es radikal verändern sollten. Denn welch mächtige Erosionskraft sollte der Toleranzgedanke besitzen, der sich zu dieser Zeit in den Kreisen gelehrter Laien und zur Reformation übergetretener Geistlicher (die aber wegen ihrer persönlichen Ideen unbeliebt waren) auszuformen begann! Das geforderte Recht auf freie Diskussion der das Verhältnis von Gott und Mensch betreffenden Probleme führte rasch zu der entscheidenden Behauptung, alle Religionen stellten wesentlich menschliche Kultformen dar, denen man keine transzendente Bedeutung beimessen dürfe. Welche nicht minder tiefe Erschütterung riefen die kritischen Betrachtungen über die Dreifaltigkeit hervor und vor allem die mannigfachen, durchweg heterodoxen Deutungen der Natur und Funktion Christi! Letzten Endes wurde eine der Arten, Christ zu bleiben, gerade die, in den Augen aller bedeutenden Kirchen als Häretiker zu gelten, den Sinn des Christus-Mythos zu ergründen und ihm neue, direktere und menschlichere moralische Bedeutungen beizulegen.

Auch so (und nicht nur als zeitgemäßer Ausdruck alter kirchlicher Auffassungen) läßt sich die ingrimmige Abneigung aller Kirchen, der neuen wie der alten, gegen die freie Entfaltung und den vernünftigen Ausdruck des individuellen Denkens erklären. Dieses Denken ließ zunächst nur einige Funken sprühen, aber der Schein, den sie verbreiteten, schreckte bereits alle, die noch theologisch spekulierten. Führte ein Gedankengang wie der von Servetus, der von der Leugnung der Doppelnatur (der göttlichen und der menschlichen) Christi ausging, nicht zur Ablehnung des Grunddogmas jeder christlichen Kirche, der Erlösung? Deshalb vereinten Calvin und die katholische Inquisition, sonst überall erbittertste Feinde, ihre Kräfte, um den Urheber solch kühner Behauptungen in Genf auf den Scheiterhaufen zu bringen. Auf den Humanismus und die Reformation folgte eine lange Periode kultureller und gesellschaftlicher Reaktion; doch war die Energie, die diese beiden Bewegungen erzeugt hatten, dazu bestimmt, das gesamte Abendland, wenn auch nur langsam, umzuwandeln.

Es ist üblich geworden, die Langsamkeit und vor allem die Unangemessenheit der päpstlichen Reaktion auf die ersten Anzeichen der Reformation hervorzuheben. Ohne es zu sagen, stellt man folgende Überlegung an: Wenn der Papst beizeiten Sorge getragen und eingegriffen hätte, wenn seine Vertreter scharfsinniger gewesen wären, hätte Luthers Revolte unterdrückt werden können, und alle andern von ihr ausgehenden Bewegungen wären auch nicht entstanden. Nach unsern bisherigen Ausführungen dürfte schon klar sein, daß diese Perspektive trügt. Die Päpste, die sich von Leo X. an auf dem Heiligen Stuhl ablösten, waren nicht besonders unfähig und ihre Diener nicht weniger tauglich als ihre Vorgänger im 14. und 15. Jahrhundert. Doch wenn der erste Standpunkt unhaltbar ist, wird es auch um die entgegengesetzte Theorie nicht besser bestellt sein, die die römische Kirche zu Beginn des 16. Jahrhunderts verteidigt. Man muß die an Gerichtsprozesse erinnernde Perspektive, die im wesentlichen auf Verurteilung oder Freispruch aus ist, aufgeben und sich an einige Beziehungspunkte halten.

Vor allem geht, was als ein Mißverständnis, ein Zusammenprall aus persönlicher Empfindlichkeit zwischen Reformatoren und päpstlichen Beauftragten erscheinen könnte, viel weiter und tiefer. Wir haben gesehen, welchen Weg das Papsttum nach den großen Konzilien des 15. Jahrhunderts eingeschlagen, wie es sich von seinen pastoralen Pflichten entfernt hatte und wie es vor allem immer stärker in die ethischen, politischen und religiösen Strukturen Südeuropas verflochten war. Das allmähliche Auseinandergehen der mitteleuropäischen und lateinischen Kirche ist ein Phänomen, das sich über einen langen Zeitraum hin erstreckt und mindestens auf das 14. Jahrhundert zurückgeht. Als sich Luther und der päpstliche Legat Aleander auf dem Reichstag zu Worms 1521 gegenüberstanden, hatten sie zwei Welten hinter sich, die sich so weit auseinandergelebt hatten, daß eine Verständigung unmöglich geworden war. Gerade die Entwicklung der Ereignisse zeigt, daß es zwischen beiden keinen Dialog, sondern von Anfang an nur Gegensatz geben konnte. Der deutsche, bereits exkommunizierte Mönch erschien vor dem Reichstag nicht als ein Häretiker, der vor aller Augen auf seine Widerlegung wartete, um danach auf den unvermeidlichen Scheiterhaufen geführt zu werden, sondern als ein hartnäckiger Vertreter einer Meinung und einer Partei. Er gab nicht nach, und nach einigen Jahren hatte er geradezu triumphiert.

Rom reagierte also im Fall Luthers nicht langsamer als früher. Man denke nur an die langen Jahre, die es schon 100 Jahre zuvor brauchte, um in den gleichen geographischen Breiten auf die alte Art und Weise über Johannes Hus Herr zu werden. Roms Reaktion war auch nicht weniger umfassend oder mächtig. Im Gegenteil, auf die Ausbreitung des Protestantismus antwortete es mit unerwarteter Energie und einer Kraft, wie sie das Christentum seit den Kreuzzügen nicht mehr geäußert hatte. Doch gerade sein Handeln besiegelte die schon bei Luthers Auftreten Wirklichkeit gewordene Scheidung in eine, generell gesagt, deutsche und eine lateinische Frömmigkeit. Doch ging es dabei keineswegs um eine rein geistige oder kirchliche Differenzierung. Instinktiv stellte sich der junge, eben in Aachen vom gleichen Aleander zum Kaiser gekrönte Karl von Burgund in Worms auf die Seite des Papstes. Aber auch die Welt, die er wieder zum Leben erwecken wollte, auch das Heilige Römische Reich, gehörte, wie die mittelalterliche Christenheit, einer unwiederbringlich vergangenen Epoche an (vgl. Kap. 10, I). Es ist nur natürlich, daß sich Kaiser und Papst zu Anfang so verhalten haben, wie eine lange und ruhmreiche Vergangenheit sie zu handeln veranlaßte. Es ist verständlich, daß sie nicht sofort den Abstand zwischen ihrer Weltanschauung und der Neuordnung der Dinge ermessen haben. Das Papsttum erfaßte in gewisser Weise die Lage schneller als Karl, zog die Folgerungen daraus und organisierte sich, um gewappnet zu sein. Kurz, die Entwicklung der Reformation wurde von der Existenz politisch-wirtschaftlicher Strukturen beherrscht, die sich im Abendland zwischen dem 14. und 16. Jahrhundert durchgesetzt hatten, auch wenn sich die Zeitgenossen darüber nur unklar Rechenschaft gaben. Das spezifische Gewicht der Kirche hatte sich, verglichen mit dem der einzelnen Staaten, enorm verringert. Um 1540 war Europa infolge seines Bevölkerungszuwachses und seines vielerorts gestiegenen Reichtums, infolge der Verwaltungs- und Finanzorganisation zahlreicher politischer Machtzentren eine sehr viel festere und bedeutendere Wirklichkeit als zwei Jahrhunderte oder selbst ein Jahrhundert zuvor. Das kirchliche Machtsystem konnte Europa nicht mehr beherrschen, konnte kein erfolgreiches Gegengewicht zur weltlichen Gesellschaft mehr bilden. Die Strukturen des Abendlandes waren nicht mehr schwach und für den Klerus nicht mehr leicht zu formen. Dadurch, daß die Europäer sich auf dem Boden des alten Kaiserreiches in Nationalstaaten mittlerer Größe ordneten, gaben sie auch unmerklich die alte christliche Universalität auf; indem sie auf deutlichere Weise ihre religiösen Anschauungen mit den andern Kollektivkräften verbanden, die den neuen politisch-sozialen Gebilden Form und Halt gaben, schufen sie die Voraussetzung, die Verschiedenheit der Konfessionen und Riten akzeptieren zu können.

Wir haben bereits hervorgehoben (vgl. Kap 3, II; Kap. 8, I), wie die Kirche, d. h. die römische Zentralgewalt und der Klerus der wichtigsten Länder, sich im Lauf des 15. Jahrhunderts an diese lange Entwicklung anpaßte. Im folgenden Jahrhundert organisierte sie sich ganz zweckbestimmt und dem neuen europäischen Lebenssystem entsprechend. Da der Klerus sich nicht mehr als führende Klasse behaupten konnte, fand er sich mit einem Kompromiß ab, der noch für manch weiteres Jahrhundert seine Stärke garantieren sollte. Der alte Anspruch auf den Vorrang der geistlichen Sphäre wurde noch von den einzelnen Kirchen aufrechterhalten. Aber sie wußten sehr genau, daß sie ihn jetzt nur noch ganz begrenzt verfechten konnten. Die Zeit der Kämpfe zwischen der geistlichen und der weltlichen Gewalt war vorüber. Es hob die für die geistliche Gewalt nicht minder vorteilhafte Epoche der gegenseitigen Verständigung und der Bündnisse an. Dadurch, daß die Kirchen sich die Staatsräson der verschiedenen Nationen zu eigen machten, wurden sie in stärkerem Maß als zuvor zu einer Stütze der gesetzten Ordnung. Der Bund zwischen Thron und Altar im modernen Sinn des Wortes stammt aus dieser Zeit. Der Klerus verzichtete auf die absolute ethische Vorrangstellung (wovon man nicht sehr viel merkt) und gliederte sich, was für ihn nicht weniger ergiebig war, in das Leben der neuen Führungsschichten ein. Die weltliche Gewalt und die europäische Gesellschaft benötigten ihn noch. Die Kirchen (in den katholischen Ländern die katholische, in den andern die protestantischen) boten sämtlich großartige Herrschaftsinstrumente, vom Wohlfahrts- und Bildungswesen bis zur Predigt und Diplomatie. So beobachtet man bald eine außerordentlich starke Überschneidung der politischen und der religiösen Interessen innerhalb bestimmter geographischer Gebiete, einen organischen, sehr umfangreichen gegenseitigen Austausch von Dienstleistungen, eine gewaltige Verflechtung von Funktionen.
Jedes Land hatte an diesem Prozeß je nach seinen ihm eigenen Formen teil. Deshalb gab es keinen mechanischen Gleichlauf, wohl aber existierte ein grundsätzlicher Zeitzusammenhang, der sich über ein Jahrhundert hinzog. Der erste europäische Staat, bei dem man diesen Prozeß feststellen kann, war, wie erwähnt, Spanien. Hier wurde das religiöse zusammen mit dem ethnischen Problem von der zweiten Hälfte des 15. Jahrhunderts an in Angriff genommen und sofort einer raschen und gebieterischen Lösung zugeführt; doch war die Frage nicht vor Beginn des 17. Jahrhunderts bereinigt. Auch wegen seines Vorsprungs vor dem restlichen Abendland war Spanien, was die gleichzeitige Festigung von Politik und religiösen Anschauungen anlangt, das Land, das am wenigsten von der Reformation berührt wurde. Ebenso unterliegt es keinem Zweifel, daß sein

Einsatz für die Lösung der eigenen Fragen auf diesem Sektor Spanien in die erste Reihe bei der katholischen Neuordnung in Europa führte. Auch vom Reich haben wir schon gesprochen. Es stellte das andere Extrem dar, den Bereich des Kontinents, wo der Konsolidierungsprozeß mühevoller war und wo er kein eigentliches Ende finden sollte. Es genügt, hier noch anzufügen, daß der Kampf zwischen Katholiken und Protestanten ungeheure Ausmaße annahm und weit über die Mitte des 16. Jahrhunderts hinausging. In der ersten Hälfte des Jahrhunderts erlebt man in Deutschland zwar die Ausbreitung des Luthertums, kann jedoch nicht feststellen, daß sich ein großer protestantischer Staat durchsetzte. Jeder Fürst führte bei sich den neuen Glauben ein oder stellte den alten wieder her. Andererseits konnte die spätere katholische Revanche des kaiserlich-habsburgischen Österreich über das protestantische Deutschland nicht Herr werden und wich auf den Balkan aus. Viel eindeutiger dagegen war das religiöse Schicksal Frankreichs. Entscheidend von der Tatsache bestimmt, daß sich in diesem Land die andere große Richtung des protestantischen Lagers, der Calvinismus, durchsetzte, entschied es sich erst in der zweiten Hälfte des 16. Jahrhunderts. Der Fall der Niederlande entsprach genau dem Frankreichs, obschon es in Holland im Endergebnis zwei Kirchen gab. Überdies gelang es den Niederländern zum Teil, ihr nationales Problem mit dem religiösen zusammen zu lösen.

Typisch schließlich war die Loslösung Englands vom Katholizismus und sein Übertritt ins reformierte Lager. Die Forderungen nach Erneuerung und Befreiung von der Kirche verbanden sich auf dieser Insel mit den Ansprüchen der monarchischen Zentralgewalt. Die Verstoßung Katharinas von Aragon durch Heinrich VIII. wurde zum äußeren Anlaß und zum entscheidenden Faktor der politisch-religiösen Wende. An sich so verschiedene Tatsachen wie Luthers theologisch-dogmatische Revolte und die dynastische Nachfolge der englischen Königsfamilie bekamen im Europa der ersten Hälfte des 16. Jahrhunderts einen Zusammenhang durch die Gesamtheit der Probleme, die wir darzustellen versuchten. Ob der Anstoß vom Drama eines Mönchs oder dem eines Königs ausging, die Notwendigkeit einer Neuordnung der religiösen Strukturen unter Berücksichtigung der politisch-sozialen war nunmehr so groß, daß sie bei offensichtlich heterogenen Erscheinungen ganz ähnliche Wirkungen hervorrief. Im übrigen unterschied sich der Ablaßwirrwarr, der in Deutschland den Glaubenskampf entfacht hatte, nicht so sehr vom Durcheinander, das in England durch die kanonischen Ehevorschriften entstanden war. Beide Male handelte es sich um Gewächse jenes bürokratisch-geistlichen Waldes, den Papsttum und Klerus im Abendland hatten gedeihen lassen. Um

die Kontinuität seines eigenen Hauses auf dem Thron sicherzustellen, ließ sich Heinrich VIII., ohne auf große Schwierigkeiten
bei Adel und Klerus seines Landes zu stoßen, zum Oberhaupt
der englischen Kirche ausrufen (Februar/März 1531), da er sah,
daß er anders über die römische Hartnäckigkeit nicht Herr werden konnte. Außerdem ließ er seine neue Gattin, Anne Boleyn,
zur Königin krönen (1. Juni 1533). Gleichzeitig ging er jedoch
tatkräftig an die Reform des Klerus, hob die Annaten auf und
schaffte die kirchlichen Privilegien auf dem Gebiet der Gesetz-
gebung und Rechtsprechung ab. Die Bischofsernennung wurde
königliches Vorrecht, während jegliche finanzielle Abgabe an
den Heiligen Stuhl verboten wurde und ein Teil der Einkünfte
des Klerus an die Krone überging. Die religiösen Orden wurden
nicht sofort aufgehoben, aber all ihre Mitglieder wurden, wie
jeder Priester, gezwungen, öffentlich die Oberhoheit des Königs
in Fragen der kirchlichen Rechtsprechung zu predigen.

So hatte sich um 1550 die kirchliche (wie auch die politische)
Geographie in Westeuropa bereits grundlegend gewandelt gegenüber den Verhältnissen ein Jahrhundert früher. Ohne Zweifel haben sich die Historiker mehr von diesen ziemlich spekta-
kulären Veränderungen (die manchmal eher institutionell als
unmittelbar wirksam waren) anziehen lassen als von den konti-
nuierlichen oder wechselnden Elementen, die zu keinen klaren
und dauerhaften Ergebnissen gelangt sind. Man kennt ziemlich
gut die Wechselfälle der theologischen Dispute, das Aufkommen der vom überlieferten Dogma verschiedenen oder ihm entgegengesetzten Lehren, das Verhalten der jeweiligen kirchlichen
oder politischen Gewalt. Man weiß weniger, in welchem Maß
die theoretischen Formulierungen, die zum großen Teil von
Mitgliedern des alten oder neuen Klerus stammten und das Ergebnis einer vom theologischen Erbe noch stark geprägten Mentalität waren, den Reaktionen des Kollektivempfindens, den
Tendenzen der religiösen Anschauungen der Massen und denen
ihrer Frömmigkeit entsprachen. Auf der andern Seite muß man
die Tatsache hervorheben, daß um die Mitte des 16. Jahrhunderts sich sehr deutlich eine weltliche Kultur fassen läßt, die sich
der alten Weltanschauung gegenüber, sie sei religiös oder philosophisch, nicht mehr unterlegen fühlte.

Wenn wir uns auf den Bereich der religiösen Anschauungen,
wie sie in ihrer kirchlichen Form zutage traten, beschränken,
lassen sich gleichfalls sehr wesentliche und neue Momente beobachten. Vor allem finden wir im katholisch gebliebenen wie im
protestantischen Lager eine erneute Vitalität. Wir haben bereits
erwähnt, wie vom Luthertum schon gleich zu Anfang rasch und
in großer Zahl Bewegungen verschiedenen Umfangs und unterschiedlicher Dauer ausgingen. Ihr Erfolg hing von der Bedeu-

tung der Gesellschaftsschichten, in denen sie Verbreitung fanden, von der Kraft der politischen Gewalten, die sie unterstützten, von der wirtschaftlichen Lage und von den Verfolgungen, denen sie ausgesetzt waren, ab. Das Schicksal jeder reformierten Kirche wurde von derartigen allgemeinen Faktoren beeinflußt. Aber auch die Elemente, die das Leben der abendländischen Staaten trugen, gewannen oft durch die neuen religiösen Formulierungen größere Kraft und Klarheit. Mit andern Worten, die gemeinhin als religiös bezeichnete Dimension bildete immer noch eine der tragenden Strukturen des europäischen Lebens im 16. Jahrhundert, insofern durch sie mächtige Energien in Erscheinung traten, die die allgemeine Entwicklung der Geschichte formten oder ihr eine neue Richtung gaben. Kurz, die Religion erwies sich zu dieser Zeit (je nach der Bewertung und manchmal auch den objektiven Gegebenheiten) immer noch als eine beharrende oder dynamische, jedenfalls als eine wirkliche und bestimmende Kraft. Dies zeigte sich nicht nur in der bereits erwähnten Form einer stark betonten Eingliederung des Klerus in das öffentliche Leben, sondern ebenso in Form einer konkreten Glaubensäußerung und einer aktiven Behauptung von religiösen Anschauungen. Unvermeidlich wurden diese geistigen Energien im allgemeinen vom Klerus gefiltert und von den Priestern so weit wie möglich kanalisiert. Trotzdem quollen sie über und waren von Fall zu Fall zäh, befreiend oder zerstörerisch.

Da diese Erscheinung eigentlich erst nach dem hier behandelten Zeitabschnitt richtig Gestalt gewann, mag es genügen, auf zwei ihrer bezeichnendsten Aspekte hinzuweisen, von denen wir einen bei den Katholiken, den andern bei den Protestanten feststellen können.

Man muß die Rolle und Bedeutung der Gesellschaft Jesu unbedingt im Rahmen der neuen religiösen Orden des 16. Jahrhunderts und der gesamten Neuordnung der römischen Kirche sehen. Wie sollte man aber nicht hervorheben, daß die Gesellschaft Jesu zugleich ein spontanes Erzeugnis des religiösen Klimas und ein Instrument der Kirchenpolitik war, die sich von der ersten Hälfte des 16. Jahrhunderts an in den Rom treu gebliebenen Ländern durchsetzte? Es handelte sich zuvörderst um eine Kompanie (*Compagnia di Gesù*), d. h. um eine Schar von Soldaten, oder, wie man heute sagen könnte, von Aktivisten, da die Jesuiten keine militärischen Funktionen ausübten. Der Spanier Ignatius von Loyola (1491–1556) plante diese Gesellschaft 1534 in Paris, gründete sie 1537 in Venedig und erhielt für sie 1540 von Paul III. die Bestätigung. In den gleichen Jahren hatte die Kardinalskommission, die vom Papst mit dem Studium der zu einer Reform des Klerus geeignetsten Methoden beauftragt war, den Plan gefaßt, die bestehenden Orden, Ursache so vieler Skandale, aufzuheben und keine neuen mehr zu schaffen. Doch die Gesellschaft Jesu glich den mittelalterlichen Orden recht wenig. Sie belastete sich nicht mehr mit dem Stundengebet, das im Chor zu verschiedenen Tageszeiten verrichtet werden mußte, und lehnte das große Ideal, das die Bettelorden geleitet hatte, ab (jedes Jesuitenkolleg und Noviziat mußte über Liegenschaften verfügen, die den Unterhalt von Lehrern und Schülern sicherstellten). Dagegen hatte sich die Gesellschaft Jesu einem Programm verschrieben, das bestimmt war, aus ihr einen der Pfeiler des neuen Katholizismus zu machen: absolutem (durch ein besonderes Gelübde festgelegtem) Gehorsam dem Papst gegenüber und völliger Übereinstimmung mit der von der römischen Kirche sanktionierten Lehre. Das heißt, der Jesuit wurde kein Mönch, der mehr oder weniger (zumindest theoretisch) den Dingen dieser Welt fernstand, und auch nicht nur ein Priester, der sich der Sorge für die Gläubigen verschrieb, sondern ein politischer Priester. Kurz, ein der päpstlichen Sache völlig ergebener Ordensmann und ihr Paladin, gleichgültig, ob in Fragen des Dogmas, der Propaganda oder in mehr weltlichen Umtrieben.

Der Erfolg der Gesellschaft Jesu, für die sich die Ehre Gottes mit dem Triumph der katholischen Interessen identifizierte, so wie sie die päpstliche Monarchie definierte und zeigte, war unmittelbar und blitzschnell. Die Jesuiten stellten die zweckgebundenste kirchliche Körperschaft der römischen Welt dar. Die calvinistischen Geistlichen ihrerseits bildeten die dynamischsten Aktivisten der protestantischen Reform. Angesichts dieser Analogie darf man natürlich nicht die tiefen Unterschiede zwischen den Aktivisten des Katholizismus und denen der Reformation aus den Augen verlieren. Doch rührten diese Unterschiede vor allem von den kulturellen und sozialen Strukturen, die für Jesuiten und Calvinisten bestimmend waren, her. Gewiß wollte der Jesuit nur unter dem päpstlichen Banner und unter dem seines Ordensgenerals ein Soldat Christi sein, während der Calvinist den eigenen Glauben unmittelbar im Lichte der Schrift zu leben wünschte. Aber wenn der Gott Calvins (1509–1564) auch zweifellos höher stand als irgendein römischer Bischof, so hatte doch die vom französischen Reformator geschaffene Kirchenorganisation die Tendenz, ganz eisern und tyrannisch zu werden. Denn man kann sich keinen pädagogischeren Gott als den Gott Calvins vorstellen, und nur die Pastoren vermochten zutreffend Gottes Absichten zu zeigen. Im Bereich der praktischen Wirksamkeit gibt es in der ganzen protestantischen Literatur kein Buch, das die Sache der Reformation mehr gefestigt oder dynamischer gestaltet hätte als die *Institution chrétienne* (1536; später mehrfach überarbeitet). Die Exkommunikation gelangte wieder zu Ehren, ebenso der Kampf gegen die Häretiker, und zwar bis zu deren physischer Vernichtung. Kurz, die Kirche Calvins behauptete sich rasch als die gefestigtste und widerstandsfähigste unter allen Kirchen, die Luthers Revolte hervorgebracht hatte. Sie vermochte dies nicht allein mit Hilfe disziplinarischer Maßnahmen, sondern ebenso durch die starke Betonung bestimmter Dogmen, in erster Linie des Dogmas von der Prädestination. Denn dieser Lehrsatz kanalisierte die Forderung nach individuellem Heil, indem er sie innerhalb eines neuen kirchlichen Organismus unter Kontrolle behielt. Die durch die Reformation freigelegten religiösen Energien sammelten sich jetzt, nachdem sie eine Zeitlang fast sich selbst überlassen gewesen waren, von neuem in kirchlichen Einrichtungen, wie dem Konsistorium der Pastoren und den Synoden. Die organisierte calvinistische Kirche befaßte sich ihrerseits viel stärker als die mittelalterliche mit der Redlichkeit und Sittsamkeit ihrer Gläubigen, zumindest, soweit beides nach außen hin sichtbar war, und trug so zur Bildung menschlicher Gemeinschaften bei, deren Mitglieder ein ausgeprägtes ethisches und gesellschaftliches Bewußtsein besaßen. Zum erstenmal in der Geschichte des Abendlandes spielte das Christentum organisch seine moralische Rolle mehr mit Rücksicht auf das irdische Leben als auf die himmlische Bestimmung des Gläubigen.

10. Imperien und erste Einheit der Welt
(1480-1560)

In einem Brief an Wolfgang Fabricius Capito vom 26. Februar 1517 äußerte der schon betagte Humanist Erasmus von Rotterdam den Wunsch, noch einmal jung zu sein: »Denn«, so drückte er sich aus, »ich sehe in naher Zukunft ein goldenes Zeitalter.« Vorsichtig wie er war, merkte er vielleicht nicht, daß er bereits in einem goldenen Zeitalter lebte. Klarer wurde sich dessen vier Jahre später Luther bewußt: »Wenn man auch alle Chroniken liest, so wird man seit der Geburt Christi nichts finden, das mit dem verglichen werden könnte, was sich in den letzten hundert Jahren unter uns begeben hat. Nie hat man in irgendeinem Lande so viele Bauwerke, so viel bestelltes Land gesehen! Nie so viel zu trinken, so reichliche und feine Speisen und für so viele Leute erschwinglich. Die Kleider könnten gar nicht kostbarer sein. Wer hat je von einem Handel wie dem heutigen gehört? Er erstreckt sich über die Welt und umfaßt die ganze Erde. Die Malerei, der Holzschnitt, alle Künste haben Fortschritte gemacht und vervollkommnen sich weiter. Außerdem gibt es unter uns so geschickte und kluge Leute, deren Geist alles durchdringt, daß heute ein Jüngling von zwanzig Jahren mehr weiß, als zu anderen Zeiten zwanzig Doktoren.« 1521 hatte für Luther das goldene Zeitalter — das Erasmus erst voraussah — schon vor hundert Jahren begonnen. Es geht hier nicht darum, zu zeigen, wer von den beiden auf das Jahr genau recht hatte. Vielmehr sollen beide Zitate nur dazu dienen, uns das Vorhandensein neuer Bestrebungen, neuer Spannungen, kurz, einer neuen Wirklichkeit sichtbar zu machen. In einer Welt, die immer größer wurde, die sich zur Kenntnis nahm und ein Bewußtsein ihrer selbst entwickelte — denn wie die Europäer Amerika entdeckten, Asien und Afrika wiederentdeckten, nicht anders entdeckte Asien Europa wieder, erfuhr Amerika das Dasein einer ganzen Welt —, in diesem wahrhaft *neuen* Universum traten große Gestalten auf den Plan und maßen sich erfolgreich an den neuen Dimensionen der Geschichte: Mohammed II. eroberte 1453 Konstantinopel und wurde so zum Erben der Kaiser von Byzanz, wie auch seine Nachfolger Selim und Soliman der Prächtige; Karl V. erweckte den Geist des kaiserlichen Rom zu neuem Leben und trug ihn über die Grenzen Europas hinaus. Diese gewaltigen Gebietszusammenschlüsse, diese

»Imperien«, fanden gleichfalls mächtige Gegner: Franz I. von Frankreich nahm das Übergewicht der Habsburger nicht hin; Persien erkannte die osmanische Übermacht nicht an. Wenn die großen Herrscher und ihre unermeßlichen Reiche gewaltig aufeinanderprallten, so war es nur natürlich, daß Bündnisse zwischen den Großen einerseits und den schwächeren Feinden andererseits entstanden. Ungeachtet aller religiösen Bedenken zögerte Franz I. nicht, sich mit dem osmanischen Reich gegen Karl V. zu verbünden; selbst Spanien behielt die türkenfeindliche Haltung des muselmanischen Persien im Auge, um dem osmanischen Reich besser entgegentreten zu können. Interessen, politische Bestrebungen, diplomatische Schachzüge überkreuzten sich in bisher nie gekanntem Ausmaß. Man begann, die Bedeutung der Ereignisse an einem einzigen, weltweiten Maßstab zu messen.

Das mehrdeutige Wort »Imperium« umfaßte verschiedene Realitäten. Das osmanische Reich des 15. oder des 16. Jahrhunderts und das Reich Karls V. waren in ihren tatsächlichen Daseinsformen, in ihren Ideen und in ihren Bestrebungen durchaus verschieden. Als der junge Karl zur Macht kam, wollte er die alte Idee des Heiligen Römischen Reiches wiedererstehen lassen, das in der »monarchischen Anarchie« des Römischen Reiches Deutscher Nation mühsam die Jahrhunderte überdauert hatte. Er vergrößerte das territoriale Fundament des Reiches und gründete seine Herrschaft auf die Universalität der Religion. Der Widerstand erwuchs aus der Vielfalt der Sprachen und aus der Tatsache, daß ein gewisses Zusammengehörigkeitsgefühl der nationalen Gruppen (wir sprechen noch nicht von Nationen) sich zu bilden begann. Seine *erste* Reichsidee — die in der Krönung von Bologna 1530 ihren Ausdruck fand — war zum Scheitern verurteilt. Sie war von vornherein verfälscht und unzeitgemäß. Am heftigsten wirkte ihr die religiöse Spaltung Europas entgegen. Dem Versuch politischer, konstitutioneller Einigung entsprach in der Wirklichkeit eine geistig-religiöse Auflösung. Ihr vermochte der Kaiser nicht zu widerstehen. Hier liegen die Gründe seines Scheiterns. Und von hier aus gesehen war Karl V. wirklich der letzte der großen mittelalterlichen Herrscher: seine beständige Angst vor dem Tode, seine selbstquälerische Frömmigkeit, seine Vorliebe für Ritterorden und alles, was Prunk und Schein war, bezeugen es.

Aber wenn er mit seiner Lieblingsidee scheiterte, so gelang ihm unbewußt und unbeabsichtigt etwas anderes. Er war der Schöpfer des ersten *modernen Kolonialreiches*. In diesem Reich ging die Sonne nie unter . . . Es war das Reich ohne Dämmerung. Von Europa bis Amerika, bis zum Pazifik wurden Kulturen zerschlagen und andere darüber errichtet; bestimmte Ernährungsweisen

Abb. 24: Karl V., der sich als Nachfahre Karls des Kühnen empfand und in dessen Geist das Reich aufbaute, siebzehnjährig in mittelalterlich-burgundischem Gewand. In seiner äußeren Erscheinung zeigt Karl hier den Typ des Feudalritters. (Tonbüste von Conrad Meit im Gruuthusemuseum, Brügge.)

verschwanden, andere bürgerten sich ein; alle wurden verpflanzt. Religionen wurden ausgelöscht und durch andere ersetzt. Inmitten all dieser Veränderungen blieb Karl V. einsam und stolz: Sieger und Besiegter. Er zog sich in das Kloster San Yuste zurück, im Vertrauen auf seinen Gott und in Furcht vor dessen Zorn. Die letzten Jahre seines Lebens waren nicht frei von politischen Sorgen, aber sie bezogen sich vor allem auf Europa und das Reich im alten Sinne. Aber auch hier scheiterte er: 1556 trat er die Kaiserkrone an Ferdinand I. (1556—1564) ab, während sein Sohn Philipp II. (1556—1598) nur König von Spanien wurde. Der große Traum vom Kaiserreich zerstob. Sein Sohn, der »bürokratische König« (el rey papelero), war zwar ein besessener Arbeiter, es gelang ihm aber nur, »le meilleur de ses secrétaires« (F. Braudel), der beste seiner Sekretäre zu werden. Als König von Spanien trieb er auch europäische Politik, die nach 1559 im wesentlichen in der Bewahrung der Herrschaftsbereiche der spanischen Krone (in Italien und Flandern) und in einer Haltung religiöser Strenge gegenüber den protestantischen Ketzern und der muselmanischen Welt bestand. Aber sein bürokratischer Geist veranlaßte ihn, sich sehr viel mehr als sein Vater um die überseeischen Besitzungen zu kümmern, die er organisierte, verteidigte und ausdehnte. All dies mit großer Langsamkeit; das auf seine Weise heroische Zeitalter der *conquistadores* war zu Ende, das der Vizekönige begann.

Das Ergebnis des Wirkens dieser beiden Monarchen, deren Herrschaftszeit beinahe das gesamte 16. Jahrhundert ausfüllte, war durchaus positiv. Wenn auch die alte Idee des Kaiserreichs endgültig erlosch und hinfort nur noch in schwindelnden Träumen wiedererweckt werden konnte, so zeichnet sich jetzt der Gedanke eines neuen, modernen Reiches ab. Und er setzte sich durch: die großen Nationen der Neuzeit wurden direkt oder indirekt von ihm inspiriert.

Dieser vornehmlich europäisch geprägten Wirklichkeit stand das osmanische Reich gegenüber. Es erreichte in der Zeit zwischen Ende des 14. und Ende des 15. Jahrhunderts in Europa seine größte Ausdehnung. Es stieß zwar noch bis ins Herz des christlichen Abendlandes vor — 1500 hielten die türkischen Reiter weniger als 100 km vor Venedig —, aber ingesamt gesehen fehlte der Atem, die Kraft, um den Eroberungszug bis zu den reichen Städten Westeuropas auszudehnen. Hingegen bestanden noch Expansionsmöglichkeiten im Mittelmeerraum: in Syrien, in Ägypten, auf Rhodos, auf Zypern, an den Küsten Nordafrikas. Von hier aus wurde das osmanische Reich eine wahrhaft europäische Macht, und dies ist bedeutsam. Man sollte daran denken, wenn man im Friedensschluß von Cateau-Cambrésis von 1559 den Anfang der spanischen Hegemonie in Europa sehen will. Hegemonie? Ja und nein: denn sie wurde beständig durch die türkische Macht ausgeglichen und gebunden. Jenseits der Gegensätze gab es zahlreiche Berührungspunkte zwischen dem spanischen und dem osmanischen Riesenreich. Zunächst ihr *Ursprung*: beide entstanden im Herzen des Festlandes. Der Erde verwandt ist ihre Solidität und wuchtige Stärke. Beide hatten im übrigen nie Glück auf dem Meer, und wenn es Spanien gelang, die türkische Macht auf dem Meere zurückzudrängen, so immer mit Hilfe von Verbündeten, die von jeher starke Seemächte gewesen waren. Diese Unterlegenheit zur See entsprach genau der Stärke der beiden Mächte zu Lande. Die türkischen Janitscharen waren eine ausgewählte Kampftruppe: diszipliniert, gut bewaffnet und sehr beweglich, waren sie das Gegenstück zu jenen spanischen Einheiten (den *tercios*), von denen geschrieben werden konnte, daß ihre Aufstellung »quelque chose d'équivalent, dans l'histoire générale du monde, à la naissance de la phalange macédonienne ou de la légion romaine«* darstellte (F. Braudel).

Diese Vergleiche gipfeln in einer Tatsache von grundlegender Bedeutung: die neuen Reiche erforderten einen Stab von Verwaltungsspezialisten, von Beamten, also kaiserlichen Räten, Verwaltern, Gesandten, Schreibern ... Sie waren nichts Neues, denn schon im Schatten der mittelalterlichen Herrscher fand man Beamte. Aber sie standen eben im Schatten. Jetzt nahmen sie führende Stellungen ein und trafen Entscheidungen; vor allem hatten sie eine Dauerstellung; der Hof stabilisierte sich. Außerdem fanden sich in diesen großen Zusammenballungen von Völkerschaften, wie die Reiche es waren, auf höchster Ebene Beamte verschiedener Nationalität: von 1453 bis 1623 waren von 48 Wesiren nur 5 Türken. Der große Ratgeber Karls V. — der eigentliche Schöpfer der Reichsidee Karls — war der Piemontese Mercurino Gattinara; der Berater Philipps II., der einige der hervorragendsten Unternehmungen seiner Herrschaftszeit anregte, war der Kardinal von Granvelle aus der Franche-Comté. Dies ist wichtig, weil es zeigt, wie diese Beamten nicht mehr durch den Lehnseid an ihren Herrscher gebunden waren, sondern ihr Abhängigkeitsverhältnis nunmehr ein dauerndes Angestelltenverhältnis war. Die Verwaltung gewann endgültig die Oberhand. In den Archiven organisierte sie sogar ihr eigenes Gedächtnis.

Die Entstehung dieser geographischen Riesengebilde zwischen dem 15. und dem 16. Jahrhundert ging nicht ohne Schwierigkeiten vor sich. Die immer größer werdenden Entfernungen schufen organisatorische Probleme, welche die Nachrichtenverbindungen, die Wechselbeziehungen überhaupt, die Entscheidungen und Bewegungen, sowie den Handelsverkehr hemmten und erschwerten. Man kann die ungeheure Ausdehnung der Reiche nicht ermessen, ohne die Langsamkeit der Transportmittel in Betracht zu ziehen; um von Venedig nach Alexandria zu gelangen, benötigte man mindestens 17 Tage, von Venedig nach Calais 12 Tage, Venedig–Brüssel 9 Tage, Venedig–Nürnberg 8 Tage ... Und die Entfernungen in diesen Beispielen sind noch nicht einmal besonders groß. Extreme erreichten sie im überseeischen Teil des spanischen Reiches: dort waren die Entfernungen nicht nur *ungeheuer*, sondern auch *ungleichartig*. Denn nimmt man beispielsweise Cádiz als Ausgangspunkt an, so muß man die Entfernungen zu den verschiedenen amerikanischen Häfen nicht nach Kilometern, Meilen oder dergl. berechnen, sondern nach *Reisetagen*, und diese wa-

---

* »etwas, das in der allgemeinen Weltgeschichte der Entstehung der makedonischen Phalanx oder der römischen Legion gleichkommt«.

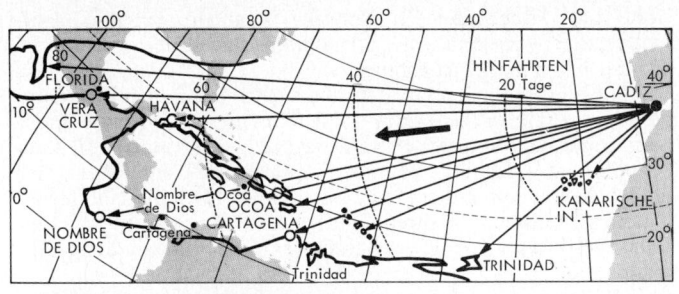

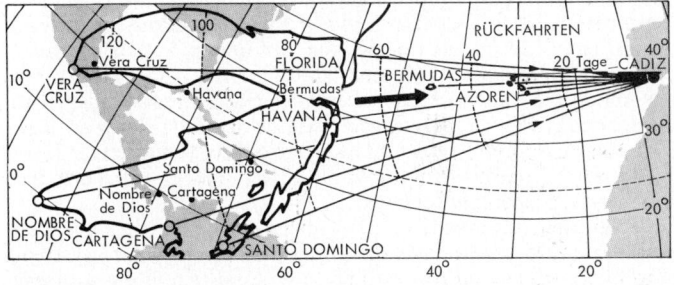

Abb. 25: Das kartographische Bild des Atlantischen Ozeans auf Grund der Fahrzeiten von Schiffen im Vergleich mit der geographischen Wirklichkeit.

ren äußerst verschieden. Eine auf Grund der in Reisetagen ausgedrückten Entfernungen entworfene Landkarte sieht völlig anders aus als die den effektiven Entfernungen in Kilometern oder Meilen entsprechende (vgl. die obige Karte).

Das Gesetz der geometrischen Progression regierte gewissermaßen auch einen anderen Lebensaspekt dieser Riesenterritorien, nämlich das Geldwesen. Die Reiche brauchten Geld, viel Geld: für die Flotten, die Heere, die Verwaltung, den Hof, den Krieg, den Frieden. Spaniens Geldquellen lagen in den amerikanischen Minen. Aber auch dies war nicht so einfach, wie es auf den ersten Blick erscheinen könnte. Denn der Geldbedarf stieg schneller, als die Edelmetalltransporte in Sevilla ankommen konnten. Man mußte sich also nach Kredit umsehen. Hier sprang der Bankier ein, als nützliches Instrument zwar, aber gleichzeitig als Ausdruck einer der kaiserlichen Machtausübung gesetzten Schranke. Italienische und deutsche Bankiers unterstützten und behinderten gleichzeitig die Tätigkeit des Kaisers; jedenfalls setzten sie ihr eine Grenze. Während sich die

Gold- und Silberminen in Amerika befanden, lagen die entsprechenden Verwaltungs-, Verteilungs- und Kreditzentralen in Genua, Antwerpen, Augsburg ...

Große Gebiete wurden erobert. Wesentlich bei diesen Eroberungen waren immer die Waffen. Die Türken besiegten die ägyptischen Mamelucken mit Hilfe ihrer starken Artillerie; die zahlenmäßig unterlegenen Spanier bereiteten den amerikanischen Eingeborenen eine erdrückende Niederlage durch die Überlegenheit ihrer Reiter. Auf ihren Pferden und dank der psychologischen Wirkung ihrer Feuerwaffen errangen sie blitzartige Erfolge.

Bisher haben wir drei verschiedene Imperien erwähnt: das Traumreich Karls V., der sich die Wiederaufrichtung eines alten Ideals zum Ziel gesetzt hatte, das für immer zum Untergang verurteilt war; dann das spanische Reich Karls V., das durch ihn entstand, drei Jahrhunderte überdauerte und dessen Beispiel in der ganzen Welt Schule machte; das osmanische Reich schließlich, das den Gipfel seiner Macht erreicht hatte und zwar nicht mehr vom anfänglichen Schwung beseelt, aber auch noch frei von Verfallserscheinungen war.

Aber es gab noch andere: die aufstrebenden Reiche, wie beispielsweise Portugal, das sich langsam ausdehnte, auf verstreuten Stützpunkten, an Küstenrändern Fuß faßte und das eroberte Land beinahe nur streifte, dessen Herrschaft immer von neuem in Frage gestellt wurde, darum aber nicht weniger dauerhaft war. Bevor die Portugiesen ins Innere eines Landes vordrangen, zögerten sie lange; und vielleicht gelang es ihnen gerade aus diesem Grunde, ihre Herrschaft fester als andere zu begründen.

II. AUF DEM WEG ZUM MODERNEN STAAT

Diese Reiche waren nicht nur die Zeugnisse gewaltiger Einzelschicksale: Wir dürfen unsere Aufmerksamkeit nicht ausschließlich den Gestalten Karls V. und Solimans widmen. Ihre tiefe und deshalb verborgene Bedeutung lag in der Tatsache, daß sie in bis dahin nie gekanntem Ausmaß das Leben der Menschen, aller Menschen, ja der Massen erschütterten.

Auf der einen Seite Vernichtung ganzer Völker, Verschleppung, Sklaverei — auf der anderen Hebung des Lebensstandards, Verbesserung der Ernährung, Verbreitung verschiedener Erzeugnisse, die jahrhundertelang nur den obersten Schichten zugänglich gewesen waren. Man könnte ebenso schöne wie düstere Legenden über jene Zeit erzählen. Aber über alle Legenden hinaus bleibt die Tatsache bestehen, daß diese Reiche nachdrücklich zur Einigung der Welt beitrugen. 1556 konnte Jean Bodin in seinem

Werk *Methodus ad facilem historiarum cognitionem* versichern, daß »omnes homines secum ipsi et cum Republica mundana, velut in una eademque civitate mirabiliter conspirant«.[1] Mit dieser tiefen Verbundenheit aller Menschen, die durch die neuen Organisationsformen nach und nach zu Bewußtsein kam, begründete Bodin die Fortschritte der Zukunft: »habet natura scientiarum thesauros innumerabiles, qui nullis aetatibus exhauriri possunt«.[2]
Damit war die Aufgabe des modernen Menschen vorgezeichnet.

Aber es ging nicht nur um *Imperien*. Um sie zu erhalten und auch um ihnen Leben und konkreten Sinn zu geben, mußte sich die moderne Staatsidee durchsetzen. Der Staat suchte überall seine Vorrechte zu befestigen. Der Konflikt mit den Feudalmächten war unvermeidlich. Aber ebenso unvermeidlich war die Auseinandersetzung mit dem Bürgertum und den bäuerlichen Kräften. Hierin ist kein Widerspruch zu sehen. Freilich wäre die einfachste (aber beinahe naive) Vorstellung die eines Bündnisses zwischen dem werdenden Staat und den anderen beiden Klassen gegen den gemeinsamen Gegner, die Feudalmacht. Aber in Wirklichkeit waren die Dinge sehr viel verwickelter. In den ersten Phasen der Krise des Lehnswesens hatten das Bürgertum und auch die Bauern gewisse politische Freiheiten erlangt. Aber seit Ende des 15. Jahrhunderts etwa war diese politische Freiheit gefährdet, weil der Staat in seinem Kampf gegen die Autonomie der Feudalherren nicht gemeinsame Sache mit anderen Formen der Autonomie machen konnte: Er mußte gegen alle kämpfen. Und wenn er in Augenblicken äußerster sozialer Spannung unbedingt einen Verbündeten wählen mußte, so war dies notwendigerweise (zumindest in der Sicht jener Zeit) der Adel ... oder allenfalls ein Bürgertum, das aufgehört hatte, es zu sein, um selbst in den Adel aufzurücken. Und in vielen Fällen konnte gerade wegen dieser »Bündnisse« die innere Reform des Staates nicht durchgeführt werden.
Zum Beweis für diese Behauptung könnte man viele Beispiele anführen. Wir beschränken uns darauf, zwei Grenzfälle im Augenblick der höchsten Spannung und des Bruchs darzustellen: den Bauernkrieg in Deutschland und die Bewegungen der *comuneros* und der *germanías* in Spanien.
Den Thesen Günther Franz' zufolge steht am Ausgangspunkt der Bauernaufstände in Deutschland keine Elendssituation, son-

1 Alle Menschen sind untereinander und innerhalb des irdischen Staates wie in einer einzigen Gemeinschaft auf wunderbare Weise verbunden.
2 Die Natur birgt unzählige Schätze für die Wissenschaft, die nie erschöpft werden können.

dern eher die Auflösung einer Gesellschaftsstruktur. Vor dem eigentlichen Ausbruch des Bauernkrieges waren vereinzelte Revolten aufgeflammt: Bis 1513 gab es eine ganze Reihe spontaner, nicht organisierter, führerloser Bewegungen. Ab 1513 hingegen trifft man auf regelrechte »Verschwörungen« mit anerkannten Führern, einer ausgedehnten Organisation, Propaganda und dem Bestreben, sich weiter zu verzweigen. Noch ein Unterschied ist festzustellen: Vor 1513 lautete die Parole: »Altes Recht!« Danach aber: »Göttliches Recht!« Es ist sicher, daß im Falle Deutschlands religiöse Beweggründe diesen Wandel stark beeinflußten; aber ebenso sicher ist, daß die neue Forderung an die Stelle eines »alten Rechts« trat, das nunmehr gänzlich aus dem Gefüge geraten und sinnentleert war. So kam es zum endgültigen Bruch: 1524–1525. Und alle neuen Kräfte, von Luther bis zum Kaiser, mißbilligten ihn, obwohl ihre ureigensten Interessen offenbar auf seiten der Bauern liegen mußten. Sicher darf man nicht an einen *Verrat* Luthers glauben, an einen plötzlichen Gesinnungswechsel. Luthers Stellungnahme zugunsten der Feudalherren war nicht durch politische Erwägungen des Augenblicks diktiert. Wenn er Ende April 1525 mit seiner berühmten *Ermahnung zum Frieden auf die zwölf Artikel der Bauernschaft in Schwaben* entschlossen in den Streit eingriff und erklärte, daß jeder Aufstand gegen das Evangelium verstieße, so griff er damit lediglich die Themen aus dem Brief an Friedrich vom 5. März 1522 wieder auf oder die des Traktats *Von weltlicher Obrigkeit* vom Dezember 1522: »Es ist eyn großer herr unßer Gott. Darumb muß er auch solch edelle, hochgeporne, reyche hencker und böttel haben . . .«

Jene deutschen Bauern, die geglaubt hatten, in Luther einen geistigen Führer und in seiner religiösen Doktrin eine eigene Soziallehre zu besitzen, blieben damit ohne Führer und ohne Doktrin, allenfalls beseelt von einem vagen Chiliasmus, mit dem sie nicht weit kommen konnten. Luther hatte sich selbst also nicht widersprochen; aber Luther stand im Widerspruch zur Zeit (vgl. Kap. 9, III). Er war mit den Fürsten und gegen den ärmeren Adel, gegen die *Ritter*, die sich 1522–23 in Bayern und Württemberg unter Führung von Franz von Sickingen erhoben; er war auch gegen die Bauern, die in Süddeutschland von Thomas Münzer (1524–25) geführt wurden, und gegen die aufständischen Bauern von Münster in den Jahren 1534–35. Was dem niederen Adel und den Bauern versagt war, wurde gleichzeitig den großen Lehnsherren gestattet; ideologisch auf die Reformation gestützt, säkularisierten die großen Herren die in ihrem Herrschaftsbereich befindlichen Kirchengüter: die Herzöge von Mecklenburg und Pommern, die Kurfürsten von Sachsen, von Brandenburg, von der Pfalz, der Landgraf von

Hessen bemächtigten sich des kirchlichen Besitzes. Sehr bezeichnend ist in diesem Zusammenhang die Besitzergreifung der Güter des Deutschordens im Jahre 1525 durch einen Hohenzollern, Albrecht von Brandenburg. Die späteren Folgen dieser Annexionen sollten für die Geschichte ganz Europas von grundlegender Bedeutung sein.

1520 und 1521 erhoben sich Segovia, Toledo, Guadalajara, Madrid, Avila, Burgos, Valladolid und andere Städte. Was forderten diese Rebellen, die diesmal Bürger waren? Vor allem, daß der König in Spanien leben, daß er sich bald vermählen solle, und zwar — dies wurde nicht ausdrücklich gesagt, aber man gab es zu verstehen — mit einer portugiesischen Prinzessin, um die Einheit der iberischen Halbinsel zu vollenden. Weitere Forderungen betrafen Steuerermäßigung, das Recht, Waffen zu tragen ... Aber der Aufstand richtete sich weder gegen den König noch gegen den Staat. Es war eine »nationale« Revolte, ein Aufstand der spanischen »Nation« gegen die Granden am Hofe Karls V., die zumeist Fremde waren. Der Führer der *comuneros*, Juan Padilla, errang eine Reihe militärischer Erfolge. Nachdem er getötet worden war, erwies sich seine Frau als seine würdige Nachfolgerin, indem sie Toledo bis zum Letzten verteidigte. Aber der Aufstand der *comuneros*, in dem sich das spanische Nationalbewußtsein erhoben hatte, wurde bald niedergeschlagen.

Deutlicher traten die Ziele des Aufruhrs der *germanías* (das heißt Bruderschaft) von Valencia und Mallorca in Erscheinung. Hier hatte sich das bürgerliche Zunftwesen stark und harmonisch entwickelt und war durch königliche Edikte, die bis zur Einrichtung eines Rats der Dreizehn (Christus und seine 12 Apostel!) gingen, legalisiert worden. Offenbar sah die Aristokratie diese Bewegung nicht mit Wohlwollen. Aber bisher hatte ein Gleichgewicht geherrscht. Dieses Gleichgewicht zerbrach, als der Rat der Dreizehn versuchte, außer der wirtschaftlichen auch die politische Macht an sich zu reißen, und nicht mehr bloß als Körperschaft zur Verteidigung von Klasseninteressen auftrat, sondern als Vertreter des gesamten Landes. In dieser Situation blieb Karl V. nichts anderes übrig, als sich bei der Unterdrückung der Bewegung hinter den Adel zu stellen. Die Bewaffneten, die sich nach Mallorca begaben, um den dortigen Aufruhr niederzuwerfen, bedienten sich vier kaiserlicher Galeeren.

Trotz der unzweifelhaften Unterschiede zwischen dem Bauernkrieg einerseits und den *comuneros* und *germanías* andererseits scheinen uns diese Beispiele mit genügender Klarheit außer den strengen Erfordernissen der Zentralgewalt auch die Grenzen des modernen Staatsaufbaus zu zeigen, der sich zwar durch zahlreiche Anzeichen ankündigte, in seiner Struktur aber noch unvollendet war.

Bestenfalls, wie in Frankreich und England, kann man von der Entwicklung einer feudalistischen zu einer aristokratischen Gesellschaft sprechen. Aber fest steht, daß zumal in diesen beiden Ländern (vor allem in England) jetzt die *Voraussetzungen* für die spätere Entwicklung geschaffen wurden.

Doch der Aufbau eines dauerhaften Staates brachte noch andere Erfordernisse mit sich, vor allem die Notwendigkeit, eine gewisse territoriale Kompaktheit zu erreichen.

Wo es ihm gelang, ein »Reich« aufzubauen oder sich mit einem Reich zu identifizieren, waren die Dinge einfach. Aber welche Möglichkeiten blieben beispielsweise den außerordentlich regen Städten, die die Triebfeder des mittelalterlichen Lebens gewesen waren, und das nicht nur auf wirtschaftlicher Ebene? Wie konnten die Hansestädte, wie konnten Venedig oder Genua zu modernen Staaten werden? Daß die Kultur hier zu höchster Blüte kam, wer könnte es bezweifeln? Daß man am Ende des 15. und während des 16. Jahrhunderts hier angenehmer lebte als in Städten, in denen ein rauhes Leben herrschte (wie in London oder Paris), auch das ist sicher. Daß in diesen Städten große Persönlichkeiten aufsteigen und große Vermögen machen konnten, wer wollte es bestreiten? Und doch waren sie jetzt zum Niedergang verurteilt, auch wenn sie hin und wieder dank günstiger äußerer Umstände noch einmal auflebten.

Einer der Gründe für diesen unvermeidlichen Abstieg war die Tatsache, daß diese Städte in der neuen Welt, die sich zu formen begann, vor einer ganzen Reihe von Verpflichtungen standen, die einfach über ihre finanziellen Möglichkeiten gingen, selbst wenn die steuerliche Belastung manchmal bis zum Äußersten getrieben wurde. Nur ein Beispiel: der Unterhalt eines Gesandten und einer Gesandtschaft in einer Hauptstadt erforderte dieselbe Summe, gleichviel ob es sich um den Vertreter Genuas oder um den Frankreichs handelte. Die unangemessene Belastung zeigte sich noch deutlicher bei den militärischen Ausgaben, die selbst für Staaten mit einer ausreichenden territorialen Grundlage belastend waren, in manchen Fällen aber geradezu erdrückend wurden.

Im günstigsten Licht erscheint unter den Stadtstaaten Venedig, dessen Prunk und Reichtum aufs engste mit dem Orienthandel und den Handelsbeziehungen nach Süddeutschland verbunden waren. Diese Stadt am Adriatischen Meer stellte beinahe einen Grenzfall dar, da es ihr, wie im Kapitel 2 geschildert wurde, durch die Besetzung eines ziemlich ausgedehnten Hinterlandes gelungen war, sich einen gewissen territorialen Rückhalt zu verschaffen. Sie hatte damit viel Weitblick bewiesen, aber offenbar nicht genug. Vor allem hatte Venedig auch mit der Eroberung Venetiens das Problem seiner unsicheren Kornversorgung nicht gelöst. Bei der geringsten Bedrohung, ja schon in Erwartung einer schlechten Ernte mußten alle Hebel des Versorgungssystems in Bewegung gesetzt werden, um Weizen aus Apulien, aus Morea, aus dem Mittleren Orient herbeizuschaffen. Darüber hinaus verpflichtete der Besitz eines ziemlich ausgedehnten Hinterlandes die Stadt noch mehr, an den Streitigkeiten der Großen teilzunehmen, Streitigkeiten, die ihrer Größe nicht mehr entsprachen, wie sehr diese auch gewachsen sein mochte. Eine amüsante Begebenheit mag dazu beitragen, diesen Tatbestand zu erhellen. Bei Ausbruch des Krieges gegen die Türken (1570 bis 1573) war der venezianische Gesandte in Konstantinopel in Gefangenschaft geraten. Der Sultan geruhte, sich gelegentlich mit ihm zu unterhalten. Nach dem Sieg der Christen bei Lepanto (der vornehmlich Venedig zu verdanken war) und nach dem Verlust Zyperns (der ausschließlich Venedig traf) soll der Sultan seinem gefangenen Gast erklärt haben: »Ihr habt uns mit der Zerstörung unserer Flotte ein Barthaar ausgerissen; indem wir Euch Zypern nahmen, haben wir Euch einen Arm ausgerissen.« Ob wahr oder unwahr, spiegelt diese Anekdote deutlich eine bestimmte Situation wider.

Nicht anders war die Lage der Hansestädte: auch wenn sie, vor allem nach 1550, eine zweite wirtschaftliche Blüte zu erleben schienen, so war im Grunde doch schon ihr Schicksal besiegelt. Um sich darüber klar zu werden, braucht man nur ihre Stellung gegenüber England zu betrachten. Im Hafen von London wurden seit 1553 die Kaufleute der Hanse nach und nach auf dieselbe Stufe mit den Engländern gestellt und verloren langsam alle Vorrechte, die sie ihnen gegenüber gehabt hatten. 1579 büßten sie ihre Privilegien auch im Hinblick auf die rivalisierenden ausländischen Kaufleute ein, gleich welcher Nationalität sie waren. Hamburg mußte 1567 die Niederlassung einer englischen Faktorei dulden.

Genua seinerseits konnte — wie auch Florenz — eine gewisse wirtschaftliche Macht nur in Person einiger seiner Bürger bewahren, denen es durch abenteuerliche Geldspekulationen gelang, große Vermögen zu gewinnen. Aber auch diese Vermögensgewinne waren nur in dem Maße möglich, wie jene genuesischen und florentinischen Bankiers ihre Fähigkeiten und ihr Kapital in den Dienst der Herrscher großer Staaten stellten: Karls V., Franz' I.

Augsburg sah in seinen Mauern die ungeheuren Reichtümer der Familie Fugger entstehen. Aber welche echten Entwicklungsmöglichkeiten besaß die Stadt in ihrer Gesamtheit, abgesehen vom Vermögen dieser Familie? Welches effektive Gewicht konnte Ragusa am Adriatischen Meer mit seiner Flotte großer Schiffe im Dienste von Klienten im Mittelmeerraum, aber auch der Atlantikländer, noch ausüben? Allgemein verloren die Städte ihre militärische Stärke. Ihr großes Ideal war der Friede. Doch nicht ein erkämpfter Friede, den sie hätten erzwingen können, sondern vielmehr ein Friede, der mit klingender Münze oder durch diplomatische Schachzüge erkauft war. Sehen wir uns doch diese braven Bürger von Augsburg an, die manchmal gezwungen waren, zu den Waffen zu greifen: sie verließen die Stadt »wie Vieh seinen Stall, wenn der Hirte es aus dem Tor treibt«, sagt Clemens Sender. Für wen sollten sie sich auch schlagen? Für einen Bischof, einen Fürsten, irgendeinen Dogen? Für eine vage »Christenheit« oder für ein noch unbestimmteres Gemeinwesen? Diese Worte hatten ihre Bedeutung verloren. Während der Schlacht von Lepanto nahmen die Galeeren des Doria gegenüber den Galeeren Euldj Alis Stellung, der ebenfalls der persönliche Eigentümer seiner Schiffe war. Beide Seiten fügten einander nicht allzuviel Schaden zu ... Eine Galeere war teuer und die Mannschaften nicht leicht zu finden.

Zusammenfassend kann also gesagt werden, daß in den Anfängen der Neuzeit zur Bildung eines echten Staates im modernen Sinne, der fähig sein sollte, die kommende Zeit zu überstehen, folgende Faktoren von grundlegender Bedeutung waren:

a) eine gewisse territoriale Grundlage,

b) eine genügend starke Zentralgewalt,

c) Vernichtung oder zumindest drastische Einschränkung der alten Feudalmacht,

d) Schaffung einer soliden Infrastruktur, d. h. Verwaltung, Finanzen, Heer, Diplomatie.

Wo alle vier Faktoren zur Entwicklung gelangten, setzte der moderne Staat sich durch. Fehlten das eine oder das andere (oder alle) dieser Elemente, so konnte ein Staat wohl überleben, gar Blütezeiten erleben, aber sein Schicksal war besiegelt. Die kommenden Jahrhunderte sollten das klar beweisen.

Im Rahmen dieser »Reiche« also bereitete sich das künftige Schicksal Europas zwischen 1450 und 1550 vor. Machtvoll keimte eine Idee wieder auf, selbst wenn sich ihre Wegbereiter dessen noch nicht voll bewußt waren. Aber alles schien in jenen Jahren — direkt oder indirekt — einem Ziel zuzustreben.

Der Aufbau eines Systems wurde notwendig. Angesichts der neuen Aufgaben mußte die Staatsgewalt sich neu organisieren. »Sie spinnen so feine Fäden, daß es unmöglich ist, sie zu weben«, dieser treffende Satz Niccolò Machiavellis wollte auf die äußerste Verfeinerung hinweisen, die zu seiner Zeit die Diplomatie erreicht hatte. Die in diesem Satz enthaltene Kritik des Staatssekretärs von Florenz an die Adresse seiner Kollegen in der Diplomatie soll uns hier nicht interessieren; wichtiger scheint uns die vollständige Ausbildung des Staatsdienstes, die hierin zum Ausdruck kommt. Die Bürokratie hatte sich endgültig durchgesetzt. Denn ein Staat ist nicht nur eine theoretische Formel, nicht nur die erklärte und bestimmte Ausrichtung der politischen Gewalt durch den Herrscher: Er äußert sich in konkreten Formen, in der Verwaltung, in der Diplomatie, der Rechtsprechung, der wirtschaftlichen und finanziellen Organisation.

III. DER VERWALTUNGSAPPARAT

Die neuen Verwaltungsmethoden entsprangen logisch und dialektisch der bereits erwähnten »Krise« des 14. und 15. Jahrhunderts. Der Zusammenbruch der alten hierarchischen Ordnung einerseits und die neuartigen Aufgaben, die die neuen Staaten mit sich brachten, andererseits verlangten nach einem Stab von »Beamten«. Die große Wandlung erfolgte nicht auf der Ebene der »Schreiberlinge«, sondern in den höheren Verwaltungsbereichen. Die Gestalt des »Sekretärs« tauchte auf. Offenbar war es schwierig, geeignete Männer zu finden, wenn noch 1530 Francesco Guicciardini in seinen *Ricordi politici e civili* schreiben konnte, daß auch die mächtigsten Herrscher »sehr großen Mangel an wirklich fähigen Ministern« hatten. Denn angesichts der Vielfalt der neuen Aufgaben benötigte man eine große Anzahl von »Ministern«, die nicht nur bloße Verwalter, sondern vor allem tatkräftige Männer mit Verantwortungsbewußtsein sein mußten.

Die Entwicklung der Verwaltungsstruktur läßt sich am besten am Beispiel der Diplomatie verfolgen.

Während des ganzen Mittelalters bestand immer eine scharfe Unterscheidung zwischen dem *Consul* und dem *Ambaxator*. Der Konsul war der ständige Vertreter der praktischen, wirtschaftlichen (meist kommerziellen) Interessen einer bestimmten, im Ausland lebenden Nationalitätengruppe und hatte einen festen Amtssitz; der Ambaxator war der außerordentliche Gesandte, der, mit einer fest umrissenen Mission beauftragt, sein Land in den Verhandlungen in einer einzigen, ganz bestimmten Angelegenheit vertrat. Es hatte zwar Konsuln gegeben, die mit ihren Kompetenzen auch die Vollmachten eines Gesandten vereinten, aber dabei hatte es sich immer um Einzelfälle von kurzer Dauer gehandelt. Jetzt hingegen begann sich ein Stab diplomatischer Beamter zu bilden, die in der »Kanzlei« ihre Zentrale besaßen und die, mit entsprechenden Beglaubigungsschreiben ausgestattet, einen festen Sitz am Hof der einzelnen Herrscher hatten. Während sich Hauptstädte bildeten, der Hof sich stabilisierte, während die Herrscher eine ständige Residenz wählten, war es nur natürlich, daß in ihrem Gefolge die Vertreter der befreundeten (und weniger befreundeten) Mächte ihren festen Sitz einrichteten, denn zum Ruhme der entstehenden Hauptstädte durfte die Anerkennung des Auslandes nicht fehlen. Unter einem anderen Gesichtspunkt ist zu beachten, daß diese neue Möglichkeit, die persönlichen Fähigkeiten im Dienste des Herrschers und des Staates einzusetzen, auch einen Ausweg aus den finanziellen Schwierigkeiten von der Krise betroffener alter Adelsfamilien darstellte und gleichzeitig den emporgekommenen Familien Gelegenheit gab, Zugang zu den oberen Machtsphären zu erhalten. Es begann sich bereits die Sitte abzuzeichnen, nach der eine ganze Familie sich bestimmten diplomatischen Aufgaben widmete. 1499 z. B. vertrat Pietro Soderini die Stadt Florenz in Frankreich, Francesco Soderini vertrat sie in Mailand, Paolo Antonio in Venedig . . .

Eine derartige Häufung von Ämtern in ein und derselben Familie, und deren Erblichkeit, brachte auch weniger positive Erscheinungen mit sich. Wenn man beispielsweise auf höherer Ebene in der Bildung regelrechter »Dynastien« allerhöchster Beamter, auf Grund einer gewissen Erziehung, des Stils, der Bildung, der Tradition, positive Seiten erblicken konnte, so hatte dasselbe Phänomen in den unteren Ämtern ganz andere Auswirkungen.

Es fand eine gewisse »Demokratisierung« des Staatsdienstes statt (so daß das Lateinische in den offiziellen Schriftstücken nach und nach durch die Volkssprache ersetzt wurde). Die öffentlichen Ämter, die immer seltener mit Geistlichen besetzt wurden, erfuhren eine zunehmende Verweltlichung. Vor allem bekleideten Angehörige des Bürgertums jetzt Ämter, die bislang bestimmten Gesellschaftsgruppen vorbehalten waren. Die Entstehung einer Beamtenschicht ist nicht nur im technischen Sinne wichtig (nämlich um zu verstehen, wie der »neue« Staat den »neuen« Notwendigkeiten begegnete, die sich ihm stellten), sondern auch als entscheidender Faktor einer regelrechten gesellschaftlichen Revolution. Die meisten aus kleinen Verhältnissen stammenden Beamten verfügten, nachdem sie einmal in den Staatsapparat eingetreten waren, in größerem oder kleinerem Umfang über staatliche Gewalt und begannen, eine Klasse für sich zu bilden, die sich darüber klar wurde, daß sie nur allzuoft im Verhältnis zur Macht, die sie innehatte, und den Aufgaben, die sie erfüllte, schlecht bezahlt war. Hier begann die Korruption in der Verwaltung, die, nebenbei gesagt, nur von unserem heutigen moralischen (oder moralistischen) Standpunkt aus »Korruption« war; in der Sicht jener Zeit war sie es nur in Extremfällen. Im übrigen war es offiziell gestattet, die mageren »Lohntüten« (wie wir heute sagen würden) durch verschiedene »Nebeneinnahmen« abzurunden. Diese Nebeneinnahmen, die manchmal — auf legalem Wege — das 30-, 40- und 50-

fache des offiziellen Gehalts erreichten, erklären, warum trotz der geringen normalen Gehälter ein immer heftigeres Wettrennen um die öffentlichen Ämter einsetzte. Auf diese Weise kam eine Art circulus vitiosus zustande: der ständig in Geldnöten steckende Staat bot die Ämter zum Verkauf an; die Privatleute, die mehr durch die Nebeneinnahmen als durch die offiziellen Gehälter angelockt waren, kauften sie ... aber sie forderten auch das Recht, die von ihnen erworbenen Ämter weiterzuverkaufen. Dies mag einer der wichtigsten Gründe für die geringe Stabilität des damaligen Verwaltungssystems gewesen sein. Um so mehr, wenn das Amt nicht weiterverkauft, sondern an Söhne, Enkel, Vettern vererbt wurde. Was im Range der Botschafter eine »Dynastie« ausmachte, wurde auf der Ebene des mittleren und kleinen Beamten eine elende Machenschaft. Spanische »letrados«, italienische »dottori« und »segretari«, französische »legistes« gewannen immer mehr Einfluß, machten sich in den empfindlichsten Stellen des Staatsapparates breit. Die sich häufenden Akten riefen nach der Einrichtung neuer Ämter. Die »Praktiken« (Abwicklung der Geschäfte) zogen sich in die Länge. Der Staatsapparat wurde immer schwerfälliger. Aber — und dies soll keine leichtfertige Ironie oder simple Anspielung auf heutige Verhältnisse sein — gerade diese Ausweitung der Verwaltung kennzeichnete den modernen Staat, der in zunehmendem Maße seine Aufgabe darin sah, sich um alles zu kümmern, alles zu sehen, alles zu examinieren. Dies wird besonders deutlich, wenn man heute Originale von Praktiken mit Randbemerkungen in der schwierigen Handschrift Philipps II. ansieht. Die Bürokratie, die sich auf rein administrativer Ebene erweiterte, feierte ihren größten Triumph in jenem Zweig der Verwaltung, der die Finanzen betrifft. Je drückender das Steuerwesen wurde (wie wir im Folgenden sehen werden), desto mehr Beamte brauchte man, um sich damit zu befassen. Aber mit der Zahl der Beamten stieg auch die Steuerlast. Auch hier ergab sich ein wahrer circulus vitiosus. Der Leser darf allerdings nicht den Eindruck gewinnen, als sei die zwischen dem 14. und 15. Jahrhundert ständig wachsende steuerliche Belastung nur durch die zunehmende Zahl von Beamten bedingt gewesen. Der eigentliche Grund waren die Heere, die Flotten. Zahlen können dies am besten verdeutlichen. 1423 investierte Venedig die notwendigen Summen für den Bau von 45 größeren und kleineren Galeeren; 1499 waren es 65 Galeeren, 1504 bereits 115 und 1544 schließlich 143. Solche Zahlen schreiben sich heute leicht nieder. Aber man muß an die Anstrengungen denken, die in Wirklichkeit für den Bau dieser Schiffe notwendig waren. Matrosen, Zimmerleute, Kalfaterer, Artilleristen, Gießer, Hanf, Pech, Eisen, Holz — alles kostete viel Geld, und für alles mußte der Staat aufkommen. An der Schlacht von Bouvines (1214), der vielleicht bedeutendsten des Mittelalters, nahmen im ganzen nicht mehr als 13 000 Mann teil; die französische Armee, die sich 1494 zum Feldzug nach Italien anschickte umfaßte zwischen 16 000 und 20 000 Soldaten (zu denen dann noch mindestens 15 000 Italiener hinzukamen!). Diese immer größer werdenden Flotten und Heere erforderten natürlich eine Ausrüstung, vor allem mit Geschützen und Feuerwaffen. Bisher ist die Bedeutung der Waffenherstellung, die unserer Ansicht nach einen äußerst wichtigen Zweig der damaligen Industrie gebildet haben muß, noch kaum unter einem wirtschaftlichen Gesichtspunkt untersucht worden. Aber mit Sicherheit kann gesagt werden, daß die finanziellen Anstrengungen auf diesem Gebiet enorm waren.

Die wahrhaft treibenden Kräfte des regelrechten Wettrüstens in jener Zeit waren nicht nur Generäle und Soldaten; ermöglicht wurde es durch die mehr oder weniger unbekannten, anonymen Beamten, die ihre Kräfte daransetzten, das Geld für die Gießer, die Anführer von Soldatenhorden, die Lieferanten von Heeresproviant, die Erbauer von Festungen aufzutreiben.

Denn die Kriegsführung hatte sich geändert. »C'est joyeuse chose que la guerre ...«* meinte Le Jouvencel (ein biographischer Roman über Jean de Bueil aus der zweiten Hälfte des 15. Jahrhunderts). Aber Francesco Guicciardini beschrieb mit der außergewöhnlichen Schärfe seines Verstandes in seinen Ricordi die eingetretene Wandlung sehr treffend: »Vor dem Jahre 1494 dauerten die Kriege geraume Zeit, die Schlachten waren unblutig und die Eroberung eines Landes währte lange Zeit und war beinahe unmöglich. Wenn die Artillerie auch schon bekannt war, so wurde sie doch mit einer so geringen Wirkung eingesetzt, daß sie nicht viel Schaden anrichten konnte. Dadurch waren die Herrscher gegen einen Verlust ihrer Staaten so gut wie gesichert, bis dann die Franzosen die Kunst der schnellen Kriegsführung nach Italien brachten ...«**

Die Bemerkung Guicciardinis wurde sicherlich von den eigenen Erfahrungen aus den Kriegen in Italien diktiert; sieht man aber von einzelnen Situationen und Orten ab, so erscheint das geschilderte Phänomen für das gesamte Europa gültig. Zur Bewältigung all dieser neuen und – vor allem gegenüber der Vergangenheit – ungeheuren Aufgaben des neuen Staates waren große finanzielle Anstrengungen erforderlich. Überall nahmen die Herrscher eine Neuordnung in der Verwaltung ihres Pri-

* »Es ist ein fröhlich Ding um den Krieg . . .«, vgl. J. Huizinga, Herbst des Mittelalters, Stuttgart 1953, S. 74 (A. d. Ü.).
** Aus Francesco Guicciardini, Vom politischen und bürgerlichen Leben, Berlin 1942. Übertragung von Karl Josef Partsch, S. 77 (A. d. Ü.).

vatvermögens vor: am bekanntesten ist die in Kastilien durchgeführte Reform, die eine Erhöhung des Ertrags von 885 000 Maravedi im Jahre 1474 auf 12 711 000 Maravedi im Jahre 1482 gestattete.

Aber die größte Wandlung vollzog sich nicht innerhalb der Verwaltung des herrscherlichen Privatvermögens, sondern außerhalb derselben. Tatsächlich war das Finanzwesen des mittelalterlichen Staates gekennzeichnet durch den hohen Prozentsatz an Zuschüssen aus dem persönlichen Einkommen des Herrschers. Angesichts der maßlos anwachsenden Ausgaben reichten die privaten Hilfsquellen nicht mehr aus, so daß der wesentlichste Teil des Haushalts immer mehr aus dem Steueraufkommen bereitgestellt wurde. Dabei handelte es sich hierbei um indirekte Steuern, und das trotz der großen Anzahl von Grundsteuern, die im ganzen 15. und 16. Jahrhundert erhoben wurden. Auf diese Weise lastete der stärkste Steuerdruck auf den ärmsten Volksschichten, die auf die lebensnotwendigen Erzeugnisse Steuern zahlen mußten. In Florenz stieg die Steuerlast von 3 Florin pro Kopf um 1250 auf 10 Florin im 15. Jahrhundert.

Auch diese starke steuerliche Belastung des »unschuldigen Volkes« reichte für die Ziele nicht aus, die die Herrscher sich setzten: daher entwickelte sich neben dem ordentlichen Finanzwesen ein System der außerordentlichen Anleihen. In Venedig erreichten die den Bürgern auferlegten außerordentlichen Anleihen in 28 Jahren, von 1425 bis 1454, die Höhe von 434 %/o der Grundsteuer! Natürlich muß dieser Prozentsatz aus einer Reihe von Gründen erheblich eingeschränkt werden; es bleibt aber die Tatsache bestehen, daß die steuerliche Belastung wahrhaft unerträglich zu werden begann. Wenn es auch ein nützlicher Grundsatz der Geschichtsforschung ist, den in Chroniken, Tagebüchern und Briefen auftauchenden Klagen über die übermäßigen Steuern nicht zu viel Glauben zu schenken, so empfiehlt sich zweifellos eine weniger skeptische Haltung angesichts der Klagen, die sich allerorts in Europa über die Steuereintreiber der Herrscher erhoben.

IV. BEVÖLKERUNGSZUNAHME UND AUFSTIEG DER LANDWIRTSCHAFT

Bis hierher war von Verwaltung, Diplomatie, Heeren, Kriegen, Rüstung, Finanzen die Rede; aber eigentlich lassen all diese Faktoren sich nur im Rahmen einer allgemeinen Untersuchung der europäischen Wirtschaft deuten. Und wie schon zu Beginn dieses Bandes gehen wir von der bevölkerungspolitischen Situation aus. Wir haben gesehen, wie die Bevölkerungszahl Europas am Ende des 14. Jahrhunderts gegenüber der zu Ende des 13.

Abb. 26: Wucherer. Moralisierende Darstellung eines unentbehrlichen Gewerbes. Wer es betrieb, war gezwungen, einen oft recht gewundenen Weg zu finden zwischen der Strenge der gesetzlichen Bestimmungen und den Bedürfnissen der »Kunden«. Die Wucherer waren in allen Gesellschaftsschichten zahlreich vertreten. In jedem Dorf hatte man mit ihnen zu tun. (Gemälde von Quentin Metsys [?])

Jahrhunderts um die Hälfte gesunken war. Auf Grund des verfügbaren Materials kann gesagt werden, daß die Bevölkerungszahl während des 15. Jahrhunderts auf dem zu Ende des 14. Jahrhunderts erreichten niedrigen Stand blieb, da jeder Beginn eines neuen Wachstums im Keim erstickt wurde.
Betrachtet man lediglich die Bevölkerung der Städte im 15. Jahrhundert, so ist ein gewisses Anwachsen nicht von der Hand zu weisen; jedoch ist zu beachten, daß dies nicht so sehr das Ergebnis eines natürlichen Wachstums, als vielmehr des Zustroms von Landbevölkerung war, so daß, infolge der Seuchen und Hungersnöte, die — wenn auch weniger intensiv als im 14. Jahrhundert — immer noch wüteten, die Gesamtbevölkerungszahl während des ganzen Jahrhunderts gleichblieb.
Zum Beweis seien einige konkrete Beispiele angeführt.
In Frankreich verringerte sich zwischen 1450 und 1475 die Zahl der Feuerstellen in Saint Dié von 406 auf 240, in Vienne zwi-

schen 1452 und 1472 von 679 auf 656; im Reich schwankte die Zahl in Butzbach während des ganzen 15. Jahrhunderts zwischen einem Maximum von 447 und einem Minimum von 362; Frankfurt zählte 1463 2593 Feuerstellen und 2621 im Jahre 1495; Leipzig hatte 734 im Jahr 1489 gegenüber 519 im Jahre 1474; Mühlhausen zählte 1423 im Jahr 1446 und 1674 im Jahre 1503; zwischen 1472 und 1496 kam Antwerpen von 4510 auf 6586 Feuerstellen; in Amsterdam stieg die Zahl von 1869 im Jahre 1470 auf 1919 im Jahre 1494.

Noch ein Beispiel läßt sich anfügen. Die Bevölkerung der vier großen Brabanter Städte Brüssel, Löwen, Antwerpen und Herzogenbusch zusammen erreichte 1496 die Höhe von 25 % der Bevölkerung Brabants gegenüber 17,5 % im Jahre 1437; aber im gleichen Zeitraum sank die Zahl der Landbevölkerung im selben Verhältnis wie die der Gesamtbevölkerung.

Die zahlreichen Beispiele, die noch für andere Städte in allen Teilen Europas zitiert werden könnten, würden die aus den oben wiedergegebenen Zahlen resultierende Tendenz nur bestätigen, das heißt, daß bei Betrachtung der *Städte* (abgesehen von einigen Ausnahmen natürlich) der Eindruck einer Bevölkerungszunahme im 15. Jahrhundert entsteht. Aber bekanntlich kann sich ein Bevölkerungszuwachs der Städte aus zweierlei Faktoren ergeben: aus dem natürlichen Wachstum oder aus einem Zustrom von Landbevölkerung. Zweifellos war im 15. Jahrhundert (zumindest bis zum letzten Viertel) der zweite Faktor für die Entwicklung der Stadtbevölkerung ausschlaggebend.

Aber seit Ende des 15. Jahrhunderts begann die Bevölkerung langsam wieder zu wachsen und sollte bald einen neuen Höhepunkt erreichen. Vielfach trugen äußere Gründe dazu bei: Erhöhung des Lebensstandards, Verbesserung der hygienischen Verhältnisse (beispielsweise begann man seit dem 16. Jahrhundert alle Vorschriften bezüglich der Vorsichtsmaßregeln bei Begräbnissen oder der Tierhaltung in den Städten zu befolgen); bessere Wasserversorgungssysteme in den Städten, Aufgabe der Holzbauten, an deren Stelle, wenigstens zum Teil, in ganz Europa Stein- oder Ziegelbauten. All diese Faktoren in ihrer Gesamtheit trugen zur Wiederbelebung des Bevölkerungswachstums bei, auch wenn sie ihrerseits wieder eigenen Zielen dienten.

Der Mechanismus der Multiplikation setzte sich auch unverzüglich in Bewegung. Dieselben Elemente, die wir im Kapitel 1 als »negative Wachstumsfaktoren« im Zusammenhang mit der Bevölkerungsabnahme im 14. Jahrhundert angeführt haben, erschienen jetzt mit positivem Vorzeichen. In der Tat verursacht eine Seuche, außer der direkten Sterblichkeit, eine zusätzliche Verminderung des Wachstumsquotienten, der zu erwarten ge-

Abb. 27: Darstellung eines Freudenhauses »Zum Vogelkäfig«. Gesamt-
ansicht mit verschiedenen realistischen Szenen. (»Ausgelassene Gesellschaft«. Werk des Braunschweiger Monogrammisten in der Staatlichen
Gemäldegalerie Berlin-Dahlem.)

wesen wäre, wenn nicht auf Grund dieser Seuche zu viele junge
Menschen gestorben wären. In derselben Weise wird sich von
einem bestimmten Moment an ein Bevölkerungszuwachs während der nächsten 20 bis 40 Jahre vervielfältigen, und zwar
dank der Fähigkeit der in diesem Moment lebenden Kinder, sich
in 20 bis 40 Jahren fortzupflanzen.
In der ersten Hälfte des 16. Jahrhunderts trat diese Gesetzmäßig-
keit klar zutage. Um sich eine Vorstellung hiervon zu machen,
muß der Leser bedenken, daß die hohen Sterblichkeitsziffern
des 14. Jahrhunderts, abgesehen von den im ersten Kapitel dargestellten Folgen, auch einen ungeheuren Kapitalverlust mit sich
brachten. Denn der Tod eines Fünfzehnjährigen bedeutete — ungeachtet der Brutalität dieses Ausdrucks — auch den Verlust
investierten Kapitals: im Augenblick, in dem dieser Mensch der
Gesellschaft die investierten Mittel durch seine Arbeit hätte zu-
rückerstatten können, starb er. Ebenso war die hohe Kinder-
sterblichkeit ein großer Kapitalverlust. Während des 16. Jahrhunderts jedoch gingen diese erheblichen Verluste für die Allgemeinheit zurück. Zwar spielten die Städte, in denen Massen
von Bauern arbeiteten und starben, weiterhin die Rolle von
»demographischen Grabstätten«. Gleichzeitig aber stiegen die

Möglichkeiten einer *Auffrischung* der städtischen Bevölkerung aus den Landgebieten.

Diese bevölkerungspolitischen Erscheinungen erklären sich, wie schon gesagt, nicht von selbst, sondern nur innerhalb eines größeren Rahmens, den nach wie vor die Landwirtschaft bildete. Wenn die Bevölkerung jetzt wieder zunahm, so fand gleichzeitig (und primär!) ein Aufschwung der Landwirtschaft statt.

Und dieser muß unter einem zweifachen Gesichtspunkt betrachtet werden. Die Produktion stieg, vor allem im Bereich des Getreideanbaus, durch die Intensivierung des Anbaus, die Erschließung neuen Bodens, durch Entwaldung und Urbarmachung. In dieser Zeit wurde ein großer Teil der während des 14. oder 15. Jahrhunderts verlassenen Felder wieder bebaut. Aber es ist zu beachten, daß all diese *Methoden* landwirtschaftlicher Erschließung nicht wie im 11., 12. und 13. Jahrhundert im Rahmen des Lehnswesens eingeführt, sondern durch Kapitalinvestitionen ermöglicht wurden. Das für ganz Europa wirklich neue Phänomen waren eben diese Geldinvestitionen. Ein komplizierter Mechanismus setzte ein: die Preise stiegen auf Grund der verbesserten wirtschaftlichen Gesamtlage jener Zeit; angespornt durch die Preiserhöhungen, stieg die Produktion und schuf ihrerseits eine zusätzliche Verbesserung der allgemeinen wirtschaftlichen Verhältnisse, die erneute Preiserhöhungen nach sich zog ... Infolge dieses hier nur kurz skizzierten Mechanismus kam die gesamte europäische Landwirtschaft in Bewegung. Viele Städter, zumeist Kaufleute, investierten ihr Geld in Grundbesitz. Zwar kennen wir diesen Vorgang schon aus früheren Zeiten, aber jetzt zeichnete er sich durch ein besonderes Merkmal aus: während die Kapitalanlage in Grundbesitz für den Geschäftsmann des 13. Jahrhunderts im wesentlichen eine Art von Versicherung gegen eventuelle Schwierigkeiten in seinen Bank- und Handelsgeschäften darstellte, kauften seit Ende des 15. Jahrhunderts diese selben Geschäftsleute Grund und Boden zu spekulativen Zwecken. Sie machten *auch* mit der Landwirtschaft Geschäfte. Sie kauften oder ergriffen Besitz von kirchlichen Ländereien, die sich alle in ziemlich schlechtem Zustand befanden und weitgehende Meliorationsarbeiten erforderten, die nur mit Hilfe von Geld möglich waren. (In diesem Zusammenhang sind die großen Besitzungen der Kirche zu erwähnen, die in manchen Gebieten, in denen die Reformation siegte, Gegenstand von Spekulationen wurden.) Geld wurde in neue Kulturen, in die Trockenlegung von Sümpfen investiert.

Aber dies war nicht alles, und nicht alles sah so positiv aus. Die Lage der europäischen Bauern in jener Zeit der Produktionserweiterung bot ein recht düsteres Bild.

Wie erklären sich sonst die großen Massen von umherziehenden Bauern auf den Straßen ganz Europas? An dieser Stelle müssen wir einen Augenblick zum Schluß des der Landwirtschaft gewidmeten Teils im ersten Kapitel zurückkehren. Dort hatten wir dreierlei Aspekte der »Krise« des 14. Jahrhunderts festgestellt:

a) der »Herr« sah seine Macht in jeder Hinsicht und unter jedem Gesichtspunkt schwinden;

b) manchen Bauern gelang es, den Verfall der Feudalgewalt auszunützen und sich eine wirtschaftliche Position zu schaffen;

c) ein großer Teil der Landarbeiter konnte zwar wichtige Bürgerrechte erringen, erreichte aber deshalb noch keinen höheren Lebensstandard, ganz im Gegenteil. In Kapitel 2 haben wir die Tatsache unterstrichen, daß bis gegen 1450/80 diese Entwicklung nur langsam und fast unmerklich einsetzte.

Jetzt trat sie offen zutage. Die Nachkommen der einstigen »reich gewordenen Bauern« waren ihrerseits Herren geworden und besaßen manchmal Titel, die ihre Güter und ihr Geld nicht nur »adelten«, sondern die ihnen auch Rechte sicherten oder ihnen zumindest Voraussetzungen boten, um diese Rechte zu beanspruchen. Sie waren durchaus nicht weniger anspruchsvoll als die alten Lehnsherren, mit denen sie sich jetzt fast vollständig vermischten, während sie noch zwei Jahrhunderte früher ihre erbitterten Feinde gewesen waren. Noch gab es keine »Reaktion«, keine Rückkehr zum Feudalsystem (außer im Falle Polens, wo sie sich schon seit Ende des 15. Jahrhunderts klar abzeichnete), aber sicherlich entstanden die Voraussetzungen dafür. Andererseits muß hinzugefügt werden, daß diese »homines novi«, diese Emporkömmlinge, auf die wir vorhin angespielt haben, diese Städter und Kaufleute, bei der Verwaltung ihres Grundbesitzes denselben rationalen Kriterien folgten, die sie im städtischen Leben anwandten: durch den Verlust von Arbeitsplätzen bei Einsparungen ergaben sich zusätzliche Belastungen für das landwirtschaftliche Proletariat, von dem gesagt werden kann, daß es in mehr oder minder annehmbaren Verhältnissen nur so lange lebte, als es auf dem Lande verbleiben durfte, aber das war nicht immer der Fall. So erklärt es sich, warum während des ganzen 16. Jahrhunderts die Zuwanderung von Landbevölkerung in die Städte andauerte.

Diese Wanderungsbewegung vom Lande in die Stadt bildet eine der wichtigsten Konstanten in der Wirtschafts- und Sozialgeschichte Europas. *Immer* bestand eine Bewegung von Bauern *zur* Stadt, sowohl in Notzeiten als auch in Perioden wirtschaftlicher Expansion. Man vergesse beispielsweise nicht, daß die verschiedenen »Wirtschaftswunder« unserer Zeit überall Wanderungen vom Lande zur Stadt hervorrufen. Während das Verlassen der Dörfer im 14. Jahrhundert Ausdruck einer Auflösung der mittelalterlichen Agrarstruktur war und man in Städte einwanderte, die bestenfalls Spenden aus den öffentlichen Getreidespeichern bieten konnten, so erklärt sich dasselbe Phänomen im 16. Jahrhundert aus der Tatsache, daß sich auf dem Lande eine Neuordnung vollzog und daß gleichzeitig die Stadt, deren Handel und Produktion in voller Expansion begriffen waren, zumindest die Hoffnung auf ehrbare Arbeit versprach. Zwar bot sie Arbeitsmöglichkeiten, aber zu wenige im Verhältnis zu den vorhandenen Arbeitskräften, so daß die daraus sich ergebende Reserve an Arbeitskräften es gestattete, die Löhne niedrig zu halten, da man jederzeit auf die Massen von Landstreichern zurückgreifen konnte, die auf den Straßen Europas in ständiger Bewegung waren.

Zwar scheint dies alles im Widerspruch zu dem zu stehen, was vorher über erweiterte Anbauflächen und Produktionssteigerung gesagt wurde. Aber bei näherem Hinsehen handelt es sich hier nur um einen scheinbaren Widerspruch. Denn in Wirklichkeit kann man dasselbe Ergebnis mit drei oder mit vier Arbeitern erzielen, je nach dem Grad der bei der Arbeit eingesetzten Intelligenz. (Intelligenz bedeutet in diesem Zusammenhang nicht nur Verstand, sondern Sorgfalt, Systematik, Einsatz.) In diesem Sinn kann gesagt werden, daß man damals begann, die Arbeit in der Landwirtschaft mit mehr *Intelligenz* zu betreiben. Ein äußeres Zeichen hierfür kann man in der enormen Verbreitung von landwirtschaftlichen Handbüchern sehen. Während die mittelalterliche Landwirtschaft nur über ein einziges grundlegendes Buch verfügte, nämlich das — in vieler Hinsicht bewunderungswürdige — Werk Pietro de Crescenzis vom Anfang des 13. Jahrhunderts, erschienen schon Ende des 15. Jahrhunderts große Mengen von gedruckten Büchern über landwirtschaftliche Methoden. Anfangs handelte es sich freilich um Bücher aus der römischen Tradition, die in die Volkssprache übersetzt wurden; und sicherlich wurden diese lateinischen Handbücher — sei es auch in der Übersetzung — nicht direkt vom Bauern verwendet. Vielmehr gab es eine große Anzahl von Vermittlern, die das Geschriebene unter die Leute brachten, und der Erfolg war eine gewisse Vervollkommnung der landwirtschaftlichen Verfahren. Diese Erneuerung des bäuerlichen Lebens läßt sich an mancherlei Anzeichen erkennen. Hier (so in Italien und einigen Gegenden Frankreichs und Spaniens) war es die außerordentliche Verbreitung des Maulbeerbaums und der damit zusammenhängenden Seidenraupenzucht; dort war es die Verbreitung winziger Flachs- oder Hanfkulturen, die die Aussteuer der Töchter lieferten; andernorts war es der Bau von Taubenschlägen, die gleichzeitig als Fleischreserven zur Ergänzung der

Ernährung und als äußerst nützliche Dunglieferanten dienten. Es handelt sich hier natürlich um Fakten von geringerer Bedeutung, die aber alle zusammen schließlich eine ganze Epoche positiv beeinflußten und die bessere Lage einer ganzen Klasse zum Ausdruck brachten.

Hier also abschließend die charakteristischen Merkmale dieser Epoche:

a) Festigung der Stellung der alten und neuen Herren, die der Rückkehr zum Feudalsystem im 17. Jahrhundert voranging;

b) moderne, »kapitalistische« Einstellung einiger neuer Elemente im landwirtschaftlichen Leben (aber das Wort ist hier *cum grano salis* zu verstehen);

c) Besserstellung der Bauern, soweit sie Bauern blieben und nicht übergingen in ein

d) bäuerliches Proletariat, das sich oft in Proletariat verwandelte (und dann meistensteils in städtisches Lumpenproletariat).

Die Punkte c) und d) verdienen ihrerseits besondere Aufmerksamkeit, da diese Faktoren später die starke Entwicklung der Produktions- und Verteilungszentren ermöglichen sollten. Denn der Bauer, der auf der Scholle blieb, wurde in dem Maße, in dem seine Lage sich besserte, zum *Abnehmer*, keinem bedeutenden Abnehmer zwar, aber immerhin konnte er für »zwei Heller« Pfeffer oder Tuch kaufen. Zwei Heller multipliziert mit einer Million Menschen ergaben aber schließlich große Summen. Ebenso wurden die zum städtischen Lumpenproletariat abgesunkenen Bauern zu Abnehmern, denn sie erzeugten das wenige Brot, das sie aßen, nicht mehr selbst, sondern waren gezwungen, Brot zu »kaufen«. Daher muß auch in dieser Masse hungriger, verkommener, umherstreifender Menschen — so paradox dies auch scheinen mag — ein wichtiger Motor des Wirtschaftslebens gesehen werden.

Bisher hat sich die Geschichtsschreibung dieser Art von Tatsachen gegenüber noch nicht sehr aufgeschlossen gezeigt. Sie sind zwar im einzelnen minimal, gewinnen aber auf Grund der großen Anzahl der davon Betroffenen beachtliche Bedeutung.

V. DAS GEWERBE

Unserer Ansicht nach spielte das europäische Gewerbe in der Wirtschaft der Zeit zwischen Ende des 15. und Mitte des 16. Jahrhunderts nicht unbedingt die entscheidende Rolle. Die Tatsache, daß es in diesem Zeitraum eine deutliche quantitative Steigerung verzeichnen konnte, sollte nicht überbewertet werden. Wir werden noch Gelegenheit haben, auf diesen Punkt zurückzukommen. Dagegen wurden damals die Vorbedingungen für jene qualitativen Veränderungen geschaffen, die in der Folgezeit viele Aspekte der industriellen Zivilisation Europas kennzeichnen sollten.

Die quantitative Steigerung äußerte sich in zahllosen Einzelheiten. An erster Stelle steht, zwischen 1450 und 1540, die Steigerung der Silberproduktion Mitteleuropas um etwa das Fünffache; die Tuch- und Wollerzeugung Venedigs stieg von etwa 3000 Stück in der Zeit um 1520 auf 15, 16 und 17 000 um 1560; Hondschoote führte um 1560 etwa 90 000 Stücke Serge aus, gegenüber etwa 30 000 in den Jahren um 1530; die Ausfuhr von Alaun aus Civitavecchia (die indirekt einen guten Teil der europäischen Textilerzeugung beeinflußte) stieg von 18 468 Kantar jährlich in der Zeit von 1462 bis 1479 auf 37 723 Kantar in den Jahren 1553 bis 1565. Was man das »gigantische« Wachstum des Gewerbes im 16. Jahrhundert nennen möchte, geht aus zahllosen anderen, wichtigeren, weil Gesamtsituationen betreffenden Beispielen hervor. Ganze Städte, wie beispielsweise Venedig, veränderten ihre vorwiegend durch den Handel bestimmte Wirtschaftsstruktur zugunsten der verarbeitenden Industrie. Der traditionelle Auswandererstrom deutscher Textilarbeiter, auf der Suche nach Arbeit in Italien, England, Flandern, stockte. Völlig neue Gewerbezweige brachen sich Bahn. Die Buchdruckerei beispielsweise, mit 30 000—35 000 Ausgaben vor 1500, was 15—20 Millionen Exemplaren gleichkam, brachte im Verlauf des ganzen 16. Jahrhunderts allein in Deutschland etwa 45 000 Ausgaben auf den Markt, in Venedig 15 000 und in Paris 25 000. In ganz Europa waren es während des 16. Jahrhunderts etwa 200 000 Ausgaben mit insgesamt 150—200 Millionen Exemplaren. Auch ältere Gewerbezweige erlangten jetzt neue Bedeutung, so die Seidenproduktion. In Verona stieg die Seidensteuer von jährlich 50 Dukaten im Jahre 1501 auf 5340 Dukaten im Jahre 1549 ... Dazu kam der erstaunliche Aufschwung des Bauwesens in ganz Europa, nicht nur im Hinblick auf herrschaftliche Wohnsitze oder öffentliche Gebäude und Kirchen; in Venedig wurden zwischen 1539 und 1559 Genehmigungen für 175 Neubauten erteilt. Hinzu kamen die Möglichkeiten, die die Eroberung neuer Märkte in Asien, Afrika und Amerika dem europäischen Gewerbe bot. Zeugnis davon legt der 1548 zwischen dem Verwalter des portugiesischen Königs, Juan Rebello, und dem Verwalter von Anton Fugger und Enkeln, Christophorus Wolf, in Antwerpen geschlossene Vertrag ab, nach dem sich die letzteren verpflichteten, »für die Neger von Guinea« 6750 Doppelzentner Ringe, 24 000 Nachtgeschirre, 1800 breitrandige Becken, 4500 Barbierbecken und 10 500 große Kessel zu liefern. Auch die größeren Heere, die neue Kriegstechnik, die Perfektionierung der Waffen wirkten sich auf das Gewerbe aus, indem sie die Entwicklung des Bergbaus und der eisenverarbeitenden Betriebe förderten. Zentren wie Brescia entstanden, wo Karl V. seine Rüstung und Franz I. seinen Dolch ziselieren ließen und wo es Ende des 15. Jahrhunderts 200 Waffenfabriken gab, während in der ganzen Umgebung im Jahre 1527 gut 333 Werkstätten existierten, in denen »landwirtschaftliche Geräte und Waffen für den Krieg« hergestellt wurden.

Neue Moden und Stile gaben dem Gewerbe kräftigen Aufschwung; man denke nur an den Einfluß der Renaissancebaukunst auf die Glasindustrie.

Soweit die wesentlichen Fakten, die die gewerbliche Wirtschaft zwischen Mitte des 15. und Mitte des 16. Jahrhunderts kennzeichneten. Natürlich muß unser Eindruck von einer »gigantischen« Entwicklung etwas eingeschränkt werden; der Ausdruck »gigantisch« war im Hinblick auf das Entwicklungstempo im Mittelalter gemeint. Es bleibt dabei, daß das europäische Gewerbe jetzt im Vergleich zum Mittelalter unerhörte Ausmaße erreichte. Aber was wirklich zählt, ist, wie schon gesagt, nicht so sehr der quantitative Aspekt als die Tatsache, daß nun zumindest einige der Voraussetzungen für manche charakteristische Aspekte der Industriewirtschaft der folgenden Jahrhunderte geschaffen wurden. Große Umwälzungen kündigten sich an.

In England und Wales gab es Anfang des 16. Jahrhunderts drei wenig bedeutende Hochöfen; gegen 1635 existierten zwischen hundert und hundertfünfzig.

Von der Mitte des 16. Jahrhunderts bis heute stieg die Eisen- und Glaserzeugung um etwa das Vier- bis Fünftausendfache. Die Grundlage für diese außerordentliche Entwicklung bildete die Erhöhung der Steinkohleproduktion (um das Dreitausendfache im gleichen Zeitraum).

Noch einmal sei darauf hingewiesen, daß der Ersatz der Holzkohle durch Steinkohle nicht nur eine quantitative, sondern vor allem eine qualitative Veränderung bedeutete. Denn die größere Heizkraft der Steinkohle beeinträchtigt die Güte des damit erhitzten Materials. Auf diese Weise wurde eine Entwicklung beschleunigt, in deren Verlauf die mittelalterliche Mentalität, die sehr auf die Qualität der Erzeugnisse achtete, zugunsten einer im wesentlichen auf Quantität ausgerichteten Einstellung verdrängt wurde. Die beharrliche Verwendung von Holz und Holzkohle im Mittelalter — obwohl die Steinkohle und das Schmelzverfahren in Hochöfen (das praktisch nie angewandt wurde) bekannt waren — sowie die hohe Wertschätzung der Qualität führten, zusammen mit anderen, eher in die Landwirtschaft gehörenden Erscheinungen, zu einer enormen Reduzierung der Waldbestände, die, auf ihren Höhepunkt gelangt, nun ihrerseits zur

Verwendung der Steinkohle zwang. Diese Revolution (die auch als Vorläufer der »industriellen Revolution« bezeichnet wird) fand vor allem in England statt. Der Grund hierfür liegt nicht nur an der Tatsache, daß die Insel über reichliche Steinkohlevorkommen verfügte, sondern darin, daß die »qualitätsgebundene« Tradition in England weit weniger stark war als beispielsweise in Italien, und daher eher durch eine neue, auf Quantität ausgerichtete Mentalität ersetzt werden konnte. Dieser Wandel zeigte sich übrigens nicht nur im eisenverarbeitenden Gewerbe, sondern auch im älteren und stärker strukturierten Textilgewerbe. Und auf lange Sicht gehörte der Erfolg den Ländern, die, wie England und die Niederlande, ihr Gewerbe auf Produkte geringerer Qualität einzustellen verstanden, während Länder wie Italien, die weiterhin hochwertige Erzeugnisse herstellten, immer weiter ins Hintertreffen gerieten.

Die »neue« Entwicklung äußerte sich auch in vielen anderen Erscheinungen: im Eingreifen des Staates beispielsweise, der jetzt das eigene Gewerbe gewissermaßen gegen die drohende Konkurrenz ausländischer Erzeugnisse schützte, der Produktionsprämien und -darlehen gewährte (vor allem für den Schiffbau); der ausländische Facharbeiter heranzog und ihnen außer wirtschaftlichen Vorteilen auch rechtliche Garantien bot, was durchaus neu war. (Typisch ist in diesem Zusammenhang die Anwerbung italienischer Seidenweber durch viele Staaten.) Oder der Staat beteiligte sich gar selbst an bestimmten Gewerbezweigen. Ein Beispiel hierfür ist das Übereinkommen zwischen dem Papst und den Medici zur Ausbeutung der Alaunbergwerke in Civitavecchia, in indirekter Zusammenarbeit mit dem König von Neapel insofern, als dieser den Abbau in den in seinem Königreich liegenden Alaunbergwerken von Agnano einschränkte. Das Absinken eines großen Teils der Bauern auf die Ebene städtischen und nicht nur städtischen Proletariats und Lumpenproletariats (auf das wir schon hingewiesen haben) schuf andererseits in einem großen Teil Europas die Bedingungen für die Rückkehr zu einem System der Ausbeutung der bäuerlichen Arbeitskraft durch städtische Unternehmer. Das *Verlagssystem* wurde jetzt eingeführt. Es unterschied sich von einem ähnlichen System, das sich im Mittelalter ausgebildet hatte, in zweierlei Hinsicht: vor allem durch das viel größere Ausmaß, in dem jetzt ein einziger Verleger eine enorme Anzahl von Personen beschäftigte und auf diese Weise — auf mehr oder minder lange Sicht — große Mengen von Kapital anhäufte. Noch bedeutender ist die Tatsache, daß den bäuerlichen Arbeitern nicht nur Arbeiten im Textilsektor, sondern auch in anderen Produktionszweigen anvertraut wurden, sogar die Herstellung von Metallwaren, wodurch der Weg für einige Spezialbranchen bereitet wurde, wie jene bewundernswerte bäuerliche Uhrenindustrie, die zum Beispiel im Schwarzwald im 18. Jahrhundert zu außerordentlicher Blüte kommen konnte.

Zu Unrecht würde man die hier dargestellte große Umwälzung als eine einfache Rückkehr — in größeren Proportionen — zum Mittelalter betrachten. Denn die Erzeugnisse dieser Bauern dienten jetzt nicht mehr einer statischen Gesellschaft mit genau abgegrenzten Märkten und einem starren System von Angebot und Nachfrage, wie es im Mittelalter der Fall war. Man kann sagen, daß die Ausbeutung der bäuerlichen Arbeitskraft bis zum 14. Jahrhundert unter dem Gesichtspunkt der Produktivität und Wirtschaftlichkeit absolut unergiebig war; jetzt — nach der kurzen Zeit größerer Freiheit im 14. Jahrhundert und Anfang des 15. Jahrhunderts — diente dieselbe Ausbeutung zur Entwicklung neuer industrieller Produktionsformen.

Was aber vielleicht am besten das wirkliche Ausmaß der Wandlung enthüllt, sind die Veränderungen im Zunftwesen. Die Zünfte, die sich etwa im 11. und 12. Jahrhundert im Schatten der Gemeindefreiheit gebildet hatten, als Instrument, mit dem die neuen städtischen Klassen ihre Interessen verteidigen und womöglich an die Macht kommen wollten, gingen jetzt einem großen Umschwung entgegen. Denn angesichts der immer stärker werdenden Zentralgewalt ließen die Zusammenschlüsse zu Zünften innerhalb des Staates nach. Daraus ergab sich in vielen Ländern (Italien, Spanien usw.) die Tendenz zu einer zunehmenden Erstarrung der Zünfte, die immer entschiedener auf monopolistischen und protektionistischen Positionen beharrten, wodurch sie zu einem Hemmschuh für die Weiterentwicklung der Produktionsverhältnisse wurden; anderswo (in England und in Holland beispielsweise) gelang es dagegen der Zentralgewalt, die Zünfte unter Kontrolle zu bekommen und sie so zu treibenden Kräften verschiedener Wirtschaftszweige werden zu lassen.

VI. DER HANDEL

Der hier behandelte Zeitraum war zweifellos eine der wichtigsten Perioden in der Geschichte des Handels und seiner Expansion. Wohl zu keiner Zeit machte man so sprungartige Fortschritte; zu keiner anderen Zeit vor allem beschleunigte sich die Ausweitung des Handels in solchem Tempo. Seit Ende des 15. Jahrhunderts erlebten die alten Handelsstädte, Handelsstraßen und Märkte eine neue Blüte. Nicht nur holte man das Verlorene auf und erreichte den Stand von Ende des 13. Jahrhunderts wieder, sondern überall erlebte man den enormen Aufstieg kleinerer Handelszentren, die sich während des 14. und 15. Jahrhunderts entwickelt hatten, indem sie von der Krise der größeren Handelsplätze profitierten, und die jetzt endgültig ihren Platz in einem immer enger werdenden, ganz Europa überziehenden Netz von Handelsverbindungen einnahmen. Und dies scheint uns von besonderer Bedeutung, weil es nicht nur den zufälligen Erfolg einzelner Städte, sondern die Entstehung eines ganzen Handelssystems zeigt, in dem die Voraussetzungen für einen Handelsverkehr im modernen Sinne geschaffen wurden.

Eindrucksvoll ist der Umfang des Handels mit Amerika, den Sevilla innerhalb kurzer Zeit einrichten konnte. Hier ging es nicht nur darum, alte Handelsbeziehungen zu erhalten oder auszubauen, vielmehr mußte alles *ex novo* aufgebaut werden und als Grundlage für die Errichtung einer, wenn auch unvollkommenen, Ordnung der immensen amerikanischen Gebiete dienen.

Huguette und Pierre Chaunu haben am Beispiel des Schiffsverkehrs zwischen Sevilla und Amerika das außerordentliche Entwicklungstempo nachgewiesen, das sich aus den folgenden Zahlen ergibt:

Jahr	Anzahl der Schiffe*	Tonnage	Ladung
1506—1510	226	22 400	15 680
1511—1515	279	27 700	19 390
1516—1520	442	44 010	30 807
1521—1525	346	37 280	27 960
1526—1530	483	52 970	39 727
1531—1535	519	59 290	44 467
1536—1540	578	75 620	56 715
1541—1545	638	87 578	65 683
1546—1550	874	127 280	95 460
1551—1555	656	107 316	80 487
1556—1560	549	90 310	67 732

Zwar kann man die Beweiskraft dieses Beispiels in Frage stellen und anmerken, daß es sich bei Sevilla um einen Sonderfall gehandelt habe, der an die besonderen Verhältnisse des amerikanischen Imperiums gebunden gewesen sei. Einen unbestreitbaren Beweis liefert jedoch die Zahl der Schiffe, die zwischen Ende des 15. und Mitte des 16. Jahrhunderts den Öresund passieren: 795 im Jahr 1498; etwa 1700 in den dreißiger Jahren des 16. Jahrhunderts und schließlich über 2000 in den fünfziger Jahren... Hier handelt es sich um keinerlei Zufälligkeiten. Der ganze Handelsverkehr zwischen Ostsee und Nordsee kommt in diesen

* Hin- und Rückfahrten.

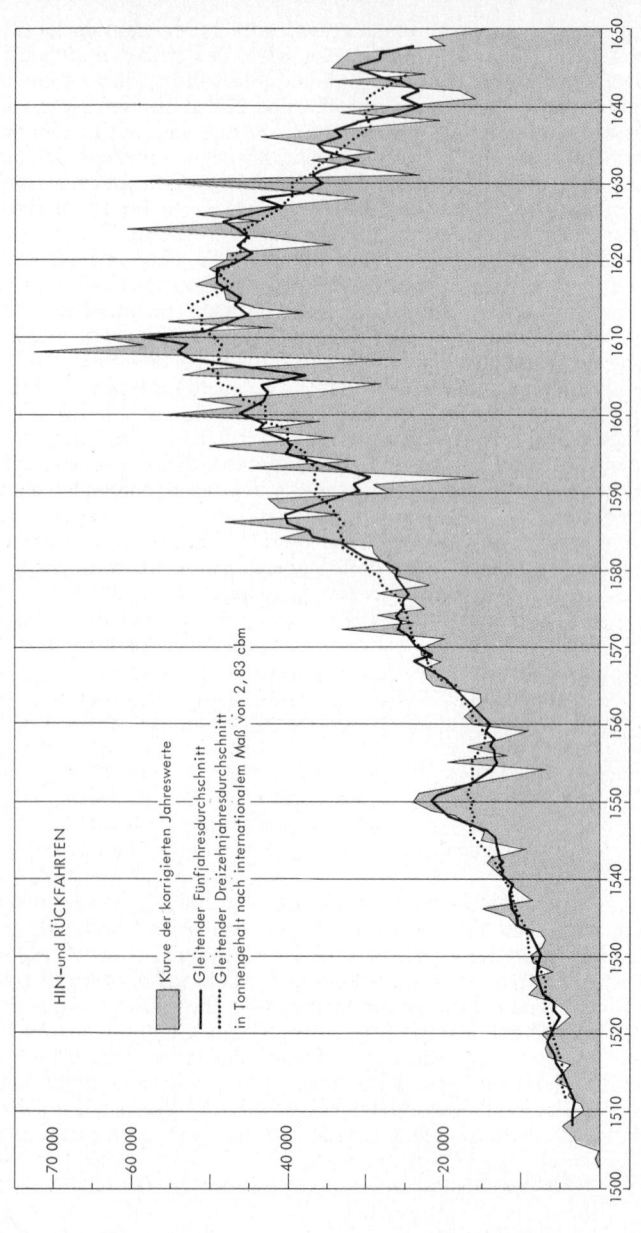

HIN- und RÜCKFAHRTEN

Kurve der korrigierten Jahreswerte

Gleitender Fünfjahresdurchschnitt

Gleitender Dreizehnjahresdurchschnitt

in Tonnengehalt nach internationalem Maß von 2,83 cbm

Zahlen zum Ausdruck, die die außerordentliche Verstärkung der Handelsbeziehungen zwischen den beiden Räumen unwiderleglich dokumentieren.

Im selben Rhythmus entwickelten sich auch andere Städte: Lissabon, Antwerpen, London, Barcelona (letzteres seit dem zweiten Viertel des 16. Jahrhunderts). Und noch einmal sei gesagt, nicht nur die großen Zentren erlebten diesen Aufschwung. In diesem Falle könnte man eine Konzentration in einigen wenigen Städten auf Kosten des Handels anderer Zentren vermuten. Auch auf kleineren Handelsplätzen, wie La Rochelle, Ragusa, Messina blühte der Handel auf. Andererseits hat eine ganze Reihe jüngster Forschungen (angeregt vor allem durch die meisterhafte Arbeit Fernand Braudels) ziemlich deutlich gezeigt, daß der Mittelmeerhandel nicht, wie man allzu lange glaubte, ein Opfer der neuen Handelslinien auf dem Atlantik wurde: nach anfänglichen Schwierigkeiten paßte er sich erfolgreich dem neuen Rhythmus an.

In dieser allgemein günstigen Lage schien das Schicksal der Hanse eine Ausnahme zu machen. Tatsächlich kann man in der Zeit zwischen 1480 und 1550 den Eindruck von einem Niedergang dieses ausgedehnten Städtebundes gewinnen. Und sicher muß man bei der Betrachtung der politischen und militärischen Aspekte von einer Periode der Schwierigkeiten sprechen. Um davon überzeugt zu sein, braucht man sich nur an den Verlust des Einflusses der Hanse in Nowgorod seit 1478 zu erinnern. Dieser Städtebund entsprach zu wenig den neuen, aus der Stärkung der Zentralgewalten resultierenden Verhältnissen und tat im Grunde nichts, um eine Lösung zu finden, die nicht eine Rückkehr zum Alten gewesen wäre. Aber entsprach diesen vorwiegend politischen Schwierigkeiten wirklich ein völliger Niedergang des traditionsgemäß zur Hanse gehörenden Wirtschaftsraums? Eine so kategorische Behauptung scheint uns nicht berechtigt. Zwar bedeutete diese Tatsache, daß Iwan III. sich 1478 endgültig zum Herrn von Nowgorod gemacht hatte, für die Hanse einen schweren Schlag, aber dafür gereichte sie einigen Hansestädten, wie Riga, Dorpat, Reval, und ganz Livland zum Vorteil. Zur selben Zeit wurden verschiedene Handelslinien aufrechterhalten und sogar ausgebaut: so die Ausfuhr von englischen Stoffen durch die Hansekaufleute oder der Handel mit Wachs, den die Kaufleute der Hanse in England trieben. Schließlich muß man bedenken, das die Hanse, trotz der unbestreitbaren Schwierigkeiten aller Art, denen sie zwischen Ende des

Abb. 28: Grafische Darstellung des Schiffsverkehrs zwischen Sevilla und Amerika (1500–1650). Gesamttonnage (korrigierte Mittelwerte).

15. und der ersten Hälfte des 16. Jahrhunderts begegnen mußte, ihre potentiellen Möglichkeiten bewahrte, wie ihr deutlicher Aufschwung nach 1550 beweist. Wiederholen wir also: Europas Handel stand zwischen 1480 und 1560 im Zeichen der Expansion.

VII. DIE PREIS»REVOLUTION«

Wir sprachen von quantitativen, aber auch qualitativen Veränderungen. Die Stellung der großen Handelsherren wandelte sich in geistiger, ethischer und idealler Hinsicht. Von den zahlreichen Zeugnissen, die zum Beweis für diesen Wandel angeführt werden könnten, scheint uns das folgende am geeignetsten: Im Jahre 1523 schrieb Jakob Fugger, bestrebt, das Geld zurückzuerhalten, das er Karl V. geliehen hatte, damit dieser die Stimmen der Kurfürsten für seine Wahl zum Kaiser erkaufen konnte, an den Herrscher: »Es ist auch wissentlich und ligt am tag, dass Ew. kays. Mt. die Römisch Cron ausser mein nicht hette erlangen mögen, wie ich dann solches mit Ew. kay. Mt. Commissarien handschriften anzaigen kan. So hab ich auch hierin mein aigen nutz nit angesehen; dann wo Ich von dem hauss Oesterreich absteen und Frankreich fürdern hette wollen, wolt Ich gross guott und gelt, wie mir dan angeboten worden, erlangt haben. Was aber Ew. kay. Mt. und dem hauss Oesterreich nachtail daraus entstanden were, das haben Ew. kay. Mt. aus hohem Verstandt wol zu erwegen.«*
Der Spruch aus dem Ecclesiasticus (VIII, 12): »noli foenerari fortiori te, quod se foeneravis, quasi perditum habe« (Borge keinem, der mächtiger ist als du; hast du (ihm) aber geborgt, so sieh es als verloren an!) war im Mittelalter eine viel befolgte Regel gewesen, auch wenn es natürlich Fälle gegeben hatte, in denen Herrschern und Mächtigen Darlehn (über recht hohe Summen) gewährt worden waren. Daher war die *Tatsache* des Geldverleihs an einen Kaiser durchaus nichts Neues; ebenso wenig die Forderung nach Rückerstattung. Absolut neu war jedoch der Ton dieses Briefes, in dem Jakob Fugger über rein wirtschaftliche Gesichtspunkte hinaus die politischen Aspekte der Finanzaktion erörterte. Und hierin kommt der große Wandel, der sich in der geistigen Einstellung vollzogen hatte, zum Ausdruck. Zwar waren nicht alle Kaufleute jener Zeit Fugger (auch wenn der Name dieser mächtigen Augsburger Familie in andere Sprachen einging, um ganz allgemein einen Geschäftsmann zu

---

* in Greiff, Jahresbericht des Historischen Vereins für Schwaben und Neuburg. 1868, S. 49.

bezeichnen); zwar schrieben nicht alle nahezu beleidigende Briefe an den Kaiser; aber die meisten von ihnen bewegten sich nun auf einem höheren, moderneren Niveau. Von diesem modernen Charakter großer Wirtschaftsbereiche sollen hier nur zwei Aspekte gezeigt werden. An erster Stelle die in bis dahin nie gekanntem Ausmaß verbreitete Anwendung der verschiedenen Formen des Kredits. Es kann wohl gesagt werden, daß für den Wechselbrief und seine Abarten eine neue Epoche anbrach. Wie die Archive beweisen, hatte es nie zuvor eine derartige Häufung von Wechseln gegeben, eine solche Durchdringung aller Gesellschaftsklassen und -gruppen mit einem so verfeinerten und empfindlichen Zahlungsmittel, wie es der Wechsel darstellt, während sein Ursprung, wie weit auch immer man ihn zurückverlegen will, deutlich zeigt, daß er nur für eine begrenzte Gruppe gedacht gewesen war. Jetzt hingegen bewies der außerordentliche Aufschwung der großen Wechselzentren, wie Lyon, Piacenza, Genf, Antwerpen, in welchem Maße auch der mittlere Geschäftsmann und überhaupt der Mittelstand zu diesem Instrument griff. Allerdings machte man einen allzu großen, ja übertriebenen Gebrauch davon, und dies war einer der Gründe dessen, was wir den wirtschaftlichen Bankrott des 16. Jahrhunderts nennen möchten.

Ferner kam die Umwälzung in der Welt des Handels in der neuen Mentalität der Kaufleute zum Ausdruck, neu, versteht sich, im Vergleich zur Mentalität der mittelalterlichen Geschäftsleute. Dazu gehörte der Sinn für Begriffe wie Zeit, Sicherheit, Vorausschau, Genauigkeit, der sich als eine Art von Notwendigkeit in den schwierigsten Augenblicken der Krise des 14. Jahrhunderts herausgebildet hatte und sich jetzt allgemein durchsetzte. Diese Faktoren wurden zu wesentlichen Elementen der Geschäftstätigkeit. Ganz abgesehen von den quantitativen Unterschieden, scheint uns dieser qualitative Gegensatz zum Mittelalter von größter Bedeutung.

All diese außerordentlichen Veränderungen wurden, vor allem (aber nicht ausschließlich) in ihren quantitativen Aspekten, durch das Einströmen von Edelmetallen aus Amerika beschleunigt. Gold und Silber kamen nach Sevilla, um sich von dort auf alle europäischen, aber auch außereuropäischen Märkte bis in den Fernen Osten zu verteilen. Von 1503 bis 1520 waren es ausschließlich Goldbarren; dann trat nach und nach das Silber an die Stelle des Goldes, bis zwischen 1540 und 1560 das Silber überwog:

Jahr	Silber (kg)	Gold (kg)
1503—1520	—	14 000
1521—1540	86 000	19 000
1541—1560	488 000	67 000

Es handelte sich, wie man sieht, vor allem für die damalige Zeit, um erhebliche Mengen, die insofern Beachtung verdienen, als sie sich nach und nach anhäuften und auf diese Weise zu einer allmählichen Erhöhung der Edelmetallreserven ganz Europas führten. Aus wirtschaftlichen, politischen und militärischen Gründen war Spanien gezwungen, diesen »Treibstoff« des Wirtschaftslebens, den die Edelmetalle darstellten, in alle anderen Länder fließen zu lassen.

Aber nicht nur der Zustrom von Edelmetallen aus Amerika belebte die europäische Wirtschaft neu; in Mitteleuropa verfünffachte sich die Silberproduktion zwischen 1450 und 1540; indem die Portugiesen in den siebziger Jahren des 15. Jahrhunderts die Küste Guineas besetzten, kamen sie in den Besitz des afrikanischen Goldes. Europa verstand es, sich im Hinblick auf die wachsenden Bedürfnisse seiner Wirtschaft rechtzeitig einzudecken . . .

Andererseits stand der Handel des 16. Jahrhunderts im Zeichen eines ungeheuren Widerspruchs: die starke Entwicklung des Welthandels fand keine Entsprechung im Ausbau der inländischen Märkte. Das heißt, daß aufs Ganze gesehen mehr Waren von einem Lande zum anderen oder gar von einem Kontinent zum anderen unterwegs waren als innerhalb eines Landesteils. Eine erste einleuchtende Erklärung für diese Diskrepanz ist in der Tatsache zu sehen, daß von dem Augenblick, in dem eine Ware auf ein Schiff verladen war, bis zur Landung kein Wegegeld, kein Zoll oder dergleichen mehr bezahlt werden mußte . . .; während all diese belastenden Faktoren gerade beim inländischen Warenverkehr stark ins Gewicht fielen. Außerdem belastete der Transport auf See — bei gleicher Entfernung und gleicher Warenmenge — den Preis des Produkts sehr viel weniger als der Transport zu Lande.

All dies trifft sicherlich zu, genügt aber nicht, um eine vollständige Erklärung für die ungleiche Entwicklung von Welthandel und Binnenhandel zu geben. Dem eigentlichen Grund kommt man näher, wenn man bedenkt, daß die große Mehrheit der Bevölkerung der damaligen Zeit im wesentlichen die von ihr produzierten Nahrungsmittel (und andere Erzeugnisse) selbst verbrauchte. Allerdings kann man in den, wenn auch relativen, Verschiebungen innerhalb der Zusammensetzung der europäischen Bevölkerung einen Ansatz zu intensiveren Handelsbeziehungen im Inland erblicken. Die treibende Kraft war wiederum die Landwirtschaft, da die Verstädterung großer Teile der bäuerlichen Bevölkerung, die also von Erzeugern zu Verbrauchern wurden, zu einem Ausbau des Binnenhandels zwang. Dieser stand dem internationalen Handel — auch wenn er dessen Glanz nicht teilte — sicherlich nicht nach, zumindest im Hinblick auf die in ihm gelegten Keime für die spätere Entwicklung.

Bei der Untersuchung der wesentlichen Aspekte der europäischen Wirtschaft zwischen 1480 und 1560 wird die Aufmerksamkeit des Historikers auf ein Phänomen gelenkt, das nach allgemeiner Übereinkunft als Preis»revolution« bezeichnet wird. Wir wissen zwar, daß die Preis»revolution« in der heutigen Geschichtsschreibung erst zwischen 1520 und 1540 angesetzt wird, also fast am Ende der hier zu besprechenden Periode; aber in Wirklichkeit muß die ganze Frage der Preis»revolution« unter völlig neuen Gesichtspunkten betrachtet werden. Deshalb verweilen wir einen Augenblick bei diesem Punkt. Üblicherweise wird die Bezeichnung Preis»revolution« nicht nur für die Preisbewegung selbst verwendet, sondern auch für einen wichtigen parallelen Vorgang, nämlich die Belieferung Europas mit großen Gold- und Silbermengen aus den amerikanischen Minen. Das heißt, daß gleichzeitig mit der Geschichte der Preise auch Geschichte des Geldes (man möchte fast sagen: der Edelmetalle) getrieben werden soll. Wenn man aber die Preise als Maßstab für die allgemeine Wirtschaftslage nehmen will, so muß man sie unserer Ansicht nach in ihrer reinsten und einfachsten Ausdrucksform betrachten, nämlich unter Ausschaltung der metallbedingten Geldwertänderungen. So betrachtet begann die Preis»revolution« ohne jeden Zweifel nicht erst zwischen 1520 und 1540. Es läßt sich nämlich leicht verfolgen, wie die Preise, die bis dahin stagniert hatten, seit Ende des 15. Jahrhunderts in Bewegung gerieten und eine steigende Tendenz aufwiesen. Zwar wurde diese Entwicklung in der Folgezeit durch die aus Amerika kommenden Edelmetallmengen beschleunigt und bestätigt, aber noch einmal sei betont, daß diese Bewegung bereits früher, zwischen 1480 und 1500, einsetzte. Daher kann die Preis»revolution« auf diesen der europäischen Wirtschaft zwischen 1480 und 1560 gewidmeten Seiten mit in Betracht gezogen werden.

Preis»revolution« — dieser starke Ausdruck ist geeignet, die gewaltige Bewegung zu kennzeichnen, der zufolge etwa zwischen 1480 und 1590 die Preise sich verfünf- und versechsfachten. Uns, die wir im 20. Jahrhundert leben und seit über zwei Generationen an ungeheure Preissteigerungen gewöhnt sind, mag dieser Anstieg gering erscheinen; aber wie jedes historische Faktum, muß auch dieses innerhalb einer Gesamtsituation gesehen werden. Wenn man bedenkt, daß diese Steigerung nach einem Jahrhundert (dem 14.) sinkender Preise und einem anderen (dem 15.) der Preisstagnation stattfand, wird man wohl verstehen, daß der Ausdruck Preis»revolution« keine Übertreibung der Historiker des 20. Jahrhunderts ist, sondern für die Menschen im 16. Jahrhundert harte Wirklichkeit war. Um so mehr, als mit dieser allgemeinen Preissteigerung, die mit unterschiedlicher Heftigkeit ganz Europa traf, die Löhne nicht Schritt hielten. Zwar stiegen überall auch die Löhne, aber in sehr unterschiedlichem Maße. So folgten in einigen Gebieten die Löhne der Preisbewegung oder stiegen gar in gleicher Weise; andernorts dagegen blieben sie weit hinter den Preisen zurück und verhalfen den Unternehmern zu Konjunkturgewinnen. Vor allem in bezug auf die Länder, in denen sich die Diskrepanz zwischen Preisen und Löhnen besonders deutlich zeigte, hat man von der Entstehung des modernen Kapitalismus gesprochen, indem man gerade in den Unterschieden zwischen Preis- und Lohnentwicklung einen wesentlichen Grund für die Kapitalakkumulation sah. Zweifellos ist etwas Wahres an dieser Auffassung. Es ist leicht einzusehen, daß die Gewinne eines Unternehmers wachsen, der beispielsweise zehn Jahre lang seinen Arbeitern denselben Lohn zahlt, während der Preis der von ihnen hergestellten Erzeugnisse steigt — selbst wenn sich die Kosten des Rohmaterials erhöhen. Vor allem in Ländern wie England und Frankreich bestätigte sich diese Rechnung in mehr oder weniger großem Ausmaß. Aber dies ist nicht die ganze Wahrheit. Denn eine solche Theorie gilt uneingeschränkt nur für eine Wirtschaft mit (wenigstens annähernder) Vollbeschäftigung. Damit es Konjunkturgewinne geben konnte, hätte die gesamte Lohnsumme beachtlich sein und die ganze Arbeitswelt daran teilhaben müssen. In einer Gesellschaft wie der europäischen des 15. und 16. Jahrhunderts aber war man noch weit hiervon entfernt. Wenn es also nicht möglich ist, in diesem Preis-Lohn-Verlauf einen der wesentlichen Gründe für die Entstehung des Kapitalismus zu sehen — wie es immerhin getan wurde —, so bleibt doch die Tatsache bestehen, daß dieser Verlauf die *Voraussetzungen* für die spätere Entwicklung des Kapitalismus mitschuf.

Auf der anderen Seite fordert das Problem der Diskrepanz zwischen Preisen und Löhnen die Frage nach dem relativen Wohlstand jener Zeit heraus. Denn wenn man annimmt, daß hohe Konjunkturgewinne durch die erhöhten Preise möglich waren, muß man auch vermuten, daß sich gleichzeitig die Lage der Arbeiter verschlechterte. Aber diese Überlegung wäre irreführend. Das wirkliche Problem besteht darin zu wissen, ob während dieser Zeit die Zahl der Arbeitsplätze zunahm oder nicht; ob innerhalb einer Familie die Arbeitsmöglichkeiten (und ganz allgemein die Möglichkeiten des Lebensunterhalts) für jedes Familienmitglied wuchsen oder nicht. Andernfalls läuft man Gefahr, an eine Wirtschaftsstruktur wie die des 15. und 16. Jahrhunderts Maßstäbe anzulegen, die ins 20. Jahrhundert gehören. Wenn nun in einer Industriegesellschaft mit Vollbeschäftigung (oder annähernder Vollbeschäftigung), wie der unsrigen, die Diskrepanz zwischen Löhnen und Preisen eine Verschlechterung der Lage der Arbeiterklasse bedeutet, so ist anzunehmen (und es gibt dafür Beweise), daß in einer Gesellschaft wie der des 16. Jahrhunderts dieselbe Entwicklung als Anreiz zu neuen Unternehmungen wirkte und auf diese Weise neue Arbeitsplätze, die Erhöhung der gesamten Lohnsumme und vielfältige Möglichkeiten für den wirtschaftlichen und sozialen Fortschritt schuf. Allerdings war das alles nicht so einfach. Wenn die Entwicklung in dieser Art verlief, so war angesichts der äußerst labilen, weil jungen Wirtschaftsstruktur und des geringen Anlagekapitals (»Maschinen« und Gebäude stellten im 16. Jahrhundert einen sehr geringen Prozentsatz der Gesamtinvestitionen dar) auch das Risiko eines Zusammenbruchs und einer Krise sehr groß, ebenso wie es für die Unternehmer verhältnismäßig leicht war, sich aus der Affäre zu ziehen. Solche Krisen hatten die Arbeitslosigkeit einer großen Zahl von Menschen zur Folge, was um so schwerwiegender war, als diese Menschen erst kurz vorher zugewandert, in ihrer neuen Heimat noch nicht verwurzelt und darum äußerst gefährdet waren.

VIII. ERSTE EINHEIT DER WELT

Eine Inschrift an der 1531 eröffneten neuen Börse von Antwerpen verkündete, daß sie »in usum negotiatorum cuiuscumque nationis ac linguae« da sei, das heißt, für die Geschäftsleute aller Sprachen und Nationen . . .
In solchen und ähnlichen Feststellungen scheint sich uns die tiefere Bedeutung des in diesem Kapitel untersuchten Zeitraums noch besser zu enthüllen als in den äußeren Aspekten der »gigantischen« politischen und wirtschaftlichen Entwicklung.
Damals entstand zum ersten Male eine Einheit der Welt: die Kenntnis bestimmter Techniken verbreitete sich rasch; das gleiche gilt für die Nahrungsmittel und Ernährungsweisen: Die spanische Küche, der Weizen, der Hammel, das Rind gelangten nach Amerika; nach und nach fanden der Mais, die Kartoffel, der Kakao, der Truthahn in Europa Verbreitung. Im Balkan wurden die schweren türkischen Süßigkeiten eingeführt; türkische Getränke oder die türkische Art der Zubereitung setzten sich durch. Überall veränderte sich das Bild der Landschaften: An die Stelle der vorkolumbianischen Tempel in Amerika traten katholische Kirchen, und an den Weggabelungen ragten Kreuze auf; im Balkan erhoben sich Minarette neben den orthodoxen Kirchen. Es fand ein Austausch von technischen und landwirtschaftlichen Kenntnissen, von Kultur- und Kunstformen

statt: Das Rad wurde in Amerika bekannt; italienische Maler kamen an den Hof der Sultane (1480 vollendete Gentile Bellini das schöne Porträt Mohammeds [Mehmeds] des Eroberers). Die Fäden der Wirtschaft umspannten die Erde: Das Geld des spanischen Reiches — die berühmten »reales de a ocho« —, das in den amerikanischen Münzstätten geprägt wurde, legte immer weitere Strecken zurück und gelangte, nachdem es über den Atlantik gekommen war, in kleinen oder großen Etappen bis in den fernen Osten, wo es Spezereien, Seide, Porzellan, Perlen gab. Der Weizen aus dem Balkan kam bis an die Atlantikküste der Iberischen Halbinsel und um 1590 in großen Mengen in den gesamten Mittelmeerraum; Zucker von den Antillen und aus Brasilien begann auf den europäischen Märkten zu erscheinen; Erzeugnisse wie der Pfeffer, die bis dahin als Luxus gegolten hatten oder zumindest nur wenigen zugänglich gewesen waren, wurden jetzt für weite Kreise erschwinglich. Der »moderne« Charakter dieser Epoche, über den Generationen von Historikern diskutiert und den sie aus zahllosen Anzeichen und Äußerungen herauszulesen versucht haben, liegt gerade in dieser ersten Einheit der Welt. Aber sie war noch allzu zerbrechlich: die Regelmäßigkeit auf den Schiffahrtslinien z. B., die nun die verschiedenen Erdteile verbanden, wurde durch Seeräuberei und technische Schwierigkeiten gestört. Wenn der Traum Karls V. von einem Weltreich manchmal im Lichte von Siegen Gestalt anzunehmen schien, so wurde er alsbald in der Heillosigkeit der Niederlagen zunichte ... und in den großen inneren Spaltungen Europas, die auf religiösem Gebiete zutage traten, oder in den ersten Ansätzen eines Nationalbewußtseins, das später so bedeutsam werden sollte und das sich damals auszubilden begann. Während das Weltreich Karls V. die ganze Erde zu einen schien, begannen Worte wie *frontière, frontiera, frontera, Mark, frontier, boundary* einen neuen Sinn zu erhalten. Sie standen im Widerspruch zu dieser Einheit und bezeichneten die Grenzen, an denen später zumindest die politische Einheit auseinanderbrechen sollte.

Aber bis Mitte des 16. Jahrhunderts ging der Einigungsprozeß, trotz der erwähnten Schwierigkeiten, weiter. Man gelangte nicht nur zu einer räumlichen Einheit, sondern auch zu einer Einheit in der Zeit. Die Entdeckung der Geschichte beseelte die ganze Vergangenheit, an die man anknüpfen mußte, weil sie auf ihre Art Gegenwart bedeutete. So kann man mit Recht sagen, »daß bei der historischen Deutung des Forscherdrangs im 16. Jahrhundert zwei Komponenten herauszustellen sind: eine geschichtliche, welche die ganze Gegenwart der Antike wiederentdecken wollte, und eine räumliche, die sich in der Erforschung der Welt entfaltete«. (A. Dupront.)

Diese komplexe Periode würde man vergeblich unter einem einzigen Stichwort, wie Renaissance, Entstehung des Kapitalismus, Entstehung Europas, zusammenzufassen suchen. Dies sind schöne Formeln, um die sich Generationen von Historikern mit solcher Verbissenheit gestritten haben, daß sie oft das eigentliche (chronologische und nicht nur chronologische) Problem aus den Augen verloren. Ist das wirklich der Mühe wert? Oder wäre es nicht besser, auf nur scheinbar eindeutige Formeln zu verzichten und zu sagen, daß sich im Verlauf der beiden hier dargestellten Jahrhunderte eine ganze Gesellschaftsstruktur auflöste und daß sich dieser Prozeß in den letzten 50 bis 80 Jahren beschleunigte. Warum sollte man diese beiden Bewegungen, die langsamere und die schnellere, in eine einzige kleine Formel drängen? Zumal ja viele Elemente jener vergangenen Gesellschaft erhalten blieben. Es handelt sich nicht darum, das große Problem der geschichtlichen Kontinuität oder Diskontinuität zu lösen. Fest steht, daß in der hier untersuchten Periode am Ende eines langen Entwicklungsprozesses ein großer Einschnitt stattfand. Es begann ein neues Kapitel in der Geschichte, in dem sich aber bereits der Ansatz zu neuen Höhepunkten zeigte. Wie konnte es auch anders sein?

Schlußwort

Der Leser mag sich fragen, warum in diesem Buch so viele Ereignisse nicht erwähnt wurden, etwa die Ausschweifungen des Borgia-Papstes, all die Feldzüge Franz' I. oder die Amouren Heinrichs VIII. Wir haben uns bewußt an einen typographisch genau vorgegebenen Rahmen gehalten und meinen, daß wir unserer Aufgabe gerecht geworden sind. Aber bei allen Einschränkungen hätten wir doch einige kleine Bemerkungen anbringen können, die dem Leser mehr oder weniger weit zurückliegende Schulerinnerungen ins Gedächtnis gerufen hätten. Wir haben uns aber, sicher zur Verwunderung mancher, auf das Wesentlichere beschränkt.

In unserer Zeit ist die Zusammenstellung einer Weltgeschichte keine einfache Aufgabe. Viele sind schon geschrieben und werden noch geschrieben. Aber wozu nützt es, den Spuren einer von ihnen zu folgen oder den Inhalt einer anderen in gedrängter Übersicht wiederzugeben? So wie wir auf diesen Seiten nicht alle geschichtlichen Einzelheiten bringen wollten, so hatten wir auch keinen Augenblick die Absicht, den Stil des Thukydides oder die Manier Rankes nachzuahmen. Vielmehr sind wir der Überzeugung, daß die Geschichte eine *Wissenschaft*, d. h. ein aktuelles Wissen, ist — oder sein sollte — und daß sie daher von der zeitgenössischen Problematik her beleuchtet werden muß. Insofern ist sie der Erneuerung und dem Fortschritt zugänglich und wird es immer sein. Ihr wahres Interesse besteht also nicht in der mehr oder weniger originellen Darstellung von Ereignissen, die als ein für allemal festliegend hingestellt werden oder von denen jeder schon gehört hat; auch nicht darin, daß man sie in geistvoller und ergötzlicher Art mit bisher unveröffentlichten Episoden und Bildern ausschmückt. Wie alles Lebendige in der Kultur, wie zum Beispiel die Musik oder die Naturwissenschaft, so wandelt und erneuert sich auch die Geschichtsschreibung. Heute verlangt sie unserer Ansicht nach ein elastischeres und mit der heutigen Problematik eng verbundenes Verständnis sowie eine schlichtere und gleichzeitig organischere Behandlung.

Wir haben versucht, diesen Forderungen zu entsprechen, indem wir den Hauptlinien der Entwicklung der europäischen Gesellschaft in dem betreffenden Zeitraum verfolgten. Wer unbedingt wissen möchte, wo und an welchem Tag Johanna von Orléans verbrannt wurde, über wie viele Knechte, Ritter und Geschütze Karl der Kühne bei der Schlacht von Morat verfügte, welchen Beruf Luthers Vater hatte, dem stehen seit langem ausgezeichnete Nachschlagewerke, gelehrte Monographien und brauchbare Weltgeschichten zur Verfügung. Dergleichen Fakten sind mit großem Fleiß erforscht worden, wenngleich sie allein wenig nützen (denn jede Kenntnis ist nur im Zusammenhang mit anderen wertvoll). Und auch die exakte Kenntnis der Grenzverschiebungen oder der Thronfolgen geht nicht weit über den Rahmen des Faktenwissens hinaus. Sie kann höchstens eine Ergänzung für die Beurteilung begrenzter Ereignisse oder für das Verständnis des Werkes eines einzelnen sein. Aber die Geschicke ganzer Länder und des Abendlandes, die Geschicke der verschiedenen Gesellschaftsklassen, der Massen, beruhten — damals wie heute — auf der allgemeinen geistigen Einstellung, auf dem Grad der wirtschaftlichen Entwicklung, auf dem Besitz der Produktionsmittel, auf der Staatsform, auf der Funktionalität des technischen Wissens. Wenngleich wir uns nicht schmeicheln, diese Realitäten restlos befriedigend dargestellt zu haben, so haben wir es doch unserem Vermögen und dem heutigen Forschungsstand entsprechend versucht. Denn wir könnten heute zwar leidenschaftliche Liebhaber der Gelehrsamkeit mit den Genealogien der alten Herrscherhäuser oder den diplomatischen Verhandlungen zwischen den europäischen Kanzleien befriedigen, aber hinsichtlich vieler anderer, entscheidenderer und ernsterer Fragen warten wir leider immer noch auf systematische Untersuchungen und Forschungen. Eine wissenschaftliche Gesamtschau wird auch heute noch weniger durch die große Menge des bereits Bekannten und zum Teil Überholten als vielmehr durch den Mangel an Forschungen erschwert. Die Geschichte — ob Weltgeschichte oder nicht — ist also eher eine immer neu zu betreibende Wissenschaft als ein feststehendes Wissen. Der große Eifer der früheren Historiker ist sicher hoch zu schätzen. Aber so wie einer, der heute Geometrie und Mathematik lernt, nicht bei Euklid und Pythagoras oder bei Descartes stehenbleiben kann, so scheint es uns notwendig, die Bedeutung der Ereignisse zwischen 1350 und 1550 im Lichte der uns heute bewegenden Probleme und Interessen zu untersuchen. Deshalb haben wir nur bestimmte wesentliche Linien verfolgt und auf andere verzichtet. Anstatt auf das Vermögen einzelner Handelshäuser oder den Handel dieser oder jener Stadt einzugehen, haben wir lieber die allgemeine wirtschaftliche Entwicklung Europas umrissen und dabei nicht nur die bevölkerungspolitischen Erscheinungen und die Entwicklung der Landwirtschaft, sondern auch die wechselseitige Beeinflussung dieser Faktoren unterstrichen. Anstatt die mehr oder weniger klaren Pläne dieses oder jenes Herrschers zu rekonstruieren und die militärischen Zusammenstöße seiner Leute mit denen des gegnerischen Fürsten zu schildern, haben wir den Charakter der Staatsgewalt in Europa sowie ihre hauptsächlichen Machtmittel beschrieben. Ebenso haben wir nicht so sehr die Heldenhaftigkeit dieses Seefahrers oder jenes »conquistadors« heraufbeschworen, haben wir die künstlerische, religiöse und philosophische Entwicklung nicht nur am Beispiel der bekannten Protagonisten dargestellt, sondern gezeigt, wie das Abendland in räumlicher und geistiger Hinsicht seine mittelalterlichen Grenzen überwand. Indem wir so weit wie möglich die alte und fruchtlose Diskussion über die Anfänge der Neuzeit vermieden, ist es uns vielleicht gelungen, die dominierenden Bewegungen zu verfolgen, durch die eine neue Welt Form gewann; eine Welt, die sicherlich nicht weniger hart und voller Mühsal war als die vorherige, aber voll lebendiger und konstruktiver Kraft, wie sie die vorhergehende Epoche nicht kannte. Dank der geistigen Freiheit, die die abendländischen Eliten langsam errangen, und dank der Befreiung der europäischen Wirtschaft vom Feudalsystem wurde der Grund für einen Umschwung in der Entwicklung der europäischen Gesellschaft gelegt. Nachdem die Europäer bis zu Beginn des 14. Jahrhunderts nahezu auf ein und derselben Ebene mit den muselmanischen oder orientalischen Ländern gestanden hatten, lösten sie sich seit etwa 1550 entschieden davon ab, und es begann ihre jahrhundertelange Überlegenheit über die ganze Welt.

Das europäische Leben war in seinen Hauptaspekten durch den beschleunigten Zerfallsprozeß der mittelalterlichen Strukturen und das gleichzeitige Entstehen freierer Kulturformen gekennzeichnet; daher haben wir diesen Prozeß zum Leitfaden unserer gesamten Darstellung gemacht. Die Bildung der europäischen Staaten ist nur die Folge dieses Prozesses, nicht sein treibendes Prinzip und noch weniger der Schlüssel zum Verständnis dieses Vorgangs. In der nationalistischen Sicht früherer Generationen entstand eine vereinfachende und schließlich für gültig angesehene Geschichtsphilosophie, nach der das Staatensystem, das allmählich nach 1550 in Europa entstand, beinahe gleichbedeutend war mit dem Schicksal der verschiedenen Herrscherhäuser. Nun ist es aber völlig unberechtigt, eines der Ergebnisse einer geschichtlichen Entwicklung, und eine ihrer auffallendsten späteren Folgen, als Hauptmerkmal dieser Entwicklung selbst zu bezeichnen. Was zwischen 1350 und 1550 geschah, stand durchaus nicht im Zeichen der herrscherlichen Politik, sondern im Zeichen der Wandlung der ganzen Gesellschaft. Es ist daher sinnlos, die (im übrigen zunächst unsichere und labile) Bildung der europäischen Nationen auf das Aufeinanderfolgen von Dynastien, auf mehr oder weniger geschickte Heiratsverbindungen zwischen Herrscherhäusern, auf die durch die Besitzansprüche der verschiedenen Monarchen entstandenen kriegerischen Auseinandersetzungen zurückzuführen. Es ist keineswegs paradox zu behaupten, daß die neuen Staaten oft trotz der Absichten und kriegerischen Unternehmungen ihrer Fürsten entstanden, so wie als sicher gelten kann, daß sich deren Erfolge aus dem Zusammenspiel ihres Wirkens mit den tieferen Kräften ihres Landes ergaben.

Wir haben also versucht, an Stelle der wenig stabilen sogenannten internationalen Beziehungen, der Aufzählung von Schlachten und der darauf folgenden Friedensverträge, der Litanei der Thronbesteigungen, die dauerhaften und mächtigen Strömungen aufzuzeigen, die den Historiker vor allem anderen interessieren müssen. In dem von uns betrachteten Zeitraum geht es um eine weitgehende, machtvolle Befreiung von feudalen Strukturen. Im Zusammenwirken verschiedener Elemente, dessen Mechanismus zu begreifen das höchste Ziel der Geschichtswissenschaft ist, vollzog sich das Auseinanderbröckeln und der Niedergang des Lehnswesens. Mächtige bevölkerungspolitische Erschütterungen kamen zu der zunehmenden Ausdehnung des Handels und der Geldwirtschaft hinzu, so daß der Charakter der bäuerlichen und städtischen Gesellschaft sich tiefgreifend zum Nachteil der in sich geschlossenen und partikularistischen Lehnsordnung wandelte. Nach dem Verlust ihrer wirtschaftlichen Macht verloren die Lehnsherren notgedrungen auch auf politischem, rechtlichem und sogar militärischem Gebiet an Einfluß. Siegreich richteten sich über ihnen und gegen sie »Zentral«-gewalten auf, hinter denen angreifendere und aktive Interessen standen, die dem Erstarken der säkularisierten Gesellschaft besser entsprachen. Parallel hierzu, wenn auch in anderen Formen, zeichnete sich eine neue Kultur ab, auf Kosten jenes geistigen Feudalsystems, das die Kirche in Europa errichtet und mit dem wirtschaftlich-sozialen verflochten hatte. Die Bettelorden trugen zur Schwächung der Hierarchie der Weltgeistlichen bei, die darüber hinaus von langen inneren Machtkämpfen zerrissen wurde. Im Bereich des Glaubens verzerrten und veränderten die frommen Gepflogenheiten des Volkes die Strenge der theologischen Dogmen, während diese von einem immer eigennützigeren und korrupteren Klerus gestützt wurden. So wie auf politisch-sozialem Gebiet der Lehnsherr nur noch einen Teil (und nicht einmal den wichtigsten) der Macht ausübte, so verlor im ethisch-intellektuellen Bereich der Priester seine vorherrschende Stellung auf den verschiedenen Gebieten geistigen Schaffens. Außerhalb der christlichen Sicht wurde eine heidnische Kultur wiederentdeckt, die den Geist freier machte, ihm die Freude an der eigenen, unabhängigen Betätigung zurückgab und ihn der kritischen Betrachtung konkreter, irdischer Probleme zuführte. Menschlich wurde nicht nur die Literatur, menschlich wurden auch die Künste, die von einer metaphysischen und häufig stereotypen Ausdrucksweise zu körperhaften, geometrischen Formen gelangten, die in Raum und Farbe vibrierten.

Am Ende der beschriebenen Entwicklung stand ein neues Europa, das sich zur Eroberung der Welt anschickte. Es war sich dessen noch unbewußt; aber seine Wirtschaft und seine Technik hatten sich langsam darauf vorbereitet, so daß die Entdeckungen Vasco da Gamas, Kolumbus' und Magalhães nicht unerwartet kamen und nicht überraschten. Umsonst zog Karl VIII. nach Italien und zerstörte die Gleichgewichtspolitik der italienischen Kleinstaaten: Der Lärm, den er damals — und leider auch weiterhin — machte, stand in keinem Verhältnis zur Wirklichkeit. Umsonst nahm Karl V. Franz I. in Pavia gefangen, vergeblich forderte ihn dieser zum Zweikampf heraus. Auch war es sicher nicht das sogenannte europäische Gleichgewicht, das über das Schicksal von Völkern wie des spanischen oder des deutschen entschied; nicht die Rivalitäten zwischen den Dynastien ließen die Völker Westeuropas in alle Erdteile ziehen, sondern dessen dynamische Wirtschaftsstruktur, seine Rückbesinnung auf sein irdisches Geschick, sein exaktes Wissen und seine zweckbezogene Technik. Nicht die sogenannten diplomatischen Ereignisse oder einzelnen Gestalten wollten wir dem Leser vorstellen, sondern eben dieses Zusammenspiel von Kräften im Lichte eines allgemeinen schöpferischen Elans, eines Strebens nach einer wirksamen, harmonischen Befreiung des Menschen.

Am Ende dieses unseres Versuchs schiene uns auch die Enttäuschung dessen unberechtigt, der auf den voraufgehenden Seiten außer den Ruhmestaten unausgesetzter Feldschlachten auch den sogenannten Glanz der Renaissance oder die Details der hochtönenden theologischen Streitgespräche jener Zeit vermißt. Denn viel glanzvoller erscheint jene Gesellschaft durch die Freiheit, die sie auf wirtschaftlicher, kultureller, wissenschaftlicher und künstlerischer Ebene erreichte. Und noch anziehender ist sie durch ihre natürliche Freude am Lebensgenuß und an der Eroberung, am eigenen Schaffen und Entdecken, zumal wenig später diese Freude erstickt und verfälscht wurde durch die Rückkehr zum Feudalismus, durch die Gegenreformation, die Zensur, die Inquisition und die erwachende nationalistische Feindseligkeit zwischen den Völkern.

Zeittafel

1556	Tod des Ignatius von Loyola
1558	Karl V. stirbt in San Yuste (Spanien)
1559	Vertrag von Cateau-Cambrésis zwischen Frankreich und Spanien
1562	Beginn der Hugenottenkriege in Frankreich
1564	Nach dreiundzwanzigjähriger Herrschaft in Genf stirbt Jean Calvin
	Tod Michelangelos
	Ende des Konzils von Trient
1566	Jean Bodin: »Methodus ad facilem historiarum cognitionem«
1571	Schlacht von Lepanto

Literaturverzeichnis

Der im vorliegenden Bande behandelte Zeitraum würde an sich eine genaue Aufgliederung der einschlägigen Werke, die im folgenden genannt werden, gewiß nicht ausschließen. Trotzdem haben die Autoren es für richtig gehalten, bei ihrer Auswahlbibliographie auf eine Anordnung dieser Art zu verzichten. Sie haben es vorgezogen, nur die Werke ganz allgemeinen Inhalts zu einer gesonderten Gruppe zusammenzufassen und weitergehende Unterteilungen, die immer etwas Willkürliches haben, nicht vorzunehmen. Statt dessen findet der Leser am Ende jedes bibliographischen Hinweises die Nummer des Kapitels oder der Kapitel, das bzw. die dieser vor allem betrifft. Da die zitierten Bücher oft für mehr als einen Themenkreis von Nutzen sind, werden auf diese Weise sonst notwendige Wiederholungen vermieden. Ein solches Verfahren empfiehlt sich gegenüber einer Epoche allgemeiner Neuordnung, wie sie der vorliegende Band beschreibt, in der z. B. Humanismus und Kirchenfragen oder Technik und Wirtschaft in eine enge Verbindung und Verflechtung miteinander eintreten.

Wunsch der Autoren war es, die kritische Literatur in einem ausgewogenen Verhältnis, entsprechend den Stoffgebieten und den Gegenständen, die das Buch behandelt, anzuführen. Zahlenmäßig ist dies Ziel fast erreicht worden; andererseits darf man dem offensichtlichen Niveauunterschied zwischen den gewichtigen und mitunter berühmten Arbeiten einer ethisch-politisch-religiösen Geschichtsschreibung und denen, die die Geschichte der Wirtschaft, der Natur- und der Geisteswissenschaften zum Inhalt haben, kein Gewicht beimessen. In der Tat ist nur allzu leicht festzustellen, daß die Historiographie alter Schule, die sich seit einem Jahrhundert mit der Kultur- und Kirchengeschichte befaßt hat, heute keine Fortschritte mehr erzielt und schwerwiegende methodische Schwächen verrät, während das Interesse für die bisher wenig beachteten Themen gegenüber den zuvor genannten schnell an Boden gewinnt. Angesichts dieser Wende zwischen alten und neueren Werken ist es nicht angebracht, sich wegen des Fehlens von Autoren oder Schriften zu erregen, die in Universitäts- und Schulkreisen geheiligt sind. Da aber andererseits die neuen und »ketzerischen« Werke auf wichtigen Gebieten noch so wenig zahlreich vertreten sind, konnte man nicht umhin, auch einige von denen zu nennen, die eher auf bloßer Tradition beruhen.

1. Allgemeine Darstellungen und Handbücher

ABEL, W., Agrarkrisen und Agrarkonjunktur in Mitteleuropa vom 13. bis zum 19. Jahrhundert. Berlin 1965

ALLEN, P. S. und H. H., Opus epistolarum Desiderii Erasmi Roterodami, denuo recognitum et auctum. 12 Bde. Oxford 1906–1958

ANGELERI, C., Il problema religioso del Rinascimento: storia della critica e bibliografia. Florenz 1952

ARNOLD, S. und ZYCHOWSKI, M., Précis d'histoire de Pologne. Warschau 1963

ATKINSON, G., La littérature géographique française de la Renaissance: répertoire bibliographique. Paris 1927

BAUDRILLART, A., VAN CAUWENBERGHE, E. und RUBERT, R., Dictionnaire d'histoire et de géographie ecclésiastique. 14 Bde. Paris 1912

BESSELER, H., Die Musik des Mittelalters und der Renaissance. Potsdam 1931

THE CAMBRIDGE ECONOMIC HISTORY of Europe from the Decline of the Roman Empire. 3 Bde. Cambridge 1941–1963

THE CAMBRIDGE MODERN HISTORY. 13 Bde. Cambridge 1934

THE NEW CAMBRIDGE MODERN HISTORY. Cambridge 1957 ff. (im Erscheinen begriffen)

CORPUS CATHOLICORUM. Werke katholischer Schriftsteller im Zeitalter der Glaubensspaltung. Münster 1919

CORPUS REFORMATORUM. Hrsg. v. C. G. Bretschneider. Halle (Saale) 1834

CORPUS SCHWENCKFELDIANORUM. Leipzig 1907–1961

CRAMER, S. und PIJPER, F., Bibliotheca reformatoria neerlandica. Geschriften uit den tijd der Hervorming in de Nederlanden. 10 Bde. Den Haag 1903–1914

CURTIUS, E. R., Europäische Literatur und lateinisches Mittelalter. Bern 1954

DAVIDSOHN, R., Geschichte von Florenz. 4 Bde. Berlin 1896–1927

DELBRÜCK, H., Geschichte der Kriegskunst im Rahmen der politischen Geschichte. Berlin 1923

ENCICLOPEDIA DELLO SPETTACOLO. 9 Bde. Rom 1954–1962

ENCICLOPEDIA UNIVERSALE DELL'ARTE. Bisher 11 Bde. Venedig–Rom

ENDERS, E. L., KAVERAN, G., FLEMMING, P., ALBRECHT, O., Dr. M. Luthers Briefwechsel. 18 Bde. Leipzig 1884–1923

FREDERICQ, P., Corpus documentorum Inquisitionis haereticae pravitatis Neerlandicae. 5 Bde. Gent–Den Haag 1889–1903

GEBHARDT, B., Handbuch der deutschen Geschichte. 8. Aufl. 4 Bde. Stuttgart 1954–1960

HAUCK, A., Kirchengeschichte Deutschlands. 6 Bde. Berlin 1954

HERZOG, J. J., Realencyclopaedie für protestantische Theologie und Kirche. 22 Bde. Leipzig 1854–1868

HUS, J., Opera omnia. 3 Bde. Prag 1903–1927

JEDIN, H., Geschichte des Konzils von Trient. 2 Bde. Freiburg i. Brsg. 1949–1957

KONETZKE, R., Colección de documentos para la historia de la formación social de Hispano-America. 3 Bde. Madrid 1953

KOSCHAKER, P., Europa und das römische Recht. München–Berlin 1953

KRETSCHMAYR, H., Geschichte von Venedig. 3 Bde. Gotha–Stuttgart 1905–1934

LAVEDAN, P., Histoire de l'urbanisme. Paris 1926

LE GOFF, J., La civilisation de l'occident médiéval. Paris 1964

LEICHTENTRITT, H., Music, History and Ideas. Cambridge 1938

LIVERMORE, H. V., A History of Portugal. Cambridge 1947

Martin Luther, Werke. Weimar 1883

Luzzatto, G., Storia economica di Venezia dall'XI al XVI secolo. Venedig 1961

Michel, A., Histoire de l'art depuis les premiers temps chrétiens jusqu'à nos jours. 8 Bücher in 18 Bden. Paris 1909—1929

Monumenta Conciliorum generalium saeculi decimi quinti. 4 Bde. Wien—Basel 1857—1935

Pastor, L., Geschichte der Päpste seit dem Ausgang des Mittelalters. 16 Bde. Freiburg i. Brsg. 1909—1933

Pirenne, H., Histoire de la Belgique. 6 Bde. Brüssel 1900—1932

Pirro, A., Histoire de la musique de la fin du XIVe siècle à la fin du XVIe. Paris 1940

Schottenloher, K., Zeittafel zur deutschen Geschichte des sechzehnten Jahrhunderts. Leipzig 1939

Schramm, A., Der Bilderschmuck der Frühgeschichte. Leipzig 1922—1926

Singer, Ch., Holmyard, E. J., Hall, A. R., Williams, T. I., History of Technology. Oxford 1957

Thorndike, L., A History of Magic and Experimental Science. 8 Bde. New York 1923—1958

2. Einzeluntersuchungen

Abel, W., Die Wüstungen des ausgehenden Mittelalters. 2. Aufl. Stuttgart 1955 [1, 2]

Albertini, R. v., Das florentinische Staatsbewußtsein im Übergang von der Republik zum Prinzipat. Bern 1955 [2, 4, 5, 10]

Althaus, P., Die letzten Dinge. Lehrbuch der Eschatologie. Gütersloh 1957 [3, 6]

Antal, F., Florentine Painting and its Social Background. The Bourgeois Republic before Cosimo de' Medici's Advent to Power. London 1947 [1, 5]

Arcila Farias, E., Economia colonial de Venezuela. Mexiko 1946 [7]

Aston, M. E., Lollardy and Sedition, 1381—1431, in: Past and Present, 1960, Nr. 17 [1, 2]

Atkinson, G., Les nouveaux horizons de la Renaissance française. Paris 1935 [7]

Axters, S., Geschiedenis van de vroomheid in de Nederlanden. Buch III: De moderne devotie. Antwerpen 1956 [8]

Bainton, R. H., Here I Stand. A Life of Martin Luther. New York—Nashville 1951 [9, 10]

Bargallo, M., La mineria y la metalurgia en la América española durante la época colonial. Mexiko 1955 [7]

Baron, H., The crisis of the early Italian Renaissance. Civic Humanism and Republican Liberty in an Age of Classicism and Tyranny. 2 Bde. Princeton 1955 [4, 5]

Bataillon, M., Erasme et l' Espagne. Recherches sur l' histoire spirituelle du XVIe siècle. Paris 1937 [9]

Bautier, R. und H., Les foires de Champagne, in: Recueils de la société Jean Bodin, Bd. V, La Foire, Brüssel 1953 [1]

BEAN, J. M. W., Plague, Population and Economic Decline in the Later Middle Ages, in: The Economic History Review, XV (1963), Nr. 3 [1, 2]

BECK, Th., Beiträge zur Geschichte des Maschinenbaues. Berlin 1900 [6]

BECHTEL, H., Wirtschaftsgeschichte Deutschlands von der Vorzeit bis zum Ende des Mittelalters. Band I, II. München 1951–1952, [1, 2, 10]

BELOCH, K. J., Die Bevölkerung Europas im Mittelalter, in: Zeitschrift für Sozialwissenschaft, Bd. III (1900) [1, 2]

—, Bevölkerungsgeschichte Italiens. 3 Bde. Berlin–Leipzig 1937–1961 [1, 2, 10]

BELOW, G. A. H. und LÜTGE, F., Geschichte der deutschen Landwirtschaft des Mittelalters in ihren Grundzügen. Jena 1937 [1, 2, 10]

BERESFORD, M., The lost Villages of England. London 1954 [1]

BEVERIDGE, W., Prices and Wages in England from the Twelfth to the Nineteenth Century. Bd. I. London–New York–Toronto 1939 [10]

BIRKENMAJER, A., L'Université de Cracovie. Centre international d'études astronomiques à la fin du XVe et au debut du XVIe siècle, in: Bulletin du Centre Polonais de Recherches Scientifiques de Paris, Nr. 13–16 (1955–1957) [6]

BLOCH, M., Les caractères originaux de l' histoire rurale française. Oslo 1931 [1, 2, 10]

—, Esquisse d' une histoire monétaire de l' Europe. Paris 1954 [1]

—, Seigneurie française et manoir anglais. Paris 1960 [1]

—, La société féodale. 2 Bde. Paris 1939–1940 [1]

BORLANDI, F., »Futainiers« et futaines dans l' Italie du Moyen Age, in: Hommage à Lucien Febvre, Bd. II. Paris 1953 [1]

—, Note per la storia della produzione e del commercio di una materia prima. Il guado nel Medio Evo, in: Studi in onore di Gino Luzzatto. Bd. I. Mailand 1949 [1]

BOUTRUCHE, R., Seigneurie et Féodalité. Le premier âge: les liens d' homme à homme. Paris 1959 [1, 2, 10]

BRANDI, K., Kaiser Karl V. 2 Bde. München 1937–1941 [10]

BRANDT, O., Thomas Müntzer. Sein Leben und seine Schriften. Jena 1933 [9, 10]

BRAUDEL, F., La méditerranée et le monde méditerranéen à l' époque de Philippe II. Paris 1949 [10]

BROUWER, P. DE, Het humanismus in Nederland. 1930 [5–9]

BUCK, A., Das Geschichtsdenken der Renaissance. Krefeld 1957 [5]

BUSSON, L., Le rationalisme dans la littérature française de la Renaissance (1533–1601). Paris 1957 [9]

BUTLER, P., The Origin of Printing in Europe. Chicago 1940 [10]

BUTTERFIELD, H., Man on his Past. The Study of the History of Historical Scholarship. Cambridge 1955 [5]

CANTIMORI, D., Eretici italiani del Cinquecento. Florenz 1939 [9]

CANTIMORI, D. und JACOB, E. F., La periodizzazione dell' età del Rinascimento nella storia d' Italia e in quella d' Europa (Relazioni del X° Congresso internazionale di scienze storiche, vol. IV). Florenz 1955 [5]

CARUS-WILSON, E., The Woollen Industry, in: The Cambridge Economic History of Europe. Bd. II. Cambridge 1952 [1]

CARUS-WILSON, E. und COLEMAN, O., England's Export Trade, 1275–1547. Oxford 1963 [1, 2, 10]

CHABOD, F., Y a-t-il un Etat de la Renaissance? In: Actes du Colloque sur la Renaissance organisé per la Société d' Histoire Moderne, Paris, 30 juin – 1er juillet 1956. Paris 1958 [2, 10]

—, Scritti su Machiavelli. Turin 1964 [2, 5, 10]

CHASTEL, A. und KLEIN, R., L'âge de l'humanisme. Paris 1963

CHAUNU, H. und P., Séville et l'Atlantique (1504–1650). 7 Bde. Paris 1955–1957 [7, 10]

CHAUNU, P., Séville et l'Atlantique (1504–1650), Partie interprétative. 3 Bde. Paris 1959 [7, 10]

CHRIMES, S. B., An Introduction to the Administrative History of Mediaeval England. Oxford 1952 [2, 10]

CLAUDIN, A., Histoire de l'imprimerie en France au XVe et au XVIe siècle. 4 Bde. Paris 1900–1914 [10]

COHEN, G., Histoire de la chevalerie en France au Moyen Age. Paris 1949 [1, 2]

COHN, N., The Pursuit of Millenium. A History of Popular Religions and Social Movement in Europe from the Eleventh to the Sixteenth Century, London 1957 [8]

COORNAERT, E., Draperies rurales, draperies urbaines. L'évolution de l'industrie flamande au Moyen Age et au XVIe siècle, in: Revue Belge de Philologie et d'Histoire XXVIII (1950) [1, 2, 10]

—, La draperie-sayetterie d'Hondschoote. Paris 1930 [1, 2, 10]

COULTON, G. G., Life in the Middle Ages: Religion, Folklore and Superstition. 4 Bde. Cambridge 1928–1930 [3, 8]

COVILLE, A., La vie intellectuelle dans les domaines d'Anjou-Provence de 1380 à 1435. Paris 1941 [4]

D'ANCONA, P., La miniature italienne du Xe au XVIe siècle. Paris–Brüssel 1925 [3, 4, 5]

DE CARCER Y DISDIER, M., Apuntes para la historia de la transculturación Indoespañola. Mexiko 1953 [7]

DELUMEAU, J., Vie économique et sociale de Rome dans la seconde moitié du XVIe siècle. 2 Bde. Paris 1957–1959 [10]

DENUCE, J., L'Afrique au XVIe siècle et le commerce anversois. Antwerpen 1937 [10]

DE ROOVER, R., L'évolution de la lettre de change. Paris 1953 [1, 2, 10]

—, Money, Banking and Credit in Mediaeval Bruges. Cambridge (Mass.) 1948 [1, 2]

—, The Medici Bank, its Organization Management, Operations and Decline. New York–London 1948 [2, 10]

DOBB, M., Studies in the Development of Capitalism. London 1947 [1, 2, 10]

DOLLINGER, Ph., La Hanse (XIIe – XVIIIe siècles). Paris 1964 [1, 2, 10]

DOUMERGUE, E., Jean Calvin: les hommes et les choses de son temps. 8 Bde. Lausanne 1889–1927 [9]

DUBY, G., L'économie rurale et la vie des campagnes dans l'Occident médiéval. 2. Bde. Paris 1962 [1, 2, 10]

DUHEM, P., Etudes sur Leonardo da Vinci. 3 Bde. Paris 1906–1913 [6]

—, Les systèmes du monde. Histoire des doctrines cosmologiques de Platon à Copernic. 5 Bde. Paris 1913–1917 [6]

DUPRONT, A., Espace et Humanisme, in: Bibliothèque d'Humanisme et Renaissance, VIII (1946) [5, 7]

Dvořak, M., Geschichte der italienischen Kunst im Zeitalter der Renaissance. 2 Bde. München 1927–1929 [5]

Ehrenberg, R., Das Zeitalter der Fugger. Geldkapital und Creditverkehr im 16. Jahrhundert. 3. Aufl. 2 Bde. Jena 1922 [2, 10]

Eichmann, H. K. und Mörsdorf, K., Lehrbuch des Kirchenrechts. 3 Bde. Paderborn 1949 [3, 8, 9]

Ellinger Bang, N., Tabeller over Skibsfart og Varentransport gennen Oresund. Bd. I–III. Kopenhagen–Leipzig 1906–1923 [10]

Elliot, J. H., Imperial Spain: 1469–1716. London 1963 [10]

Elsas, M. J., Umriß einer Geschichte der Preise und Löhne in Deutschland. 3 Bde. Leiden 1936–1949 [10]

Endemann, W., Studien in der romanisch-kanonistischen Wirtschafts- und Rechtslehre bis gegen Ende des 17. Jahrhunderts. 2 Bde. Berlin 1874–1883 [2, 10]

Erben, K. J., Mistra Jana Husi. 3 Bde. Prag 1865–1868 [2, 3]

Febvre, L., Le problème de l'incroyance au XVIe siècle. La religion de Rabelais. Paris 1942 [6, 8, 9]

—, Au coeur religieux du XVIe siècle. Paris 1957 [8, 9]

—, Un destin: Martin Luther. Paris 1945 [9, 10]

—, Frontière. Le mot et la notion, in: Bulletin du Centre International de Synthèse, app. à Revue de Synthèse Historique, XLV (juin 1928) [2, 10]

—, Origène et Des Périers ou l'énigme du »Cymbalum Mundi«. Paris 1942 [8, 9]

—, Une question mal posée: les origines de la réforme française et le problème général des causes de la Réforme, in: Revue Historique, CLXI (1929) [8, 9]

Ferguson, W. K., The Renaissance in Historical Thought. Five Centuries of Interpretation. Boston 1948 [5]

Fox, P., The Reformation in Poland. Baltimore 1924 [9]

Fraenger, W., Hieronymus Bosch: Das tausendjährige Reich. Coburg 1947 [8]

Franz, G., Der deutsche Bauernkrieg. 4. Aufl. Darmstadt 1956 [10]

—, Quellen zur Geschichte des Bauernkrieges. Darmstadt 1963 [10]

Friedländer, M. J., Die altniederländische Malerei. 14 Bde. Berlin 1924–1937 [5]

Fueter, E., Geschichte des europäischen Staatensystems von 1492 bis 1559. München-Berlin 1919 [2, 10]

Gandillac, M. de, Nikolaus von Cues. Studien zu seiner Philosophie und philosophischen Weltanschauung. Düsseldorf 1953 [5]

Garibay, A. M., Poesía indígena de la Altiplanicie (selección, versión, introducción y notas de — —). Mexiko 1962 [7]

Garin, E., Medioevo e rinascimento. Studi e ricerche. Florenz 1954 [5]

Geyer, R. und Koran, F., Materialien zur Geschichte der Preise und Löhne in Österreich. Hrsg. v. A. F. Pribram. Bd. I. Wien 1938 [10]

Gille, B., Léonard de Vinci et la technique de son temps, in: Léonard de Vinci et l'expérience scientifique au XVIe siècle. Paris 1953 [6]

Godinho, V. M., História económica e social da expansão portuguesa. Lissabon 1947 [7]

Gongora, M., Los grupos de conquistadores en Tierra Firme (1509 a 1530). Fisonomia historico-social de un tipo de conquista. Santiago de Chile 1962 [7]

GORIS, J. A., Etude sur les colonies marchandes méridionales (portugaises, espagnoles, italiennes) à Anvers de 1488 à 1567. Contribution à l'histoire des débuts du capitalisme moderne. Löwen 1925 [10]

GRAMSCI, A., Note sul Machiavelli, sulla politica e sullo stato moderno. Turin 1949 [2, 10]

GUILARTE, A. M., El regimen señorial en el siglo XVI. Madrid 1962 [10]

HAEBLER, K., Zur Geschichte der kastilischen Comunidades, in: Historische Zeitschrift, Bd. LIX (1905) [10]

HALKIN, L.-E., La Réforme en Belgique sous Charles-Quint. Brüssel 1957 [9]

HAMILTON, E. J., American Treasure and the Price Revolution in Spain, 1501–1560. Cambridge (Mass.) 1934 [10]

—, Money, Prices and Wages in Valencia, Aragon and Navarre, 1351 to 1500. Cambridge (Mass.) 1936 [1, 2]

HAUSER, H., Recherches et documents sur l'histoire des prix en France de 1500 à 1800. Paris 1936 [10]

HECKSCHER, E. F., Der Merkantilismus. 2 Bde. Jena 1932 [10]

HELLEINER, K., Europas Bevölkerung und Wirtschaft im späteren Mittelalter, in: Mitteilungen des Instituts für Österreichische Geschichtsforschung, Bd. LXII (1954) [1, 2]

HENNING, R., Terrae Incognitae. 4 Bde. Leiden 1936–40 [7]

HEYMANN, F. G., John Žižka and the Hussite Revolution. Princeton 1955 [2, 3]

HILTON, R.-H., The Economic Development of some Leicestershire Estates in the XIVth and XVth Centuries. London 1947 [1, 2]

—, Y eut-il une crise générale de la féodalité? in: Annales (E.S.C.), Bd. VI (1951), 1 [1]

HILTON, R.-H. und FAGAN, H., The English Rising of 1381. London 1950 [1, 2]

HOPF, C., Martin Bucer and the English Reformation. Oxford 1946 [9]

HOSZOWSKI, S., Les prix à Lwow (XVIe-XVIIe siècles). Paris 1954 [10]

HUIZINGA, J., Herfsttij der Middeleeuwen. Studie over Levens- en Gedachtenvormen der veertiende en vijftiende eeuw in Frankrijk en de Nederlanden. Haarlem 1919. Deutsch: Herbst des Mittelalters. Studien über Lebens- und Geistesformen des 14. und 15. Jahrhunderts in Frankreich und in den Niederlanden. 8. Aufl. Stuttgart 1961 [8]

HYMA, A., The Christian Renaissance. A History of the »Devotio Moderna«. New York 1924 [4]

JANELLE, P., L' Angleterre catholique à la veille du schisme. Paris 1935 [3, 8]

JARA, A., Tres ensayos sobre economia minera hispanoamericana. Santiago de Chile 1966 [7, 10]

JOHANNSEN, O., Geschichte des Eisens. Düsseldorf 1953 [10]

JOHANSEN, P., Novgorod und die Hanse, in: Städtewesen und Bürgertum als geschichtl. Kräfte. Gedächtnisschrift für F. Rörig. Lübeck 1953 [2, 10]

KELLENBENZ, H., Les industries rurales en Occident de la fin du Moyen Age au XVIIIe siècle, in: Annales (E.S.C.), Bd. XVIII (1963), 5 [10]

KELSO, R., Doctrine for the Lady of the Renaissance. Urbana 1956 [5]

KLEIN, J., The Mesta. A study in Spanish Economic History, 1273 to 1836. Cambridge (Mass.) 1920 [1, 2, 10]

KLIMA, A. und MACUREK, J., La question de la transition du féodalisme au capitalisme en Europe centrale, in: XIe Congrès International des Sciences Historiques — Rapports — vol. IV. Stockholm 1960 [1, 2, 10]

KNOWLES, D., The Religious Order in England. Bd. II. Cambridge 1955 [3, 8]

KOSMINSKY, E. A., Studies in the Agrarian History of England in the XIIIth Century. Oxford 1956 [1]

KOYRE, A., L' apport scientifique de la Renaissance, in: Revue de Synthèse, janv.-juin 1950 [7]

—, Les philosophes et la machine, in: Critique IV (1948) [7]

KRISTELLER, O. P., Studies in Renaissance Thought and Letters. Rom 1956 [5]

KROFTA, M., Ziska a husitska revoluce. Prag 1936 [3]

KULISCHER, I. M., Russische Wirtschaftsgeschichte. Bd. I. Jena 1925 [2, 10]

LAGARDE, G. DE, La naissance de l' ésprit laïque au declin du moyen âge. 6 Bde. Paris 1942—46 [4, 5, 8]

LANE, F. C., Venetian Ships and Shipbuilders of the Renaissance. Baltimore 1934 [2, 10]

LAURENT, H., Un grand commerce d' exportation au Moyen Age. La draperie des Pays Bas en France et dans les pays méditerranéens (XIIe-XVe siècle). Paris 1935 [1]

LE BRAS, G., Introduction à l' histoire de la pratique religieuse en France. 2 Bde. Paris 1942—45 [3, 8]

LE GOFF, J., Les intellectuels au Moyen Age. Paris 1957 [3, 4]

LEICHT, P. S., Operai, artigiani, agricoltori in Italia dal secolo VI al XVI. Mailand 1959 [1, 2, 10]

LEONARD, E.-G., Histoire générale du protestantisme. Band I. Paris 1961 [9]

LEWIS, G. R., The Stannaries. A Study of the English Tin Miner. Cambridge (Mass.) 1908 [1, 2, 10]

LLORCA, B., La Inquisicion en España. Barcelona 1954 [8, 9]

LORTZ, J., Die Reformation in Deutschland. 2 Bde. Freiburg 1962 [9]

LOT, F., L' art militaire et les armées au Moyen Age en Europe et dans le Proche-Orient. 2 Bde. Paris 1947 [6, 10]

LUCAS, H. S., The great european famine of 1315, 1316 and 1317, in: Speculum, Bd. V, 1930 [1]

LUZZATTO, G., Per la storia dell' economia rurale in Italia nel secolo XIV, in: Hommage à Lucien Febvre, II. Paris 1953 [1]

—, Storia Economica d' Italia. Il Medioevo. Florenz 1963 [1]

MAC KINNON, J., Calvin and the Reformation. London 1936 [9]

—, Luther and the Reformation. 4 Bde. London 1925—30 [9]

—, The Origins of the Reformation. London 1939 [8, 9]

MÂLE, E., L' art religieux de la fin du Moyen Age en France. Paris 1949 [5, 8]

MALOWIST, M., Un essai d' histoire comparée: les mouvements d' expansion en Europe aux XVe et XVIe siècles, in: Annales (E.S.C.), 1962, Nr. 5 [1, 7]

—, Les produits des pays de la Baltique dans le commerce international au XVIe siècle, in: Revue du Nord, Bd. XLII, Nr. 166 (1960) [10]

MARTIN, A. v., Soziologie der Renaissance. Frankfurt 1949 [2, 5, 10]

MARTIN, V., Les origines du gallicanisme. 2 Bde. Paris 1939 [3, 8]
MAC FARLANE, K. B., John Wycliffe and the beginnings of English nonconformity. London 1953 [3]
MAC KISAC, M., The XIVth Century, 1307 to 1399 (Oxford History of England, Bd. V). London 1959 [1, 3]
MEERTENS, M., De godsvrucht in de Nederlanden. Naar handschriften van gebedenboeken der XVe eeuw. Nimwegen 1930 [8]
MEINECKE, F., Die Idee der Staatsräson in der neueren Geschichte. Stuttgart-München-Darmstadt 1960 (Friedrich Meinecke, Werke. Hrsg. v. Hans Herzfeld, Carl Hinrichs u. Walter Hofer. Bd. 1. 2. Aufl.) [2, 10]
MENNICKEN, P., Nikolaus von Kues. Leipzig 1932 [5]
MESNARD, P., L' essor de la philosophie politique au XVIe siècle. Paris 1952 [2, 10]
METRAUX, A., Les Incas. Paris 1962 [7]
MISKIMIN, H. A., Money, Prices and Foreign Exchange in Fourteenth-Century France. New Haven-London 1963 [1]
MOLLAT, G., La fiscalité pontificale en France au XIVe siècle. Paris 1905 [3]
—, Les papes d'Avignon. Paris 1950 [2, 5]
MOLLAT, M. — JOHANSEN, P. — POSTAN, M. — SAPORI, A. — VERLINDEN, CH., L'économie européenne aux deux derniers siècles du Moyen Age, in: X Congresso Internazionale di Scienze Storiche, vol. VI, Relazioni. Florenz 1955 [1, 2]
MOLS, R., Introduction à la démographie historique des villes d'Europe du XIVe au XVIIIe siècle. 3 Bde. Löwen 1954–56 [1, 2, 10]
MORISON, S. E., Admiral of Ocean Sea. 2 Bde. Boston 1942 [7]
MÜLLER, J. T., Geschichte der Böhmischen Brüder. 3 Bde. Herrnhut 1922–31 [8, 9]
NEF, J. U., The Rise of the British Coal Industry. 2 Bde. London 1932 [10]
NEUMANN, A., Prameny k dejinam duchovenstra v dobë predhusitské. Olmütz 1926 [3]
NOLHAC, P. DE, Pétrarque et l'humanisme. 2. Bde. Paris 1907 [4]
NYLANDER, I., Das kirchliche Benefizialwesen Schwedens während des Mittelalters. Die Periode der Landschaftsrechte. Stockholm 1953 [3]
OTERO, G. A., Vida social en el coloniaje. La Paz 1958 [7]
PACHTER, H. M., Paracelsus. New York 1951 [6]
PAGEL, K., Die Hanse. 2. Aufl. Oldenburg 1952 [1, 2, 10]
PANOFSKY, E., Albrecht Dürer. 2 Bde. Princeton 1948 [5]
—, Studies in Iconologies; Humanistic Themes in the Art of the Renaissance. New York 1939 [5]
PANTIN, W. A., The English Church in the XIVth Century. Cambridge 1955 [3]
PARENTI, G., Prezzi e mercato del grano a Siena (1546–1765). Florenz 1942 [10]
—, Prime ricerche sulla rivoluzione dei prezzi in Firenze. Florenz 1939 [10]
PEKAŘ, I., Žižka a jeho doba. 4 Bde. Prag 1927–33 [3]
PELC, J., Ceny w Gdańsku w XVI i XVII wieku. Lemberg 1937 [10]
PERROY, E., A l' origine d' une économie contractée. Les crises du XIVe siècle, in: Annales (E.S.C.), Bd. II (1949), 2 [1]
PETINO, A., Lo zafferano nell' economia del Medioevo. Catania 1951 [1]

345

Pfeffermann, H., Die Zusammenarbeit der Renaissancepäpste mit den Türken. Winterthur 1946 [8]

Phillips, M. M., Erasmus and the Northern Renaissance. London 1949 [5]

Pieri, P., Il rinascimento e la crisi militare italiana. Turin 1952 [2, 10]

Planitz, H., Die deutsche Stadt im Mittelalter. Graz 1954 [2]

Platonov, S. F., Histoire de la Russie, dès origines à 1918. Paris 1929 [2, 10]

Plattard, J., Guillaume Budé (1469–1540) et les origines de l'humanisme français. Paris 1923 [5, 8, 9]

Plesner, J., L' émigration de la campagne à la ville libre de Florence au XIIIe siècle. Kopenhagen 1934 [1]

Pölnitz, G. F. v., Jakob Fugger, Kaiser, Kirche und Kapital in der oberdeutschen Renaissance. Tübingen 1949 [2, 10]

Popelka, F., Die Alpenstraßen im Mittelalter, in: X Congresso Internazionale di Scienze Storiche, Bd. VII, Riassunti delle Comunicazioni. Florenz 1955, S. 227 [1]

Postan, M. M., Credit in Medieval Trade, in: The Economic History Review, I (1928), 2 [1]

—, The Cost of the Hundred Years' war, in: Past and Present, Nr. 27 (1964) [1, 2]

—, The Rise of a Money Economy, in: The Economic History Review, XIV (1944), 2 [1]

—, Some Economic Evidence of Declining Population in the Later Middle Ages, in: The Economic History Review, s. s., II (1950) [1]

Posthumus, N. W., De geschiedenis van de Leidsche Lakenindustrie. Bd. I, II. Den Haag 1908–1939 [1, 4, 10]

—, Inquiry into the History of Prices in Holland. Bd. II, p. p. F. Ketner. Leiden 1964 [1, 2, 10]

Pou y Marti, J.-M., Visionarios, beguinos y fraticelos catalanes (siglos XIII-XV). Vich 1930 [3]

Power, E. E. und Postan, M. M., Studies in English Trade in the Fifteenth Century. London 1933 [1, 2]

Power, E., The Wool Trade in English Medieval History. London 1941 [1, 2]

Raftis, J. A., The Estates of Ramsey Abbey. Toronto 1957 [1]

Randles, W. G. L., Le nouveau monde, l' autre monde et la pluralité des mondes, in: Actas do Congresso Internacional de História dos Descobrimentos, Bd. IV. Lissabon 1961 [6, 7]

—, Quelques modifications apportées par les grandes découvertes à la conception mediévale du monde, in: Revista da Facultade de Letras (Lisboa), Nr. 3 (1959) [6, 7]

Renaudet, A., Machiavel. Paris 1956 [2, 5]

—, Préréforme et humanisme à Paris pendant les premières guerres d' Italie. Paris 1953 [8]

Renouard, Y., Les relations des Papes d' Avignon et des compagnies commerciales et bancaires. Paris 1941 [2, 3]

Rice, E. F., The Renaissance Idea of Wisdom. Cambridge 1958 [5]

Ritter, G., Die Heidelberger Universität: ein Stück deutscher Geschichte. Bd. I: Das Mittelalter (1386–1508). Heidelberg 1936 [8]

Ritter, M., Die Entwicklung der Geschichtswissenschaft. München 1919 [5]

Rogier, L. J., Geschiedenis van het Katholicisme in de Noord-Nederlanden in de XVIe en de XVIIe eeuwen. 3 Bde. Amsterdam 1945 [8, 9]

Rörig, F., Die europäische Stadt und die Kultur des Bürgertums im Mittelalter. 3. Aufl. 1955 [1, 2]

Rosenblat, A., La población indígena y el mestizaje en América. 2 Bde. Buenos Aires 1954 [7]

Rossi, P., I filosofi e le macchine (1400–1700). Mailand 1962 [6]

Rost, H., Die Bibel im Mittelalter; Beiträge zur Geschichte und Bibliographie der Bibel. Augsburg 1939 [3]

Ruppel, A. L., Johannes Gutenberg, sein Leben und sein Werk. Berlin 1947 [10]

Rupprich, H., Die Frühzeit des Humanismus und der Renaissance in Deutschland. Leipzig 1938 [5]

—, Humanismus und Renaissance in den deutschen Städten und an den Universitäten. Leipzig 1935 [5]

Russel, J. C., Late Ancient and Medieval Population (Transaction of the American Philosophical Society, n. s., vol. 48, 1958). Philadelphia 1958 [1, 2, 10]

Rutkowski, J., Histoire économique de la Pologne avant les partages. Paris 1927 [1, 2]

Sabbadini, R., Le scoperte dei codici latini e greci nei secoli XIV e XV. 2 Bde. Florenz 1905–14 [4, 5]

Salas, A. M., Las armas de la conquista. Buenos Aires 1950 [7]

Sapori, A., La crisi delle compagnie mercantili dei Bardi e dei Peruzzi. Florenz 1925 [1]

Schmid, H., Zwinglis Lehre von der göttlichen und menschlichen Gerechtigkeit. Zürich 1959 [9]

Schmidt, R. K., The Social Structure of Russia in the Early Middle Ages, in: Rapports au XIe Congrès International des Sciences Historiques. Bd. III. Stockholm 1960 [2]

Schnürer, G., Kirche und Kultur im Mittelalter. 3 Bde. Paderborn 1929–1936 [5, 8]

Schoenstedt, F., Der Tyrannenmord im Spätmittelalter. Berlin 1938 [2, 3]

Schreiner, J., Pest og Prisfall i Senmiddelalderen. Oslo 1948 [1]

Schuhl, P.-M., Machinisme et philosophie. Paris 1947 [6]

Schulte, A., Geschichte der großen Ravensburger Handelsgesellschaft, 1380–1530. 3 Bde. Stuttgart 1923 [1, 10]

Schultz, S. G., Caspar Schwenckfeld von Ossig (1489–1561), Spiritual Interpreter of Cristianity, Apostle of the Middle Way, Pioneer in Modern Religious Thought. Norristown 1946 [9]

Seaver, H. L., The Great Revolt in Castile; a Study of the Comunero Movement of 1520–1521. London 1929 [10]

Secret, F., Les kabbalistes chrétiens de la Renaissance. Paris 1964 [5, 8]

Seidlmayer, M., Die Anfänge des großen abendländischen Schismas. Studien zur Kirchenpolitik, insbesondere der spanischen Staaten, und zu den geistigen Kämpfen der Zeit. Münster 1940 [2, 3]

Sereni, E., Storia del paesaggio agrario italiano. Bari 1961 [1, 2, 10]

Sergescu, P., Léonard de Vinci et les mathématiques, in: Léonard de Vinci et l' expérience scientifique au XVIe siècle. Paris 1953 [6]

Seznec, J., La survivance des dieux antiques. London 1940 [5]

SICILIANO, I., François Villon et les thèmes poétiques du Moyen Age. Paris 1934 [4]

SIMIAND, F., Recherches anciennes et nouvelles sur le mouvement général des prix du XVIe au XIXe siècle. Paris 1932 [10]

SIMONSFELD, H., Der ›Fondaco dei Tedeschi‹ in Venedig und die deutsch-venetianischen Handelsbeziehungen. 2 Bde. Stuttgart 1887 [2, 10]

SINGER, C. und D., The Scientific Position of Girolamo Fracastoro, in: Annals of Medical History, I (1917) [6]

SLICHER VAN BATH, B. H., De agrarische geschiedenis van West-Europa. Utrecht-Antwerpen 1960 [1, 2, 10]

SOMBART, W., Der moderne Kapitalismus. 6 Bände. München 1921–28 [1, 2, 10]

SPOONER, F. C., L'économie mondiale et les frappes monétaires en France (1493–1680). Paris 1956 [2, 10]

SPRENGER, P., Das Rätsel um die Bekehrung Calvins. Neukirchen 1960 [9]

STADELMANN, R., Vom Geist des ausgehenden Mittelalters. Studien zur Geschichte der Weltanschauung von Nicolaus Cusanus bis Sebastian Franck. Halle 1929 [5, 8]

STEINBERG, S. H., Five hundred years of printing. Harmondsworth 1955 [10]

STRIEDER, J., Zur Genesis des modernen Kapitalismus. 2. Aufl. München-Leipzig 1935 [10]

STROHL, H., L' évolution religieuse de Luther jusqu' en 1515. Straßburg-Paris 1922 [9]

TAWNEY, R. H. und POWER, E., Tudor Economic Documents. 3 Bde. London-New York-Toronto 1924 [10]

TENENTI, A., Il senso della morte e l' amore della vita nel Rinascimento. Turin 1957 [4]

THIRSK, J., Industries in the Countryside, in: Essays in the Economic and Social History of Tudor and Stuart England. In Honour of R. H. Tawney, ed. by F. J. Fisher. Cambridge 1961 [10]

TITOW, J. Z., Some Evidence of the Thirteenth Century Population Increase, in: The Economic History Review, s. s., vol. XIV (1961), 2 [1]

TOLNAY, CH. DE, Michelangelo. 3 Bde. Princeton 1945–48 [5]

TUCCI, U., Alle origini dello spirito capitalistico a Venezia: la previsione economica, in: Studi in onore di A. Faffani. 3 Bde. Mailand 1962 [1, 10]

ULLMANN, W., The Medieval Papacy. London 1960 [2, 5, 8]

USHER, A. P., The Early History of Deposit Banking in Mediterranean Europe. Cambridge (Mass.) 1943 [10]

VAN DER WEE, H., The Growth of the Antwerp Market and the European Economy (Fourteenth-Sixteenth Centuries). 3 Bde. Den Haag 1963 [10]

VAN MARLE, R., L' icononographie de l' art prophane au Moyen Age et à la Renaissance et la décoration des demeures. Den Haag 1931 [5]

VAN WERVEKE, H., Industrial Growth in the Middle Ages. The Cloth Industry in Flanders, in: The Economic History Review, s. s., VI (1954), 3 [1]

Verheyden, A. L. E., Anabaptism in Flanders, 1530–1650. Scottdale 1961 [9]

Verlinden, C., L'esclavage dans l'Europe médiévale, Brügge 1955 [1]

—, Dokumenten voor de Geschiedenis van Prijzen en Lonen in Vlaanderen en Brabant. Brügge 1959 [10]

Vicens Vives, J., El Gran Sindicato Remensa. Madrid 1954 [2, 10]

—, Estructura administrativa estatal en los siglos XVI y XVII, in: XIe Congrès International des Sciences Historiques, Rapports, vol. IV. Stockholm 1960 [2, 10]

Vilar, P., La Catalogne dans l'Espagne moderne. Recherches sur les fondements des structures nationales. Bd. I. Paris 1962 [1, 2, 10]

Viñas y Mey, C., El problema de la tierra en la España de los siglos XVI y XVII. Madrid 1941 [10]

Volpe, G., Il Medioevo. Florenz 1933 [1, 2]

Weiss, R., Humanism in England during the Fifteenth Century. Oxford 1951 [5]

Weitnauer, A., Venezianischer Handel der Fugger. Nach der Musterbuchhaltung des Matthäus Schwarz. München-Leipzig 1931 [10]

Wertime, Th. A., The Coming of the Age of Steel. Leiden 1961 [10]

White, L., Technology and Invention in the Middle Ages, in: Speculum XV (1940) [6]

Williams, G. H., The Radical Reformation. London 1962 [9]

—, Wildeness and Paradise in Christian Thought. New York 1962 [3, 8, 9]

Winkler, F., Die altniederländische Malerei. Die Malerei in Belgien und Holland von 1400–1600. Berlin 1924 [5]

Wittkower, R., Architectural Principles in the Age of Humanism. London 1949 [5]

Ypma, Y. N., Geschiedenis van de Zuiderzeevisserj. Amsterdam 1962 [1, 10]

Zavala, S., La filosofia politica en la conquista de América. Mexiko 1947 [7]

—, La encomienda indiana. Madrid 1935 [7]

Zientara, B., Kryzis agrarny w marchii wkrzańskiej. Warschau 1961 [1]

Zorita, A. de, Los señores de la Nueva España. Mexiko 1963 [7]

Verzeichnis und Nachweis der Abbildungen

19 *Entdeckungen und Reisen im 15. und 16. Jahrhundert:* nach Westermanns Atlas zur Weltgeschichte (Georg Westermann Verlag, Braunschweig)
20 *Ausschnitt aus der Darstellung der »Sieben Todsünden« von Hieronymus Bosch:* Foto Museo del Prado, Madrid
21 *Julius II.:* Foto Alfred Töpelmann Verlag, Berlin
22 *Erasmus von Rotterdam (Holzschnitt von Dürer 1526):* Foto Staatsbibliothek Berlin, Bildarchiv (Handke)
23 *Martin Luther, gemalt von Lucas Cranach dem Älteren:* Foto Nationalmuseum, Stockholm
24 *Karl V. (Tonbüste von Conrad Meit im Gruuthusemuseum, Brügge):* Foto A.C.L., Brüssel
25 *Das kartographische Bild des Atlantischen Ozeans auf Grund der Fahrzeiten von Schiffen im Vergleich mit der geographischen Wirklichkeit:* nach H. und P. Chaunu, Séville et l'Atlantique, Bd. VII, Paris 1957 (S.E.V.P.E.N., Paris)
26 *Wucherer (Gemälde von Quentin Metsys [?]):* Foto Alinari, Rom
27 *Ausgelassene Gesellschaft. Werk des Braunschweiger Monogrammisten in der Staatlichen Gemäldegalerie Berlin-Dahlem:* Foto Walter Steinkopf, Berlin
28 *Grafische Darstellung des Schiffsverkehrs zwischen Sevilla und Amerika (1500–1650):* nach H. und P. Chaunu, Séville et l'Atlantique, Bd. VII, Paris 1957 (S.E.V.P.E.N., Paris)

Register

Die Bearbeitung des Registers erfolgte durch die Redaktion
der Fischer Weltgeschichte.

Bitte umblättern:

Günter Barudio
**Gustav Adolf –
der Große**
Eine politische
Biographie
724 Seiten. Geb.
Mit 21 Abbildungen
und zwei Karten
(auch lieferbar als
Fischer Taschenbuch
Band 4358)

Das Leben des Schwedenkönigs Gustav Adolf
(1594–1632) ist Teil
unserer politischen Kultur.
Als Mensch und Staatsmann erinnert er uns
dauernd an den Wert freiheitlicher Errungenschaften und wirkt im
Ringen um den Rechtsstaat, bei der Sicherung
von Gewissensfreiheit
und im Kampf um die
Festigung des Parlamentarismus hochaktuell.
Sein reiches und mühevolles Leben bietet
uns in schwieriger Zeit
wichtige Handreichungen aus der Epoche
des »Teutschen Krieges«
(1618–1648).
Erzogen im Recht und
vertraut mit der Macht
schlug dieser König sein
Leben für die Freiheit
Schwedens und der
Teutschen in die Schanze.

S. Fischer

Günter Barudio
**Der Teutsche Krieg
1618–1648**
704 Seiten, Geb.

In seiner breit angelegten wissenschaftlichen Monographie entwirft Günter Barudio ein in vielen Bereichen neues Bild von jenem Bürgerkrieg europäischen Ausmaßes.

Prolog und Vorgeschichte stimmen auf die historische Dimension und auf die politische Ausgangslage dieser »dunkelsten Epoche« (Peuckert) unserer Geschichte der Neuzeit ein. Barudios Darstellung berichtet vom Sturz friedliebender Staatsmänner, von Erbstreitigkeiten der Fürstenhäuser, von den Sicherheitsinteressen der Nachbarn des »Heiligen Reiches«; sie beschreibt die Hoffnungen der Konvertierten und Condottieri, die Habgier »hoher Herren« und den Widerstand der »niederen Stände«.

Barudio schildert plastisch und reich an Bildern den Mut und die Verzweiflung von Belagerten und Belagerern. Er ruft die Gewissensnot der Gelehrten, das Leid der Vertriebenen, den Patriotismus der Poeten ins Gedächtnis zurück und analysiert die »Kriegskünste« der Zeit.

S. Fischer

fi 505/1

Henri Pirenne
Mohammed und
Karl der Große
Untergang der Antike
am Mittelmeer und
Aufstieg des
germanischen Mittelalters
Band 4345

Pirenne befaßt sich mit jener
Epoche der Weltgeschichte,
in der die spätantike Mittel-
meerwelt in das mittelalterliche Abendland übergeht.
Für ihn stellt die Völkerwan-
derung keinen Bruch in der
Einheit der Kultur des Mittel-
meerraumes dar. Wesentliche
Elemente der römischen Kultur leben in den neu entstehenden Germanenreichen
auf dem Boden des Impe-
rium Romanum fort und
prägen das Gesicht der
abendländischen Völkerge-
meinschaft.
Der entscheidende Umbruch
wird erst mit dem Vordringen
des Islam im 7. und 8. Jahrhundert erkennbar. Orient
und Abendland werden von-
einander geschieden. Der ger-
manische Norden erlangt
sehr bald das kulturelle Übergewicht über den bisher ausschließlich römischen Mittel-
meerbereich. Karl der Große
und Leo III. gehen das längst
vorbereitete Bündnis zwi-
schen Kaiser und Papst ein,
das in seiner Zwiespältigkeit
die Geschichte des europäischen Mittelalters so maßge-
blich bestimmen sollte. Das
römische Kaisertum lebt in
den byzantinischen Caesaren
fort.

Fischer Taschenbuch Verlag